디자이너의 비밀 노트를 열다...

인디자인 CC
Secret Note
시크릿노트

신유안
- 홍익대학교 국제 디자인 대학원 디지털미디어 디자인 전공
- 삼성 에스원 PM, healing design 연구소 대표
- 청운대학교, 한라대학교, 한양여대, 한국폴리텍 대학, 서울시 인재개발원 출강

박혜숙
- 홍익대학교 정보대학원
- 서울시 인재개발원, 국가 공무원 인재개발원, 한국지역정보개발원, 강원도 인재개발원 출강
- 경기도 소방학교, 삼성전자 교육센터, 서울시 상수도 사업본부, 기상청, 외교통상부, 강원도 미래농업연수원 등
- 저서 FLASH CS3 Hard Training, 디지털 이미지편집 포토샵CS5+CS6, 웹디자인 실무, 생활속 디지털 영상 편집, 플래시, 홈페이지 고급, Web Design

인디자인CC 시크릿노트 Secret Note

초판 발행 | 2016년 7월 29일
지은이 | 신유안, 박혜숙
펴낸이 | 이용태
펴낸곳 | 힐북
출판등록 번호 | 제426-2015-000001 호
ISBN | 979-11-955390-2-4 03800

주 소 | 강원도 횡성군 횡성읍 송전로 209
도서문의 | 신한서적 031-919-9851 (팩스 031-919-9852)

기 획 | 힐북
진행책임 | 힐북
편집디자인 | 김서현
표지디자인 | 김서현 & 힐북 디자인랩

본 도서의 내용 중 디자인 및 저자의 창작성이 인정되는 내용을 무단으로 복제 및 복사하는 것은 저작권법에 의해 처리 될 수 있습니다.
Published by Healbook Co. Ltd Printed in Korea

저자의 말

대학에서 디자인을 전공했거나 현업에서 편집 프로그램을 사용하고 있는 분들에게는 인디자인을 사용하는데 어려움이 많다는 이야기를 자주 들었습니다. 편집 디자이너로서 출발선에 있거나 기존에 쿼크를 사용하다가 인디자인으로 변경하려고 하는 분들에게 실질적인 도움이 되고자 쉽고 빠르게 배울 수 있게 책을 구성하였고, 기존의 책에서 찾지 못한 정보들을 secret note로 제공하였습니다. 실무 예제도 인디자인을 활용해서 편집하는데 유용한 기능 중심의 예제로 책을 구성하였습니다. 부디 인디자인 시크릿 노트를 통해 작게나마 도움 되길 바랍니다.

책을 쓰는데 주변의 도움을 많이 받았습니다. 특히 박소현 도예작가, HAVE 갤러리 김효선 관장님, JOHN LEE 신부님, 이부영 디자이너, 박혜숙 선생님께 감사드립니다.

신유안

새로운 일, 새롭게 가는 장소, 새로 사용하는 프로그램, 새 책 등 새로운 것을 접한다는 것은 두근거리는 '설렘'이라는 단어를 떠올리게 됩니다. 이 책으로 어떤 분들을 만나게 될지 하는 기대감에 벌써부터 설레게 합니다. 편집 디자인을 준비하면서 인디자인을 처음 접하는 분, 독립 출판을 생각하고 계신 분, 쿼크를 사용하면서 인디자인으로 전환하려는 분들이 궁금해 하는 사항들을 생각하면서 유용한 기능 및 팁들로 책을 구성했습니다.

포토샵이나 일러스트 프로그램을 많이 사용해본 경험자이거나, 쿼크를 사용해 본 경험자라면 좀 더 쉽고 빠르게 배울 수 있을 것이고, 처음 인디자인을 접하시는 분들도 쉽게 배울 수 있도록 다양한 예제들도 수록했습니다. 이 책을 통해 기초부터 활용예제, 팁, 시크릿 노트의 내용들을 학습하셔서 인디자인을 배우는 분들이 능숙한 사용자로, 멋진 편집 디자이너로 거듭나시길 기대합니다.

박혜숙

본 도서는

본 도서는 어도비 인디자인의 기본 사용법을 익히고 실무예제 학습을 통해 생각하는 바를 디자인이 가능하게끔 실전 응용이 가능한 예제들을 포함했습니다.

어도비 인디자인 CC 2015는 인쇄를 위한 편집 디자인, 웹, 디지털 출판 등 다양한 콘텐츠를 만들 수 있게 업그레이드 되었습니다. 가장 차별화된 특징은 Digital Publishing Solution을 활용하여 Adobe Experience Manager Mobile 앱용 아티클을 만들 수 있는 역량에 있습니다.

인디자인 시크릿노트 한 권으로 원하는 기능을 구현함과 동시에 사용자들도 몰랐었던 숨어있던 테크닉을 실무에 응용하여 빠르고 재밌게 익힐 수 있어 처음 디자인에 입문한 사람이나 현직 디자이너에게 추천하며, 창의적인 아이디어 구현을 위해 유용하게 쓰일 수 있을 것입니다.

디자이너로써 여러분의 앞날에 멋진 미래가 펼쳐지길 바라며 지속적으로 응원하겠습니다.

단계별 학습

1th 인디자인 인터페이스와 다양한 작업환경 설정하기
인디자인 CC 2015의 새로운 점과 인터페이스에 대해 알아보고, 인디자인 설치 및 실행 그리고 작업환경 설정에 대해 살펴봅니다.

2th 문서 다루기 및 레이아웃
인디자인의 문서 만들기부터 다양한 페이지 관리 및 활용까지 문서 페이지를 자유자재로 사용할 수 있을 뿐 아니라 마스터 페이지 개념은 물론 마스터 만들기 및 작업 시 오류 해결방법을 학습할 수 있습니다. 또한 템플릿과 라이브러리 등도 활용할 수 있습니다.

3th 타이포그래피 디자인
문자와 단락 패널을 이용한 타이포그래피를 위한 문자 편집 테크닉을 학습합니다. 문자 서식의 기본기외에도 특수문자나 단락 스타일을 활용하여 반복 작업을 효율적으로 사용 가능케 하고 컨텐츠를 효율적으로 전달하기 위해 여러 가지 타이포그래피에 관련된 기본 기능부터 고급 기능까지 꼼꼼하게 살펴봅니다.

4th 개체 및 색상활용
이미지를 다양한 문서의 레이아웃에 맞게 자유롭게 배치하고 원하는 그래픽 개체를 활용하여 표현하며, 개체 안에 효과를 적용하여 개체의 퀄리티를 최상으로 표현할 수 있도록 이미지와 도형 속성에 대한 학습을 합니다. 편집 문서에 체계적인 색상 체계를 갖추어 색상을 결정하고 색상 견본으로 저장하여 다양한 활용이 가능하도록 합니다.

5th 인쇄 및 출력 다루기
페이지 레이아웃 작업을 마치고 최종 파일을 출력소에 넘기기 전에 글꼴과 그림 파일, 오버프린트와 녹아웃 등 인쇄 공정에서 나올 수 있는 오류를 방지하기 위해 세심하게 점검해야 합니다. 점검해야 할 사항은 글꼴, 이미지, 색상 모드, 분판, 트랩설정 및 중복인쇄, 분판과 잉크 관리자 및 제본 이 있습니다. 인쇄 시 발생할 수 있는 다양한 사고를 방지하기 위하여 인쇄 설정시 체크해야 할 사항에 대하여 전문가의 노하우를 통해 만족한 결과물을 출력할 수 있도록 합니다.

6th 전자책 만들기
컴퓨터나 모바일 디바이스에서 읽을 수 있도록 만든 전자책을 제작할 수 있는 슬라이드 쇼, 오디오, 비디오, 스크롤링, 360도 회전, 이동 및 확대/축소, 하이퍼링크, HTML5 애니메이션 등을 통해 창의적인 아이디어를 생동감 있게 표현할 수 있습니다.

학습자료의 활용

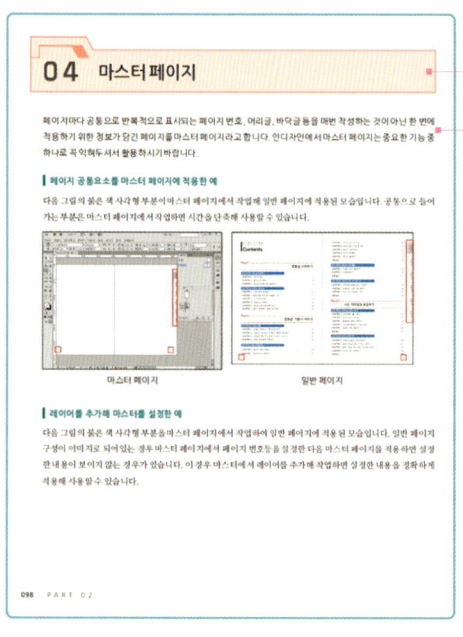

학습할 핵심기능을 키워드로 알려줍니다.

학습할 내용을 어디에 사용하는지 알려줍니다.

학습 시 혼동할 수 있는 부분의 해결 방법을 알려줍니다.

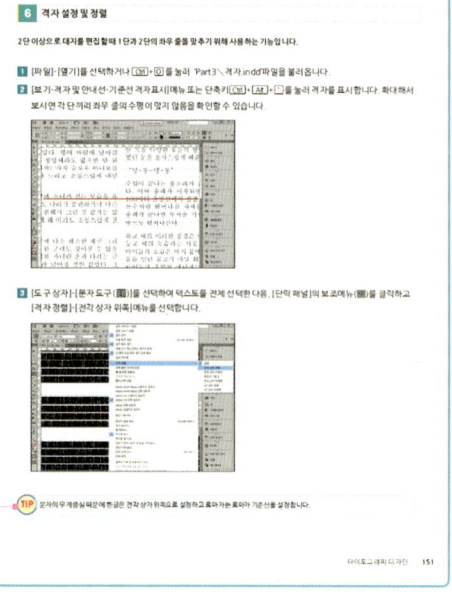

Secret Note 인디자인을 사용하면서 궁금했던 내용을 해소할 수 있도록 실전 비결을 확인할 수 있습니다.

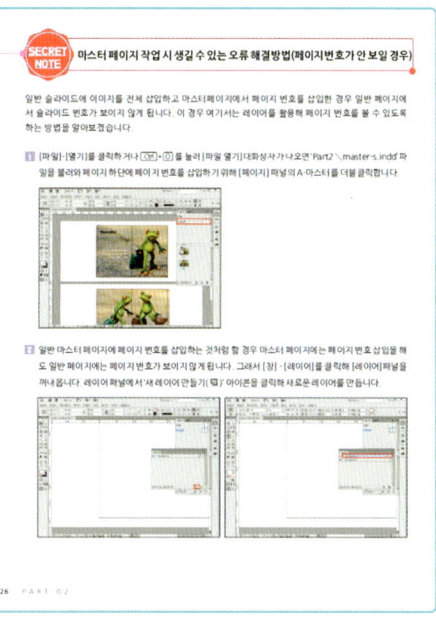

실무예제 실전에서 필요한 노하우를 단계별로 따라하면서 학습할 수 있습니다.

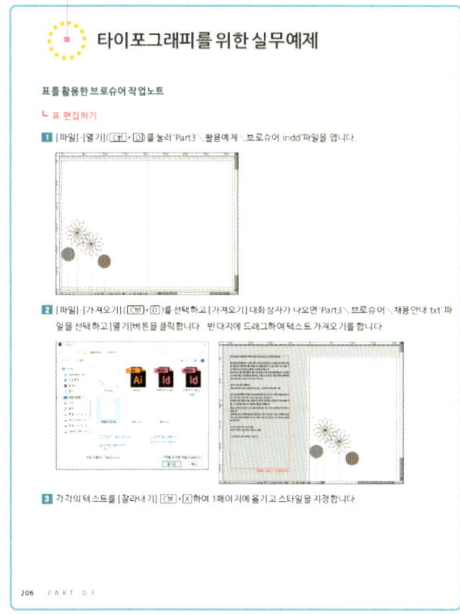

학습자료받기

본 도서를 학습하기 위해서는 학습자료가 필요합니다. 학습자료는 www.bighard.co.kr [빅하드] 홈페이지의 [힐북] - [인디자인 CC 시크릿 노트]에서 다운로드 받으면 됩니다.

아이디 : healbooks
[게스트 메인] 패스워드 : 0000
[힐북] 패스워드 : 0000
[인디자인 CC 시크릿 노트] 패스워드 : 0003

목차

 **인디자인 인터페이스와 다양한 작업환경 설정하기**

01 인디자인 CC 알아보기   020
    01. 인디자인이란?
    02. 인디자인 CC 2015 새로운 점
02 인디자인 CC 설치하고 실행하기   023
03 인디자인 인터페이스 살펴보기   027
04 메뉴 및 패널 사용하기   028
    01. 메뉴
    02. 도구상자
       TIP 언제부터인지 도구상자의 도구 이름이 나오지 않아요!
    03. 컨트롤 패널
    04. 패널
05 인디자인 작업환경 설정하기   050
06 효율적인 작업을 위한 단축키   064
07 나만의 작업 영역 만들기   069
    secret note 단축 글쇠 변경하고 추가하기(Quark 단축키와의 차이점)   071

 **문서 다루기 및 레이아웃**

01 새 문서 만들기 및 저장하기 · 076
01. 인디자인 CC 작업 영역 살펴보기
02. 새 문서 만들기
03. 저장하기
04. 인디자인 주요 파일 형식 알아보기

02 문서 열기 · 082
TIP 누락된 글꼴 & 누락된 그림

03 페이지 관리 · 088
01. 페이지 추가하기
02. 페이지 삭제하기
03. 페이지 이동하기
04. 페이지 재편성하기
05. 대체 레이아웃 활용하기

04 마스터 페이지 · 098
01. 마스터 페이지 추가 및 적용하기
TIP 단축키로 마스터 페이지 적용하기
02. 마스터 페이지 삭제하기
03. 마스터 페이지에 페이지 번호 만들기, 번호 스타일 변경하기
04. 마스터 페이지 이름 바꾸기
05. 작업 중인 페이지를 마스터 페이지로 만들기
06. 마스터 페이지 복사하기

05 레이어 기능 알아보기 · 115
01. 레이어 추가 및 삭제하기

목차

02. 레이어 이름 및 색상 변경
03. 레이어 잠그기 및 가시성 켜기 / 끄기
04. 레이어 순서 변경하기
05. 레이어 병합하기

06 자주 사용하는 문서를 템플릿으로 저장하기   121
07 반복 작업을 위한 라이브러리   123

secret note 마스터 페이지 작업 시 생길 수 있는 오류 해결법   126
(페이지 번호가 안 보일 경우)

실무예제 한 문서에 판형이 다른 여러 페이지 만들기
실무예제 책날개가 있는 책 표지 만들기
(책 표지, 책등, 책날개가 연결된 전개도 만들기)

03 타이포그래피 디자인

01 타이포그래피 요소에 대한 이해   138
01. 글꼴
02. 폰트의 종류
03. 폰트 설치
04. 타이포그래피 디자인

02 타이포그래피를 위한 기본기능   141
01. 문자 패널
02. 단락 패널
03. 문자 컨트롤 패널

04. 텍스트 프레임에 대한 이해
　TIP 텍스트 프레임이 이상해요!
　TIP 인세트란?
　TIP 텍스트 프레임 옵션
05. 텍스트 스레드
　TIP 스레드 연결 및 해지
　TIP 페이지를 완성한 다음 열의 수를 변경하고 싶어요!

secret note 텍스트 프레임을 벗어나는 방법 : ALT, SHIFT　　　150

06. 격자 설정 및 정렬

secret note 각 페이지마다 다르게 격자를 설정하고 싶어요!　　　152

07. 단락 스타일과 문자 스타일

secret note 스타일 변경이 안돼요!　　　155

secret note 스타일 지정 어떻게 해야 하나요?　　　155

08. 단락 스타일 적용하기
09. 단락 스타일 편집 및 삭제하기
　TIP 문단 시작을 구분하는 또 다른 방법 etc
10. 문자 스타일 적용하기
　TIP 문자의 크기가 다른 경우 기준선 이동
11. 한글문서 불러와 다른 문서에 있는 스타일 적용하기

secret note 하이픈 설정　　　166

03 타이포그래피를 위한 고급 기능　　　167

01. 루비, 권점, 할주, 각주
02. 부연 설명 각주 달아주기
03. 합성 글꼴 : 중첩 스타일, 중첩된 획 스타일
04. 글머리 기호 / 번호 매기기

목차

secret note 글머리 번호 / 기호에 스타일주기 … 178
  05. GREP 스타일
  06. 찾기 / 바꾸기로 한꺼번에 변경하기
  07. 텍스트 감싸기
  TIP 텍스트 감싸기 옵션
  08. 다음 스타일
  09. 단락 스타일을 이용한 목차 만들기
  10. 자동화 기능을 이용하여 색인 만들기
secret note 단락 스타일로 단락 경계선 표시하기 … 197

04 표 만들기 … 198
  01. 표 만들기
  02. 텍스트 상자를 표로 만들어 편집하기
  03. 워드와 엑셀과 한글에서 작업한 표 편집하기
secret note 빠르게 텍스트 선택하는 방법에 대해 알고 싶어요! … 204
실무예제 표를 활용한 브로슈어 작업노트 … 206
실무예제 단계 및 반복 작업을 통한 DIARY 작업 노트 … 211

04 개체 및 색상활용

01 개체와 이미지 … 224
  01. 개체
  02. 인디자인에서 사용할 수 있는 이미지 파일
02 이미지 가져오기 … 225

TIP	이미지 맞춤 옵션에 대해 자세하게 알고 싶어요!	
03	이미지 조절하기 : 크기, 회전, 기울기	228
TIP	크기 조절 단축키	
secret note	특별한 모양의 프레임 안에 이미지를 가져오고 싶어요!	230
04	여러 개의 이미지를 한꺼번에 불러오기	231
05	어도비 브리지에서 이미지 이름 바꾸기	234
06	링크 패널 살펴보기	235
07	레이아웃을 위한 기능	237
08	선 그리기 (직선, 곡선) 획 패널	239
09	개체 그리고 정렬하기	240
10	개체 효과	244
secret note	인쇄 넘기면서 효과를 적용한 작업 페이지는 점검하세요!	246
11	패스를 이용해서 개체 그리기	247
12	클리핑 패스 : 배경 없는 이미지	250
13	패스파인더	252
14	모퉁이 옵션	255
15	모퉁이 옵션 & 효과로 개체 완성도 높이기	257
secret note	대체 레이아웃으로 다양한 편집물 완성하기	262
16	색상	264
17	새 색상 만들기	265
18	색상 견본 관리하기	267

목차

19	그레이디언트 색상 견본 만들기	270
20	색조 색상 견본	272
21	색상 견본 저장하고 색상 견본 불러오기	274
secret note	슈퍼 블랙	276
22	별색 만들기	277
23	혼합 잉크로 2도 색상 만들기	279
secret note	효과적으로 TIFF 파일 듀오톤 활용하기	282
실무예제	단행본 디자인	284
secret note	종속 마스터에서 개체 수정이 안돼요!	298

05 인쇄 및 출력 다루기

01	인쇄 범위 알아보기	302
02	프리플라이트 오류 확인하고 해결하기	303
03	오버프린트, 녹아웃과 트랩	304
04	분판 미리보기	306
05	패키지 설정하기	309
06	인쇄용 PDF 문서로 내보내기	313
07	인쇄용 문서 출력하기	317
08	가제본으로 인쇄하기	319

09 책 패널	322
실무예제 무선 제책 표지 디자인 작업 노트	326
TIP 바코드 만들기	
secret note 별도의 후가공 판 만들기	340

06 전자책 만들기

01 디지털 매거진 제작하기	344
02 모바일 디지털 출판 솔루션(DPS)	351

찾아보기   368

PART 01

인디자인 인터페이스와 다양한 작업환경 설정하기

INDESIGN

01 인디자인 CC 알아보기

1 인디자인이란?

인디자인 인쇄 발행물, PDF 문서, 디지털 잡지, EPUB e-Book을 디자인하는데 사용하는 출판 응용 프로그램으로, 포스터와 같은 낱장의 편집물부터 페이지 수가 많은 책까지 편집할 수 있는 프로그램입니다. 인디자인 CC는 인쇄 출판 작업 뿐 아니라 전자 출판이 가능하고 모바일 앱도 만들 수 있습니다.

인디자인과 비슷한 프로그램은 QuarkXPress와 PageMaker등이 있습니다. 그중 QuarkXPress는 주로 Mac(맥)에서 사용하는 데 반해 인디자인은 Mac과 PC에서 자유롭게 사용할 수 있습니다. 이러한 이유로 인디자인 사용이 꾸준히 증가하고 있습니다.

실무에서 대부분 포토샵이나 일러스트레이터 프로그램은 영문버전을 사용하는 경우가 많아 인디자인 프로그램은 영문버전을 사용해야 할 지 한글버전을 사용해야 할지 고민을 하는 경우가 있습니다. 인디자인의 한글 버전 프로그램은 영문 버전을 한글 버전으로 메뉴 및 도구 이름만 바꿔서 사용하는 것이 아닌 한글 편집에 최적화되어 있는 기능들이 있어, 인디자인을 이용해 한글을 편집해서 사용한다면 한글 버전 프로그램을 사용하는 것이 좋습니다. 참고로 본 도서는 한글 버전을 기반으로 설명되었음을 참고 하십시오.

2 인디자인 CC 2015 새로운 점

인디자인 CC 2015에는 디자인 및 게시 환경을 훌륭하게 만들어 주는 새롭게 추가된 기능과 개선 사항이 포함되어 있습니다. 그럼 새로워진 기능을 살펴보겠습니다.

새로운 Creative Cloud Libraries 기능

Adobe 앱에 포함되어 있는 Creative Cloud Libraries를 사용하면 모든 에셋을 간편하게 이용할 수 있으며, 손쉽게 구성하고 공유할 수 있습니다. 라이브러리와 Adobe Stock을 사용하면 이미지, 비디오 에셋을 손쉽게 찾아서 활용할 수 있습니다.

향상된 Publish Online(미리 보기)

Publish Online을 사용하면 InDesign CC 2015 릴리스에서는 한 번의 클릭만으로 인디자인 문서를 온라인에 문서를 게시하고 배포할 수 있습니다. 웹 사이트에 링크, 임베드, Twitter 및 이메일을 통해 공유, 문서 뷰에 대한 분석기능이 포함되어 상호 작용이 가능합니다.

터치를 통해 레이아웃 제작

Microsoft Surface Pro, Windows 터치 디바이스(Windows 8이상)으로 설계된 터치 작업 영역에서 모양을 그리거나 레이아웃을 제작할 수 있습니다. 직관적인 제스처를 사용하면 텍스트와 이미지 등을 넣을 수 있는 개체 상자 등도 만들 수 있으며, Creative Cloud Libraries의 크리에이티브 에셋을 추가할 수 있습니다.

간편해진 글리프 사용

텍스트에서 문자를 선택하면 사용할 글꼴에 글리프가 있는지 확인해 팝업 창이 나와 바로 변경할 수 있고, 글리프 패널에서 분수나 문자의 이름, 유니코드 또는 GID 값을 검색해 편리하게 사용할 수 있습니다.

향상된 Comp CC 통합 및 iPhone 지원

Adobe Comp CC를 사용해 iPhone이나 iPad에서 다양한 레이아웃을 만들 수 있고, InDesign이나 Creative Cloud 데스크톱 앱에서 편집해 Comp에서 바로 업데이트해 사용할 수 있습니다.

Adobe Capture CC 통합

iPad, iPhone, Android 폰을 사용하여 이미지에서 색상 테마를 추출하거나 InDesign 레이아웃에서 사용할 벡터 모양을 만들 수 있으며, 이미지 또는 사진을 바로 사용 가능한 에셋으로 변환할 수 있습니다.

02 인디자인 CC 설치하고 실행하기

인디자인을 사용하기 위해 설치하는 방법부터 알아보겠습니다. 여기서는 인디자인 무료 시험 버전 프로그램을 다운로드하는 방법과 설치하는 방법을 알아보겠습니다.

1 인터넷 브라우저를 실행 후 'http://www.adobe.com/kr/downloads.html' 사이트 주소를 입력해 Adobe 다운로드 사이트로 이동합니다.

2 주요 무료 시험버전 다운로드 항목 중 'InDesign CC'를 선택합니다.

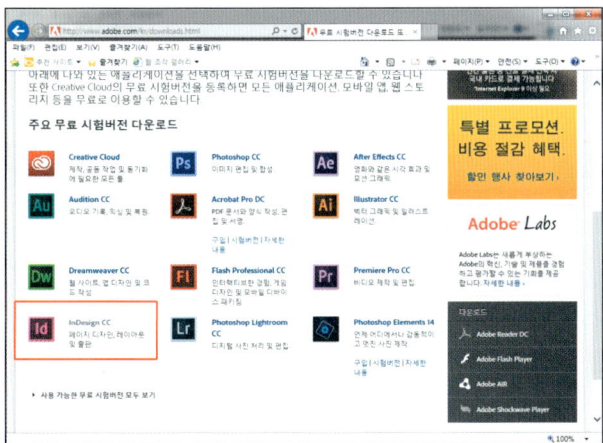

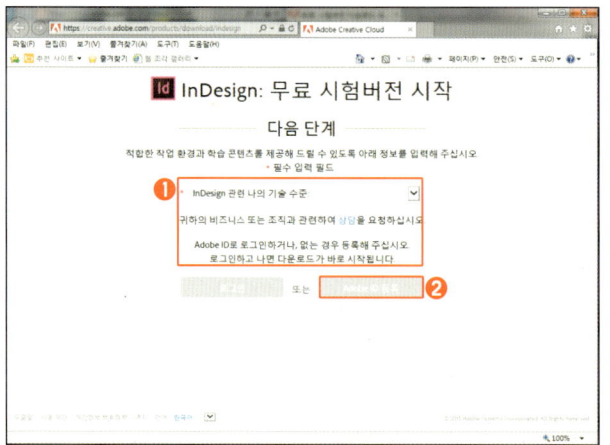

3 'InDesign : 무료 시험 버전 시작' 화면에서 'InDesign 관련 나의 기술 수준', '나의 직업', 'InDesign 다운로드 목적'의 확장 버튼을 각각 클릭해 선택하고, [Adobe ID등록]을 클릭합니다. 혹시 Adobe ID가 있다면 [로그인]을 클릭합니다.

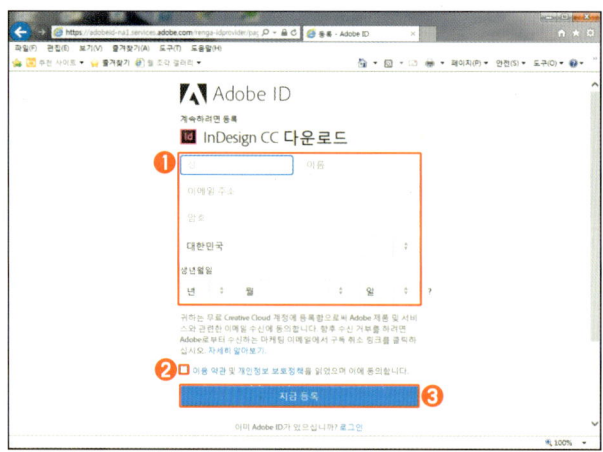

4 성, 이름, 이메일 주소, 암호, 생년월일을 입력하고, '이용 약관 및 개인 정보보호 정책을 읽었으며 이에 동의합니다.' 옵션을 선택하고, [지금 등록]을 클릭합니다.

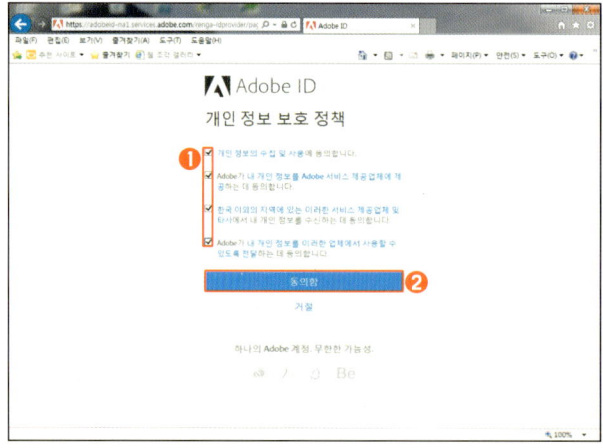

5 '개인 정보 보호 정책 화면'이 나오면 옵션을 모두 선택하고 [동의함]을 클릭합니다.

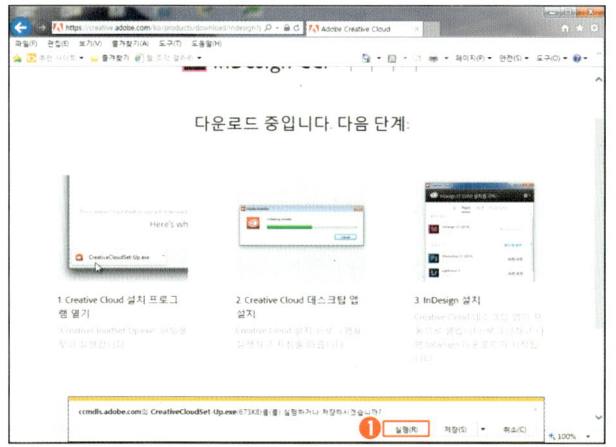

6 '다운로드 중입니다. 다음 단계:' 화면이 나오면 프로그램을 실행하거나 저장할 것인지를 묻는 대화상자가 나오게 됩니다. 이때 [실행]을 클릭합니다.

7 Adobe 설치 프로그램 창이 나오면서 '설치 프로그램을 초기화하는 중', 'Creative Cload 데스크톱 다운로드 중', 'Creative Cloud 데스크톱 설치 중' 메시지가 나오면서 'Creative Cloud' 프로그램이 설치가 진행됩니다.

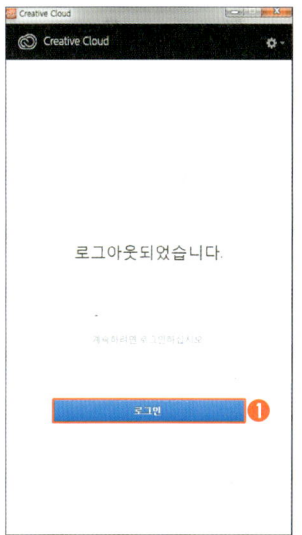
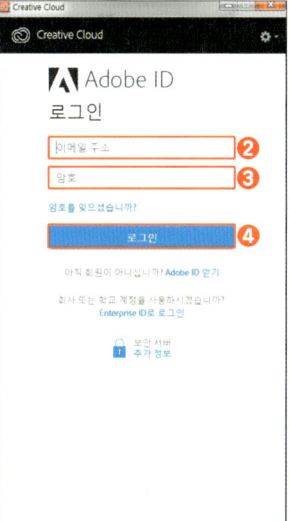

8 설치가 완료되면 'Creative Cloud' 프로그램이 실행됩니다. 이때 [로그인]을 클릭하고 화면이 변경되면, 조금 전 가입한 이메일 주소와 암호를 입력하고 [로그인]을 클릭합니다.

인디자인 인터페이스와 다양한 작업환경 설정하기

9 로그인이 되고 Creative Cloud 시작화면이 나오면 '어플리케이션 설치/업데이트'를 클릭합니다.

10 InDesign CC(2015) 프로그램 옆에 [시험사용]버튼을 클릭합니다.

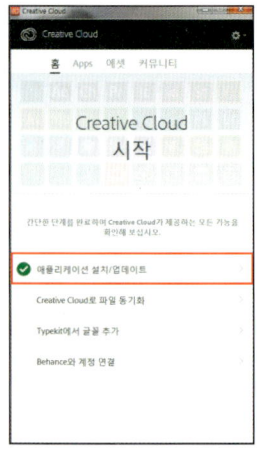

11 Creative Cloud 시작 화면이 나오면 [계속]버튼을 클릭합니다.

12 인디자인 프로그램이 다운로드 완료되고, 인디자인 프로그램 설치가 진행됩니다.

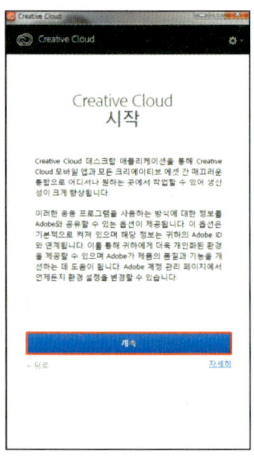

13 설치가 완료되면 인디자인 30일 체험판 프로그램이 실행됩니다.

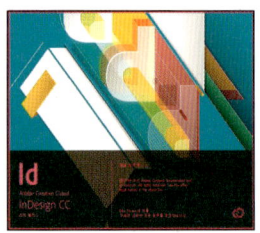

03 인디자인 인터페이스 살펴보기

인디자인 CC를 실행하고 새 문서를 만든 상태의 화면입니다. 어도비사의 포토샵이나 일러스트를 사용해본 사용자라면 화면 구성이 낯설지 않을 것입니다. 우선 인디자인의 화면구성 요소를 살펴보겠습니다.

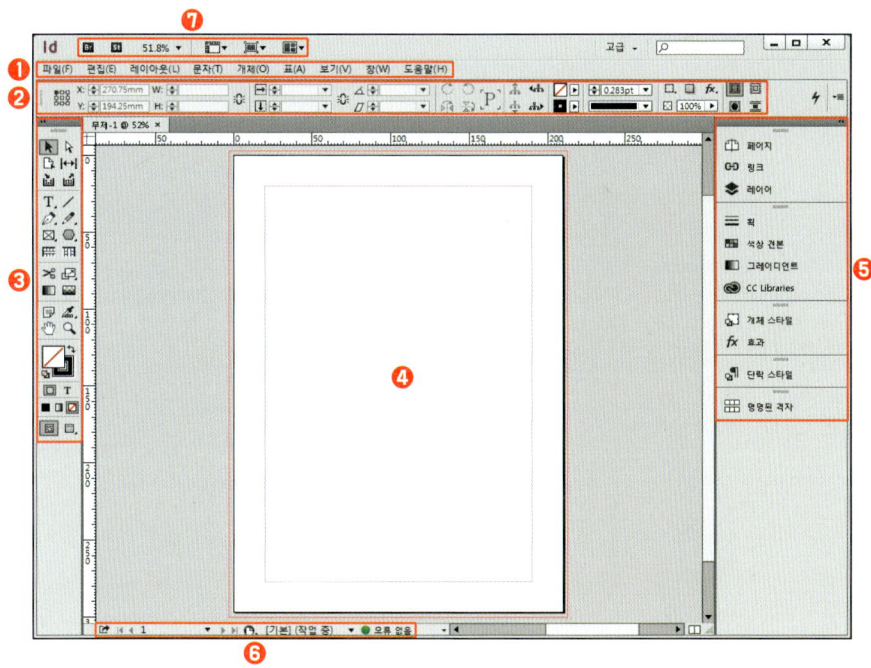

① **메뉴 표시줄** : 인디자인CC에서 사용할 수 있는 각종 기능들을 유형별로 풀다운 메뉴 형식으로 모아놓은 곳입니다.

② **컨트롤 패널** : 도구 상자에서 선택한 도구에 따라 표시되는 변경되며 세부 항목을 수정하거나 옵션을 변경할 수 있습니다.

③ **도구 상자** : 인디자인에서 작업하는 도구들을 모아 놓은 곳으로 아이콘 형태로 표시되어 있습니다.

④ **작업 영역** : 인디자인에서 사용자가 새 문서를 만들거나 불러온 파일을 실제 작업을 하는 공간입니다.

⑤ **패널 영역** : 각 패널들이 모여 있는 공간으로 원하는 패널을 드래그하여 사용자가 위치를 변경하거나 편집해 사용할 수 있습니다.

⑥ **상태 표시줄** : 페이지 이동 및 문서에 대한 오류 등 편집하고 있는 파일의 다양한 정보를 확인할 수 있습니다.

⑦ **어플리케이션 바** : 브릿지로 이동, Adobe Stock 검색, 화면비율, 보기옵션, 화면모드, 문서 배치 등의 작업을 할 수 있으며, 작업 화면의 크기가 작을 경우 어플리케이션 바의 위치가 메뉴 표시줄 위쪽에 위치하고, 작업 화면의 크기가 클 경우에는 메뉴 표시줄 오른쪽에 위치합니다.

04 메뉴 및 패널 사용하기

1 메뉴

메뉴를 처음부터 모두 하나하나 꼼꼼하게 살펴보기 보다는 대략적인 구성을 알아보고, 자세한 사항은 실습하면서 자연스럽게 익히면서 사용하면 됩니다. 인디자인의 메뉴 구성은 파일, 편집, 레이아웃, 문자, 개체, 표, 보기, 창, 도움말로 구성되어 있습니다. 각각의 메뉴를 클릭하면 세부 메뉴가 나오게 되며, 자주 사용하는 메뉴 옆에는 단축키가 표시되어 있어 알아두면 유용하게 사용됩니다.

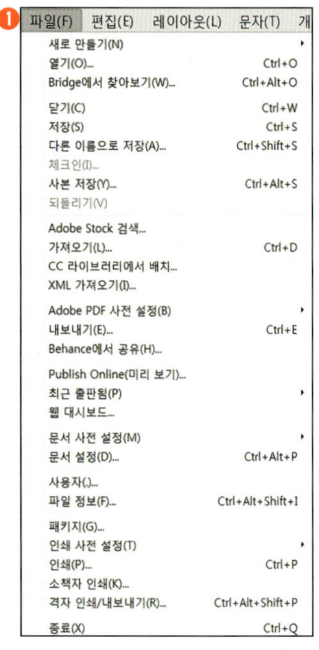
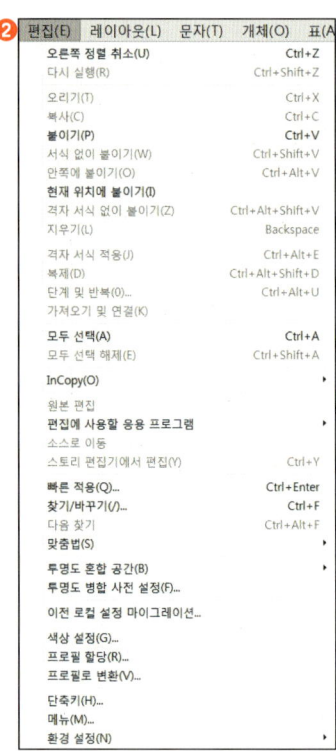
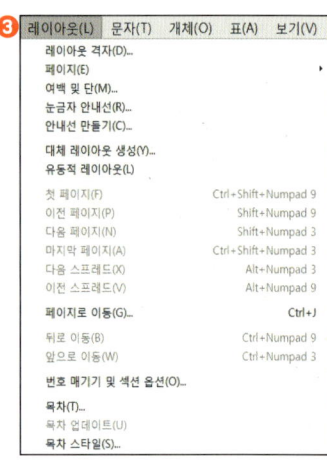

① **[파일] 메뉴** : 새로 만들기, 열기, 저장, 가져오기, 내보내기, 인쇄 등의 문서에 관련된 메뉴입니다.

② **[편집] 메뉴** : 복사, 붙이기, 빠른 적용, 찾기 등 기본적인 편집 기능 및 환경설정에 관련된 메뉴입니다.

③ **[레이아웃] 메뉴** : 여백, 안내선, 눈금자, 페이지, 목차 등의 문서 레이아웃 설정에 관련된 메뉴입니다.

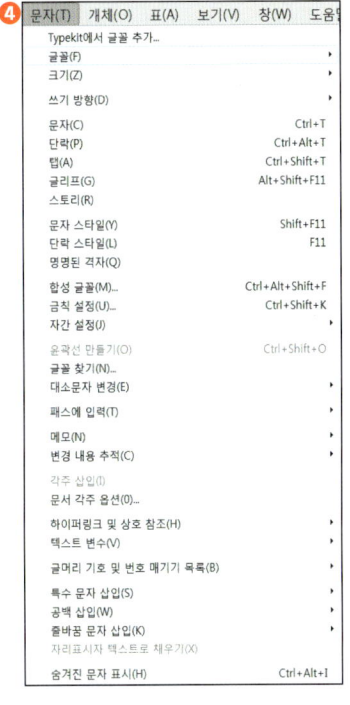
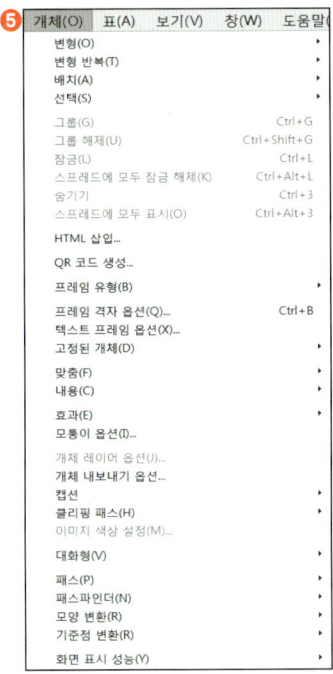
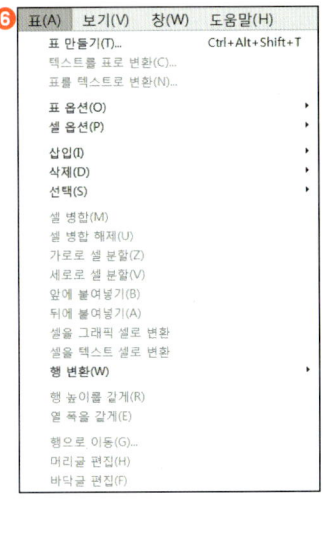

④ **[문자] 메뉴** : 글꼴, 크기, 문자, 단락, 문자 스타일, 단락 스타일 등 문자에 관련된 내용이 있는 메뉴입니다.

⑤ **[개체] 메뉴** : 개체 변형, 반복, 배치, 효과, 모퉁이 옵션, 캡션, 패스 등 개체 전반에 관련된 메뉴입니다.

⑥ **[표] 메뉴** : 표 만들기, 표 옵션, 셀 옵션 등 표 전반에 관련된 메뉴입니다.

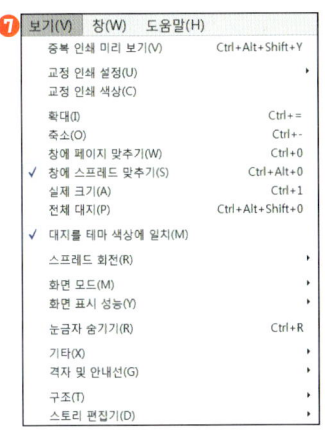
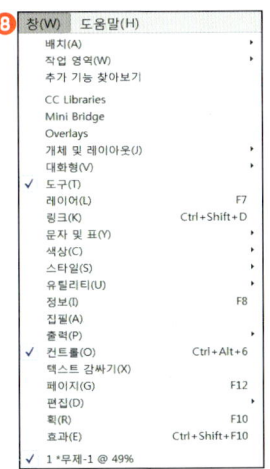
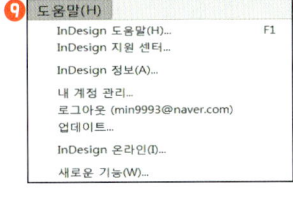

⑦ **[보기] 메뉴** : 교정 인쇄 설정, 교정 인쇄 색상, 확대, 축소, 격자 및 안내선 등 화면 보기에 관련된 메뉴입니다.

⑧ **[창] 메뉴** : 작업 영역이나 패널 등을 열고 닫을 때 사용하는 메뉴입니다.

⑨ **[도움말] 메뉴** : 인디자인 도움말이나 새로운 기능, 계정 관리등을 할 수 있는 메뉴입니다.

2 도구 상자

도구 상자는 인디자인에서 작업하는 선택 도구, 그리기 및 문자 도구, 변형 도구, 수정 및 내비게이션 도구 등을 모아 놓은 곳으로 아이콘 형태로 표시되어 있습니다. 인디자인 화면상에 도구 상자가 없어진 경우 [창] - [도구]를 선택하면 도구 상자가 표시됩니다.

도구 상자의 숨겨진 도구와 도구 상자 변형하기

도구 상자에서 도구의 오른쪽 아래 작은 삼각형이 있는 도구는 숨겨진 도구가 있는 것이며, 숨겨진 도구가 있는 도구 위에 마우스 포인터를 이동해 클릭하면 숨겨진 도구가 나타납니다. 이때 원하는 도구를 클릭하면 숨겨진 도구를 선택해 사용할 수 있습니다.

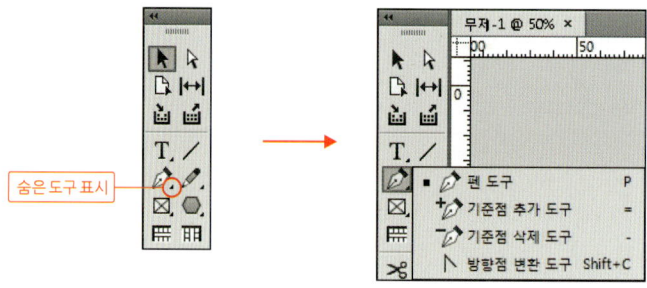

도구 상자의 위쪽에 있는 ▶▶ , ◀◀ 버튼을 누르면 도구 상자를 한 줄 또는 두 줄로 변경해서 사용할 수 있습니다.

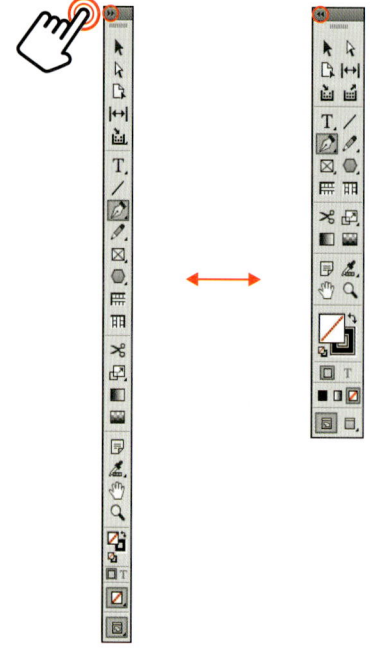

도구 상자 살펴보기

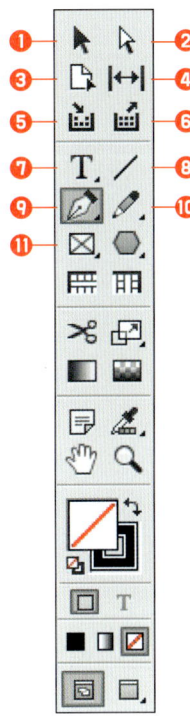

① **선택 도구** : 개체를 선택하거나 이동, 크기조정 및 변형할 때 사용합니다.

② **직접 선택 도구** : 프레임 또는 그룹 내 내용을 직접 선택하고, 패스나 기준점을 선택하고 변형합니다.

③ **페이지 도구** : 특정 페이지의 판형을 바꿀 때 사용하는 것으로 한 문서 내에 다양한 크기의 페이지를 만들 수 있습니다.

④ **간격 도구** : 문서에 여러 개체가 배치된 경우 개체 사이를 드래그하여 개체 사이의 간격을 조정할 수 있습니다.

⑤ **내용 수집 도구** : 개체나 스토리를 페이지나 다른 문서에서 다시 사용할 수 있도록 컨베이어에 불러옵니다.

⑥ **내용 배치 도구** : 내용 컨베이어 담아둔 개체나 스토리를 가져옵니다.

⑦ **문자 / 세로 문자 / 패스에 입력 / 패스에 세로로 입력 도구**
- **문자 도구** : 가로 텍스트 프레임을 만들고 선택할 수 있습니다.
- **세로 문자 도구** : 세로 텍스트 프레임을 만들고 텍스트를 선택할 수 있습니다.
- **패스에 입력 도구** : 패스 형태대로 문자를 입력하고 편집할 수 있습니다.
- **패스에 세로로 입력 도구** : 패스 형태대로 세로 문자를 입력하고 편집할 수 있습니다.

⑧ **선 도구** : 선을 그릴 수 있습니다.

⑨ **펜 / 기준점 추가 / 기준점 삭제 / 방향점 변환 도구**
- **펜 도구** : 직선 패스와 곡선 패스를 그릴 수 있습니다.
- **기준점 추가 도구** : 패스에 기준점을 추가할 수 있습니다.
- **기준점 삭제 도구** : 패스에서 기준점을 제거할 수 있습니다.
- **방향점 변환 도구** : 직선 패스 및 곡선 패스를 변환할 수 있습니다.

⑩ **연필 / 매끄럽게 / 지우개 도구**
- **연필 도구** : 자유형 패스를 그릴 수 있습니다.
- **매끄럽게 도구** : 패스에서 지나치게 왜곡된 각도를 제거할 수 있습니다.
- **지우개 도구** : 패스에서 점을 삭제할 수 있습니다.

⑪ **사각형 프레임 / 타원 프레임 / 다각형 프레임 도구**
- **사각형 프레임** : 정사각형 또는 직사각형 자리표시자를 만들 수 있습니다.
- **타원 프레임 도구** : 원형 또는 타원형 자리표시자를 만들 수 있습니다.
- **다각형 프레임 도구** : 다각형 자리표시자를 만들 수 있습니다.

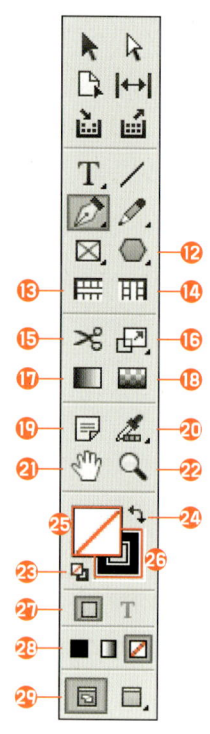

12 사각형 / 타원 / 다각형 도구
- **사각형 도구** : 정사각형 또는 직사각형을 만들 수 있습니다.
- **타원 프레임 도구** : 원 또는 타원을 만들 수 있습니다.
- **다각형 프레임 도구** : 다각형을 만들 수 있습니다.

13 가로 격자 도구 : 가로로 격자를 그립니다.

14 세로 격자 도구 : 세로로 격자를 그립니다.

15 가위 도구 : 지정된 점에서 패스를 오릴 수 있습니다.

16 자유 변형/회전/크기 조정/기울기 도구
- **자유 변형 도구** : 개체를 회전하고, 크기를 조정하고, 기울일 수 있습니다.
- **회전 도구** : 개체를 회전할 수 있습니다.
- **크기 조정 도구** : 개체의 크기를 조정할 수 있습니다.
- **기울이기 도구** : 개체를 기울일 수 있습니다.

17 그레이디언트 색상 견본 도구 : 프레임이나 개체 안에서 그레이디언트 색상을 지정합니다. 그레이디언트의 시작점과 끝점 및 각도를 조정할 수 있습니다.

18 그레이디언트 페더 도구 : 프레임이나 개체에 페더 색상을 지정해 배경으로 희미(부드럽게)하게 할 수 있습니다.

19 메모 도구 : 주석을 추가할 수 있습니다.

20 색상 테마 / 스포이드 / 측정 도구
- **색상 테마 도구** : InDesign 문서 내부에 배치된 항목에서 색상 테마를 생성합니다.
- **스포이드 도구** : 개체에서 색상 또는 문자의 특성을 샘플링하여 다른 개체에 적용할 수 있습니다.

21 손 도구 : 문서 창 안에서 페이지 보기를 이동할 수 있습니다.

22 확대 축소 도구 : 문서 창에서 보기 확대율을 높이거나 낮출 수 있습니다.

23 기본 칠 및 획 : 칠과 획의 기본 색상으로 되돌립니다.

24 칠과 획 교체 : 칠과 획의 색상을 교체합니다.

25 칠 색 : 칠 색을 설정합니다.

26 획 색 : 획 색을 설정합니다.

27 서식 적용 : 서식을 컨테이너에 적용할지 텍스트에 적용할지 선택합니다.

28 색상 적용 : 색상 및 그레이디언트를 적용하거나 적용 안 함 중에서 선택합니다.

29 화면 모드 : 표준, 미리보기, 도련, 슬러그, 프레젠테이션 중에서 화면 모드를 선택합니다.

TIP 언제부터인지 도구상자의 도구 이름이 나오지 않아요!

도구상자에서 각 도구의 이름이 나오지 않는 경우 [편집] - [환경설정] - [인터페이스] -[커서 및 제스처 옵션] - [도구 설명]에서 '표준'이나 '빠르게'를 선택하면 선택한 도구의 이름과 단축키가 표시 됩니다.

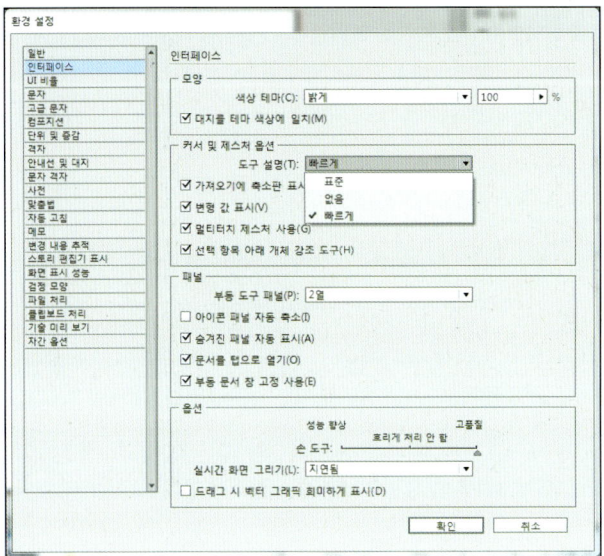

도구 힌트 보기

[창] - [유틸리티] - [도구 힌트]를 선택하면 선택한 도구의 단축키 및 수정자 키를 볼 수 있습니다.

3 컨트롤 패널

컨트롤 패널은 도구 상자에서 선택한 도구에 따라 표시되는 항목이 변경되며 세부 항목을 수정하거나 옵션을 변경할 수 있습니다. 컨트롤 패널이 보이지 않는 경우 [창] - [컨트롤]을 클릭해 화면에 표시할 수 있습니다. 컨트롤 패널이 화면상에 표시되고 해상도에 따라 나오는 옵션이 달라질 수 있습니다. 여기에서는 상황에 따라 변경되는 컨트롤 패널의 기본적인 기능을 알아보겠습니다.

개체 서식 컨트롤 패널

프레임이나 객체를 선택했을 경우 표시되는 컨트롤 패널입니다.

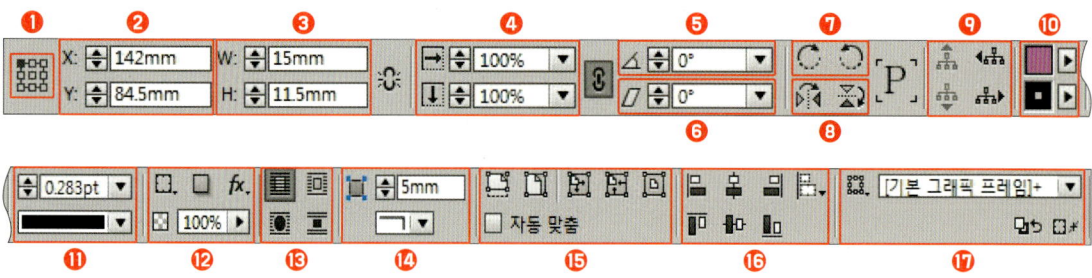

1 **참조점** : 좌표나 크기를 조절할 때 값이 적용되는 기준을 지정합니다.

2 **X / Y 위치** : 원점으로부터 선택한 개체의 X, Y 좌표를 표시하는 곳입니다.

3 **W / H** : 선택한 개체의 가로 세로 크기를 표시하는 곳입니다. 폭 및 높이 비율 제한( ) 버튼을 클릭하고 가로 세로 크기를 조절하면 현재 비율을 유지하면서 크기가 조절됩니다.

4 **X / Y 비율** : 선택한 개체의 가로와 세로 비율을 % 단위로 표시하는 곳입니다.

5 **회전 각도** : 오브젝트나 프레임의 회전각을 설정합니다.

6 **기울이기 X 각도** : 오브젝트나 프레임의 기울기 각도를 설정합니다.

7 **90° 회전** : 선택한 오브젝트나 프레임을 시계 방향이나 반 시계 방향으로 90° 회전시킵니다.

8 **뒤집기** : 가로 방향이나 세로방향으로 뒤집히게 합니다.

9 **개체 선택** : 컨테이너, 내용, 이전 개체 또는 다음 개체를 선택하는 곳입니다.

10 **칠 / 선** : 칠과 선의 색상을 선택하고 적용하는 곳입니다.

11 **선 두께 / 선 모양** : 선의 두께와 모양을 설정하는 곳입니다.

12 **효과** : 선택한 개체에 그림자, 효과, 투명도를 설정하는 곳입니다.

13 **감싸기** : 텍스트와 개체의 감싸기를 적용하는 곳입니다.

14 **모퉁이 옵션** : 모퉁이 모양을 설정하는 곳입니다.

15 **맞춤** : 프레임과 내용의 맞춤방식을 설정하는 곳입니다.

16 **정렬** : 선택한 개체를 정렬하는 곳입니다.

17 **개체 스타일** : 격자와 텍스트 프레임 등의 개체 스타일을 적용하는 곳입니다.

선 서식 컨트롤 패널

선을 선택하면 표시되는 컨트롤 패널입니다. 다른 옵션은 개체 서식 컨트롤 패널과 옵션이 동일합니다.

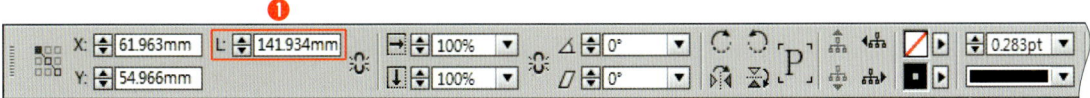

1 선 길이 : 선 길이를 표시해주며 조절해서 사용 가능합니다.

문자 서식 컨트롤 패널

도구 패널의 문자 도구(T.)를 선택하고 컨트롤 패널의 '문자 서식 컨트롤 (字)' 버튼을 클릭했을 때 표시되는 컨트롤 패널입니다.

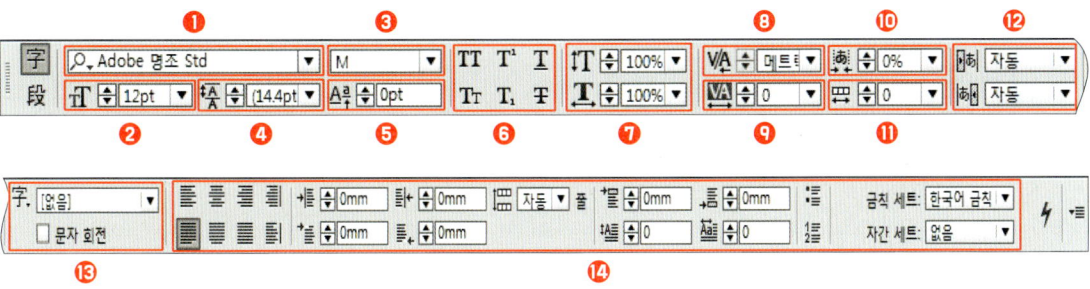

1 글꼴 : 글꼴을 선택합니다.
2 글꼴 크기 : 글꼴 크기를 설정합니다.
3 글꼴 스타일 : 글꼴 스타일을 설정합니다.
4 행간 : 줄과 줄 사이의 간격을 설정합니다.
5 기준선 이동 : 기준선을 기준으로 글자를 위 아래로 이동합니다.
6 문자 변경 : 모두 대문자, 작은 대문자, 위 첨자, 아래 첨자, 밑줄, 취소선 등을 적용합니다.
7 세로 / 가로비율 : 문자의 세로와 가로비율을 설정합니다.
8 커닝 : 커서가 위치하고 있는 문자와 문자 사이의 간격을 설정합니다.
9 자간 : 선택한 문자들의 사이 간격을 조정합니다.
10 비율 간격 : 문자 주변의 비율 간격을 조절합니다.
11 셀에 정렬 : 지정한 격자 문자를 균등 배치합니다.
12 문자 앞뒤 자간 : 문자의 앞뒤로 간격을 조절합니다.
13 문자 스타일 : 문자 스타일과 문자 회전을 적용하는 곳입니다.
14 단락 서식 컨트롤 패널과 중복되는 옵션 : 단락 서식 컨트롤 버튼을 클릭했을 때 표시되는 옵션과 동일하게 나오는 부분입니다. 단락 서식 컨트롤 패널 설명을 참고하면 됩니다.

단락 서식 컨트롤 패널

도구 패널의 문자 도구(T.)를 선택하고 컨트롤 패널의 '단락 서식 컨트롤(段)' 버튼을 클릭했을 때 표시되는 컨트롤 패널입니다.

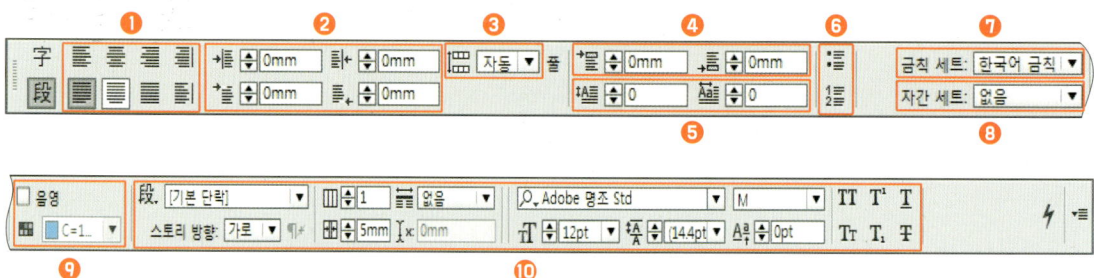

① **단락 정렬** : 선택한 단락의 정렬을 설정합니다.
② **들여쓰기** : 선택한 단락의 들여쓰기를 설정합니다.
③ **줄에 정렬** : 프레임 격자 사용 시 문자를 격자 줄에 맞춰 배치시키는 곳입니다.
④ **이전 공백 / 이후 공백** : 선택한 단락과 단락 사이에 공백을 설정합니다.
⑤ **단락 시작 표시 문자 높이 / 단락 시작 표시 문자 수** : 단락 첫 글자를 크게 만들 경우 사용하며 단락의 시작 부분에 보여질 줄 수와 시작 표시 문자를 몇 글자로 표시 할지 설정합니다.
⑥ **글머리 기호 목록 / 번호 매기기 목록** : 단락의 시작 부분에 글머리 기호나 번호를 설정합니다.
⑦ **금칙 세트** : 단락에 적용할 금칙 세트를 설정하는 곳입니다.
⑧ **자간 세트** : 단락에 적용할 자간 세트를 설정하는 곳입니다.
⑨ **음영** : 선택한 단락에 음영을 설정하는 곳입니다.
⑩ **문자 서식 컨트롤 패널과 중복되는 옵션** : 문자 서식 컨트롤 버튼을 클릭했을 때 표시되는 옵션과 동일하게 나오는 부분입니다. 문자 서식 컨트롤 패널 설명을 참고하면 됩니다.

표 서식 컨트롤 패널

도구 패널의 문자 도구(T.)를 선택하고 삽입된 표의 셀을 선택하면 표시되는 컨트롤 패널입니다.

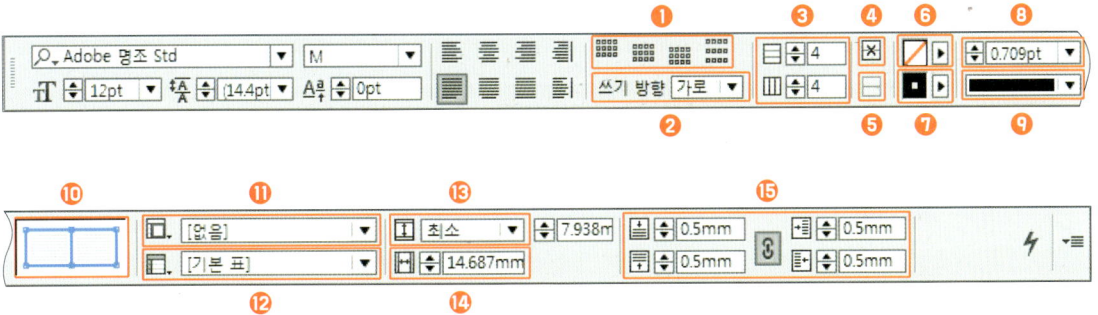

1. **정렬** : 셀 안에서 문자를 왼쪽 정렬, 가운데 정렬, 아래쪽 정렬, 세로 균등 배치합니다.
2. **쓰기 방향** : 셀 안에 입력된 텍스트의 방향을 가로 또는 세로로 설정합니다.
3. **행 수 / 열 수** : 선택한 표의 행 수 / 열 수를 설정합니다.
4. **셀 병합** : 선택한 셀을 하나의 셀로 합칠 때 사용합니다.
5. **셀 병합 해제** : 병합된 셀을 원래 상태로 되돌립니다.
6. **칠** : 셀의 칠 색상을 선택하고 설정합니다.
7. **선** : 셀의 선 색상을 선택하고 결정합니다.
8. **선 두께** : 셀의 선 두께를 설정합니다.
9. **선 모양** : 셀의 선 모양을 설정합니다.
10. **선 선택** : 현재 선택한 셀의 위, 아래, 왼쪽, 오른쪽, 안쪽 선을 자유롭게 클릭하여 선택할 수 있습니다.
11. **셀 스타일** : 셀 스타일을 적용합니다.
12. **표 스타일** : 표 스타일을 적용합니다.
13. **행 높이** : 셀의 높이를 설정합니다.
14. **열 폭** : 셀의 폭을 설정합니다.
15. **셀 인센트** : 셀 내부 여백을 설정합니다.

페이지 서식 컨트롤 패널

도구 패널의 페이지 도구( )를 선택하면 표시되는 컨트롤 패널입니다.

① **Y 위치** : 선택한 페이지의 세로 좌표를 설정합니다.
② **W/H** : 선택한 페이지의 가로 세로 크기를 표시해주며 크기를 조절해 사용할 수 있습니다.
③ **페이지 크기** : 페이지를 정해진 판형 사이즈로 선택하여 변경할 수 있습니다.
④ **페이지 방향** : 페이지 방향을 설정합니다.
⑤ **유동적 페이지 규칙** : 페이지 크기를 변경할 때 그 안의 개체들이 어떤 방식으로 어울리도록 배치할지 설정합니다.
⑥ **페이지와 함께 개체 이동** : 위치 값을 조절할 때 개체가 페이지와 함께 이동하도록 설정합니다.
⑦ **마스터 페이지 오버레이 표시** : 선택한 페이지 위에 마스터 페이지가 같이 표시되도록 합니다.

컨트롤 패널 메뉴 설정하기

1 필요한 기능이 컨트롤 패널에 없는 경우 컨트롤 패널 오른쪽의 메뉴( ) 버튼을 클릭하고 [사용자 정의]를 클릭합니다.

2 기능을 추가할 수 있는 [제어판 사용자 정의]대화상자가 표시되면 추가할 기능을 선택하고 [확인] 버튼을 클릭하면 됩니다. 하지만 기능이 선택되어있어도 컨트롤 패널에 표시할 공간이 없으면 표시되지 않습니다.

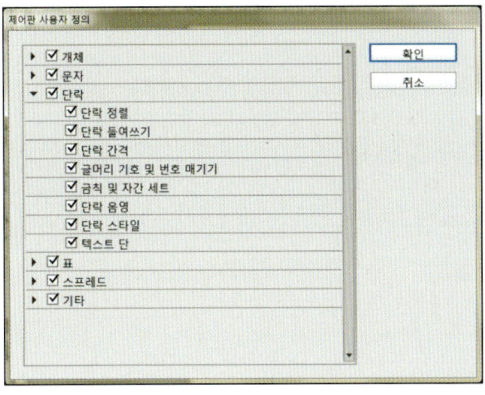

4 패널

패널은 편집 작업에 필요한 옵션의 세밀한 설정을 하는 데 사용됩니다. [창] 메뉴에서 필요한 패널을 선택하여 사용할 수 있습니다.

패널 살펴보기

문자 서식 컨트롤 패널

[창] - [개체 및 레이아웃]에서 패널을 선택해 사용할 수 있습니다.

1 정렬 패널 : 두 개 이상의 개체를 정렬하거나 간격을 조절할 경우 사용합니다.

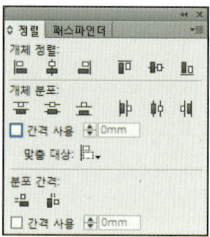

2 변형 패널 : 개체의 위치, 크기, 비율, 기울기 등을 조절 할 수 있습니다.

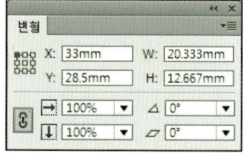

3 패스파인더 패널 : 패스 연결, 패스 닫기, 반전, 기준점 변화 등의 작업을 할 수 있습니다. 또한 2개 이상의 개체를 더하거나 빼는 등의 작업도 할 수 있습니다.

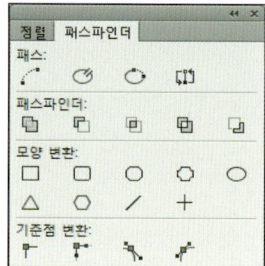

대화형 패널 살펴보기

[창] - [대화형]에서 패널을 선택해 사용할 수 있습니다.

1 개체상태 : 선택한 개체의 상태를 추가하거나 삭제합니다.

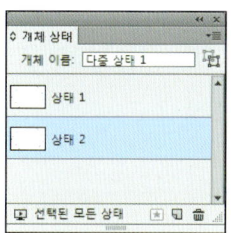

2 책갈피 패널 : 한 번에 이동할 위치에 책갈피를 설정하고 선택해 이동합니다.

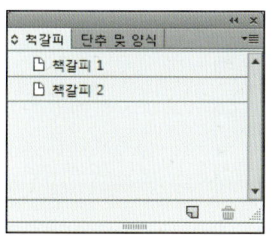

3 단추 및 양식 패널 : 레이아웃에 양식 필드를 추가합니다.

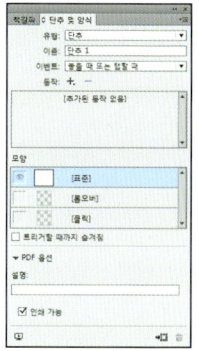

4 페이지 전환 패널 : 내보내기를 이용해 SWF 파일이나 PDF 파일 형식으로 페이지를 이동할 때 전환 효과, 방향, 속도를 설정할 수 있습니다.

5 유동적 레이아웃 : 다양한 페이지 크기와 방향으로 디자인을 쉽게 할 수 있으며, 유동적 페이지 규칙을 적용하여 사용할 수 있습니다.

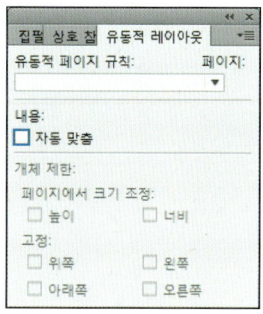

6 하이퍼링크 패널 : 인디자인에서 Adobe PDF 또는 SWF로 내보낼 때 사용자가 링크를 클릭하여 동일한 문서의 다른 위치나 다른 문서 또는 웹 사이트로 이동할 수 있도록 하이퍼링크를 만들 수 있습니다.

문자 관련 패널 살펴보기

[창] - [문자대화형]에서 패널을 선택해 사용할 수 있습니다.

1 글리프 패널 : 문장 부호, 위 첨자 및 아래 첨자, 통화 기호, 숫자, 특수 문자 등을 삽입할 때 사용하며, 서체에 따라 다르게 표시 됩니다.

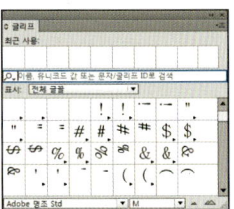

2 단락 패널 : 정렬, 들여쓰기, 여백 등을 설정할 수 있습니다.

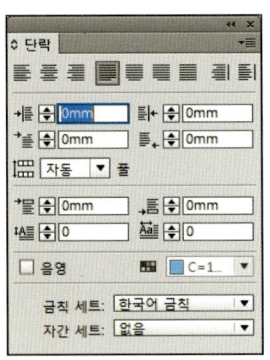

3 명명된 격자 패널 : 프레임 격자 설정을 명명된 격자 서식으로 저장하고 다른 프레임 격자에 적용할 수 있습니다.

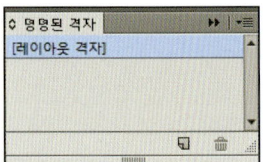

4 문자 패널 : 글꼴, 글꼴 크기, 행간, 자간 등을 설정할 수 있습니다.

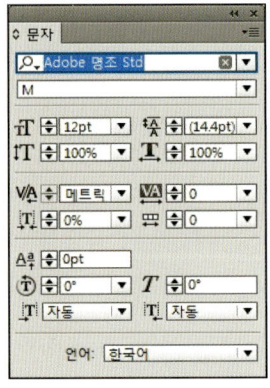

5 색인 패널 : 색인이 적용된 글자와 위치가 표시됩니다.

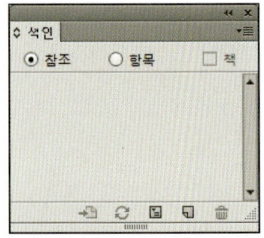

6 스토리 패널 : 여러 문장으로 이루어진 텍스트 프레임의 쓰기 방향과 정렬 등을 설정합니다.

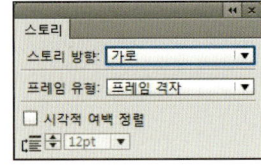

7 **상호 참조 패널** : 상호 참조를 문서에 삽입할 수 있습니다.

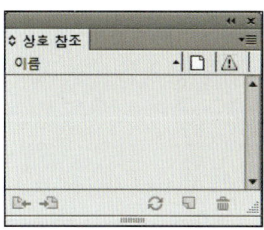

8 **표 패널** : 행, 열, 너비, 높이, 글자 쓰기 방향, 인센트 등을 설정합니다.

색상 관련 패널 살펴보기

1 **Adobe Color 테마** : 테마 색상을 만들거나 검색 등을 할 수 있습니다.

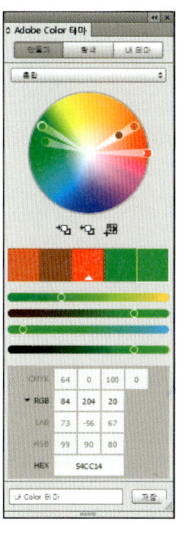

2 **그레이디언트** : 그레이디언트 유형, 위치, 각도 등을 설정합니다.

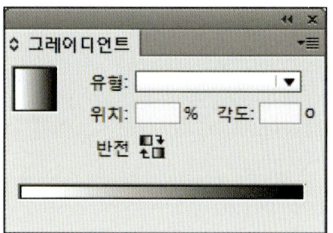

3 **색상** : 칠이나 획 색상 값을 슬라이더를 이동해 설정하거나 직접 입력해 설정할 수 있습니다.

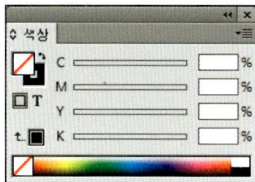

4 **색상 견본** : 색상 패널에서 색상을 만들어 등록해놓고 사용할 수 있습니다.

스타일 관련 패널 살펴보기

1 개체 스타일 패널 : 텍스트 프레임, 격자 등의 개체 스타일을 만들고 편집하여 적용할 수 있습니다.

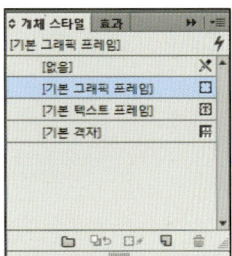

2 단락 스타일 패널 : 단락 스타일을 만들고 페이지 본문에 동일한 스타일을 적용할 수 있습니다.

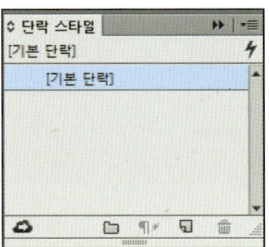

3 문자 스타일 패널 : 단락 안에서 텍스트를 만들고 텍스트의 이름을 지정하여 텍스트에 문자 스타일을 적용할 수 있습니다.

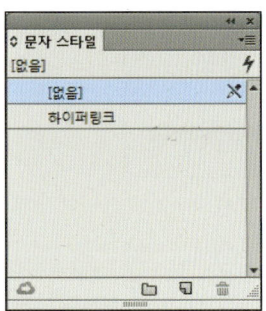

4 셀 스타일 패널 : 텍스트, 획 및 칠, 대각선 등의 서식을 제공하며 스타일을 설정해 사용할 수 있습니다.

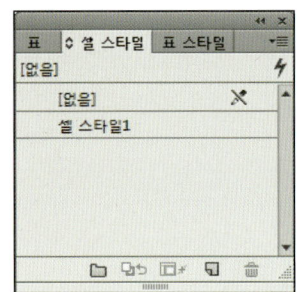

5 표 스타일 패널 : 표 테두리, 행, 열, 높이 등의 스타일을 설정할 수 있습니다.

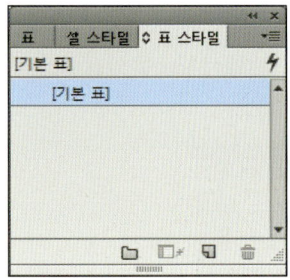

┗ 편집 관련 패널 살펴보기

1 메모 패널 : 메모 도구를 사용하여 작업에 메모를 남깁니다.

2 변경 내용 추적 패널 : 현재 스토리나 모든 스토리의 변경내용을 추적할 경우 사용합니다.

3 할당 패널 : 공동으로 작업의 범위를 할당하고 업데이트 할 수 있도록 합니다.

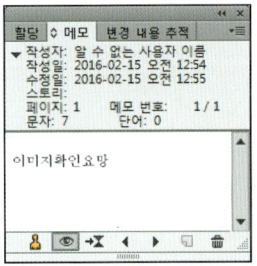
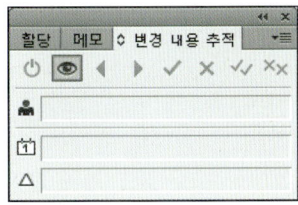

┗ 그 밖에 패널 살펴보기

1 레이어 패널 : 텍스트와 이미지 등을 구분해서 작업할 수 있습니다.

2 페이지 패널 : 새로운 페이지를 만들거나 삭제, 이동 등의 페이지 관련 설정을 할 수 있습니다.

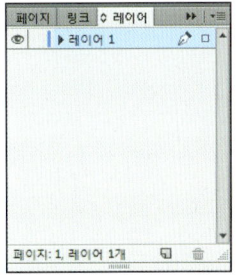
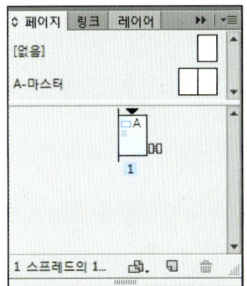

3 집필 패널 : 사용자 정의 탭 순서를 설정합니다.

4 획 패널 : 획에 대한 옵션 변경 및 설정을 할 수 있습니다.

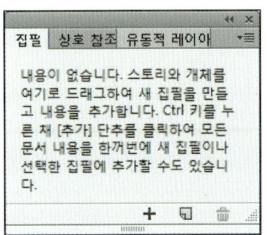
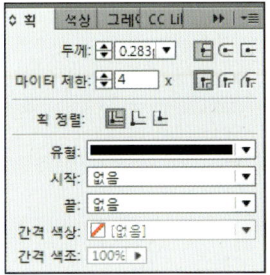

작업 영역

인디자인에서는 사용자의 작업 용도에 따라 작업환경을 설정해 사용할 수 있습니다. [창] 메뉴의 [작업 영역] 메뉴에서 원하는 요소를 선택하면 그에 따라 화면의 패널이 변경되어 좀 더 편리한 작업을 수행할 수 있습니다. 여기서는 기본 요소로 설정된 화면을 디지털 출판 환경으로 변경해 보겠습니다.

1 [창] - [작업 영역] - [디지털 출판]을 클릭합니다.

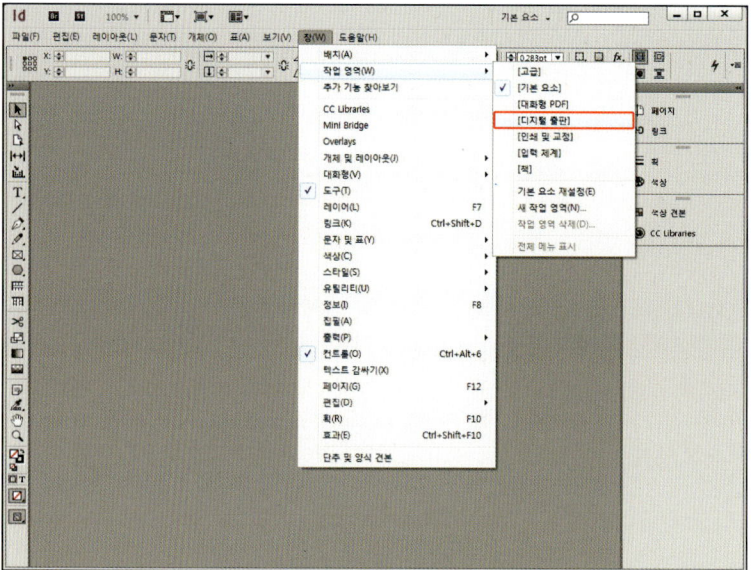

2 인디자인 프로그램 패널이 디지털 출판에 종사하는 디자이너가 자주 사용하는 패널로 변경됩니다.

작업 용도에 따른 패널

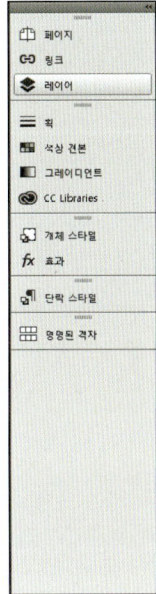 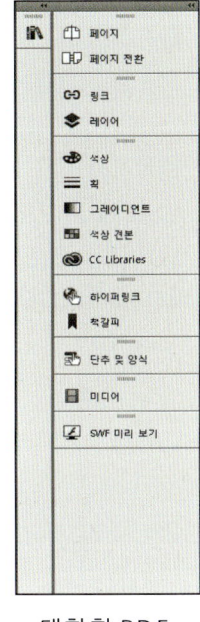 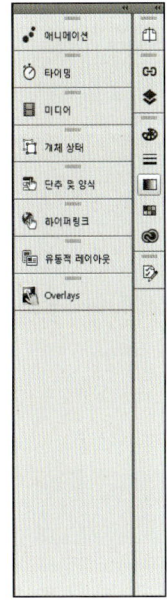  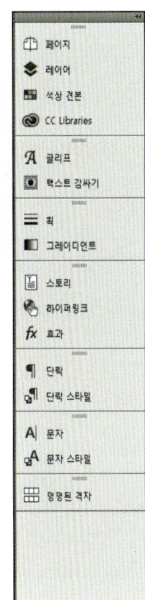

고급　　　　대화형 PDF　　　디지털 출판　　　인쇄 및 교정　　　입력 체계

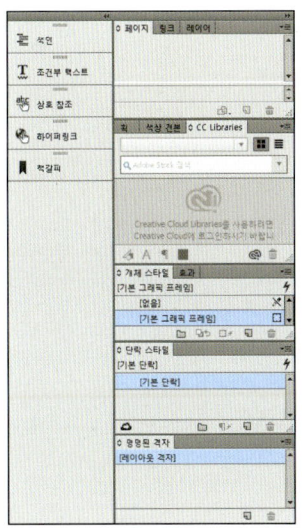

책

작업 영역 초기화

프로그램 사용 중에 작업 영역이 변경되어 초기화해서 사용하는 경우가 있습니다. 여기서는 기본 요소 작업 영역의 초기화를 해보도록 하겠습니다.

1 [창] - [작업 영역] - [기본 요소]를 클릭합니다.

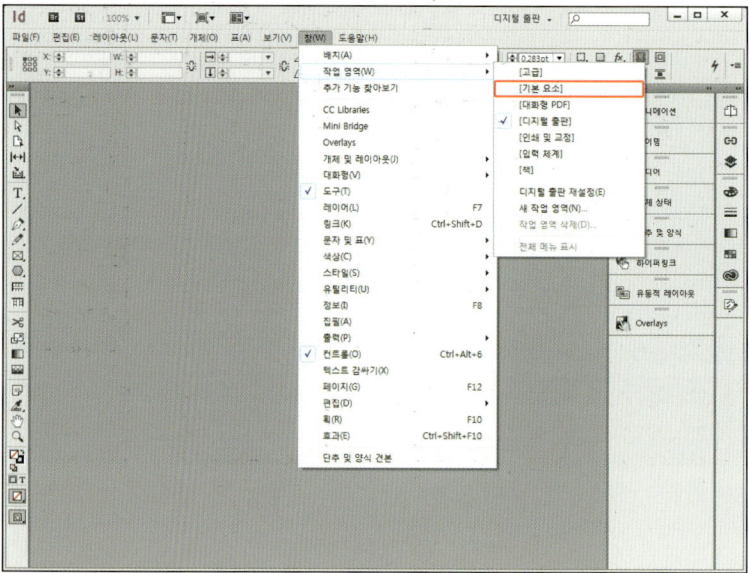

2 [창] - [작업 영역] - [기본 요소 재설정]을 선택합니다.

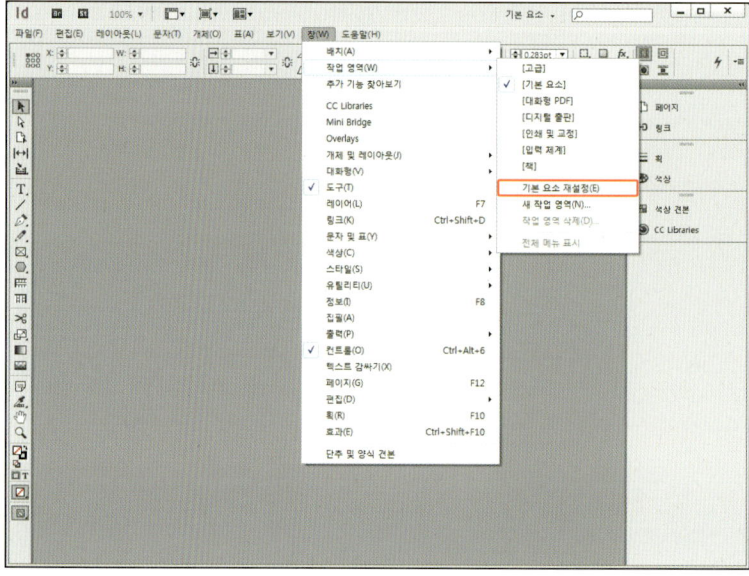

3 작업 영역이 기본 요소로 초기화되었습니다. 기본 요소가 아닌 다른 작업 영역의 초기화를 할 경우에는 초기화할 작업 영역 재설정 메뉴를 선택해 사용합니다.

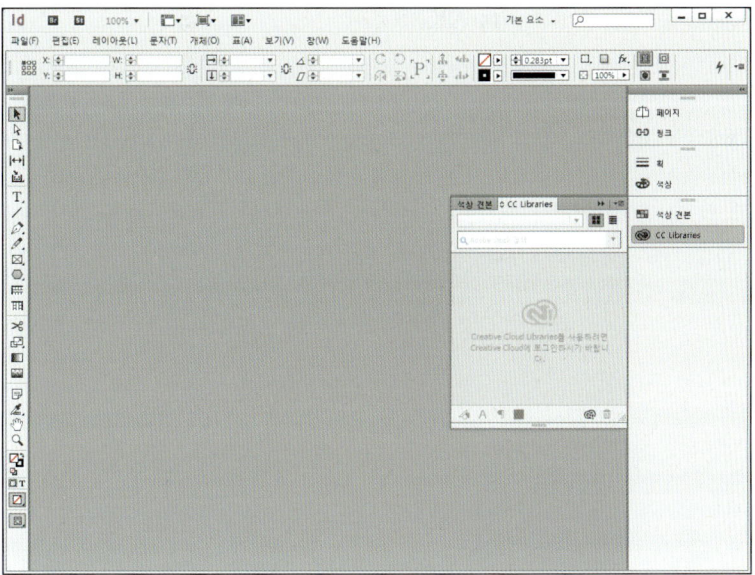

05 인디자인 작업환경 설정하기

환경 설정은 사용자 본인이 편리하게 사용하기 위해 옵션을 변경해 사용하는 곳입니다. 처음부터 무조건 환경을 고쳐 사용하기보다는 작업하면서 본인에게 맞게 조절해 사용하는 것이 좋습니다. 환경 설정을 할 경우 문서가 열려 있는 상태에서 하면 해당 문서에만 환경 설정 값이 적용되므로, 인디자인에서 작성할 모든 신규 문서에 동일한 환경설정이 적용되려면 모든 문서를 닫은 상태에서 환경설정을 해야 합니다. [편집] - [환경 설정]을 클릭하거나 Ctrl + K 키를 누르면 [환경 설정] 대화 상자가 표시 되며, 각각의 범주에서 옵션을 설정해 사용하면 됩니다.

일반 설정
페이지 번호 매기기와 개체 편집 옵션 등을 설정합니다.

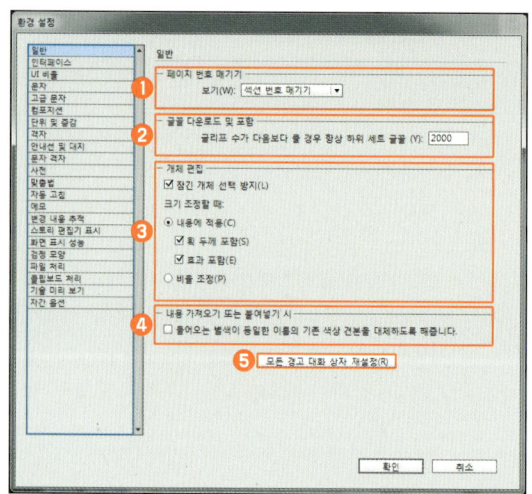

① **페이지 번호 매기기** : 페이지 번호를 섹션별로 나눠서 하는 '섹션 번호 매기기'와 처음부터 순차적으로 하는 '절대 번호 매기기' 2가지 중에서 하나를 선택할 수 있습니다.

② **글꼴 다운로드 및 포함** : 사용된 글꼴의 글리프 수를 기준으로 글꼴 하위 셋트를 설정할 때 한계 값을 설정합니다.

③ **개체 편집** : 잠겨 있는 개체의 선택 유무를 결정하거나 텍스트 및 오브젝트의 크기 조정 시 컨트롤 패널에 비율을 어떻게 설정할 것인지 옵션을 설정할 수 있습니다. 내용에 적용을 한 경우 텍스트 프레임의 크기를 두 배로 늘렸을 때 텍스트 크기와 획의 두께는 그대로 유지되며, 비율 조정을 한 경우 텍스트 프레임의 크기를 두 배로 늘렸을 때 텍스트 크기와 획 두께도 두 배로 증가합니다.

4 **내용 가져오기 또는 붙여 넣기 시** : 들어오는 별색이 동일한 이름의 기존 색상 견본을 대체하도록 해주는 옵션을 설정합니다.

5 **모든 경고 대화 상자 재설정** : 이 버튼을 클릭하면 모든 경고 메시지를 표시합니다.

인터페이스 설정

인터페이스의 밝기, 커서 및 제스처 옵션, 패널 등을 설정합니다.

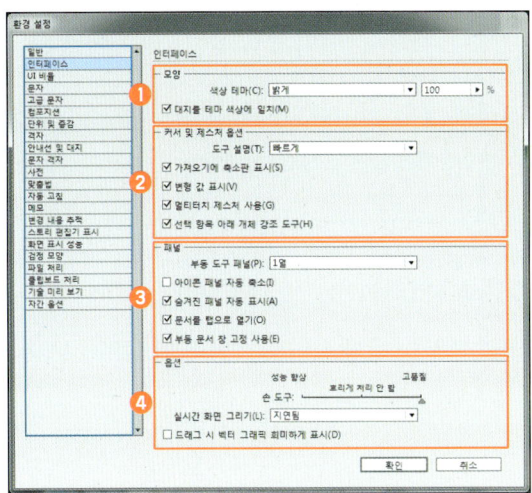

1 **모양** : 인디자인 CC에서 추가된 기능으로 인터페이스 전체적인 밝기를 설정할 수 있습니다. 밝게, 중간 정도 밝게, 중간 정도 어둡게, 어둡게 중에서 선택해 사용할 수 있으며, 대지 영역의 색상을 인터페이스 테마 색상에 맞춰 조절합니다.

2 **커서 및 제스처 옵션** : 도구 설명은 마우스 포인터를 도구 상자나 컨트롤 패널에 올려놓으면 나오는 설명을 표시할지 여부를 선택할 수 있습니다. 가져오기에 축소판 표시는 포토샵, 일러스트 파일 등을 불러올 때 해당 이미지를 축소판을 표시할 것인지 여부를, 변형 값 표시는 오브젝트 회전 및 크기 조정 시 변형된 정보를 표시할 것인지 여부를 선택할 수 있습니다. 멀티터치 제스처 사용은 멀티터치 제스처를 제공하는 제품에서 사용 여부를, 선택 항목 아래 개체 강조 도구는 마우스 포인터 이동 시 프레임 가장자리를 자동으로 강조할지 여부를 선택할 수 있습니다.

3 **패널** : 부동 도구 패널에서는 도구 패널을 1열, 2열, 1행으로 표시할지 설정할 수 있습니다. 패널의 자동 축소 여부와 숨겨진 패널의 자동 표시 여부, 문서를 탭으로 열 것인지 창으로 열 것인지 선택하는 옵션과 부동 창으로 표시된 문서를 탭 구분 창에 고정할 수 있는지 여부를 선택할 수 있습니다.

4 **옵션** : 손 도구를 이용해 문서를 스크롤 할 때 이미지나 텍스트를 화면에 표시할 것이지 흐리게 할 것인지 설정할 수 있습니다.

UI 비율 설정

인디자인에서는 UI 비율을 100%, 150%, 200%만을 지원합니다. 만약 OS의 수준 비율이 그 사이일 경우나 높은 경우, 예를 들어 125%라 가정했을 때 인터페이스 비율을 설정할 수 있습니다.

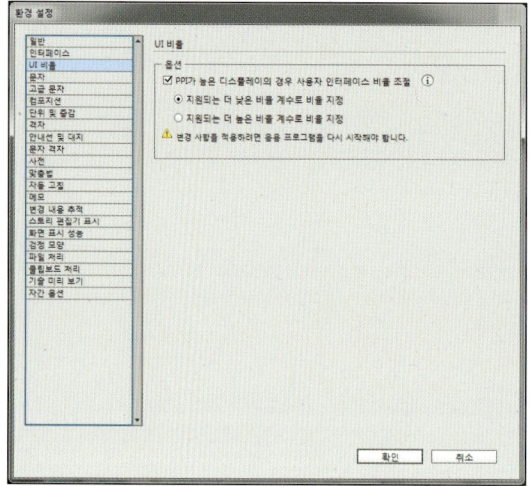

문자 설정

문자와 관련된 기능을 설정합니다.

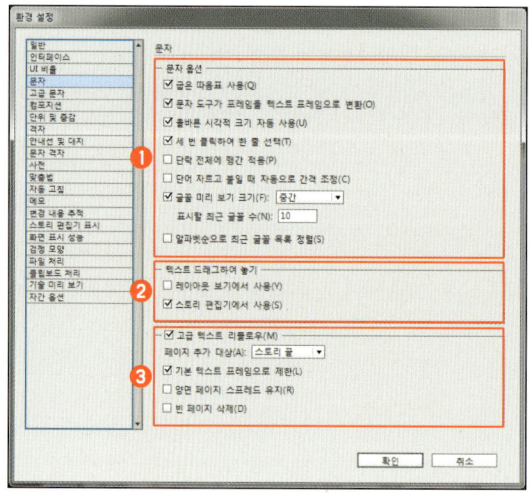

① **문자 옵션** : 굽은 따옴표 사용 및 문자 도구가 프레임을 텍스트 프레임으로 변환 등의 옵션을 선택할 수 있습니다.

- **굽은 따옴표 사용**
  문서에 따옴표 입력을 할 때 굽은 따옴표를 사용할지 곧은 따옴표를 사용할지 설정하는 곳으로 [편집] - [환경설정] - [사전]에서 선택한 따옴표가 적용됩니다.
- **문자 도구가 프레임을 텍스트 프레임으로 변환**
  문자 도구로 일반 프레임을 클릭했을 때 텍스트 프레임으로 변환시켜주는 옵션입니다.
- **올바른 시각적 크기 자동 사용**
  특정 크기에서 최상의 가독성을 나타낼 수 있도록 디자인된 글꼴을 사용할 수 있습니다.
- **세 번 클릭하여 한 줄 선택**
  마우스 왼쪽 버튼을 세 번 연속으로 클릭하면 한 줄이 영역 설정됩니다.
- **단락 전체에 행간 적용**
  옵션을 선택한 경우 단락 전체를 영역 설정하지 않아도 설정한 행간 값이 적용됩니다.
- **단어 자르고 붙일 때 자동으로 간격 조정**
  단어를 붙일 때 문맥에 따라 공백이 자동으로 추가되거나 제거됩니다.
- **글꼴 미리 보기 크기**
  문자 서식 패널이나 컨트롤 패널에서 글꼴 선택 시 글꼴의 미리보기 크기를 설정합니다.
- **표시할 최근 글꼴 수**
  최근에 사용한 글꼴을 몇 개 보여줄 것인지 설정할 수 있습니다.
- **알파벳순으로 최근 글꼴 목록 정렬**
  최근에 사용한 글꼴을 알파벳순으로 보여줍니다.

② **텍스트 드래그하여 놓기** : 레이아웃 보기 옵션을 선택하면 레이아웃 보기에서 텍스트를 드래그해 다른 프레임으로 옮길 수 있으며, 스토리 편집기에서 사용 옵션을 선택하면 스토리 편집기에서 텍스트를 드래그해 다른 프레임으로 옮길 수 있습니다.

③ **고급 텍스트 리플로우** : 텍스트가 많거나 페이지가 추가, 편집된 경우 페이지 대상을 설정합니다.

고급 문자 설정

세부적인 문자에 관련된 환경 설정을 합니다.

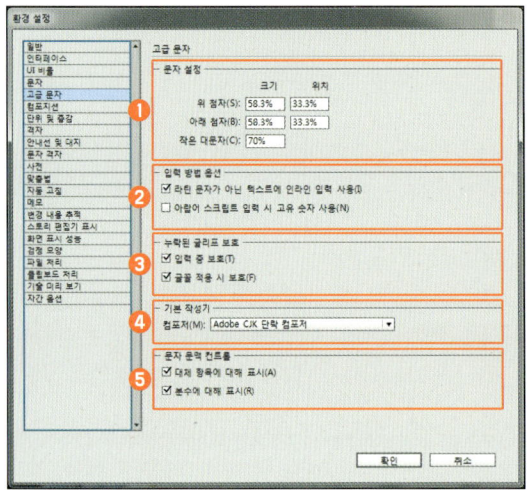

1. **문자 설정** : 위 첨자, 아래 첨자의 텍스트 크기와 위치를 설정하고, 작은 대문자로 적용될 텍스트 크기를 설정합니다.
2. **입력 방법 옵션** : 라틴 문자가 아닌 텍스트에 인라인 입력 사용 옵션을 선택해야만 한글 입력 시 텍스트 프레임에 직접 글자가 입력됩니다. 아랍어 스크립트 입력 시 고유 숫자 사용 옵션은 아랍어 스크립트 입력 시 아랍어 숫자를 사용할 수 있도록 설정합니다.
3. **누락된 글리프 보호** : 입력 중 보호 옵션이 선택된 경우 현재 글꼴에서 지원하지 않는 글리프를 다른 글꼴의 글리프로 대체해서 표시해줍니다. 글꼴 적용 시 보호 옵션을 선택하면 한글 글꼴이 적용된 텍스트에 영문 글꼴을 적용할 때 지원되지 않는 글리프를 보호해줍니다.
4. **기본 작성기** : 문서에 사용할 기본 컴포저를 설정하는 곳입니다.
5. **문자 문맥 컨트롤** : 대체 항목에 대해 표시와 분수에 대해 표시 옵션을 설정합니다.

컴포지션 설정

텍스트의 강조 표시 및 텍스트 감싸기 등의 옵션을 설정합니다.

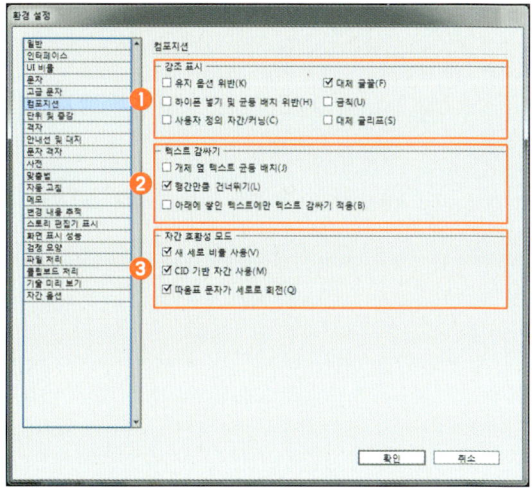

① **강조 표시** : 단락에서 선택한 옵션 사항이 발견되면 특정 색상으로 표시해줍니다.

② **텍스트 감싸기** : 오브젝트를 둘러싼 텍스트의 감싸기 형태를 설정합니다.

③ **자간 호환성 모드** : 새 세로 비율 사용 옵션을 선택하면 세로쓰기하는 경우 한글에 적용되는 세로 비율의 방향을 로마자에도 적용하며, CID 기반 자간 사용 옵션을 선택하면 유니코드가 아닌 다른 자간 기준이 적용됩니다. 따옴표 문자가 세로로 회전 옵션을 선택하면 세로 쓰기 시 따옴표가 세로 방향으로 회전됩니다.

단위 및 증감 설정

인디자인에서 사용하는 각종 단위를 설정합니다.

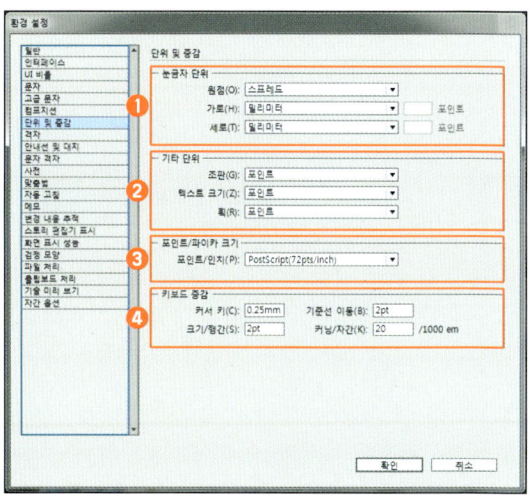

① **눈금자 단위** : 일반적으로 밀리미터가 사용되며, 눈금자에 표시되는 치수 단위를 설정할 수 있습니다.

② **기타 단위** : 조판, 텍스트 크기, 선의 두께 단위를 설정합니다.

③ **포인트/파이카 크기** : 포인트와 파이카 크기를 설정합니다.

④ **키보드 증감** : 단축키를 이용하여 행간, 자간, 기준선 이동 등을 조절할 경우 얼마만큼 조절할 것인지를 설정합니다.

격자 설정

문서 전체의 기준선과 문서 격자를 설정합니다.

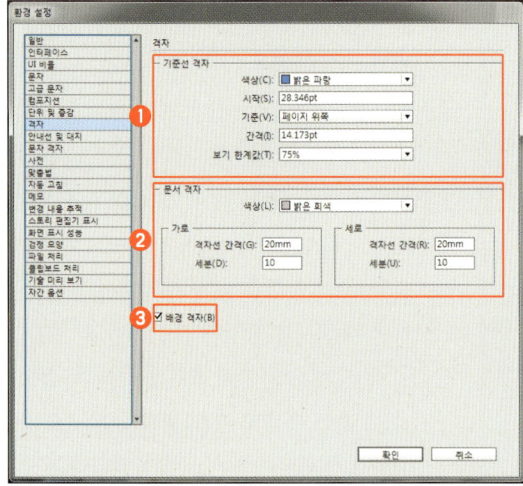

1. **기준선 격자** : 기준선 격자의 색상, 시작할 위치, 간격 등을 설정합니다.
2. **문서 격자** : 문서의 가로와 세로 격자선 간격과 색상을 설정합니다.
3. **배경 격자** : 격자를 문서 뒤쪽에 표시합니다.

안내선 및 대지 설정

안내선에 대한 환경 설정과 대지 옵션을 설정합니다.

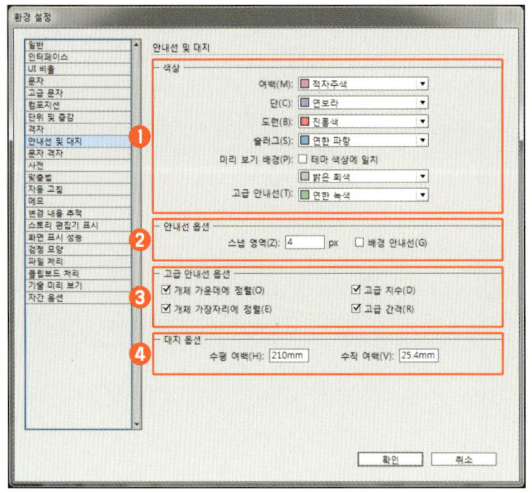

1. **색상** : 각종 안내선의 색상을 설정합니다.
2. **안내선 옵션** : 자동으로 안내선에 스냅되는 범위를 설정할 수 있으며, 배경 안내선 옵션을 선택하면 오브젝트 뒤로 안내선이 표시됩니다.
3. **고급 안내선 옵션** : 개체를 이동할 때 정렬 도우미 안내선을 사용할지 여부를 설정합니다.
4. **대지 옵션** : 페이지 바깥쪽의 수평 여백과 수직 여백을 설정합니다.

문자 및 레이아웃 격자 설정

문자 설정과 레이아웃 격자에 대한 옵션을 설정합니다.

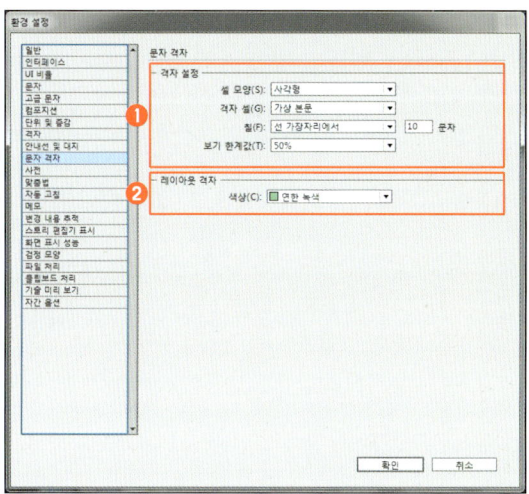

1 **격자 설정** : 격자의 셀 모양, 격자 셀 종류, 칠, 보기 한계치를 설정합니다.

2 **레이아웃 격자** : 레이아웃 격자 색상을 설정합니다.

사전 설정

사전에 사용될 언어를 설정합니다.

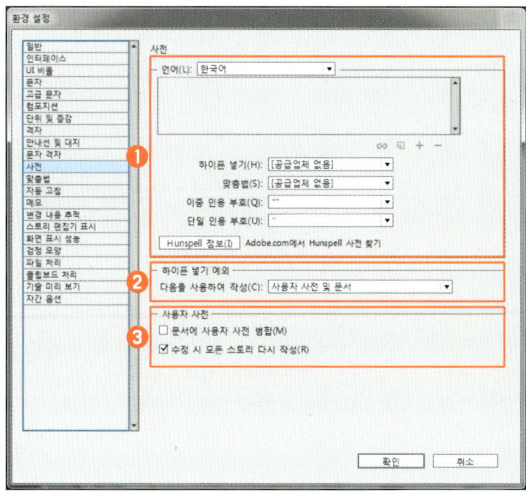

1 **언어** : 사전에 사용할 언어 및 하이픈 넣기, 맞춤법, 이중 인용 부호, 단일 인용 부호를 설정합니다.

2 **하이픈 넣기 예외** : 하이픈 넣기 예외 목록이 있는 경우 어느 곳에 저장된 목록을 사용할지 설정합니다.

2 **사용자 사전** : 사용자 사전에 예외 목록이 있는 경우 어떻게 처리할지 설정합니다.

맞춤법 설정

맞춤법 검사 시 어떤 항목을 검사할 것인지 설정합니다.

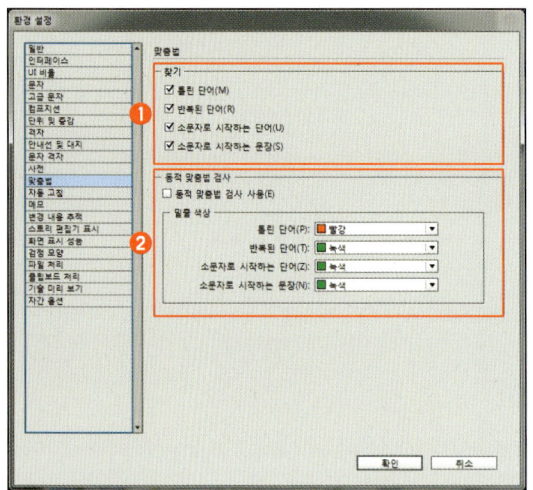

① **찾기** : 어떤 항목을 중심으로 맞춤법 검사를 할 것인지 찾기 옵션을 설정합니다.
② **동적 맞춤법 검사** : 옵션을 선택하면 맞춤법 검사 시 틀린 단어에 밑줄이 표시됩니다.

자동 고침 설정

텍스트 입력 시 오류가 자동으로 고쳐지도록 설정합니다.

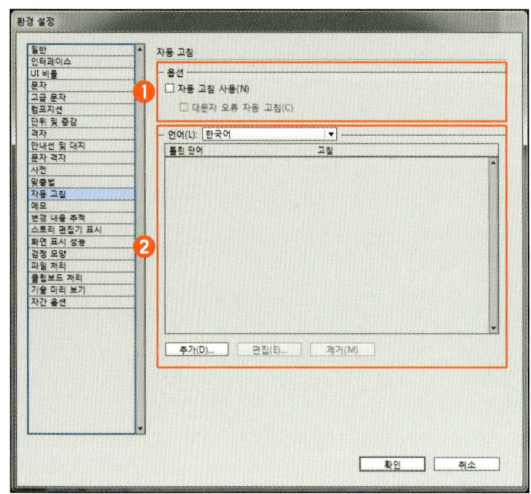

① **자동 고침 사용** : 옵션을 선택하면 텍스트 입력 시 대소문자 오류 및 일반적인 실수를 자동으로 수정해줍니다.
② **언어** : 자동 고침을 적용할 언어를 선택합니다.

메모 설정

메모 색상이나 스토리 편집기의 맞춤법 검사 옵션 등을 설정합니다.

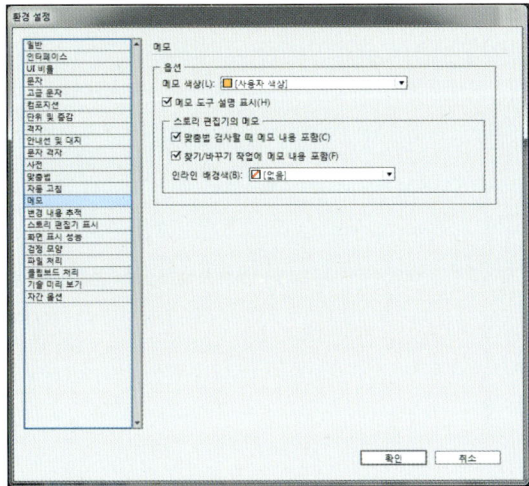

변경 내용 추적 설정

원고의 교정을 여러 번 하다보면 반영을 했는지 여부가 혼동되는 경우 변경 내용 추적을 하면 수정 및 반영 여부를 손쉽게 확인할 수 있습니다. 이때 변경 내용의 텍스트 색상 배경 등의 옵션을 설정하는 곳입니다.

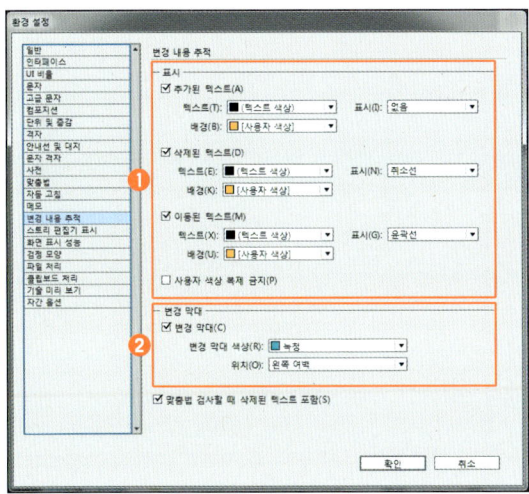

① **표시** : 스토리 편집기에서 추가, 삭제, 이동된 텍스트 변경된 텍스트에 적용할 색상 등을 설정합니다.
② **변경 막대** : 스토리 편집기의 변경 막대를 설정합니다.

스토리 편집기 표시 설정

스토리 편집기의 텍스트와 커서 옵션을 설정합니다.

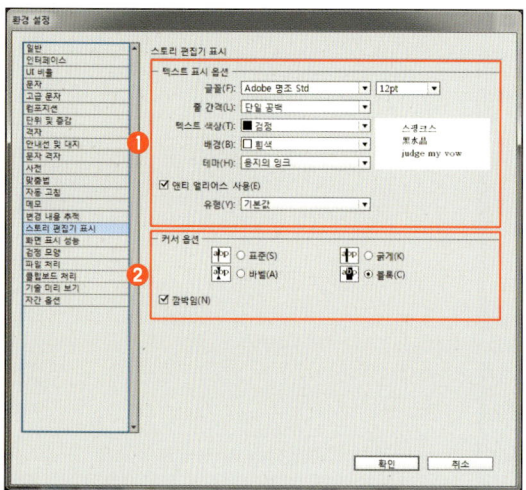

1 **텍스트 표시 옵션** : 스토리 편집기에 표시될 글꼴, 글꼴 크기, 줄 간격, 텍스트 색상, 배경색 등을 설정합니다.

2 **커서 옵션** : 스토리 편집기에서 사용할 커서의 종류를 선택합니다.

화면 표시 성능 설정

글자나 이미지 표현 방식을 설정합니다.

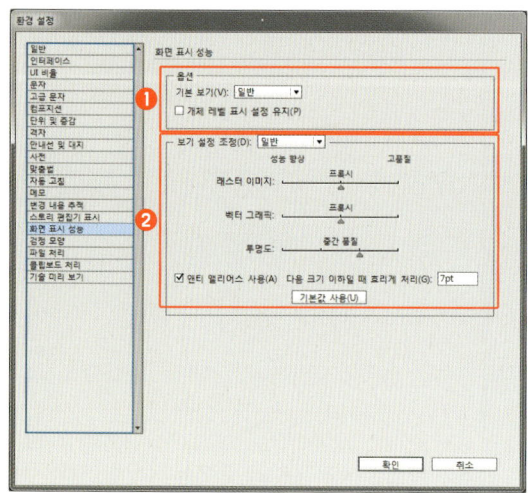

1 **옵션** : 문서의 기본 해상도를 설정하는 곳이며, 일반, 빠르게, 고품질 중에서 선택해 사용합니다. 하지만 인쇄 품질에는 영향을 주지 않습니다. 개체 레벨 표시 설정유지 옵션을 선택하면 문서를 닫았다가 다시 열어도 개별 오브젝트 화면 표시 설정이 유지되어 같은 해상도를 나타냅니다.

2 보기 설정 조정 : 화면 표시 성능 항목을 설정하는 곳입니다. 이미지가 깨져 보이는 경우 래스터 이미지, 벡터 그래픽 부분에서 조절해서 사용합니다. 문자 및 래스터 이미지의 가장자리를 부드럽게 처리하고 싶은 경우 앤티 앨리어스 사용 옵션을 선택합니다.

검정 모양 설정

화면에 표시되는 검정색과 인쇄할 때 표시되는 검정색을 어떻게 처리할 것인지 설정하는 곳입니다.

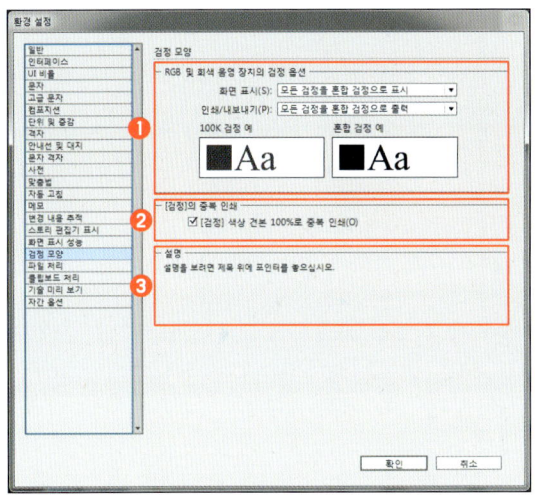

1 RGB 및 회색 음영 장치의 검정 옵션 : 화면 표시와 인쇄/내보내기를 할 때 순수한 검정(100K)과 혼합 검정(CMYK 값이 혼합된 검정)이 문서에 기술된 대로 표시할 지, 순수한 검정(100K)과 혼합 검정(CMYK 값이 혼합된 검정)이 모두 혼합 검정으로 표시할 것인지를 설정합니다.

2 [검정]의 중복 인쇄 : 선택한 분판을 인쇄 또는 저장하고 검정 색상 견본으로 색상이 지정된 개체 또는 텍스트에 영향을 주려면 '[검정] 색상 견본 100% 중복 인쇄'를 선택하는 것이 좋습니다. 이 설정은 PostScript 및 PDF 출력에 적용됩니다. 이 옵션을 선택 취소하면 칠 또는 획을 중복 인쇄하기 위해 설정된 개체에 적용되는 경우를 제외하고 모든 [검정] 항목이 밑에서 사용되는 잉크를 녹아웃(밑색 빼기)하게 됩니다.

3 설명 : 마우스 포인터를 제목 위로 이동하면 설명이 나오도록 합니다.

파일 처리 설정

오류로 인해 인디자인이 종료된 경우 문서를 어디에 저장할 것인지, 최근 파일 목록 및 저장 옵션 등을 설정합니다.

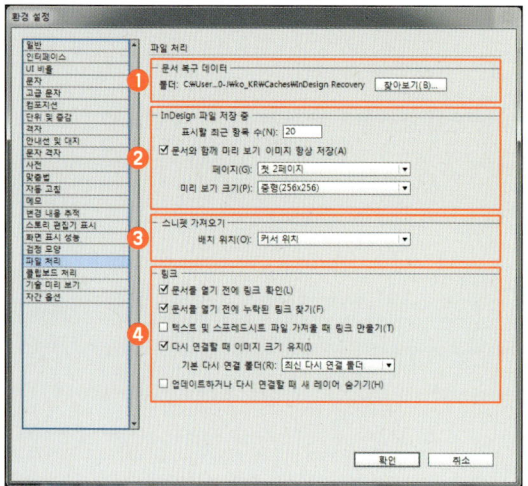

1. **문서 복구 데이터** : 시스템 오류, 정전 등의 예기치 않은 상황이 발생했을 경우 가장 최근에 작업한 문서를 복구해 줍니다. 이때 복구할 파일의 저장 경로를 설정합니다.

2. **InDesign 파일 저장 중** : [파일] - [최근 파일 열기]메뉴에 표시될 문서의 항목 수를 설정하고, 미리 보기 이미지를 문서와 함께 저장하려면 페이지와 미리 보기 크기를 설정합니다.

3. **스니펫 가져오기** : 개체의 위치를 설명하는 스니펫 파일을 어떠한 방식으로 가져올 지를 설정합니다.

4. **링크** : 문서를 열기 전에 링크를 확인하거나 누락된 링크를 찾는 등 문서에 연결된 파일을 어떻게 관리할 것인지 설정합니다.

클립보드 처리 설정

복사하고 붙여넣기 전까지의 상태인 클립보드에서 데이터를 어떻게 처리할 것인지 옵션을 설정하는 것으로, 붙이기 할 때 PDF를 우선으로 할 것인지, PDF 복사를 할 것인지, 서식을 포함하여 붙여 넣을 것인지, 텍스트만 붙여 넣을 것인지를 설정합니다.

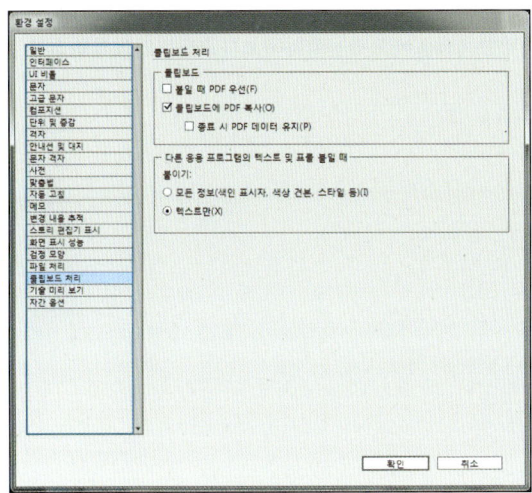

자간 옵션 설정

단락 패널에 표시될 자간 세트의 표시 여부를 설정하는 곳입니다.

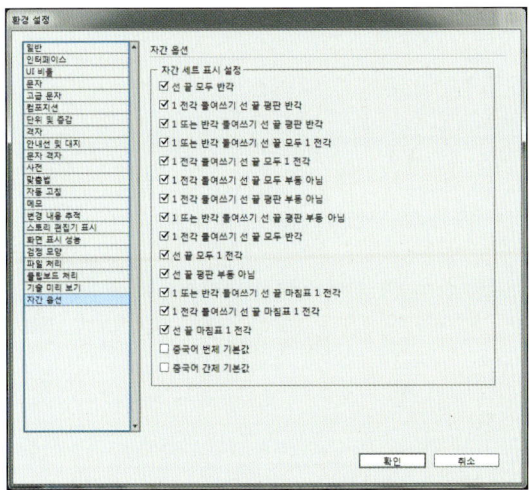

06 효율적인 작업을 위한 단축키

인디자인에서 단축키를 사용하면 마우스를 사용하지 않고 다양한 기능을 빠르게 실행하여 보다 효율적인 작업을 할 수 있습니다. 아래 정리해 놓은 단축키를 확인해 사용하기 바랍니다.

도구 관련 단축키

선택 도구	V , Esc
직접 선택 도구	A
선택 도구 및 직접 선택 도구 켜기/끄기	Ctrl + Tab
페이지 도구	Shift + P
간격 도구	U
펜 도구	P
고정점 추가 도구	=
고정점 삭제 도구	-
방향점 변환 도구	Shift + C
문자 도구	T
패스 상의 문자 도구	Shift + T
연필 도구(메모 도구)	N
선 도구	W (|)
사각형 프레임 도구	F
사각형 도구	M
타원 도구	L
회전 도구	R
크기 조절 도구	S
기울이기 도구	O
자유 변형 도구	E
스포이드 도구	I
측정 도구	K
그레이디언트 도구	G
가위 도구	C
손 도구	H
일시적으로 손 도구 선택	Space Bar (레이아웃 모드) , Alt (텍스트 모드) , Alt + Space Bar (모두)
돋보기 도구	Z

일시적으로 확대 도구 선택	Ctrl + Space Bar
일시적으로 축소 도구 선택	Alt + Ctrl + Space Bar
칠 및 획 켜기/끄기	X
칠과 획 교체	Shift + X
컨테이너에 서식 적용 및 텍스트에 서식 적용 전환	J
색상 적용	,
그레이디언트 적용	.
색상 적용 안 함	/
[표준] 보기 모드 및 [미리 보기] 모드 전환	W
프레임 가로 격자 도구	Y
프레임 세로 격자 도구	Q
그레이디언트 페더 도구	Shift + G

개체 선택 및 이동 관련 단축키

일시적으로 [선택 도구] 또는 [직접 선택 도구] 선택	Ctrl 을 누른 채 도구 클릭
일시적으로 [그룹 선택 도구] 선택	Alt 를 누른 채 [직접 선택 도구] 클릭 또는 Alt + Ctrl 을 누른 채 [펜 도구], [기준점 추가 도구], [기준점 삭제 도구] 클릭
선택한 내용의 컨테이너 선택	Esc 를 누르거나 두 번 클릭
선택한 컨테이너의 내용 선택	Shift + Esc 를 누르거나 두 번 클릭
선택한 여러 개체에서 추가 또는 빼기	Shift 를 누른 채 [선택 도구], [직접 선택 도구], [그룹 선택 도구]를 클릭하여 선택 해제, 중심점 클릭
선택 항목 복제	Alt 를 누른 채 [선택 도구], [직접 선택 도구], [그룹 선택 도구] 드래그
선택 항목 복제 및 옵셋	Alt + ←, →, ↑, ↓
선택 항목을 10배 단위로 복제 및 옵셋	Alt + Shift + ←, →, ↑, ↓
선택 항목 이동	←, →, ↑, ↓
선택을 항목을 1/10 단위로 이동	Ctrl + Shift + ←, →, ↑, ↓
선택 항목을 10배 단위로 이동	Shift + ←, →, ↑, ↓
문서 페이지에서 마스터 페이지 항목 선택	Ctrl + Shift 를 누른 채 [선택 도구] 또는 [직접 선택 도구] 클릭
앞쪽 또는 뒤쪽의 다음 개체 선택	Ctrl 을 누른 채 [선택 도구] 클릭 또는 Alt + Ctrl 을 누른 채 [선택 도구] 클릭
스토리에서 다음 또는 이전 프레임 선택	Alt + Ctrl + Page Down , Alt + Ctrl + Page Up
스토리에서 첫 번째 또는 마지막 프레임 선택	Shift + Alt + Ctrl + Page Down , Shift + Alt + Ctrl + Page Up

개체 변형을 위한 키

기능	단축키
선택 항목 복제 및 변형	Alt 를 누른 채 [변형 도구] 드래그
[변형 도구] 대화 상자 표시	개체를 선택하고 도구 상자에서 [크기 조정 도구], [회전 도구] 또는 [기울이기 도구]를 두 번 클릭
1%씩 비율 줄이기	Ctrl + ,
5%씩 비율 줄이기	Ctrl + Alt + ,
1%씩 비율 늘리기	Ctrl + .
5%씩 비율 늘리기	Ctrl + Alt + .
프레임 및 내용 크기 조정	Ctrl 을 누른 채 [선택 도구] 드래그
비율에 맞게 프레임 및 내용 크기 조정	Shift + Ctrl 을 누른 채 [선택 도구] 드래그
비율 제한	Shift 를 누른 채 [타원 도구], [다각형 도구], [사각형 도구] 드래그
[고품질 표시]에서 [간단 표시]로 이미지 전환	Ctrl + Alt + Shift + Z

문자 관련 단축키

기능	단축키
볼드(볼드 서체가 있는 글꼴에 대해서만)	Shift + Ctrl + B
이탤릭(이탤릭 서체가 있는 글꼴에 대해서만)	Shift + Ctrl + I
표준	Shift + Ctrl + Y
밑줄	Shift + Ctrl + U
취소선	Shift + Ctrl + /
모두 대문자(켜기/끄기)	Shift + Ctrl + K
아시아어 하이픈 넣기	Shift + Ctrl + K
작은 대문자(켜기/끄기)	Shift + Ctrl + H
위 첨자	Shift + Ctrl + +
아래 첨자	Shift + Alt + Ctrl + +
수평 또는 수직 비율을 100%로 재설정	Shift + Ctrl + X , Shift + Alt + Ctrl + X
기본 문자 그룹 설정 또는 세부 설정	Shift + Ctrl + X , Shift + Alt + Ctrl + X
왼쪽, 오른쪽 또는 가운데 맞춤	Shift + Ctrl + L , R , C
모든 줄 균등 배치	Shift + Ctrl + F (모든 선) 또는 J (마지막 선을 제외한 모두)
양쪽 끝 맞춤 또는 같은 간격	Shift + Ctrl + F (양쪽 끝 맞춤) 또는 J (같은 간격)
포인트 크기 늘림 또는 줄임	Shift + Ctrl + > , <
포인트 크기 5배 늘림 또는 줄임	Shift + Ctrl + Alt + > , <
행간 늘림 또는 줄임(가로 쓰기 텍스트)	Alt + ↑ , Alt + ↓
행간 늘림 또는 줄임(세로 쓰기 텍스트)	Alt + ← , Alt + →
행간 5배 늘림 또는 줄임(가로 쓰기 텍스트)	Alt + Ctrl + ↑ , Alt + Ctrl + ↓
행간 5배 늘림 또는 줄임(세로 쓰기 텍스트)	Alt + Ctrl + ← , Alt + Ctrl + →
자동 행간	Shift + Alt + Ctrl + A

격자에 맞춤(켜기/끄기)	Shift + Alt + Ctrl + G
자동 하이픈 넣기(켜기/끄기)	Shift + Alt + Ctrl + H
커닝 및 자간 늘림 또는 줄임(가로 쓰기 텍스트)	Alt + ← , Alt + →
커닝 및 자간 늘림 또는 줄임(세로 쓰기 텍스트)	Alt + ↑ , Alt + ↓
커닝 및 자간 5배 늘림 또는 줄임(가로 쓰기 텍스트)	Alt + Ctrl + ← , Alt + Ctrl + →
커닝 및 자간 5배 늘림 또는 줄임(세로 쓰기 텍스트)	Alt + Ctrl + ↑ , Alt + Ctrl + ↓
단어 간 커닝 늘림	Alt + Ctrl + ₩
단어 간 커닝 줄임	Alt + Ctrl + Back Space
모든 수동 커닝 지우기 및 자간 0으로 재설정	Alt + Ctrl + Q
기준선 이동 늘림 또는 줄임(가로 쓰기 텍스트)	Shift + Alt + ↑ , Shift + Alt + ↓
기준선 이동 늘림 또는 줄임(세로 쓰기 텍스트)	Shift + Alt + ← , Shift + Alt + →
기준선 이동 5배 늘림 또는 줄임(가로 쓰기 텍스트)	Shift + Alt + Ctrl + ↑ , Shift + Alt + Ctrl + ↓
기준선 이동 5배 늘림 또는 줄임(세로 쓰기 텍스트)	Shift + Alt + Ctrl + ← , Shift + Alt + Ctrl + →
스토리 자동 흐름	Shift 를 누른 채 불러온 텍스트 아이콘 클릭
스토리 반자동 흐름	Alt 를 누른 채 불러온 텍스트 아이콘 클릭
모든 스토리 재구성	Alt + Ctrl + /
현재 페이지 번호 삽입	Alt + Ctrl + N

탭 패널에 단축키

[탭] 패널 활성화	Shift + Ctrl + T
맞춤 옵션 간 전환	Alt 를 누른 채 탭 클릭

레이어 패널 단축키

레이어의 모든 개체 선택	Alt 를 누른 채 레이어 클릭
선택 항목을 새 레이어로 복사	Alt 를 누른 채 작은 사각형을 새 레이어로 드래그
선택한 레이어 아래에 새 레이어 추가	Ctrl 을 누른 채 [새 레이어 만들기] 클릭
레이어 목록의 맨 위에 새 레이어 추가	Shift + Ctrl 을 누른 채 [새 레이어 만들기] 클릭
레이어 목록의 맨 위에 새 레이어를 추가하고 [새 레이어] 대화 상자 열기	Shift + Alt + Ctrl 을 누른 채 [새 레이어 만들기] 클릭
새 레이어를 추가하고 [새 레이어] 대화 상자 열기	Alt 를 누른 채 [새 레이어 만들기] 클릭

페이지 패널 단축키

선택한 페이지에 마스터 적용	Alt 를 누른 채 마스터 클릭
선택한 마스터를 기준으로 다른 마스터 페이지 설정	Alt 를 누른 채 선택한 마스터의 기준으로 설정할 마스터 클릭
마스터 페이지 만들기	Ctrl 을 누른 채 [새 페이지 만들기] 단추 클릭
[페이지 삽입] 대화 상자 표시	Alt 를 누른 채 [새 페이지] 단추 클릭
마지막 페이지 뒤에 새 페이지 추가	Shift + Ctrl + P

분판 미리보기 패널 단축키

[중복 인쇄 미리 보기] 켜기	Ctrl + Alt + Shift + Y
모든 플레이트 표시	Ctrl + Alt + Shift + ~
녹청 플레이트 표시	Ctrl + Alt + Shift + 1
자홍 플레이트 표시	Ctrl + Alt + Shift + 2
노랑 플레이트 표시	Ctrl + Alt + Shift + 3
검정 플레이트 표시	Ctrl + Alt + Shift + 4
첫 번째 별색 플레이트 표시	Ctrl + Alt + Shift + 5
두 번째 별색 플레이트 표시	Ctrl + Alt + Shift + 6
세 번째 별색 플레이트 표시	Ctrl + Alt + Shift + 7

변형 패널 단축키

값 적용 후 개체 복사	Alt + Enter
비율에 맞게 폭, 높이 또는 비율 값 적용	Ctrl + Enter

텍스트 찾기 및 바꾸기 단축키

[찾을 내용] 대화상자에 선택한 텍스트 입력	Ctrl + F1
[찾을 내용] 대화상자에 선택한 텍스트 입력 및 다음 텍스트 찾기	Shift + F1
[찾을 내용] 텍스트의 다음 항목 찾기	Shift + F2 또는 Alt + Ctrl + F
[바꿀 내용] 대화상자에 선택한 텍스트 입력	Ctrl + F2
선택 항목을 [바꿀 내용] 텍스트로 바꾸기	Ctrl + F3

07 나만의 작업 영역 만들기

사용자 인터페이스 설정하기

인디자인 CC 인터페이스 기본 테마는 '중간 정도 어둡게'입니다. 여기서는 인디자인 인터페이스 색상을 밝은 색으로 설정해 보겠습니다.

1 [편집] - [환경 설정] - [인터페이스]를 선택합니다.

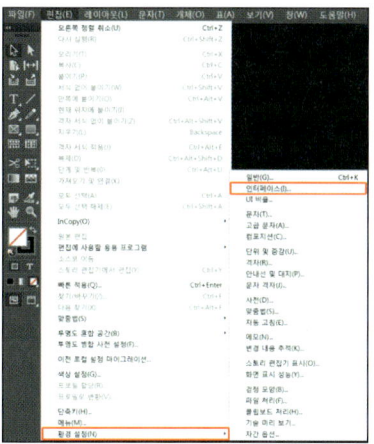

2 [환경 설정]대화상자가 나오면 모양의 색상 테마에서 '밝게'를 설정합니다. 색상 테마는 밝게, 중간 정도 밝게, 중간 정도 어둡게, 어둡게 4가지 테마 중에서 설정할 수 있습니다. 문서의 배경 색상을 색상 테마와 통일하기 위해 '대지를 테마 색상에 일치' 옵션도 선택합니다.

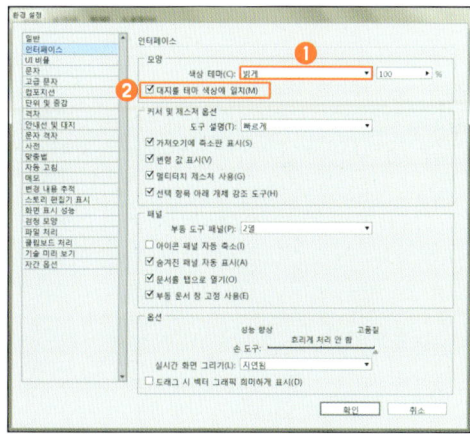

3 [환경 설정]대화상자에서 [확인]버튼을 클릭합니다.

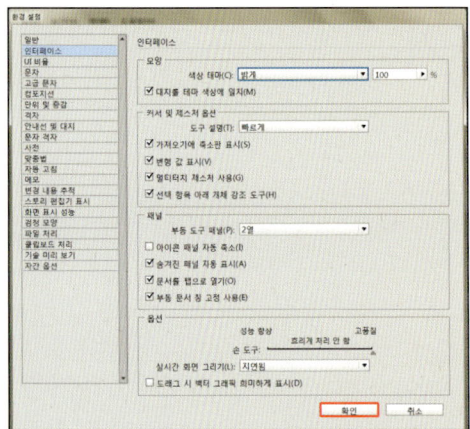

4 전체적인 인터페이스 색상과 문서 배경 색상도 밝게 변경됩니다.

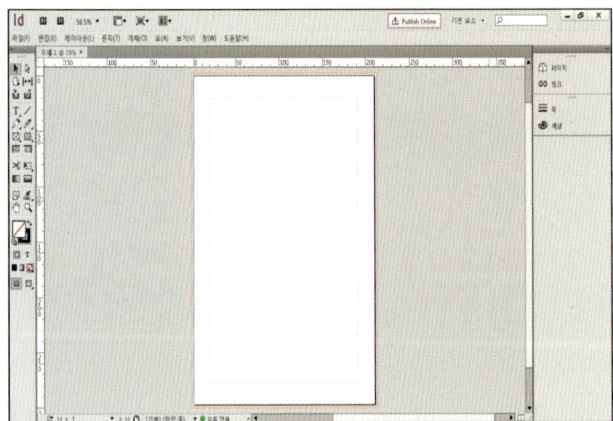

 **단축 글쇠 변경하고 추가하기(Quark 단축키의 차이점)**

인디자인에서 QuarkXpress 단축키 설정하기

1. [편집] - [단축키]를 선택합니다.

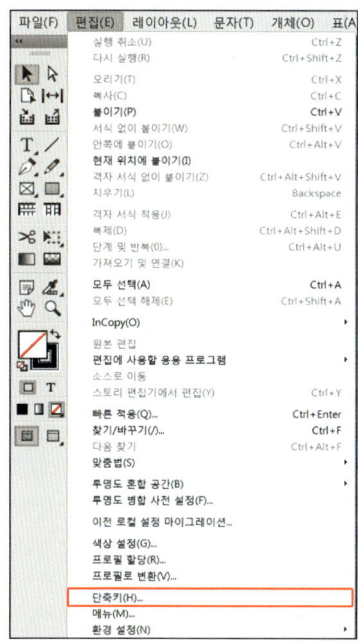

2. [단축키] 대화상자가 나오면 [세트]를 클릭합니다.

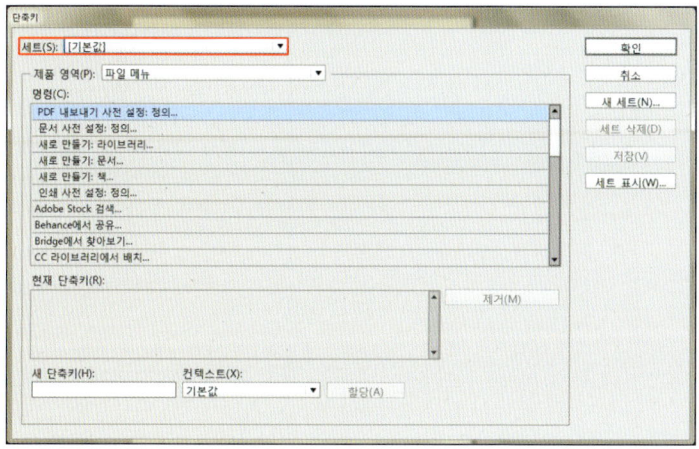

3 세트 목록 중 [QuarkXpress 4.0 단축키]를 선택하고 [확인] 버튼을 클릭합니다.

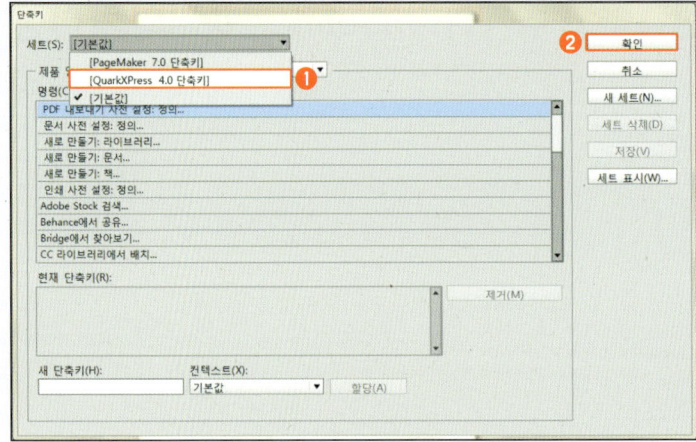

Q&A Quark을 많이 사용하던 디자이너입니다. 물론 단축키 사용도 Quark 단축키가 더 편합니다. 앞으로 인디자인을 이용해 작업을 계속할 것인데 단축키를 Quark으로 해야 하는지, 인디자인으로 해서 새로 적응해야 할 지 고민입니다. 어떻게 하는 것이 좋을까요?
Quark 단축키를 많이 사용하고 적응되어 처음에는 편할지 모르지만 인디자인 단축키에 비해 부족하거나 불편한 부분이 있어 인디자인 단축키를 사용하는 것을 권장합니다.

나만의 단축키 설정하기

1 [편집] - [단축키]를 선택합니다.

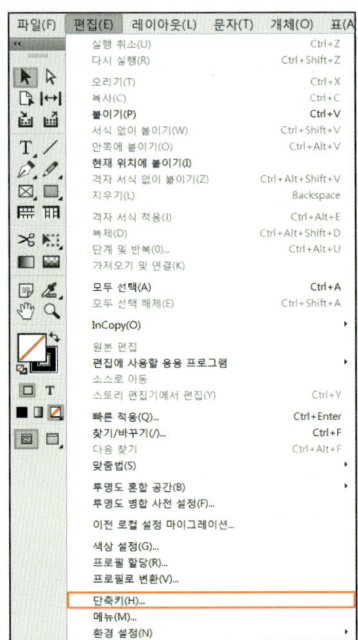

2 [단축키] 대화상자가 나오면 제품 영역에서 단축키로 설정할 메뉴를 선택합니다.

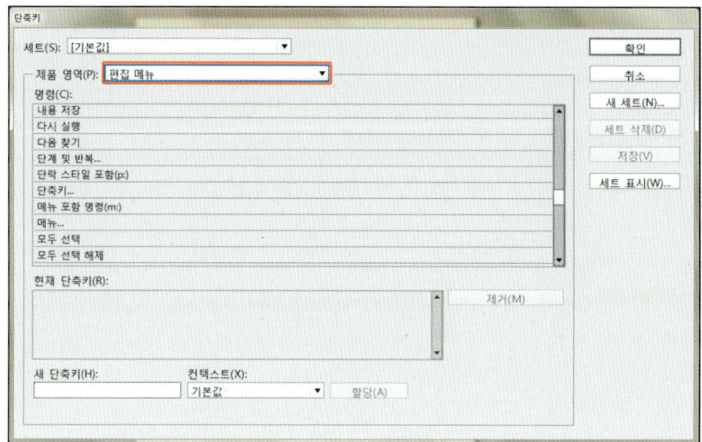

3 선택한 제품 영역의 세부 메뉴는 [명령]에 표시됩니다. 변경할 명령을 선택하고 [단축키] 대화상자 아래쪽의 '새 단축키'란에 사용할 단축키 조합을 누릅니다. 이때 다른 메뉴에서 단축키가 사용 중인 경우 [현재 할당 대상 : OOO]이라고 표시되며, 사용하지 않는 경우 [할당되지 않음]으로 표시 됩니다. [확인] 버튼을 클릭하면 단축키가 설정됩니다.

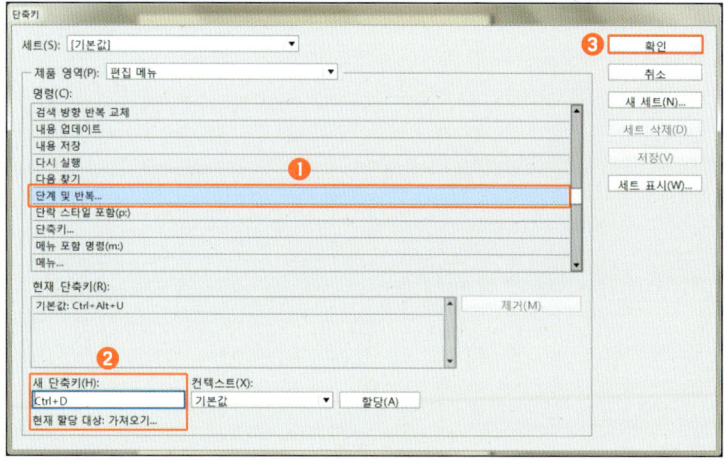

02 문서 다루기 및 레이아웃

PART

INDESIGN

01 새 문서 만들기 및 저장하기

인디자인 CC를 사용하기 위해서 각 문서 영역과 이름을 알아보고, 새 문서를 만들고 저장하는 과정을 살펴보겠습니다.

1 인디자인 CC 작업 영역 살펴보기

인디자인에서 개체는 오브젝트라고도 하며 프레임, 이미지, 글자, 도형 모든 것을 일컫는 말입니다.

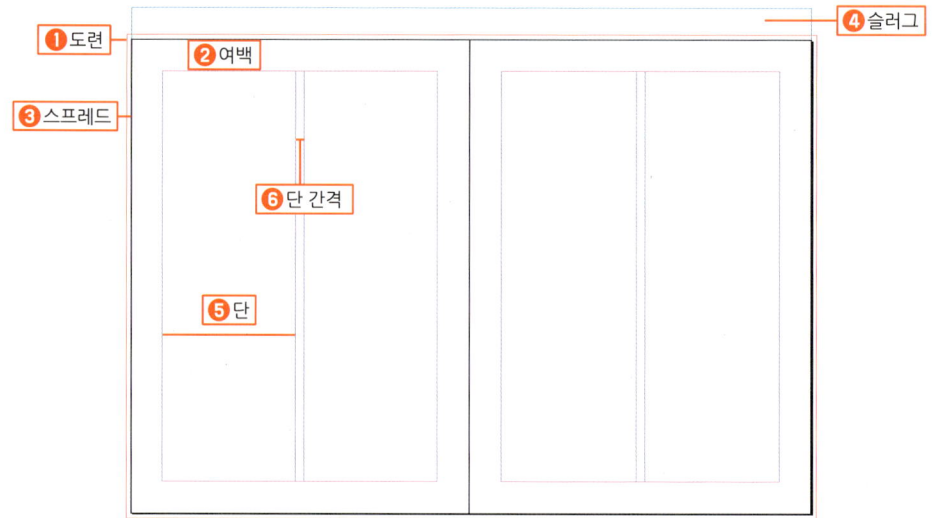

1. **도련(bleed)** : 인쇄 후 재단 과정에서 잘려나갈 여백 공간을 표시합니다. 도련이 없으면 재단 시 가장자리에 흰색 여백이 발생할 수 있기 때문에 보통 인쇄 크기보다 3mm 정도 더 크게 만듭니다. 새 문서 대화상자에서 도련 및 슬러그 항목에서 여백을 설정할 수 있으며, 빨강색 선으로 표시됩니다.
2. **여백(margins)** : 전체 작업에서 페이지 내용을 둘러싸고 있는 빈 곳입니다.
3. **스프레드(spreed)** : 실제 인쇄물의 크기로 전체 페이지 크기를 의미합니다. 검정색 선으로 표시됩니다.
4. **슬러그(slug)** : 인쇄 영역이 아닌 편집자 작업에 필요한 정보를 임시로 놓아두는 공간으로 사용하며, 하늘 색 선으로 표시됩니다.
5. **단(columns)** : 텍스트나 이미지를 담을 수 있는 수직 공간입니다.
6. **단 간격** : 단과 단 사이의 간격을 말합니다.

2 새 문서 만들기

1 새 문서를 만들기 위해 [파일] - [새로 만들기] - [문서]를 선택하거나 Ctrl + N 키를 선택합니다.

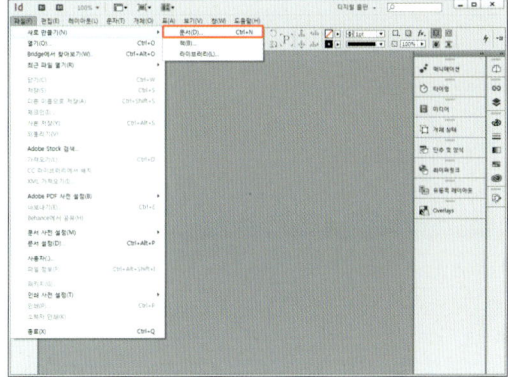

2 [새 문서] 대화상자가 나오면 인쇄용 문서를 만들기 위해 의도를 '인쇄'로 설정한 후 페이지 크기를 'A4'를 선택하고 [여백 및 단...]을 클릭합니다.

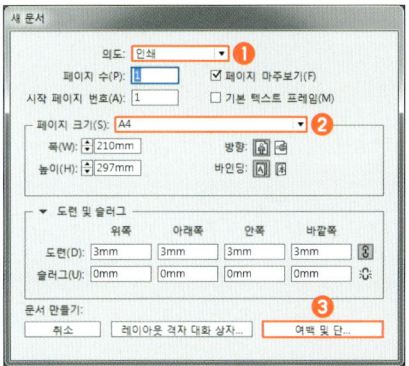

3 [새 여백 및 단] 대화상자가 나오면 위쪽과 아래쪽 여백을 각각 '15mm', 열의 개수를 '2'로 입력하고, [확인]을 클릭합니다. [미리 보기]옵션을 선택(체크)하면 옵션을 변경할 경우 바로 적용되어 미리 만들어지는 새 문서를 확인할 수 있습니다.

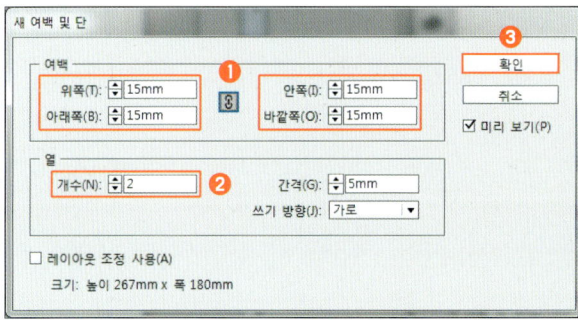

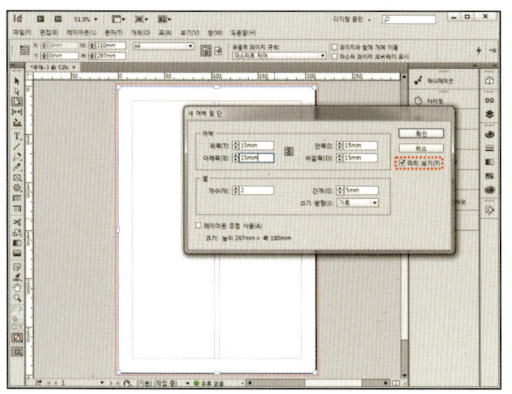 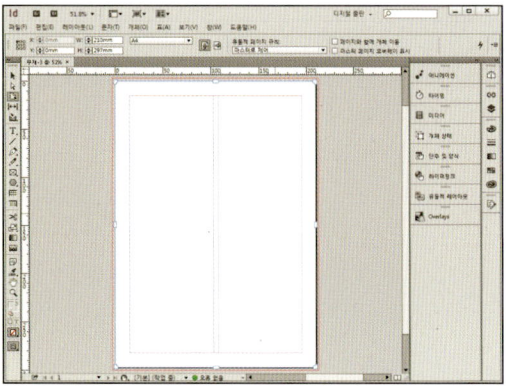

> **TIP** 한 번 설정한 여백은 변경할 수 없나요?
> [레이아웃] - [여백 및 단]을 선택하면 언제든지 수정이 가능합니다.

새 문서 옵션

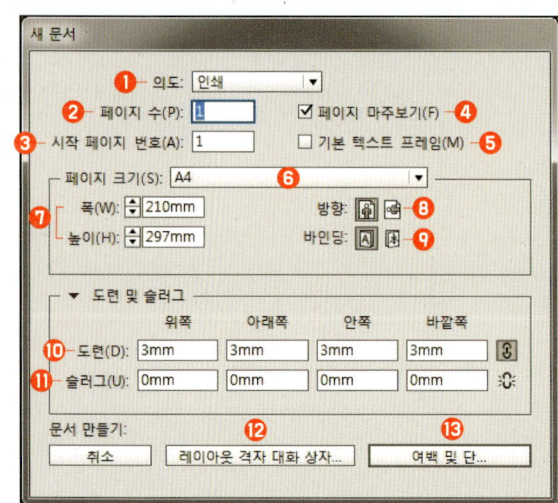

① **의도** : 인쇄, 웹, 디지털 출판 옵션 중에서 만들려는 문서의 종류를 선택 사용하며, 웹용이나 디지털 출판을 선택하면 대화상자의 몇 가지 옵션이 변경됩니다.(페이지 마주보기 꺼짐, 가로 방향을 세로 방향으로 변경 및 모니터 해상도에 따른 페이지 크기)

② **페이지 수(P)** : 새문서에서 전체 몇 페이지를 만들지 페이지 수를 지정합니다.

③ **시작 페이지 번호** : 문서를 시작하는 번호를 지정합니다.

④ **페이지 마주보기** : 낱장 형태인지 펼침 형태인지를 선택하는 것으로, 책이나 잡지처럼 페이지가 서로 마주 보는 문서를 작업하는 경우에는 옵션을 선택합니다. 전단지나 포스터처럼 낱장으로 된 문서를 작업하는 경우에는 옵션을 해제합니다.

⑤ **기본 텍스트 프레임** : 마스터 텍스트 프레임 기능이 업그레이드된 것으로 옵션을 선택하면 마스터 페이지에 기본 텍스트 프레임이 자동으로 만들어집니다.

6 **페이지 크기** : A4, B5 와 같은 기본 적인 판형을 선택할 수 있습니다.

7 **폭(W), 높이(H)** : 페이지 크기에 대한 문서의 너비와 높이를 직접 입력해 사용합니다.

8 **방향** : 문서의 가로와 세로 방향을 선택합니다.

9 **바인딩** : 문서의 제본 방향을 선택하는 곳으로 가로쓰기인 경우 '왼쪽에서 오른쪽'을, 세로쓰기인 경우는 '오른쪽에서 왼쪽'을 선택합니다. 대부분의 가로쓰기를 하는 대부분의 책자에서는 '왼쪽에서 오른쪽'을 선택해 사용합니다.

10 **도련** : 재단선이라고 하며, 인쇄 후 재단 과정에서 잘려나갈 공간을 설정합니다. 도련 영역은 문서에서 빨간색 선으로 표시되며, 보통 인쇄에서는 3mm의 여백을 사용합니다. 페이지 마주보기를 한 경우에는 위쪽, 아래쪽, 안쪽, 바깥쪽으로 표시되며, 단면 페이지일 경우에는 위쪽, 아래쪽, 왼쪽, 오른쪽으로 표시됩니다. 모든 설정 동일하게 만들기( )를 선택해 모양( )으로 변경되면 한 번에 동일하게 설정됩니다.

11 **슬러그** : 인쇄 영역이 아닌 편집자 작업에 필요한 정보를 임시로 놓아두는 공간으로 사용하며, 하늘 색 선으로 표시됩니다. 모든 설정 동일하게 만들기( )를 선택해 모양( )으로 변경되면 한 번에 동일하게 설정됩니다.

12 **레이아웃 격자 대화 상자..** : 레이아웃 격자 대화상자가 표시됩니다. 기본적인 글꼴, 크기, 줄 간격, 문단의 단 수, 줄 수 등을 설정할 수 있어 텍스트 위주의 문서에서 유용하게 사용할 수 있습니다.

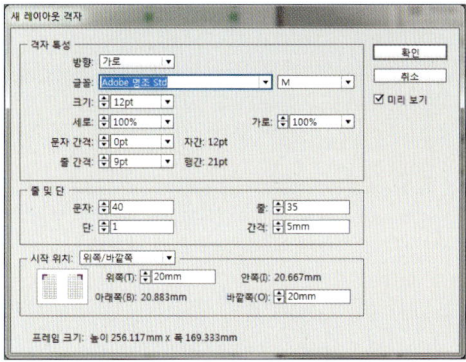

13 **여백 및 단..** : 여백 및 단을 설정할 수 있는 대화상자가 표시됩니다. 문서의 여백과 열의 개수 및 쓰기 방향을 설정해 사용할 수 있습니다.

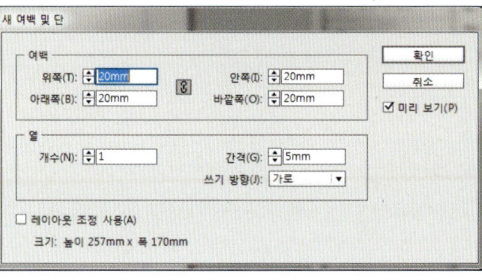

3 저장하기

인디자인 문서를 저장하면 현재 레이아웃, 소스 파일에 대한 참조, 현재 표시된 페이지 및 확대/축소 정보도 같이 저장됩니다. 작업 내용을 보호하기 위해서는 자주 저장하면서 작업하는 것이 좋습니다.

1 새 문서에서 작업한 내용을 저장하기 위해 [파일] - [저장]을 선택하거나 Ctrl + S 키를 누릅니다.

2 원하는 위치의 경로를 선택하고 파일 이름을 '기본문서'로 입력한 다음 [저장] 버튼을 클릭합니다. 파일 형식을 InDesign CC 2015 문서로 설정하면 확장자가 indd로 저장됩니다.

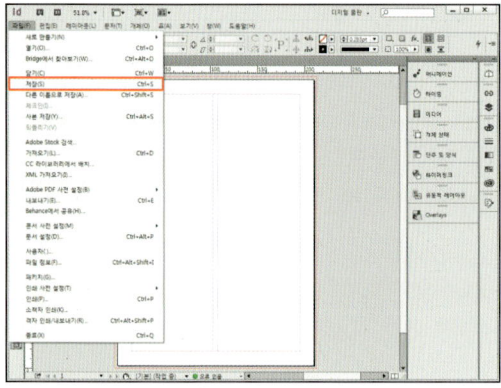
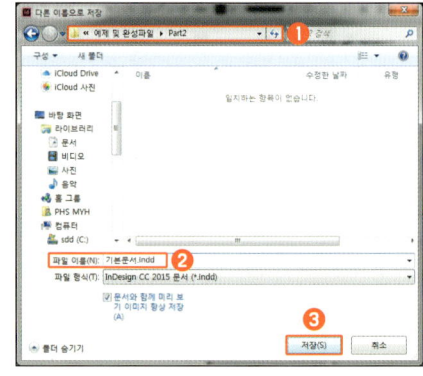

사본 저장하기

사본 저장하기는 작업한 히스토리를 유지하면서 현재 문서를 별도로 저장하고 싶은 경우 사용하면 좋습니다. [파일] - [사본 저장]을 선택하거나 Alt + Ctrl + S 키를 눌러 저장합니다. 파일 이름이 자동으로 파일명 뒤에 '사본'으로 표시됩니다.

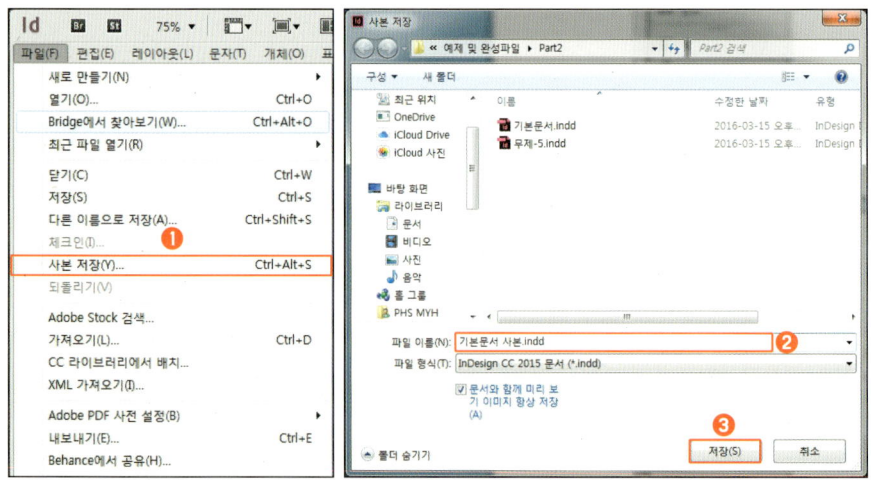

4 인디자인 주요 파일 형식 알아보기

인디자인에서 사용되는 INDD(문서), INDB(책), INDL(라이브러리) 등 파일 형식을 살펴보겠습니다.

- **문서 파일(INDD) :** 인디자인에서 문서를 저장하면 생성되는 문서 파일이며, 확장자는 INDD입니다.
- **책 파일(INDB) :** 여러 개의 문서로 작업한 파일을 하나의 파일로 관리할 때 사용하며, 확장자는 INDB입니다. [파일] - [새로 만들기] - [책]을 선택해 표시되는 패널에서 나눠서 작업한 문서 파일을 추가해 사용합니다.
- **라이브러리 파일(INDL) :** 반복해서 사용할 개체를 등록해 사용할 때 저장하며, 확장자는 INDL입니다. [파일] - [새로 만들기] - [라이브러리]를 선택해 표시되는 패널에서 필요한 개체를 등록해 사용합니다.
- **임시 파일(INLK) :** 인디자인 파일을 작업할 때 자동으로 생성되는 파일로, 오류가 생겨 종료된 경우를 제외하고 파일을 닫으면 자동으로 사라지는 파일입니다.

기존 버전과의 호환성, IDML 내보내기

인디자인 하위 버전에서 작업한 파일은 상위 버전에서 열어 작업할 수 있지만, 상위 버전에서 작업한 파일은 하위 버전의 파일에서 열어 작업할 수 없습니다. 그래서 낮은 버전으로 작업해야 할 경우 버전에 맞춰 저장해서 사용해야 합니다.

[파일] - [다른 이름으로 저장] (Ctrl + Shift + S)을 선택해 파일 형식을 'InDesign CS4 이상(IDML)(*.idml)'을 선택하거나, [파일] - [내보내기] (Ctrl + E)를 선택해 파일 형식을 'InDesign Markup(IDML)'을 선택해 저장하면 됩니다.

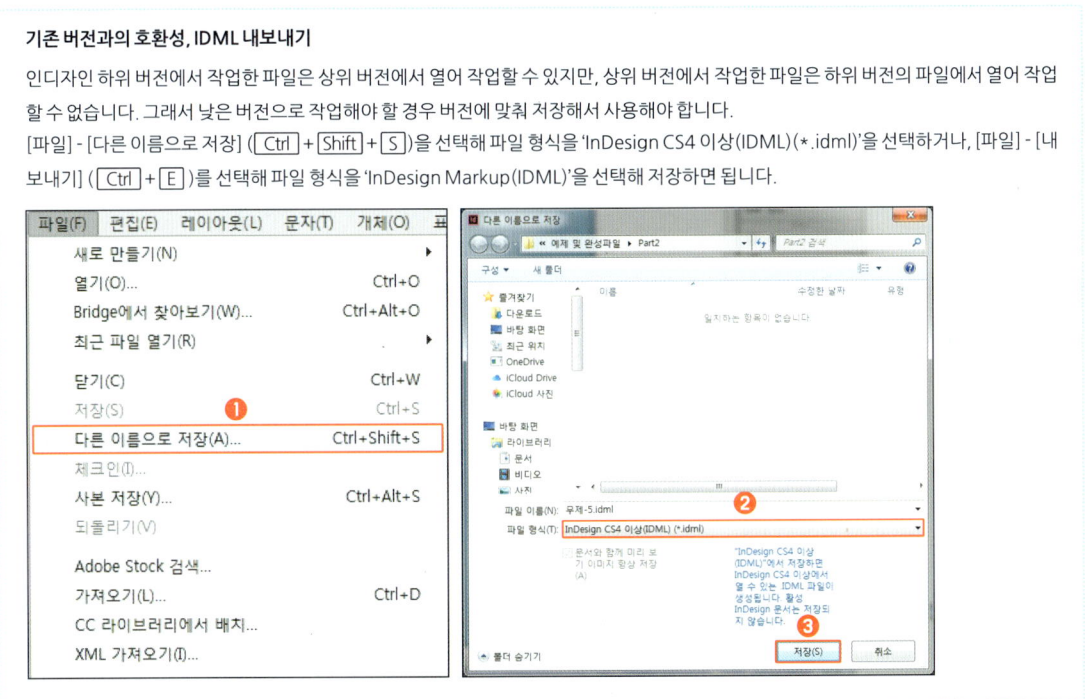

02 문서 열기

문서 작업시 새 문서를 작업하는 경우가 많지만, 기존 문서를 꺼내와 수정 작업을 해야 하는 경우도 많습니다. 기존 문서를 열어 작업하는 방법과 최근 파일을 여는 방법을 살펴보겠습니다.

기존 문서 열기

새로운 색상을 만들거나 편집 삭제 관리하는 패널로 나만의 색상 견본으로 이용이 가능하고 인디자인에서 작업하는 개체에 적용한 색상을 일괄적으로 수정이 가능하므로 개체에 적용한 색상을 패널에 등록하면 편리하게 사용 할 수 있습니다.

1 [파일] - [열기]를 클릭하거나 Ctrl + O 키를 눌러 [파일 열기] 대화상자가 나오면 'Part2\vacation.indd' 파일을 선택하고 [열기] 버튼을 클릭합니다.

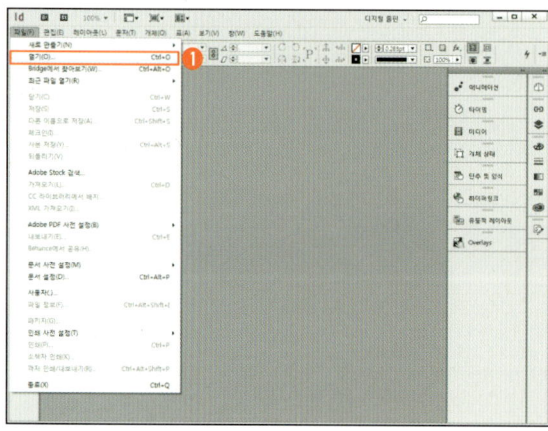

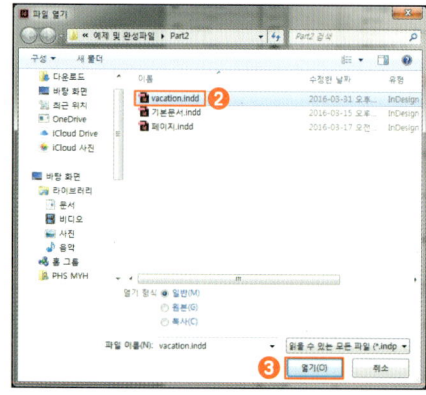

2 선택한 파일이 인디자인 프로그램에 나오면서 편집이 가능해집니다.

최근 파일 열기

[파일] - [최근파일 열기] 메뉴를 선택하면 최근에 작업한 파일 목록이 나타납니다. 이때 원하는 파일을 선택하면 바로 열리게 됩니다.

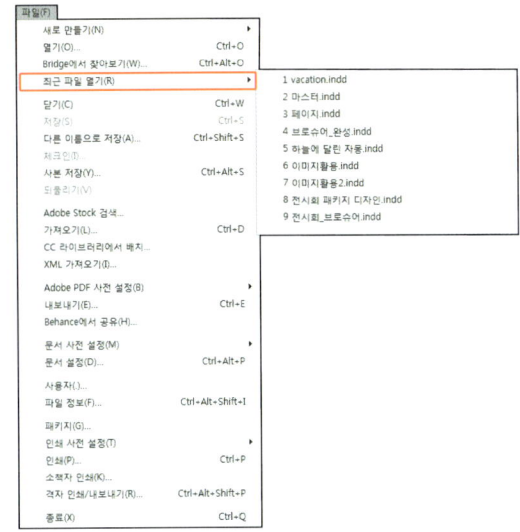

누락된 글꼴 & 누락된 그림

■ **누락된 글꼴(유실 글꼴)**

문서를 열었을 때 해당 시스템에 서체가 설치되어 있지 않은 경우 경고문이 나오게 됩니다. 이 경우 해당 글꼴을 설치하거나 다른 글꼴로 대체해 사용해야 합니다. 글꼴 설치 후 문서를 열면 경고문이 사라지게 되지만 인쇄물 작업 시 글꼴 유실은 인쇄 사고가 되므로 유의해야 합니다.

1 [파일] - [열기]를 클릭하거나 Ctrl + O 키를 눌러 'Part2\travel.indd' 파일을 선택하고 [열기] 버튼을 클릭합니다. 누락된 글꼴이 있는 경우 [누락된 글꼴] 대화상자가 표시됩니다. [누락된 글꼴] 대화상자에서 [글꼴 찾기] 버튼을 클릭합니다.

2 [글꼴 찾기] 대화상자에서 누락된 글꼴 옆에는 노란색 느낌표(⚠)가 표시되며, 컴퓨터에 해당 글꼴이 없음을 의미합니다. 누락된 글꼴을 선택하고 글꼴 모음과 글꼴 스타일을 지정한 다음 [처음부터 찾기] 버튼을 클릭합니다.

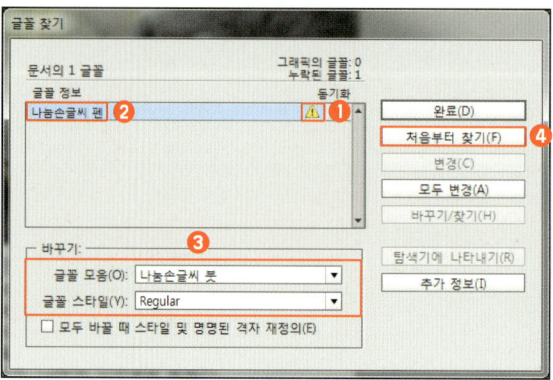

3 문서에서 변경 적용된 부분을 보여줍니다. [글꼴 찾기] 대화상자에서 [처음부터 찾기] 버튼을 클릭해 하나하나 찾아 변경하거나 동일한 스타일로 변경할 경우 [모두 변경]을 클릭합니다.

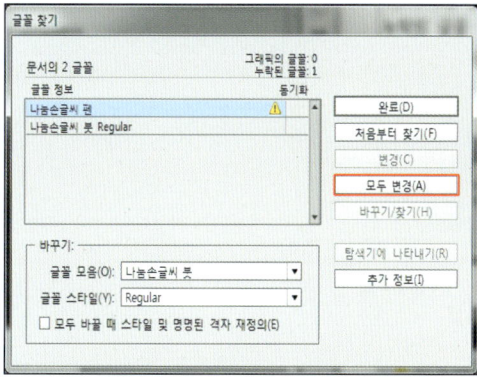

4 누락된 글꼴이 모두 사라지면 글꼴 옆의 노란색 느낌표(⚠)가 사라지게 됩니다.

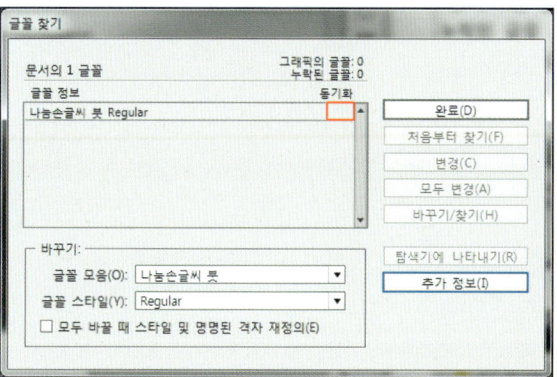

문서 다루기 및 레이아웃

5 [완료] 버튼을 클릭하면 변경된 글꼴로 문서가 열리게 됩니다.

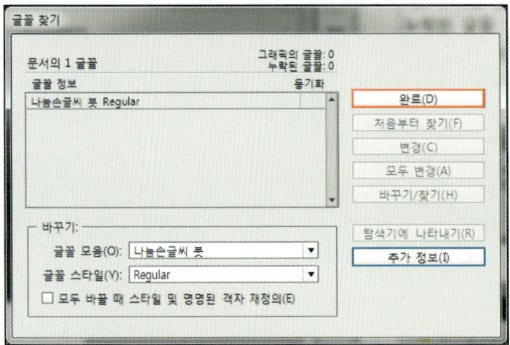

문서 편집 중에 유실된 글꼴 찾기
[문자] - [글꼴 찾기]를 실행하면 됩니다.

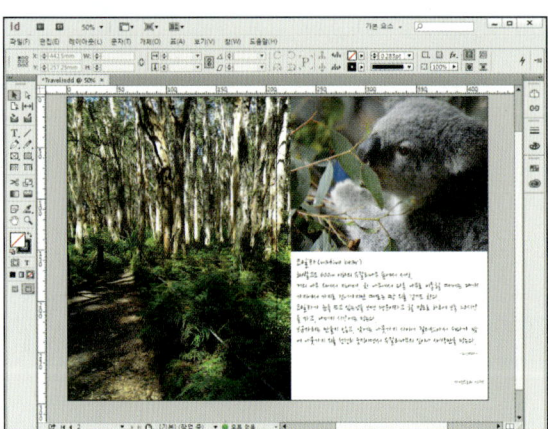

■ 누락된 그림

그림의 삭제, 경로 변경, 이름 변경 등이 되었을 때 그림 누락 경고 대화상자가 나타납니다. 그림 이름이나 경로가 변경된 경우 다시 찾아 편집하면 경고 메시지는 나오지 않게 됩니다. 문서 편집 중에 이런 일이 발생하지 않도록 이미지 폴더 관리에 신경써서 작업하는 것이 중요합니다.

1 문서를 열어왔을 때 누락된 그림이 있는 경우 경고 대화상자가 나타납니다. [확인]버튼을 클릭합니다.

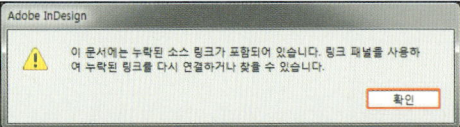

2 그림이 누락된 경우에는 링크 패널에서 붉은색 물음표(❷)가 표시됩니다.

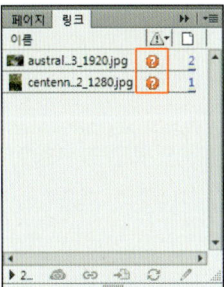

3 [링크]패널에서 물음표를 더블클릭하면 [찾기] 대화상자가 나오게 되는데 이때 그림이 있는 경로를 찾아 누락된 그림을 찾아줍니다.

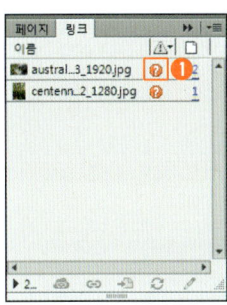 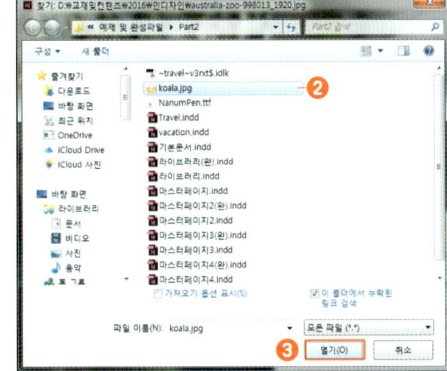

4 누락된 그림을 모두 찾으면 링크 패널의 붉은색 물음표(❷)는 모두 사라집니다.

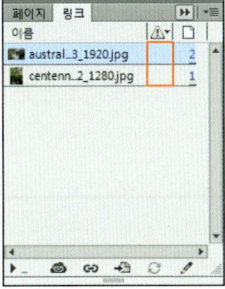

03 페이지 관리

작업이 순차적으로 이루어진 경우에는 페이지의 변동이 필요 없는 경우가 있지만 작업 중간에 변동이 생기는 경우 페이지에도 변화가 필요하게 됩니다. 이 경우 어떻게 페이지 이동, 추가, 삭제, 재편성하는지 알아보겠습니다.

1 페이지 추가하기

보조 메뉴를 이용해 페이지 추가하기

여러 페이지를 추가하거나 현재 페이지 앞 쪽에 페이지를 추가하는 경우 보조 메뉴를 이용하면 편리하게 추가해 사용할 수 있습니다.

1 [파일] - [열기]를 클릭하거나 Ctrl + O 키를 눌러 [파일 열기] 대화상자가 나오면 'Part2\페이지.indd' 파일을 불러옵니다.

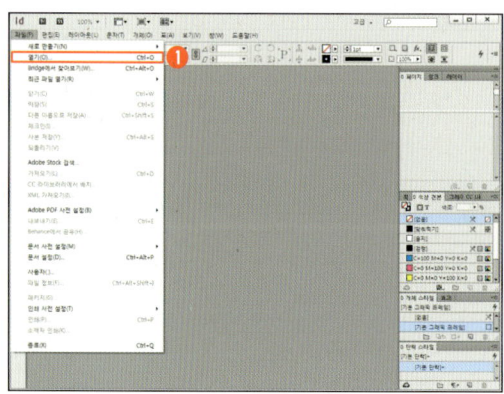 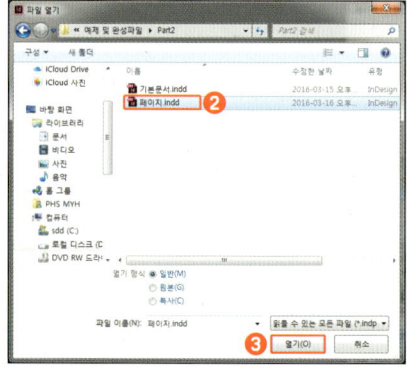

2 맨 앞 페이지에 1페이지를 추가하기 위해 페이지 패널에서 1페이지를 클릭합니다.

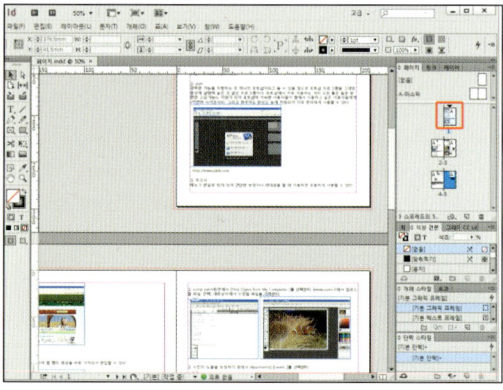

3 페이지 패널의 메뉴 버튼을 클릭해 보조 메뉴 중에서 [페이지 삽입]을 선택합니다. 여러 페이지를 추가하거나 선택한 페이지 앞에 페이지를 추가할 경우에는 페이지 삽입 메뉴를 이용해 추가하는 것이 좋습니다.

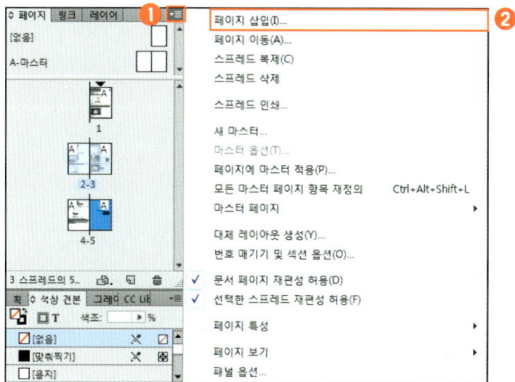

4 [페이지 삽입] 대화상자가 나오면 삽입 옵션을 '다음 페이지 앞'으로 설정하고 [확인] 버튼을 클릭합니다.

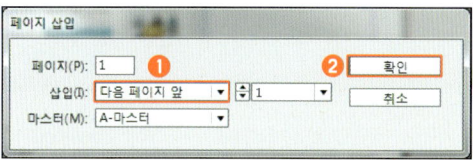

5 맨 앞에 1페이지가 추가된 것을 볼 수 있습니다.

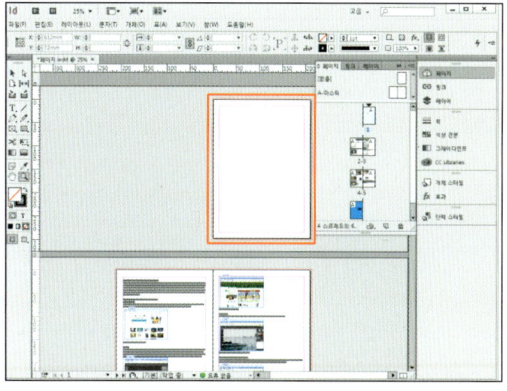 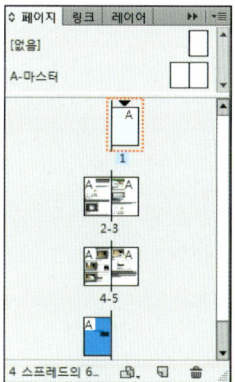

문서 다루기 및 레이아웃

페이지 패널 아이콘을 이용하여 페이지 삽입하기

현재 페이지 뒤쪽에 한 두 페이지 정도를 추가하는 경우에는 페이지 패널 아래쪽의 [새 페이지 만들기 (🗒)] 아이콘을 이용해 추가하면 편리하게 사용할 수 있습니다.

1 [페이지 패널]에서 5번째 페이지를 선택합니다.

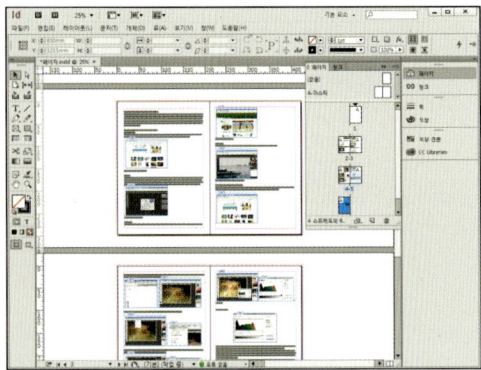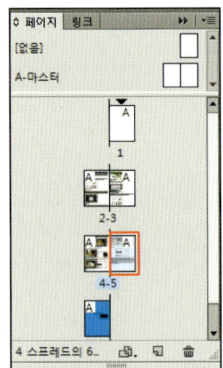

2 페이지 패널 아래쪽의 [새 페이지 만들기 (🗒)] 아이콘을 클릭해 새 페이지를 추가합니다.

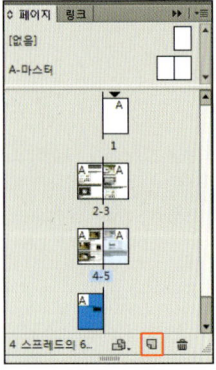

3 현재 선택한 페이지 뒤쪽에 새로운 페이지가 추가됩니다.

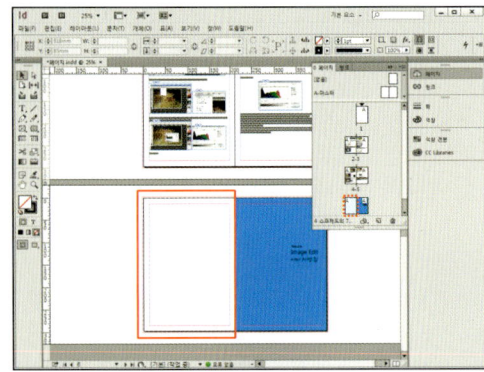

2 페이지 삭제하기

1 작업 시 불필요한 페이지를 지우는 경우 페이지 패널에서 페이지를 선택하고 패널 아래쪽에 [선택한 페이지 삭제 (🗑)] 아이콘을 클릭합니다.

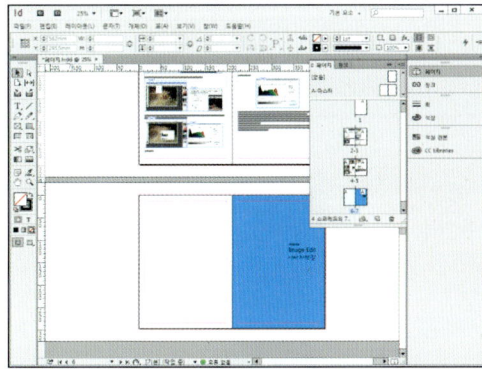
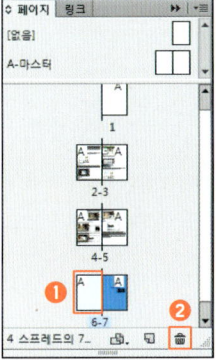

2 정말 삭제할 것인지 확인하기 위한 [경고] 대화상자가 나오면 [확인] 버튼을 클릭합니다. 그러면 선택한 페이지가 지워지게 됩니다.

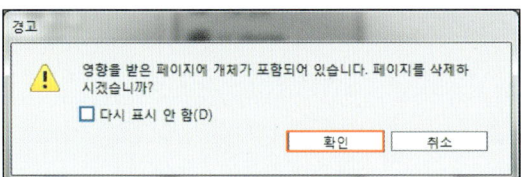
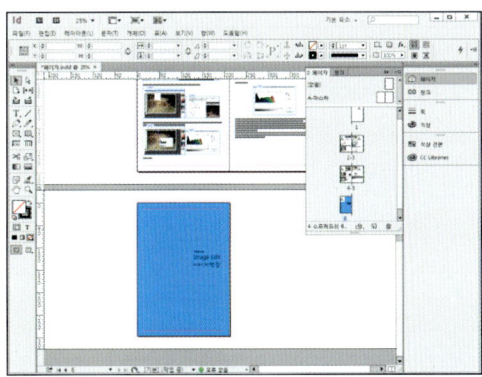

여러 페이지 삭제하기

비연속적인 페이지를 삭제하는 경우 페이지 패널에서 삭제할 페이지를 처음에는 클릭, 두 번째 페이지부터는 Ctrl 키를 누른 상태에서 선택합니다. 만일 페이지가 연속적으로 있는 경우 처음 페이지에서 클릭한 후 마지막 페이지에서 Shift 를 누른 상태에서 선택합니다. 선택이 완료되면 이제 페이지 패널에서 [선택한 페이지 삭제 (🗑)] 아이콘을 클릭해 삭제합니다.

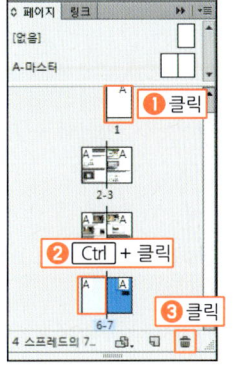
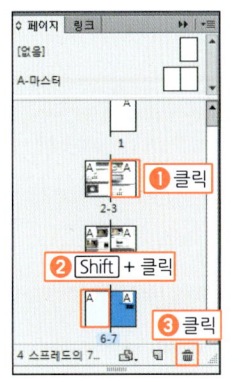

3 페이지 이동하기

작업 중에 페이지 순서가 맞지 않아 바로 잡아야 하는 경우 페이지를 이동하는 방법을 살펴보겠습니다.

1 [파일] - [열기]를 클릭하거나 Ctrl+O 키를 눌러 [파일 열기] 대화상자가 나오면 'Part2\페이지.indd' 파일을 불러옵니다.

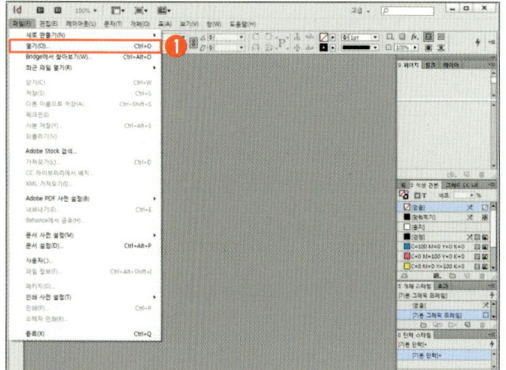 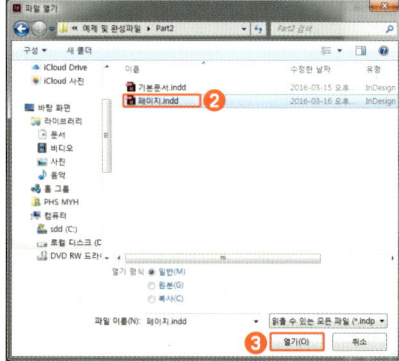

2 페이지 패널에서 5페이지를 선택하고 페이지 패널의 메뉴 버튼을 클릭해 보조 메뉴 중에서 [페이지 이동]을 선택합니다.

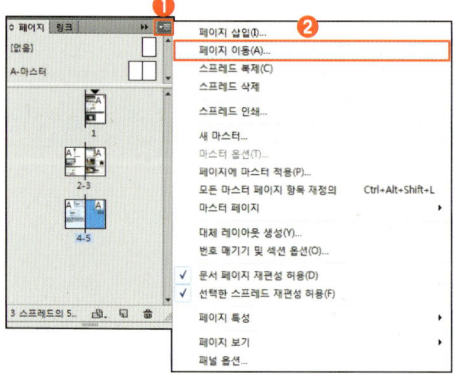

3 [페이지 이동] 대화상자가 나오면 다음과 같이 설정하고 [확인] 버튼을 클릭합니다. 5페이지를 1페이지 앞으로 이동하기 위해 '페이지 이동'에 '5', 대상을 '다음 페이지 앞', '1'로 설정합니다.

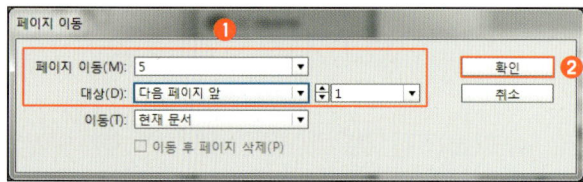

4 5페이지가 1페이지 앞으로 이동된 것을 볼 수 있습니다.

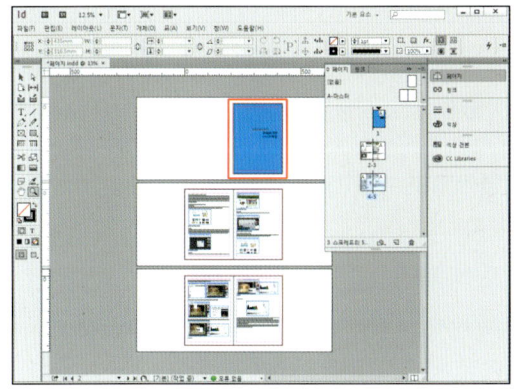

페이지 패널

페이지 패널은 문서 내에 새로운 페이지를 만들거나 삭제, 이동, 마스터 페이지 적용 등의 페이지 관련 설정을 할 수 있습니다.

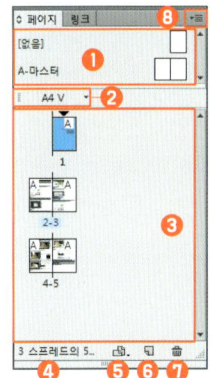

1 **마스터 페이지 영역** : 마스터 페이지를 표시하는 부분입니다.

2 **대체 레이아웃 생성** : 현재 작업 중인 페이지의 대체 레이아웃이 될 페이지를 추가합니다. 대체 레이아웃 생성 부분이 안 나오는 경우 페이지 패널 메뉴를 클릭해 페이지 보기 옵션 중에서 '대체 레이아웃 기준'으로 설정하면 됩니다.

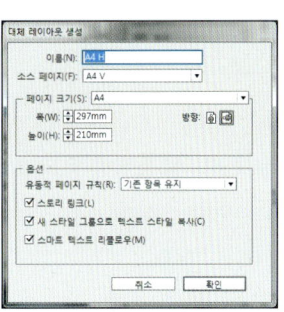

3 **페이지 영역** : 실제 작업하는 페이지를 표시하는 부분입니다.

4 **전체 스프레드 정보** : 문서 전체의 스프레드와 페이지 수가 표시됩니다.

5 **페이지 편집 크기** : 선택한 페이지 또는 마스터 페이지 크기를 변경합니다.

6 **새 페이지 만들기** : 선택한 페이지 또는 마스터 페이지에 새로운 페이지가 추가됩니다.

7 **페이지 삭제** : 선택한 페이지 또는 마스터 페이지가 삭제됩니다.

8 **페이지 패널 메뉴** : 페이지와 관련된 다양한 명령을 선택할 수 있습니다.

4 페이지 재편성하기

문서 편집 중에 짝수쪽부터 시작해서 작업해야 하는 경우가 있습니다. 시작 페이지 번호를 조정해서 시작하지 않고, 보편적으로 시작하는 홀수쪽을 재편성해서 사용하는 방법을 살펴보겠습니다.

1 [파일] - [새 문서]를 선택해 [새 문서] 대화상자가 나오면 페이지 수를 '2'로 설정하고 [여백 및 단] 버튼을 클릭합니다. [새 여백 및 단] 대화상자가 나오면 [확인]버튼을 클릭합니다.

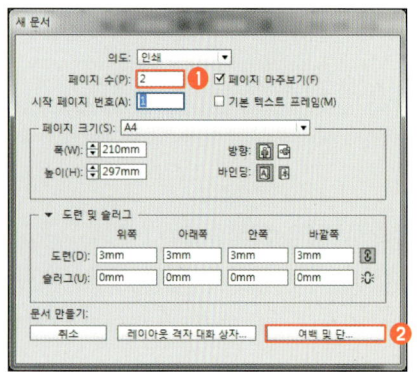
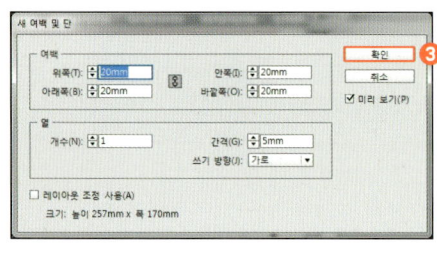

2 페이지 패널에서 페이지가 홀수쪽인 1페이지부터 시작하는 것을 볼 수 있습니다. [페이지] 패널에서 마우스 오른쪽 버튼을 클릭해 '문서 페이지 재편성 허용'을 선택해 옵션을 해제합니다.

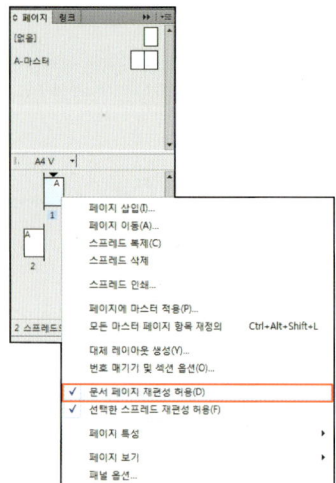

3 [페이지]패널의 1페이지를 왼쪽으로 드래그하여 이동합니다.

4 2페이지를 1페이지 오른쪽으로 드래그해서 배치합니다.

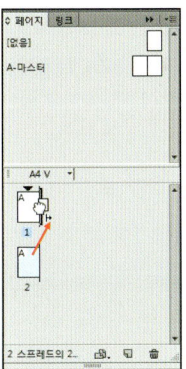

5 문서 재편성이 이루어졌기 때문에 왼쪽부터 시작되는 문서가 만들어졌습니다.

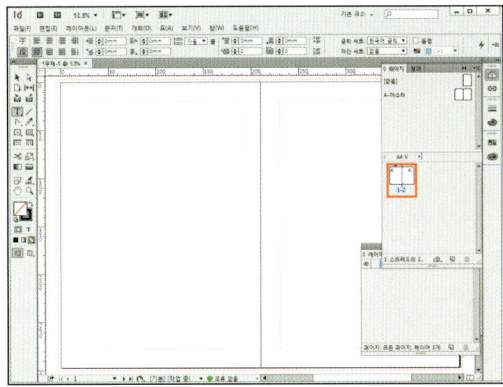

6 페이지 재편성을 이용해 시작 페이지 조절 및 2페이지 연결은 물론 다양하게 편집이 가능합니다.

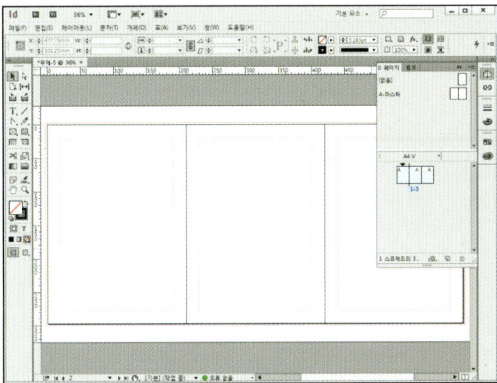

5 대체 레이아웃 활용하기

동일한 주제이지만 디자인 크기를 다른 판형으로 변경해 사용하는 경우가 있습니다. 이런 경우 매번 다시 만들지 않고 대체 레이아웃을 활용하면 편리하게 사용할 수 있습니다. 여기서는 대체 레이아웃을 활용하는 방법을 알아보겠습니다.

1 [파일] - [열기]를 클릭하거나 Ctrl+O 키를 눌러 'Part2\대체레이아웃.indd' 파일을 불러옵니다.

2 [페이지] 패널의 보조 메뉴 버튼을 클릭해 [대체 레이아웃 생성]을 선택합니다. 메뉴를 이용할 경우 [레이아웃] - [대체 레이아웃 생성]을 선택하면 됩니다.

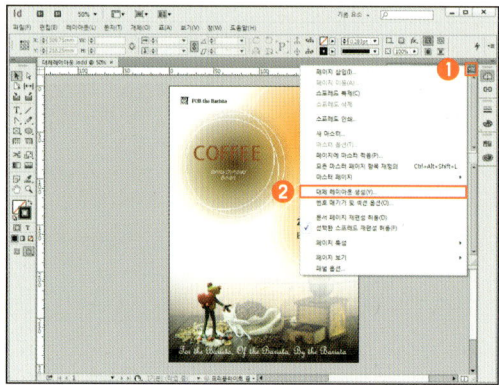

3 [대체 레이아웃 생성] 대화상자가 나오면 페이지 크기를 'Hagaki'로 선택하고 페이지 방향을 '세로'로 선택합니다. 옵션에서 유동적 페이지 규칙을 '크기 조정'으로 설정합니다.

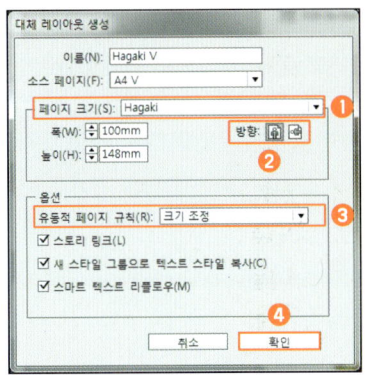

대체 레이아웃 생성
- **유동적 페이지 규칙** : 페이지에 담긴 개체를 크기조절, 가운데로 다시 맞춤, 안내선 기반 및 개체 기반, 기존 항목 유지 중에서 선택합니다.
- **스토리 링크** : 대체 레이아웃 스토리와 원본 소스 스토리를 연결합니다.
- **새 그룹으로 텍스트 스타일 복사** : 텍스트 스타일이 새 폴더로 복사되어 텍스트에 적용됩니다.
- **스마트 텍스트 리플로우** : 텍스트 프레임에서 글자가 넘치면 자동으로 페이지를 추가합니다.

4 [페이지] 패널 오른쪽에 대체 레이아웃이 만들어지고, 새로운 마스터 페이지가 만들어졌습니다. 페이지 패널의 썸네일을 더블클릭하면 만들어진 레이아웃을 확인할 수 있습니다. 새로 만들어진 레이아웃에 맞춰 개체들의 크기가 조정된 것을 볼 수 있습니다. 지금처럼 대체 레이아웃을 활용하면 원하는 판형으로 쉽게 변형해 사용할 수 있습니다.

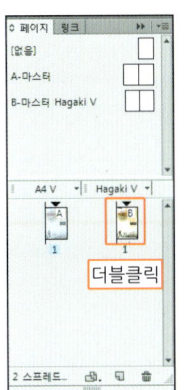 

문서 다루기 및 레이아웃 **097**

04 마스터 페이지

페이지마다 공통으로 반복 표시되는 페이지 번호, 머리글, 바닥글 등을 매번 작성하는 것이 아닌 한 번에 적용하기 위한 정보가 담긴 페이지를 마스터 페이지라고 합니다. 인디자인에서 마스터 페이지는 중요한 기능 중 하나로 꼭 익혀두셔서 활용하시기 바랍니다.

페이지 공통 요소를 마스터 페이지에 적용한 예

다음 그림의 붉은 색 사각형 부분이 마스터 페이지에서 작업해 일반 페이지에 적용된 모습입니다. 공통적으로 들어가는 부분은 마스터 페이지에서 작업하면 시간을 단축해 사용할 수 있습니다.

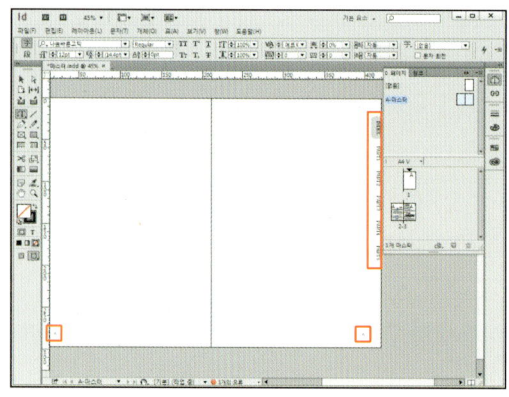
마스터 페이지

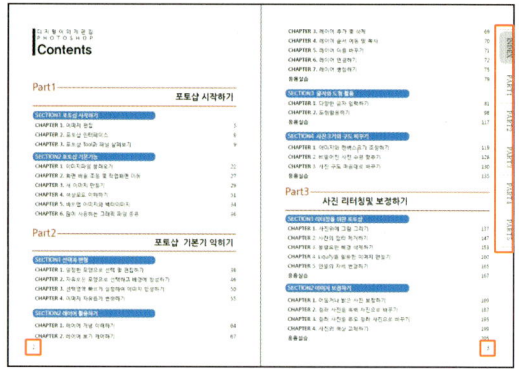
일반 페이지

레이어를 추가해 마스터를 설정한 예

다음 그림의 붉은 색 사각형 부분을 마스터 페이지에서 작업하여 일반 페이지에 적용된 모습입니다. 일반 페이지 구성이 이미지로 되어있는 경우 마스터 페이지에서 페이지 번호 등을 설정한 다음 마스터 페이지를 적용하면 설정한 내용이 보이지 않는 경우가 있습니다. 이 경우 마스터에서 레이어를 추가해 작업하면 설정한 내용을 정확하게 적용해 사용할 수 있습니다.

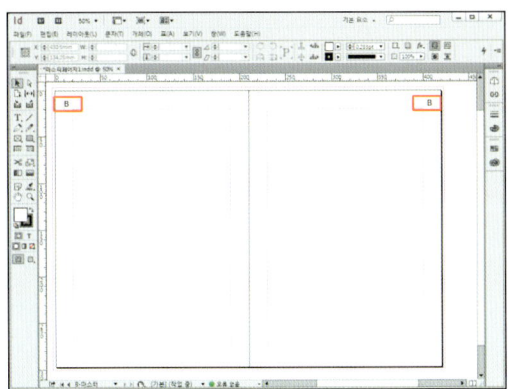 

1 마스터 페이지 추가 및 적용하기

문서 편집 중에 제목이나 페이지 번호 등 공통적인 사항을 제작할 경우 마스터 페이지를 이용하게 됩니다. 이 때 마스터 페이지를 추가하는 방법과 적용하는 방법을 살펴보겠습니다.

1 먼저 [파일] - [열기]를 클릭하거나 Ctrl+O 키를 눌러 'Part2\마스터 페이지.indd' 파일을 불러옵니다. 32페이지 분량의 문서파일입니다.

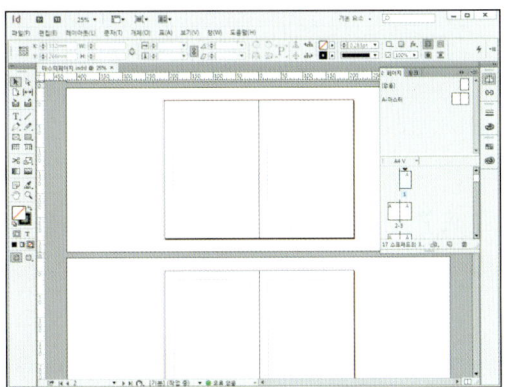

2 공통으로 들어갈 내용을 작성하기 위해 [페이지 패널]의 'A-마스터'를 더블클릭해 편집할 수 있지만, 지금은 새로운 마스터 페이지를 추가해 작성해 보겠습니다. [페이지 패널]의 마스터 페이지 영역에서 마우스 오른쪽 버튼을 클릭해 [새 마스터..]를 클릭합니다.

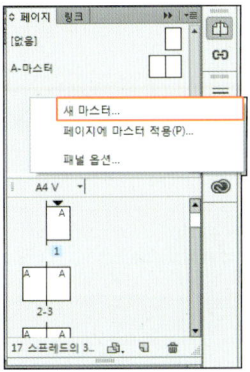

문서 다루기 및 레이아웃   099

3 [새 마스터] 대화상자가 나오면 [확인] 버튼을 클릭합니다.

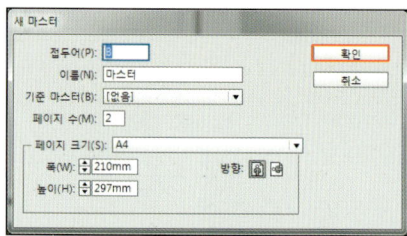

4 B 마스터가 만들어진 것을 알 수 있습니다. 이제 만들어진 새 마스터 페이지에 공통으로 들어가는 개체를 추가해 사용하면 됩니다.

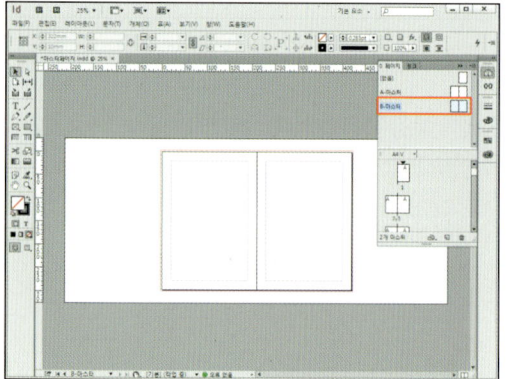

5 도구상자에서 '사각형 도구'를 클릭하고 B-마스터 오른쪽 페이지 상단에서 드래그하여 사각형 오브젝트를 그립니다.

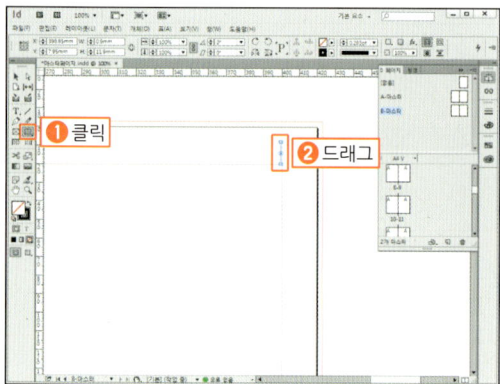

6 사각형 오브젝트가 선택된 상태에서 도구상자의 [칠]을 클릭해 [색상 피커] 대화상자가 나오면 색상 값을 '000000'으로 입력해 검정색으로 설정하고 [확인] 버튼을 클릭합니다.

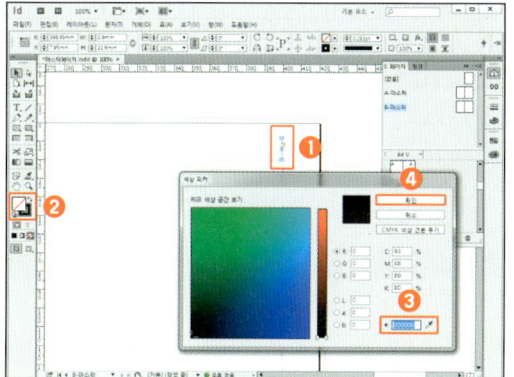 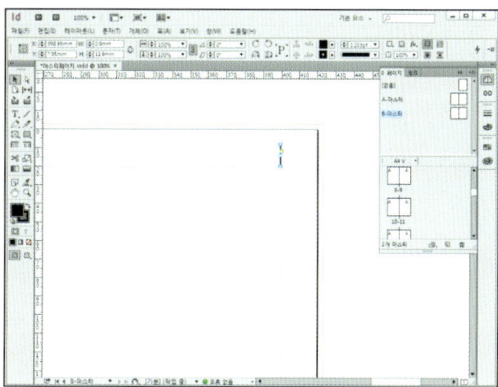

7 [도구상자]의 [문자 도구](T)를 클릭하고 앞서 그린 사각형 왼쪽에 드래그해서 텍스트 프레임을 만든 다음 'Secret Indesign'이라고 입력합니다.

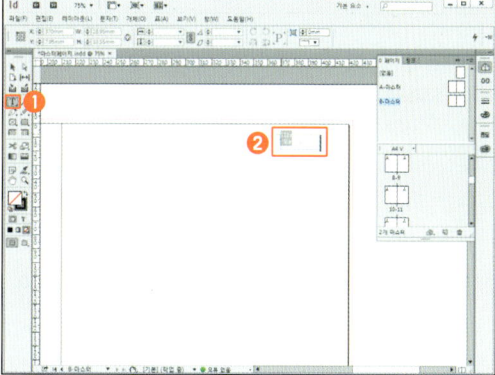

8 입력한 글자를 드래그해서 범위 설정한 후 컨트롤 패널에서 글꼴을 'Arial'로, 글꼴 스타일은 'Bold'로 선택해 수정합니다.

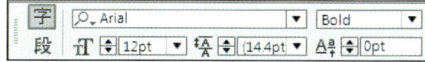

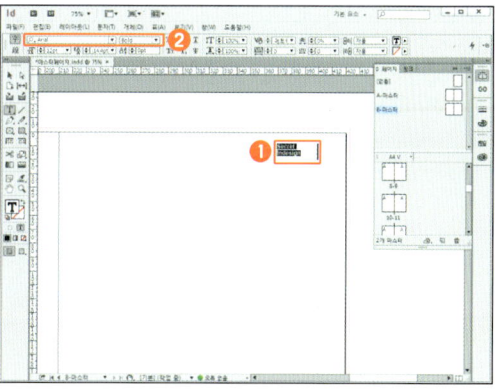

문서 다루기 및 레이아웃　101

9 컨트롤 패널의 '단락 서식 컨트롤(段)' 버튼을 클릭해 '모든 줄 균등배치'를 선택합니다.

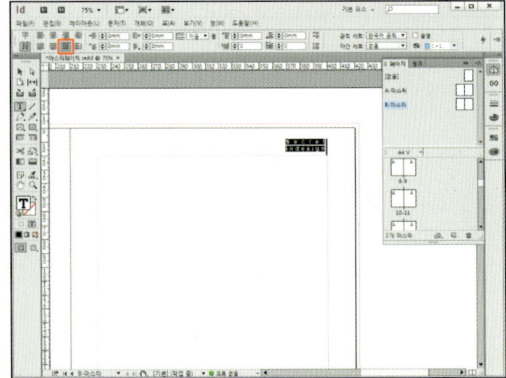

10 마스터 페이지가 아닌 실제 페이지로 이동하기 위해 [페이지 패널]의 일반 페이지를 더블클릭합니다. 어떤 페이지를 더블클릭해도 상관없습니다.

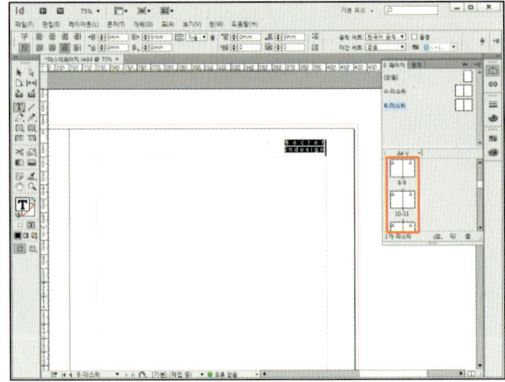 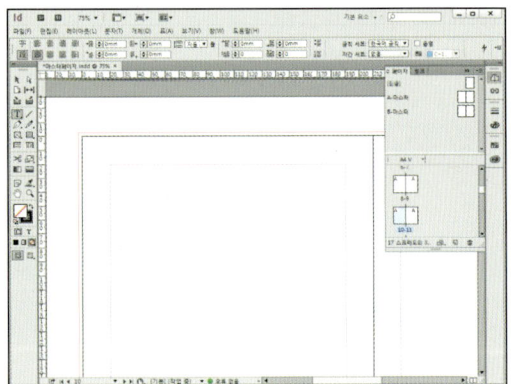

11 그런데 B-마스터에서 작성한 내용이 페이지에 적용이 되지 않았습니다. 새로 마스터를 추가한 경우 마스터가 여러 개 존재하기 때문에 적용이 곧바로 되지 않은 것입니다. 작성한 마스터를 1-10페이지에 적용하기 위해 [페이지]패널에서 마우스 오른쪽 버튼을 [페이지에 마스터 적용]을 선택합니다.

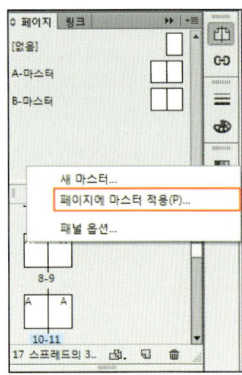

12 [마스터 적용] 대화상자가 나오면 마스터 적용(A)에 'B-마스터'를 적용하고, 페이지에는 '1-10'을 입력한 후 [확인] 버튼을 클릭합니다.

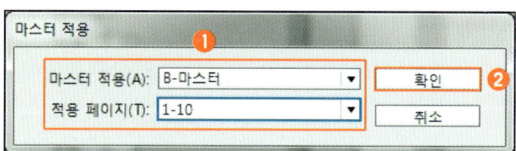

> **TIP** 단축키로 마스터 페이지 적용하기
> 페이지 패널에서 Shift 나 Ctrl 키를 이용해 마스터 페이지를 적용할 페이지를 선택하고, 마스터 페이지 위에서 Alt 키를 클릭하면 됩니다.

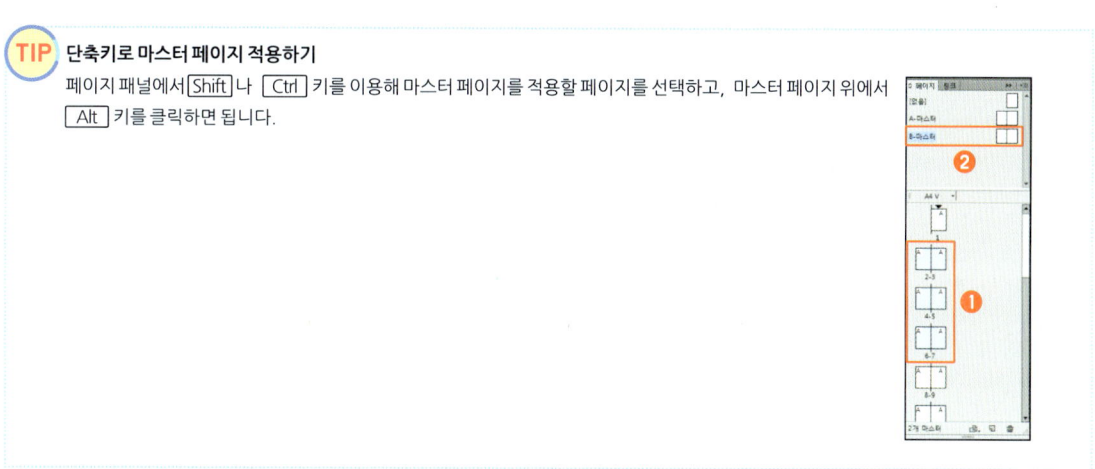

13 어플리케이션 바에서 화면 비율을 축소하고 페이지를 이동해 보면 마스터 페이지를 적용한 페이지의 오른쪽 상단에 'Secret Indesign'이라고 표시된 것을 확인할 수 있습니다. 페이지 패널에도 B-마스터가 적용된 페이지에는 'B'라고 표시됩니다.

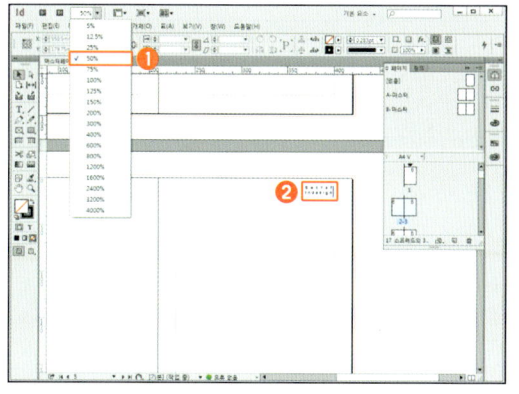 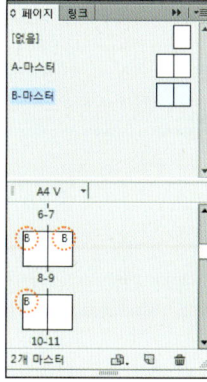

2 마스터 페이지 삭제하기

인디자인에서 마스터는 반드시 하나 이상이 존재해야 합니다. 만일 작업 중에 마스터가 여러 개 존재하는 경우 필요 없는 마스터가 있다면 삭제해 효과적으로 사용하는 것이 좋습니다. 여기서는 마스터를 지우는 방법을 살펴보겠습니다.

1 [페이지 패널]의 마스터 페이지 영역에서 [B-마스터]를 클릭합니다.

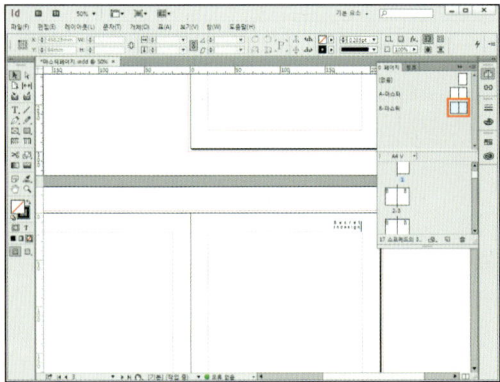

2 B-마스터 페이지 위에서 마우스 오른쪽 버튼을 클릭해 나오는 메뉴 중 [마스터 스프레드 "B-마스터" 삭제]를 선택합니다.

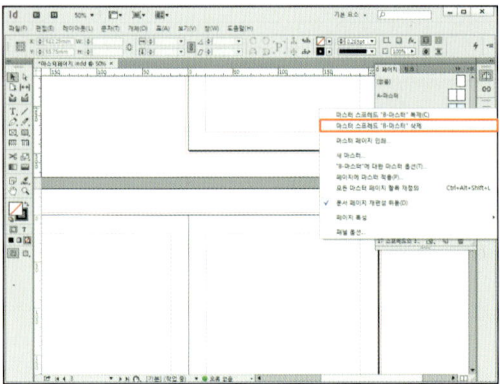

3 작업 중인 마스터 페이지를 삭제할 경우에는 경고 메시지가 나오게 됩니다. [Adobe InDesign] 대화상자에 경고 메시지가 나오면 [확인] 버튼을 클릭합니다.

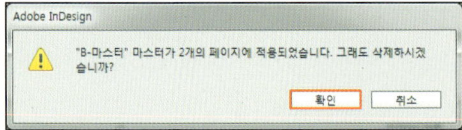

4 [페이지] 패널의 페이지를 보면 마스터 페이지 적용이 사라지고, B-마스터가 삭제된 것을 확인할 수 있습니다. 페이지에 마스터 페이지는 하나 이상 존재해야 하기 때문에 마스터 페이지가 하나만 있은 경우에는 삭제되지 않습니다.

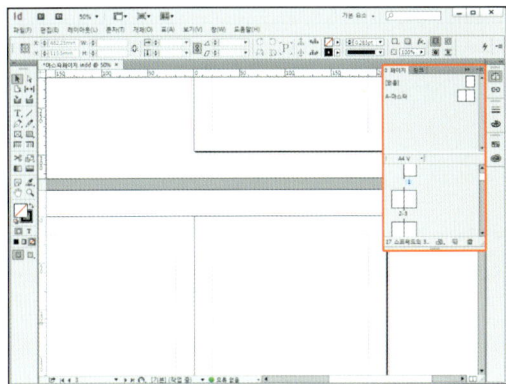
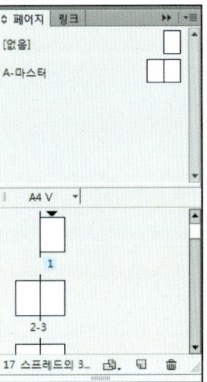

3 마스터 페이지에 페이지 번호 만들기, 번호 스타일 변경하기

책 작업을 할 때 반드시 필요한 기능 중에 하나인 페이지 번호를 마스터 페이지에서 설정하는 방법과 번호 스타일을 변경하는 방법을 알아보겠습니다.

페이지 번호 만들기

1 [파일] - [열기]를 클릭하거나 Ctrl+O 키를 눌러 '마스터 페이지2.indd' 파일을 불러옵니다. 1~20페이지에 적용된 'A-마스터'를 수정하기 위해 [페이지] 패널에서 'A-마스터'를 더블클릭합니다.

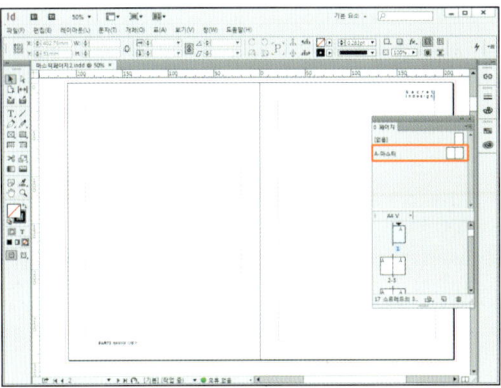

2 마스터 왼쪽 페이지 아래쪽에 페이지 번호를 삽입하기 위해 도구상자의 문자 도구(T)를 클릭합니다. 페이지 번호가 들어갈 위치에서 드래그하여 글상자(텍스트 프레임)를 만듭니다.

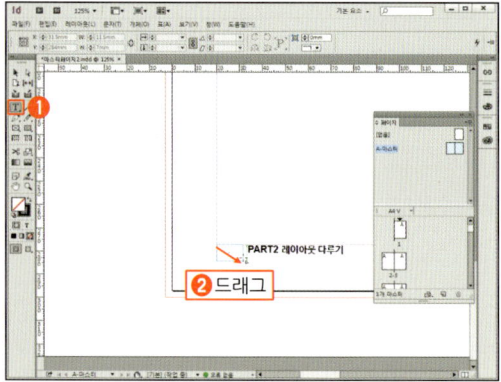

3 텍스트 프레임에 커서가 있을 때 [문자] - [특수 문자 삽입] - [표시자] - [현재 페이지 번호]를 선택합니다.

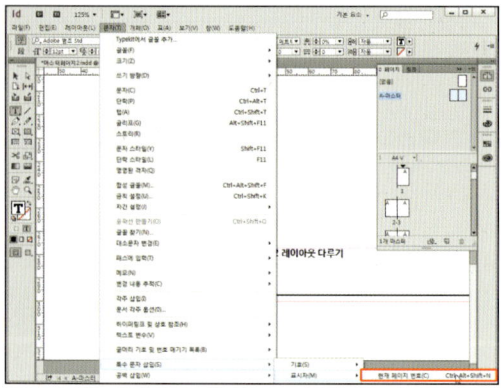

4 'A'라는 문자가 표시됩니다. A-마스터에서 생긴 자동 페이지 번호를 의미합니다. 만일 B-마스터에서 페이지 번호를 부여한 경우에는 'B'라는 문자가 표시됩니다.

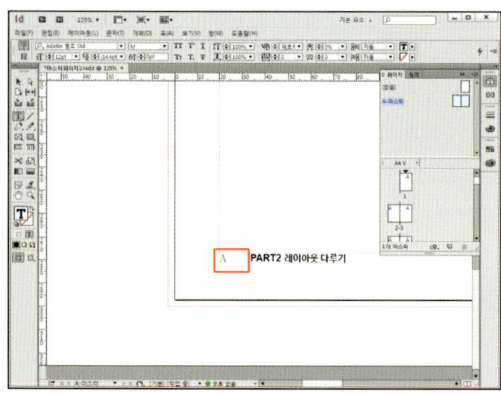

5 오른쪽 페이지 하단에도 도구상자의 문자 도구(T)를 클릭해 페이지 번호가 들어갈 위치에서 드래그하여 글상자를 만들고, [문자] - [특수 문자 삽입] - [표시자] - [현재 페이지 번호]를 선택합니다.

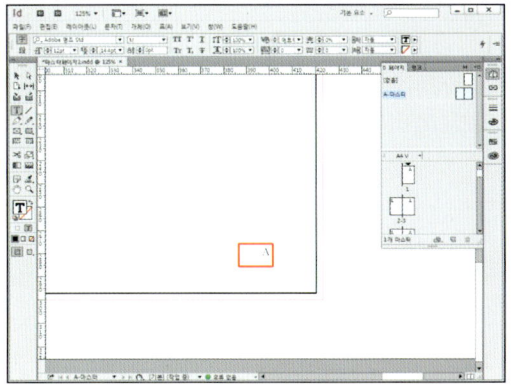

Q&A 페이지 번호도 복사가 가능한가요?

마스터 페이지의 왼쪽 페이지에 페이지 번호를 삽입하고 동일한 서식을 오른쪽 페이지에도 사용하고 싶은 경우 Alt + Shift 키를 누른 상태에서 드래그하여 복사하면 두 번 작업하지 않고 수평을 맞춰 복사해 사용할 수 있습니다.

6 마스터 페이지가 아닌 실제 페이지로 이동하기 위해 [페이지 패널]의 일반 페이지를 더블클릭합니다. 어떤 페이지를 더블클릭해도 상관없습니다.

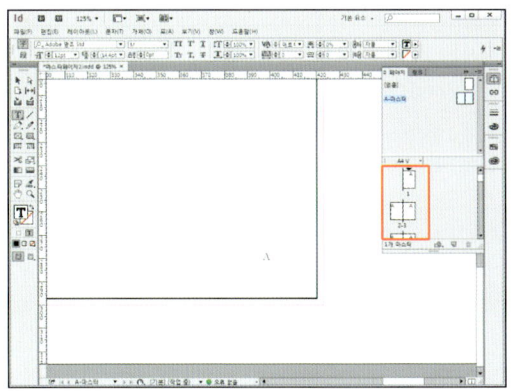 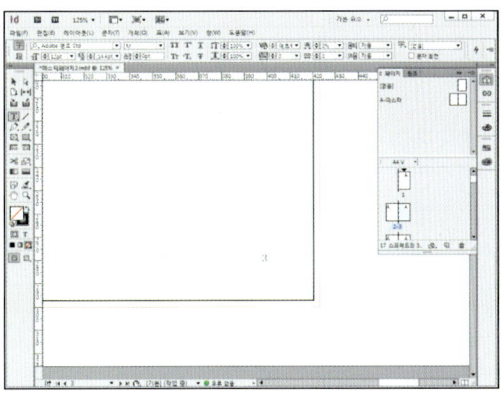

7 마스터가 적용된 페이지에 페이지 번호가 매겨진 것을 확인할 수 있습니다.

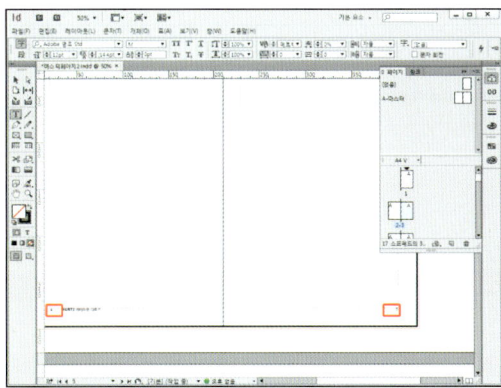

페이지 번호 매기기 스타일 변경

일반적으로 페이지 번호는 숫자만 표기하는 경우가 많지만 페이지 번호를 두 자리나 세 자리 등으로 스타일을 변경하고 싶은 경우 어떻게 변경해 사용하는지 알아보겠습니다.

1 페이지 번호 스타일을 변경하는 경우 1페이지부터 적용해야 하기 때문에 반드시 1페이지를 선택하고 옵션을 설정해야 합니다. 페이지 패널의 1페이지 위에서 마우스 오른쪽 버튼을 클릭해 나오는 메뉴 중 [번호 매기기 및 섹션 옵션]을 선택합니다.

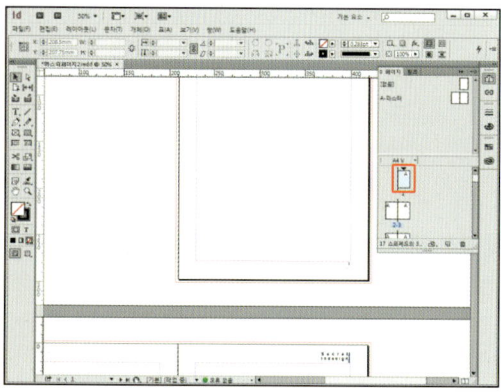 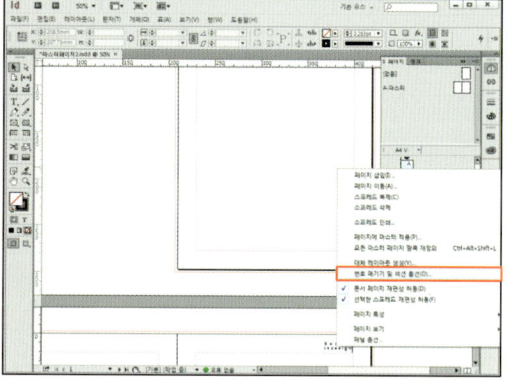

2 [번호 매기기 및 섹션 옵션] 대화상자가 나오면 페이지 번호 매기기 스타일을 '01, 02, 03, …'으로 선택하고 [확인] 버튼을 클릭합니다.

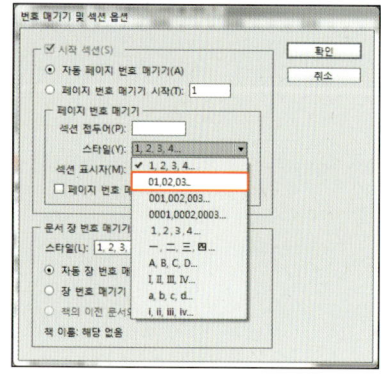 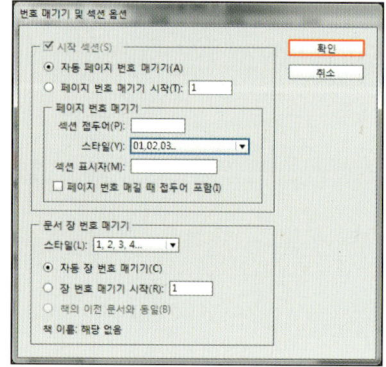

3 페이지 번호가 두 자리 숫자로 변경된 것을 알 수 있습니다.

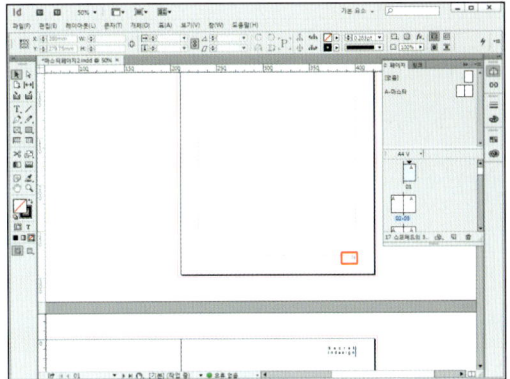 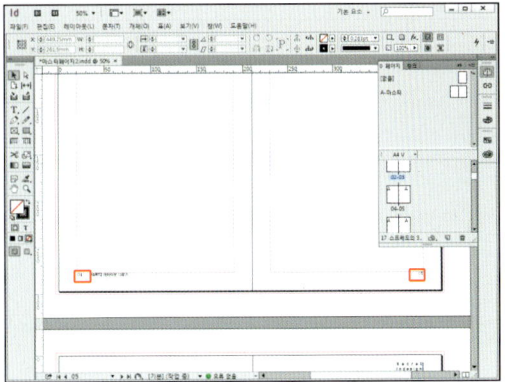

4 동일한 방법으로 세 자리 숫자나 알파벳 등으로 변경해서 사용할 수도 있습니다.

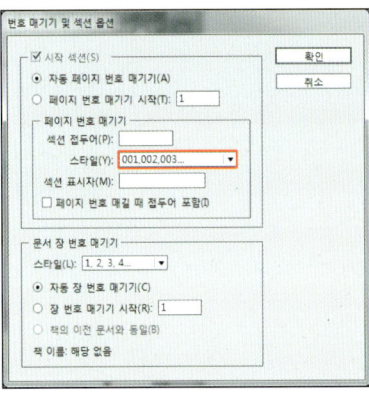 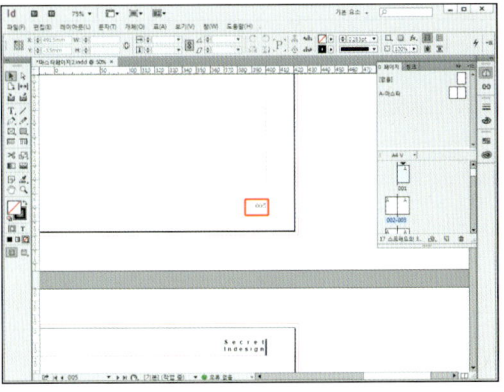

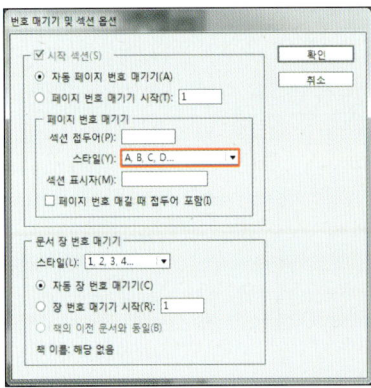 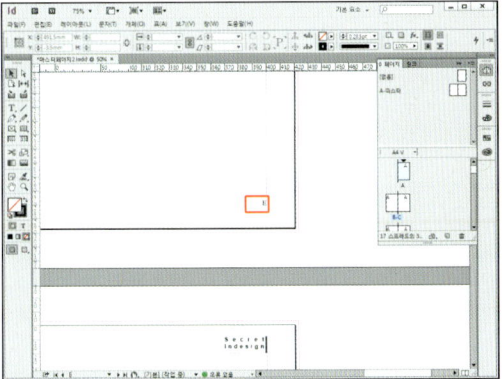

문서 다루기 및 레이아웃

특정 페이지에서 페이지 번호 시작하기

여러 개의 파일로 나누어 책을 편집하다보면 첫 페이지 번호가 1이 아니라 이전 파일의 페이지 번호에서 연결되어 표시해야 하는 경우가 있습니다.

1 [페이지] 패널의 새로 시작할 페이지에서 마우스 오른쪽 버튼을 클릭해 '번호 매기기 및 섹션 옵션'을 선택합니다.

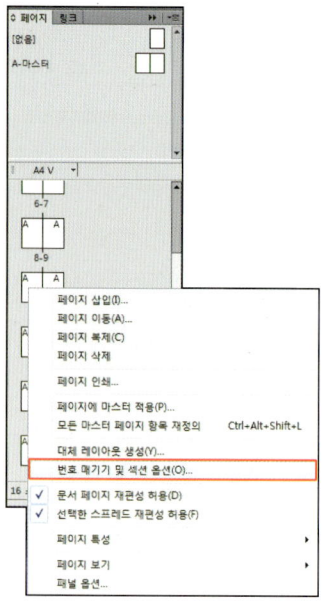

2 [새 섹션] 대화상자가 나오면 '페이지 번호 매기기 시작'을 선택하고 시작할 페이지를 '71'로 입력하고 [확인] 버튼을 클릭합니다.

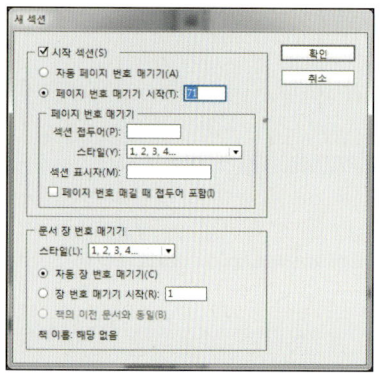

3 [페이지] 패널의 새롭게 페이지 번호가 시작된 해당 페이지 썸네일에 검정색 역삼각형 모양이 표시됩니다. 페이지 번호도 '71'부터 시작된 것을 확인할 수 있습니다.

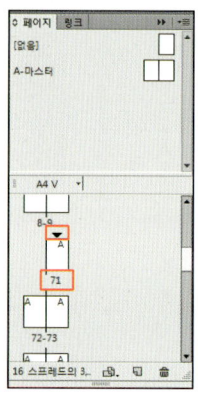

4 마스터 페이지 이름 바꾸기

다양한 형식의 문서를 편집하다보면 마스터 페이지가 많아지는 경우가 있습니다. 이때 많아진 마스터 페이지 이름이 A-마스터, B-마스터 등으로 되어 있으면 찾기 어려워지게 됩니다. 이런 경우 내용과 관련된 이름으로 마스터 페이지 이름을 변경해 놓으면 작업을 좀 더 쉽게 할 수 있습니다.

1 마스터 페이지 이름을 변경할 경우 변경할 마스터 이름에서 마우스 오른쪽 버튼을 클릭해 나오는 마스터 옵션 항목을 선택해 변경합니다. 여기서는 A-마스터 이름을 변경하기 위해 페이지 패널에서 'A-마스터'에서 마우스 오른쪽 버튼을 클릭해 나오는 메뉴 중 "A-마스터"에 대한 마스터 옵션(T)...'을 선택합니다.

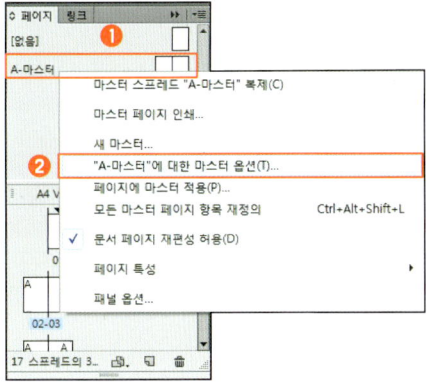

2 [마스터 옵션] 대화상자가 나오면 이름을 입력하고 [확인] 버튼을 클릭합니다.

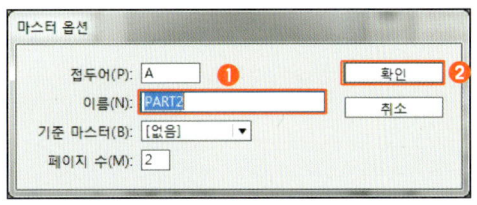

3 마스터 이름이 변경된 것을 확인할 수 있습니다.

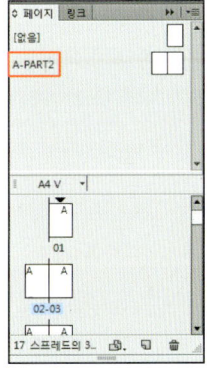

5 작업 중인 페이지를 마스터 페이지로 만들기

작업을 하다보면 일반 페이지에 디자인을 먼저 하는 경우가 발생하기도 합니다. 이 경우 작업해놓은 페이지를 마스터 페이지로 만들어 사용하는 방법에 대해 알아보겠습니다.

1 먼저 [파일] - [열기]를 클릭하거나 Ctrl+O 키를 눌러 'Part2\마스터 페이지3.indd' 파일을 불러옵니다. 파일 안에는 2페이지 문서가 있지만 마스터 페이지가 적용되어 있지 않았습니다. [페이지] 패널에서 Ctrl 키를 눌러 2개의 페이지를 모두 선택합니다.

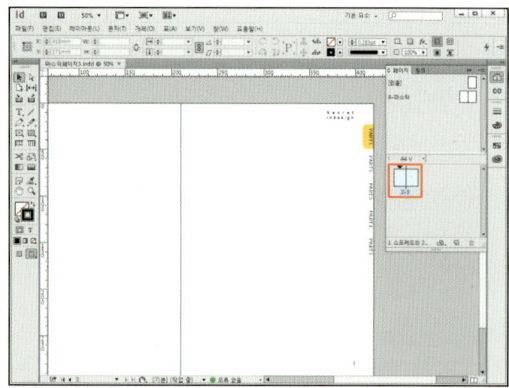

2 [페이지] 패널의 오른쪽 위에 있는 보조 메뉴 버튼을 클릭해 [마스터 페이지] - [마스터로 저장]을 선택합니다.

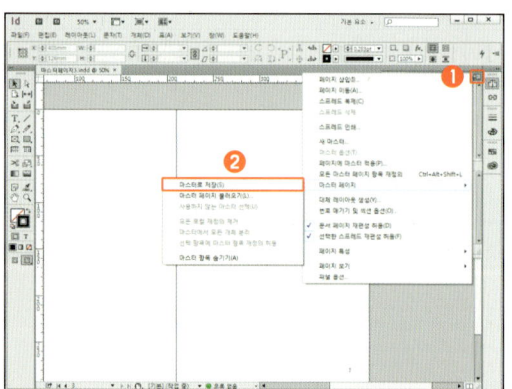

3 [페이지] 패널을 보면 현재 문서 페이지 디자인이 'B-마스터'로 저장되고 마스터 편집 상태로 표시되면서 페이지 번호 위치에도 'B'로 설정된 것을 확인할 수 있습니다.

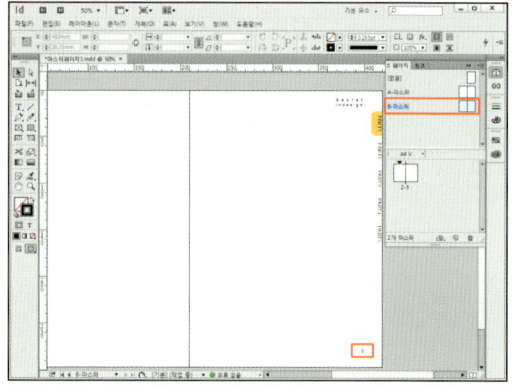

6 마스터 페이지 복사하기

마스터 페이지를 사용하다보면 비슷한 유형의 레이아웃을 가진 마스터를 만들어 사용하는 경우가 있습니다. 이 경우 매번 만들지 않고 마스터 페이지를 복사해 활용할 수 있습니다.

1 [파일] - [열기]를 클릭하거나 Ctrl + O 키를 눌러 '마스터 페이지4.indd' 파일을 불러옵니다. B-마스터를 복사해 사용하기 위해 B-마스터에서 마우스 오른쪽 버튼을 클릭해 [마스터 스프레드"B-마스터" 복제]를 선택합니다.

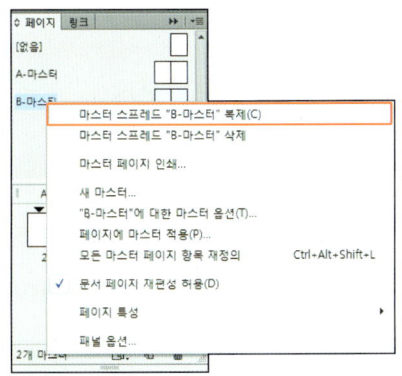

2 [페이지] 패널에 마스터 페이지가 복사되어 'C-마스터'가 나타납니다.

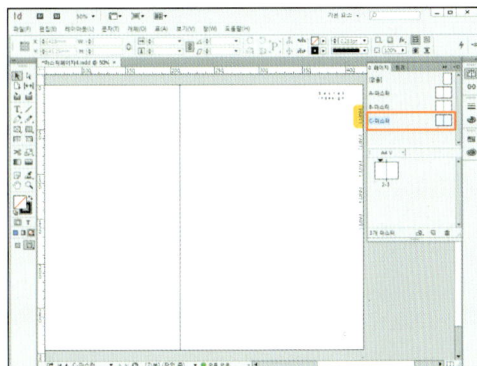

3 복사한 마스터를 수정하기 위해 도구상자의 선택 도구를 선택하고 Part1 아래의 사각형 도형을 Part2 위치로 드래그해 이동합니다.

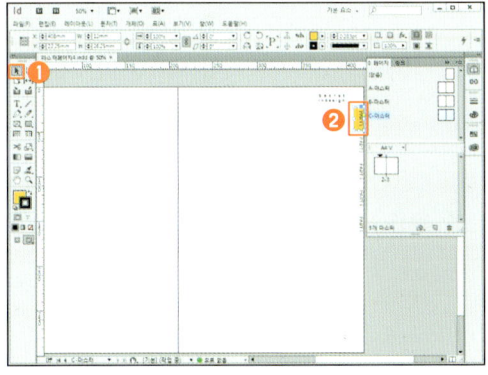
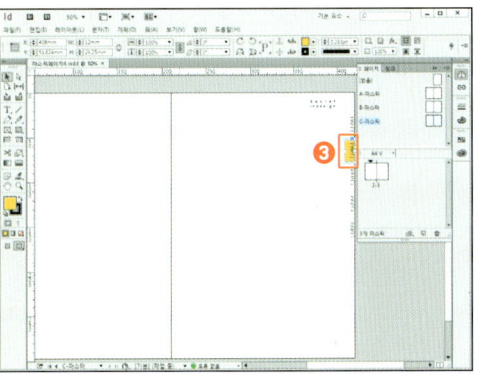

4 도구상자의 칠 색상을 더블클릭해 [색상 피커]대화상자가 나오면 색상을 '#5c8bfc'로 설정하고 [확인] 버튼을 클릭합니다.

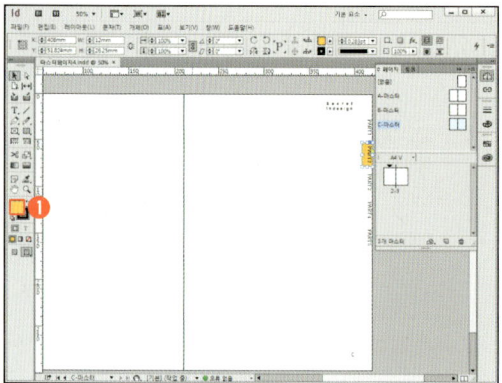
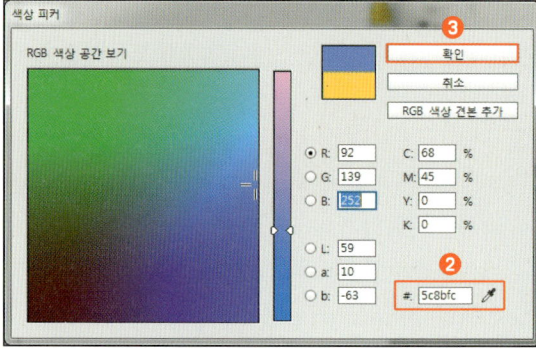

5 선택한 개체의 색상이 변경됩니다. [페이지] 패널에서 일반 페이지를 더블클릭하면 마스터 편집이 종료됩니다. 마스터 페이지가 적용되어있지 않아 빈 문서만 나오게 됩니다. 이제 필요에 따라 마스터 페이지를 적용해 사용하면 됩니다.

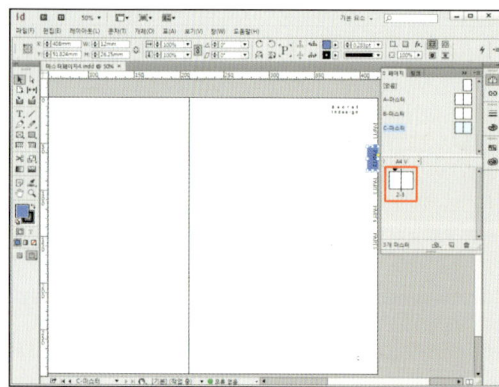
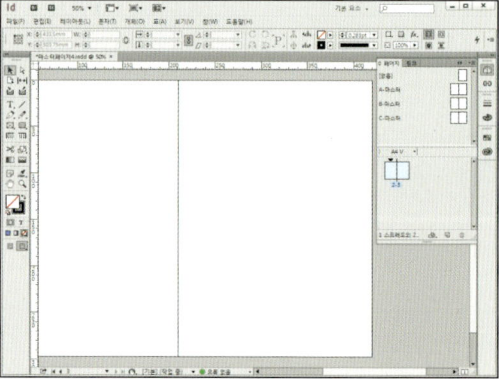

05 레이어 기능 알아보기

1 레이어 추가 및 삭제하기

레이어란?

 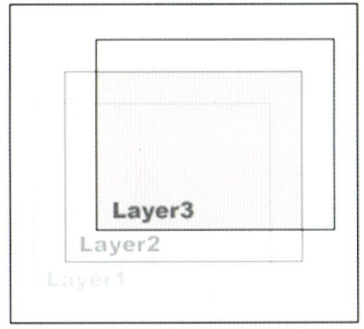

레이어는 층 또는 단층이라는 뜻을 가지고 있으며, 일종의 투명 셀로판과 같은 특성을 가지고 있습니다. 즉, 투명 셀로판의 그림을 겹쳐서 쌓아 놓은 것을 말합니다. 투명한 셀로판이 여러 장 겹쳐있다면 각각의 셀로판에 그려진 그림들은 모두 겹쳐서 보이게 됩니다. 각각의 개체는 다른 셀로판에 있더라도 겹쳐서 보면 시각적으로는 하나로 보이게 됩니다. 포토샵이나 일러스트레이터를 사용한 사용자라면 레이어를 쉽게 활용할 수 있을 것입니다.

레이어 만들기

1 [파일] - [열기]를 클릭하거나 Ctrl+O 키를 눌러 'Part2\레이어.indd' 파일을 불러옵니다.

2 [창] - [레이어]를 선택해 [레이어] 패널을 활성화합니다.

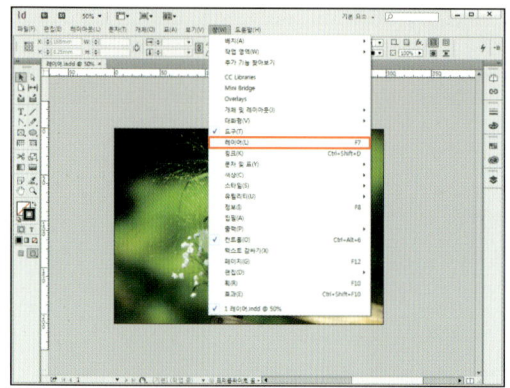 

3 레이어 패널 아래쪽의 '새 레이어 만들기( )' 아이콘을 클릭하면 레이어 패널에 새로운 레이어가 생성됩니다.

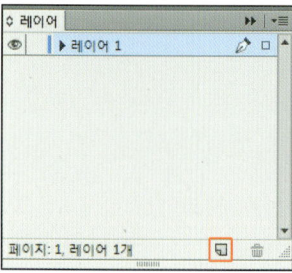 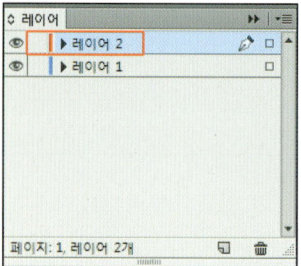

레이어 삭제하기

삭제할 레이어를 선택한 뒤 레이어 패널 아래쪽의 '선택한 레이어 삭제( )' 아이콘을 클릭하면 레이어가 지워집니다.

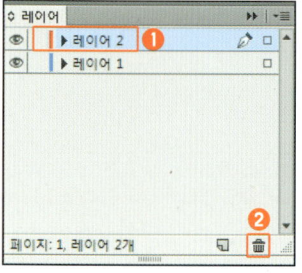 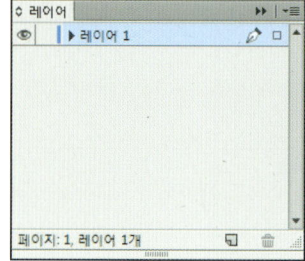

2 레이어 이름 및 색상 변경

포토샵과 같은 이미지 편집 프로그램에서는 레이어가 필수 사항으로 많이 사용하게 됩니다. 하지만 인디자인에서는 다른 이미지 편집 프로그램처럼 많이 사용하지는 않지만, 편집 작업 중에 레이어가 많아지게 되면 어떤 레이어에 작업을 했는지 구별이 어려운 경우가 있습니다. 이런 경우를 대비해 미리 용도에 따라 레이어를 구별해 놓으면 편집 시 손쉽게 사용할 수 있습니다.

1 [레이어] 패널에서 '레이어1'을 더블클릭합니다.

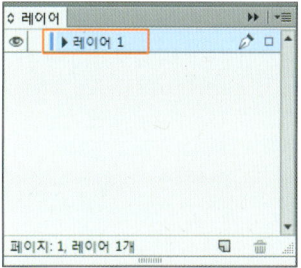

2 [레이어 옵션] 대화상자가 나오면 이름을 입력하고 원하는 색상을 선택한 다음 [확인] 버튼을 클릭합니다.

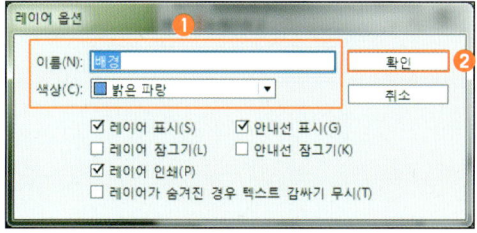

3 [레이어] 패널에 변경된 레이어 이름과 색상이 설정됩니다.

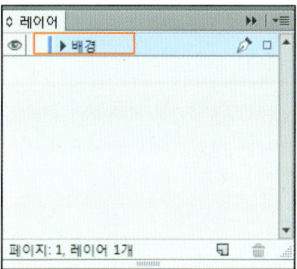

3 레이어 잠그기 및 가시성 켜기/끄기

레이어 잠그기

문서 편집 중에 그림이 문서 전체에 삽입되었거나 개체들이 여러 개 겹쳐 편집하기 불편할 경우 레이어를 잠그고 사용하면 다른 개체 선택 시 잠근 레이어의 개체는 선택되지 않기 때문에 편리하게 사용할 수 있습니다. [레이어] 패널에서 눈 모양 아이콘 옆에 있는 '레이어 잠금 켜기/끄기' 부분을 클릭하면 선택한 레이어를 잠글 수 있습니다. 토글 버튼으로 사용되기 때문에 한 번 클릭하면 잠금을, 다시 한 번 클릭하면 잠금 해제를 할 수 있습니다.

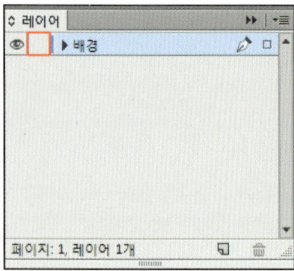 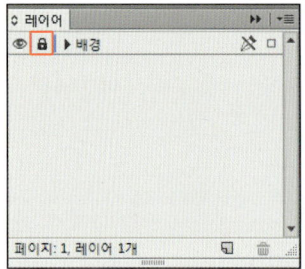

레이어 가시성 켜기/끄기

문서 편집 중에 화면에 특정 레이어를 숨기고 보이지 않도록 작업할 경우 레이어 패널에서 '가시성 켜기/크기' 버튼을 클릭하면 됩니다. 한 번 클릭하면 보이지 않도록 설정되며, 다시 한 번 클릭하면 화면상에 다시 보여줍니다.

 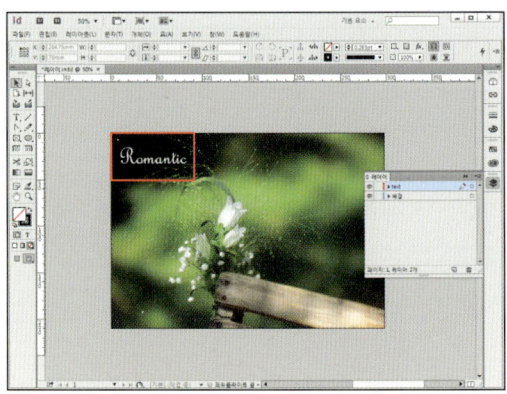

text 레이어의 가시성이 꺼진 상태   text 레이어의 가시성이 켜진 상태

4 레이어 순서 변경하기

레이어가 여러 개 있는 경우 위에 있는 레이어가 시각적으로 앞에 보이게 되며, 아래쪽으로 갈수록 뒤에 있는 것처럼 보이게 됩니다. 작업 중에 입력된 글자가 보이지 않거나 개체가 나오지 않는 경우 레이어 순서를 먼저 확인해 보는 것이 좋습니다.

1 먼저 [파일] - [열기]를 클릭하거나 Ctrl + O 키를 눌러 'Part2\레이어2.indd' 파일을 불러옵니다. 불러온 파일에는 텍스트가 입력되어 있는데 레이어 순서가 맞지 않아 화면상에는 보이지 않습니다.

2 [레이어] 패널에서 'text' 레이어를 클릭해 선택하고 마우스 왼쪽 버튼을 누른 상태에서 배경 레이어 위쪽으로 드래그 합니다.

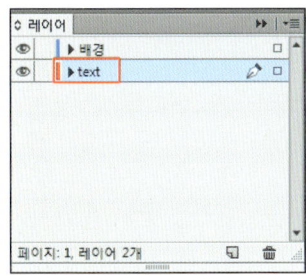 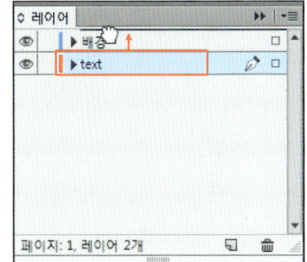

3 레이어 패널에서 'text' 레이어가 위쪽으로 이동하면서 문서에 입력된 글자가 보이게 됩니다.

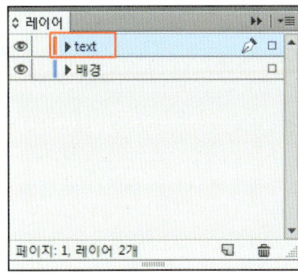 

5 레이어 병합하기

편집 중에 레이어가 너무 많이 생성되어 불편한 경우 필요한 레이어를 병합해 사용할 수 있습니다. 여기서는 'text' 레이어와 '배경' 레이어를 병합해 보겠습니다.

1 [레이어] 패널에서 'text' 레이어와 '배경' 레이어를 Ctrl 키를 누르고 클릭해 선택합니다.

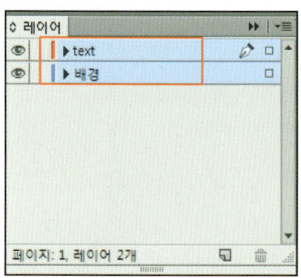

2 선택한 레이어 위에서 마우스 오른쪽 버튼을 클릭해 나오는 메뉴 중 [레이어 병합]을 선택합니다.

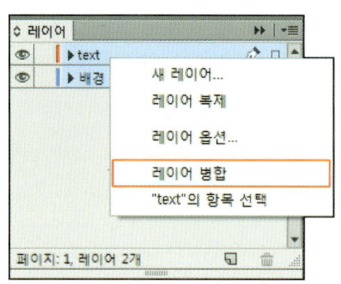

3 선택한 레이어가 병합됩니다.

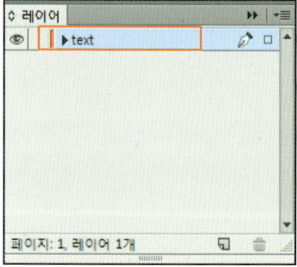

4 레이어가 병합되지만 그 안의 개체들이 사라지는 것은 아닙니다. 레이어 이름 옆의 삼각형 모양의 확장 버튼을 클릭하면 각각의 개체들을 확인할 수 있습니다. 다시 한 번 클릭하면 목록을 보이지 않도록 설정해 줍니다.

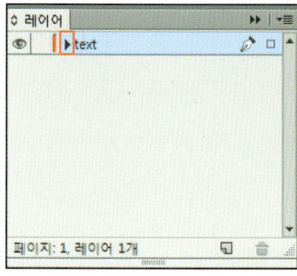 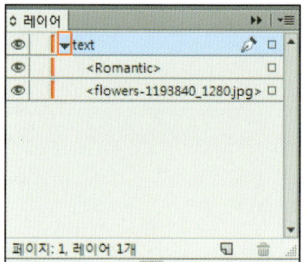

06 자주 사용하는 문서를 템플릿으로 저장하기

새 문서를 사용한다는 것은 개체가 아무것도 존재하지 않은 상태에서 문서를 작성해 나간다는 것입니다. 하지만 템플릿을 활용하면 일정한 틀이 만들어져 있어 디자인된 레이아웃을 사용하면서 내용만 수정해 사용하면 손쉽게 편집해 사용할 수 있습니다. 자주 사용하는 안내문이나 반복적으로 사용해야 하는 내용을 템플릿으로 작성해 놓으면 여러 사람이 공동 작업을 하는 경우에도 효과적으로 사용할 수 있습니다.

1 [파일] - [열기]를 클릭하거나 Ctrl + O 키를 눌러 'Part2\템플릿.indd' 파일을 불러옵니다.

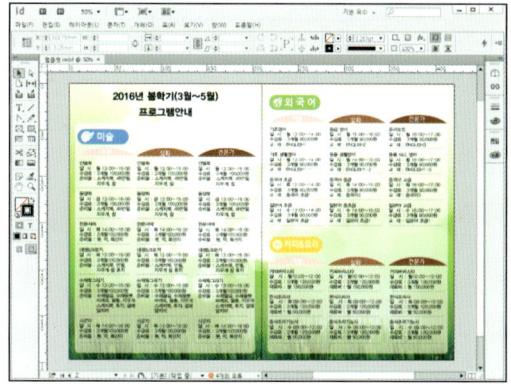

2 [파일] - [다른 이름으로 저장]을 선택합니다. [다른 이름으로 저장] 대화상자가 나오면 파일 형식을 'InDesign 템플릿'으로 선택하고 [저장] 버튼을 클릭합니다. 저장이 끝나면 현재 파일을 종료합니다.

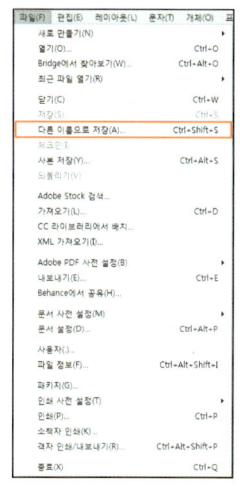
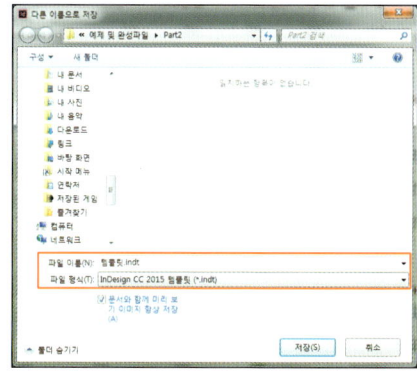

3 [파일] - [열기]를 클릭하거나 Ctrl+O 키를 눌러 'Part2\템플릿.indt' 파일을 불러옵니다. '템플릿.indt' 파일이 '무제'인 문서로 열립니다. 편집해서 사용할 수 있는 것은 동일하지만 템플릿 문서를 열면 새 문서처럼 파일 이름이 '무제'로 나오고 새로운 파일로 저장해서 사용하면 됩니다.

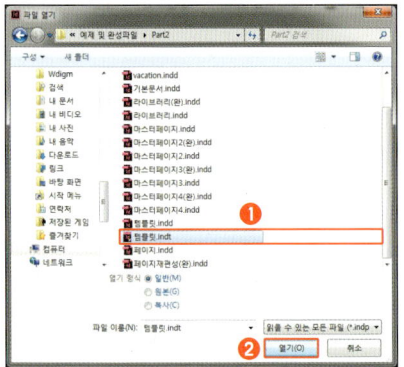 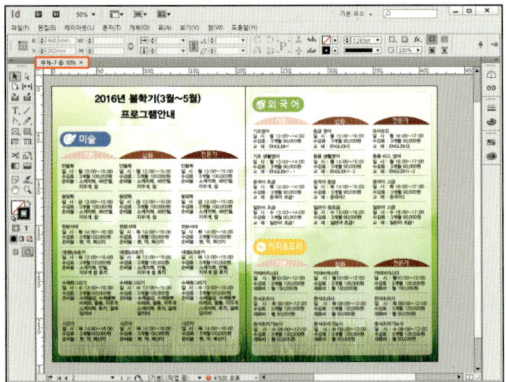

4 템플릿을 사용하면 문서 내용을 언제든 편집할 수 있고 저장해서 사용이 가능합니다. [파일] - [저장]을 클릭하면 '무제'란 이름으로 나오기 때문에 원하는 이름으로 변경해 저장하면 됩니다.

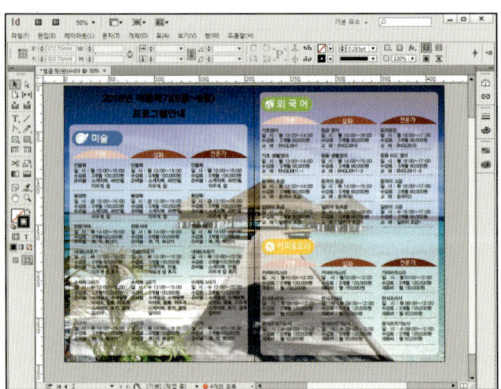 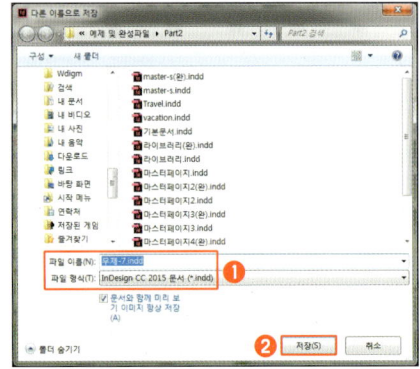

07 반복 작업을 위한 라이브러리

라이브러리는 자주 사용하는 그래픽, 텍스트 등의 요소들을 저장해 다른 페이지나 문서에 적용해 손쉽게 사용하는 기능입니다. 편집 중에 자주 사용하는 유형을 등록해 사용하면 작업 시간을 단축해 편리하게 사용할 수 있습니다.

1 [파일] - [열기]를 클릭하거나 Ctrl+O 키를 눌러 [파일 열기] 대화상자가 나오면 'Part2\라이브러리.indd' 파일을 불러옵니다.

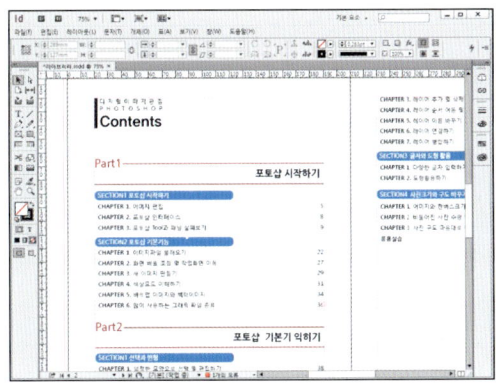

2 라이브러리 파일을 만들기 위해 [파일] - [새로 만들기] - [라이브러리]를 클릭합니다. [새 라이브러리] 대화상자가 나오면 파일 이름을 입력하고 [저장] 버튼을 클릭합니다.

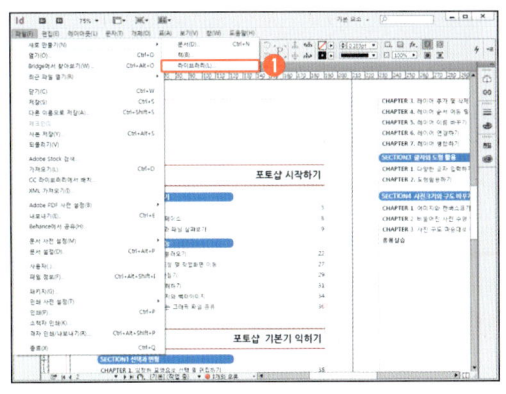
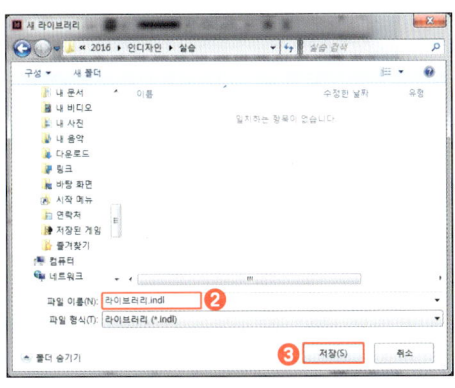

CC 라이브러리 대화상자가 나오면 [아니오]를 클릭해야만 라이브러리 파일을 저장해 사용할 수 있습니다. 만일 CC 라이브러리를 사용할 경우에는 [예]를 클릭해 사용하고 Creative Cloud에 로그인해 사용하면 됩니다.

문서 다루기 및 레이아웃

3 [라이브러리] 패널이 화면에 표시됩니다.

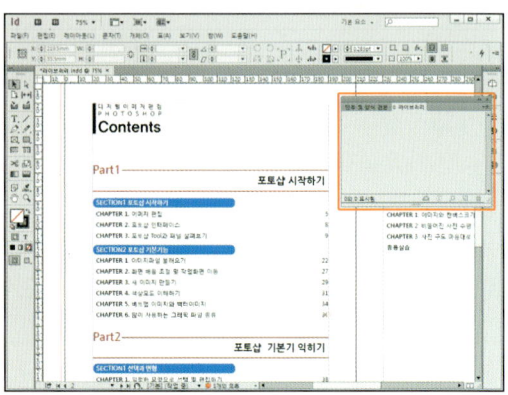

4 도구 상자의 선택 도구( )를 선택하고 Shift 키를 이용해 라이브러리에 등록할 개체를 선택합니다.

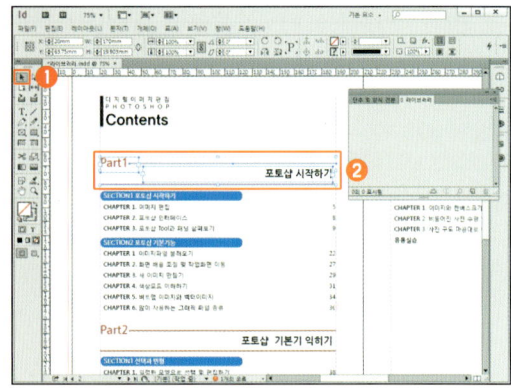

5 선택한 개체 위에서 마우스 왼쪽 버튼을 누른 상태에서 [라이브러리] 패널 위로 드래그하고 마우스 포인터가 모양으로 변경될 때 버튼을 놓습니다.

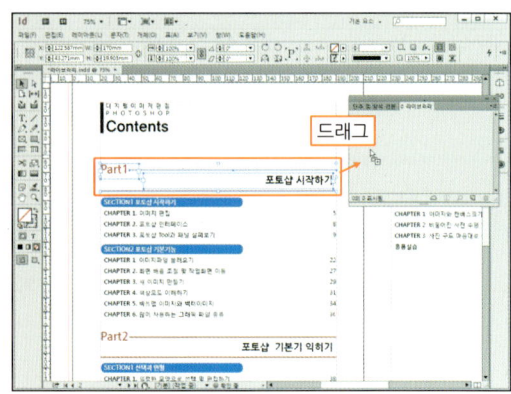

6 [라이브러리] 패널에 '무제' 라이브러리가 생성됩니다. 항목 정보를 수정하기 위해 [라이브러리] 패널에서 '무제' 항목을 더블클릭합니다.

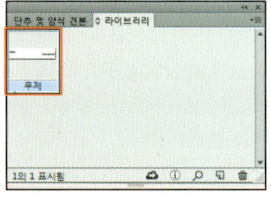

7 [항목 정보] 대화상자가 나오면 항목 이름과 설명을 수정하고 [확인] 버튼을 클릭합니다.

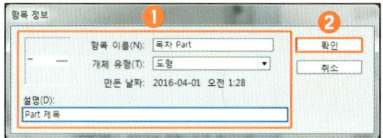
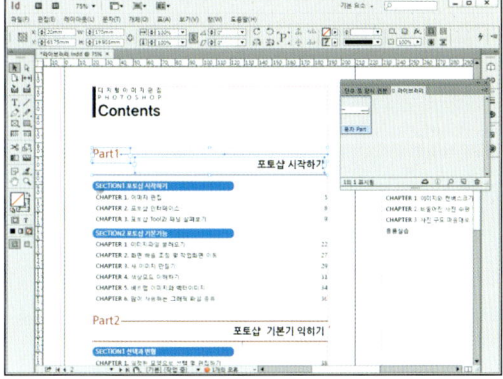

8 라이브러리에 등록된 개체는 필요에 따라 문서 위로 드래그하면 바로 편리하게 사용할 수 있습니다.

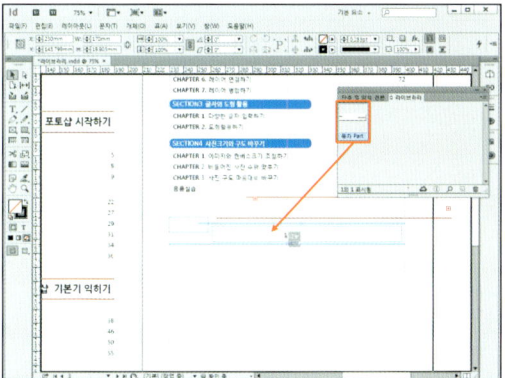
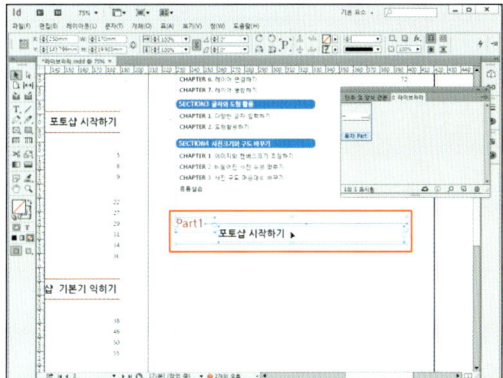

9 문서에 이동한 개체는 필요한 부분만 수정해 사용하면 됩니다.

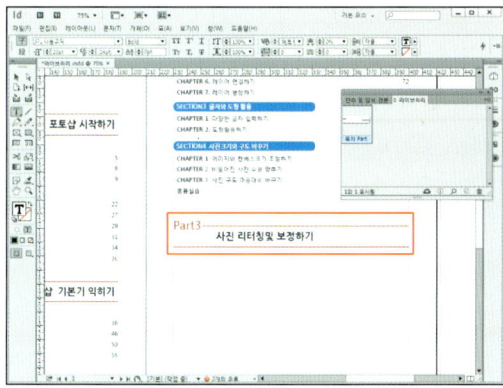

 **마스터 페이지 작업 시 생길 수 있는 오류 해결법(페이지 번호가 안 보일 경우)**

일반 슬라이드에 이미지를 전체 삽입하고 마스터 페이지에서 페이지 번호를 삽입한 경우 일반 페이지에서 슬라이드 번호가 보이지 않게 됩니다. 여기서는 레이어를 활용해 페이지 번호를 볼 수 있도록 하는 방법을 알아보겠습니다.

1 먼저 Ctrl+O 키를 눌러 [파일 열기] 대화상자가 나오면 'Part2\master-s.indd' 파일을 불러와 페이지 하단에 페이지 번호를 삽입하기 위해 [페이지] 패널의 A-마스터를 더블클릭합니다.

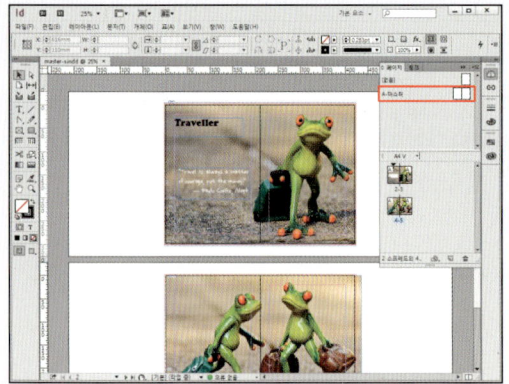

2 일반 마스터 페이지에 페이지 번호를 삽입하는 것처럼 할 경우 마스터 페이지에는 페이지 번호 삽입을 해도 일반 페이지에는 페이지 번호가 보이지 않게 됩니다. 그래서 [창] - [레이어]를 클릭해 [레이어] 패널을 꺼내옵니다. 레이어 패널에서 '새 레이어 만들기( )' 아이콘을 클릭해 새로운 레이어를 만듭니다.

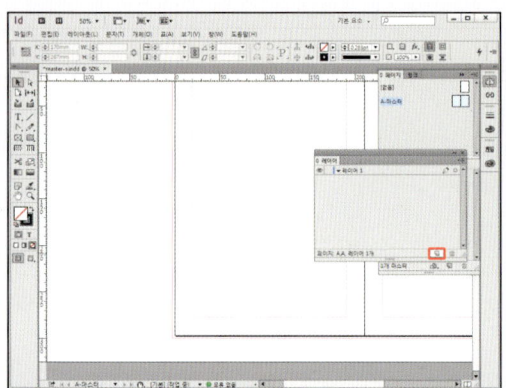 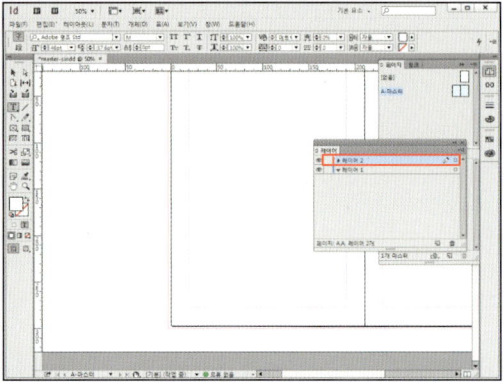

3 레이어2가 선택된 상태에서 도구상자의 문자 도구를 선택하고 마스터 페이지 왼쪽 하단에 드래그하여 텍스트 상자를 만듭니다.

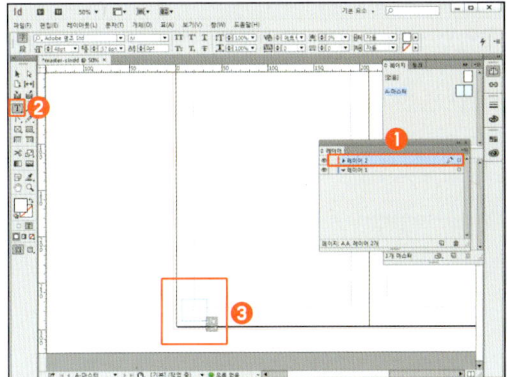

4 텍스트 프레임에 커서가 있을 때 [문자] - [특수 문자 삽입] - [표시자] - [현재 페이지 번호]를 선택합니다.

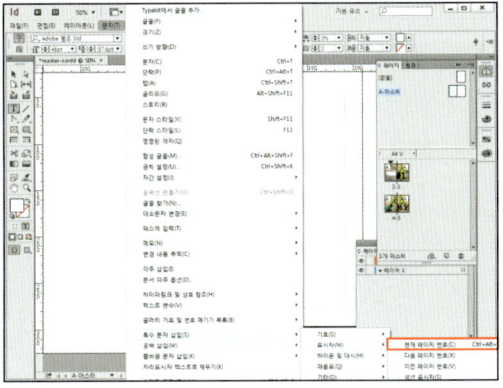

5 페이지 번호를 드래그해서 범위를 설정하고 컨트롤 패널에서 글꼴 크기를 '48pt'로, 도구상자에서 글자 색상을 흰색으로 설정합니다.

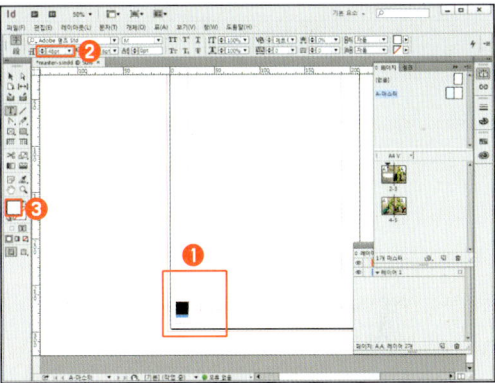

6 일반 페이지를 더블클릭해 마스터 페이지 편집을 종료하면 페이지 번호가 나타난 것을 확인할 수 있습니다. 일반 페이지에 개체가 크게 삽입되어 마스터 페이지에서 설정한 번호가 나오지 않는 경우 지금처럼 레이어를 추가해 작업하면 됩니다.

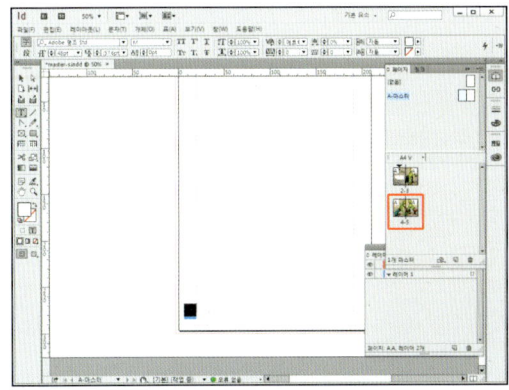

문서 다루기 및 레이아웃 **127**

한 문서에 판형이 다른 여러 페이지 만들기

한 문서 안에서 여러 페이지에 서로 다른 페이지 크기를 설정할 수 있습니다. 명함, 엽서 등 다양한 크기의 페이지를 같은 문서에 포함할 수 있으며, 이 기능을 활용하면 한 파일에서 관련 디자인 관리가 용이합니다.

1 [파일] - [열기]를 클릭하거나 Ctrl + O 키를 눌러 'Part2\멀티페이지.indd' 파일을 불러옵니다.

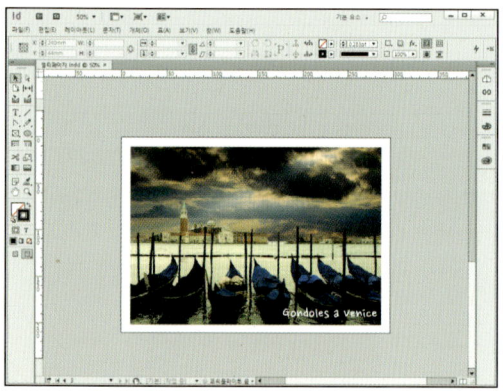

2 페이지 패널에서 2페이지를 선택하고, 도구상자의 페이지 도구를 클릭합니다. 컨트롤 패널에서 유동적 페이지 규칙을 '크기 조정'으로 선택하고, 페이지 크기를 'Hagaki'로 선택합니다.

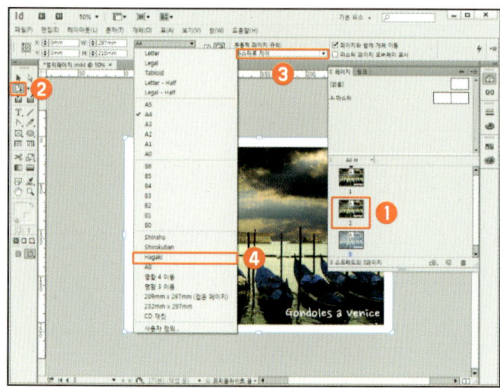

3 2번째 페이지 크기가 바뀐 것을 확인할 수 있습니다.

4 동일한 방법으로 페이지 패널에서 3페이지를 선택하고, 도구상자의 페이지 도구를 클릭합니다. 컨트롤 패널에서 페이지 크기를 '명함 4 이동'을 선택합니다.

5 3번째 페이지 크기도 변경되었습니다. 페이지 크기를 설정할 때 페이지 도구를 선택하고, 컨트롤 패널에서 W, H 값을 직접 입력해 사용해도 됩니다.

6 2개 이상의 페이지를 나란히 배치해 사용하기 위해 [페이지] 패널의 일반 페이지에서 마우스 오른쪽 버튼을 클릭해 나오는 메뉴 중 [문서 페이지 재편성 허용]을 선택합니다.

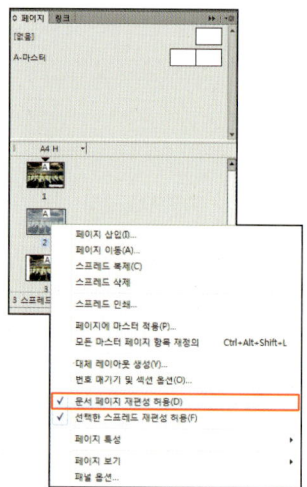

7 2번째 페이지를 1페이지 앞으로 위치를 변경하기 위해 [페이지] 패널에서 2번째 페이지를 1페이지 앞으로 드래그합니다.

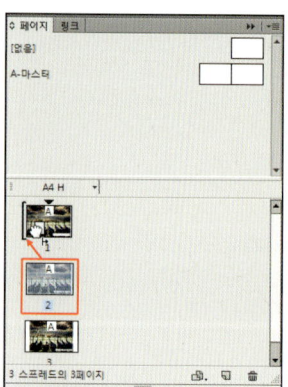
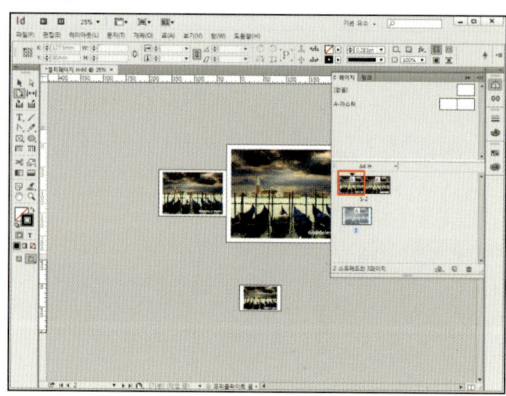

8 이번에는 3번째 페이지를 2페이지 뒤로 위치를 변경하기 위해 [페이지] 패널에서 3번째 페이지를 2페이지 뒤로 드래그합니다.

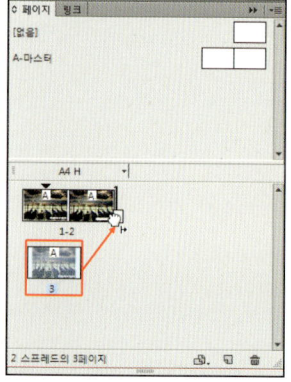
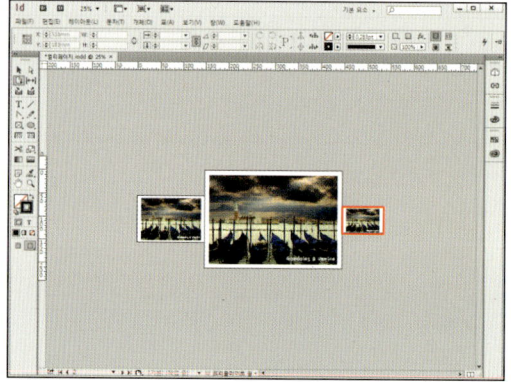

9 도구상자의 페이지 도구를 선택하고 원하는 페이지를 선택한 상태에서 원하는 위치로 드래그해서 배치할 수 있습니다.

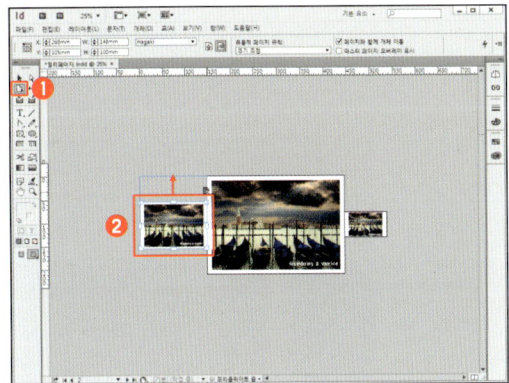
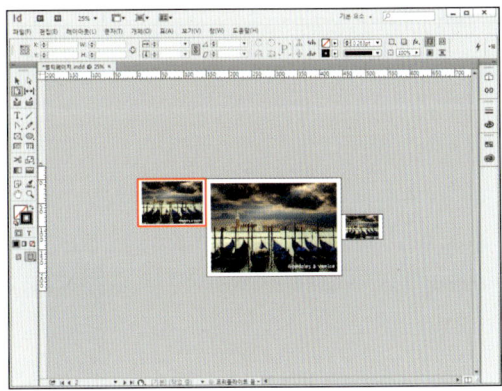
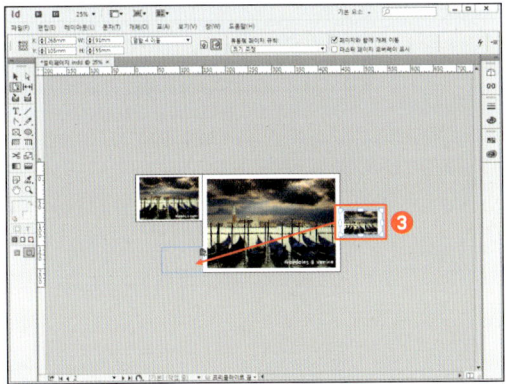
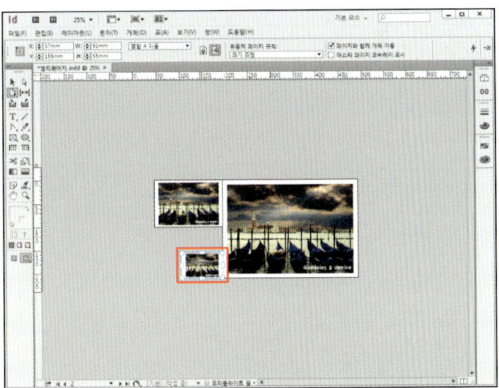

10 페이지를 드래그하지 않고 페이지 위치를 이동하고 싶은 경우 도구상자의 페이지 도구를 선택하고, 컨트롤 패널에서 X, Y 값을 조절하면 됩니다.

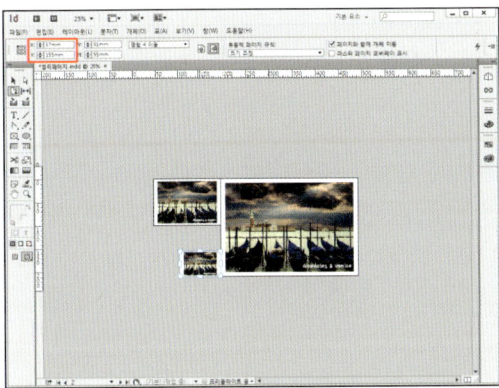

문서 다루기 및 레이아웃 131

책날개가 있는 책 표지 만들기(책 표지, 책등, 책날개가 연결된 전개도 만들기)

단을 활용해 날개가 있는 책 표지 만들기도 가능하지만 여기서는 멀티 페이지를 활용해 날개가 있는 책 표지를 만들어 보겠습니다.
(책 크기 : 190*250mm, 책등 두께 : 17mm, 책날개 : 100mm)

1 [파일] - [새로 만들기] - [문서]를 선택하거나 [Ctrl]+[N] 키를 누릅니다. 새 문서 대화상자가 나오면 '페이지 마주보기'를 클릭해 옵션을 해제합니다. 폭은 190mm, 높이는 250mm, 방향은 '세로'를 선택하고 [여백 및 단] 버튼을 클릭합니다.

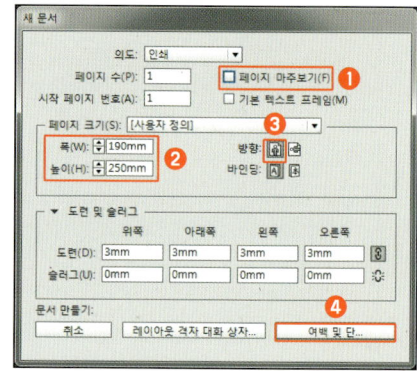

2 [새 여백 및 단] 대화상자가 나오면 여백을 0으로 설정하고 [확인] 버튼을 클릭합니다.

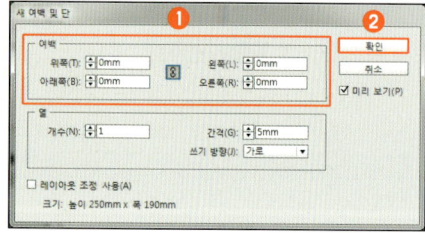

3 폭 190mm, 높이 250mm의 세로 방향 1페이지 문서가 나오게 됩니다.

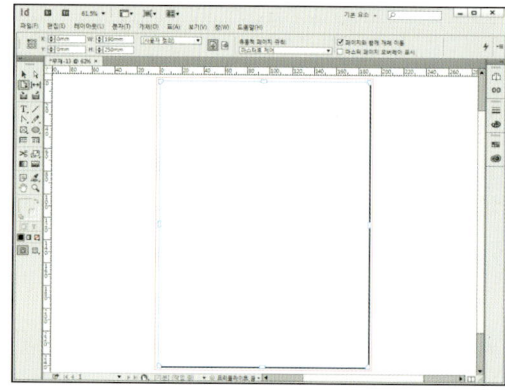 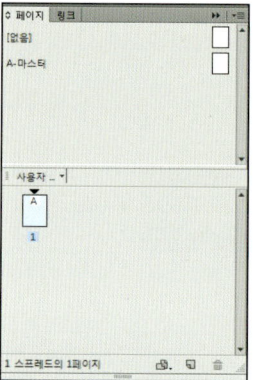

4 [페이지] 패널에서 [새 페이지 만들기] 아이콘을 4번 클릭해 5페이지 문서를 만듭니다.

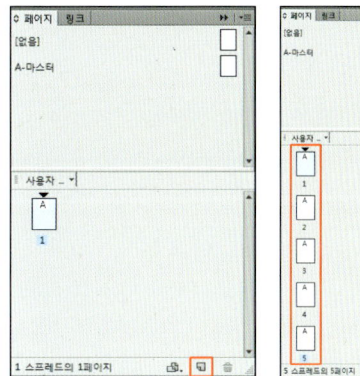

5 [페이지] 패널에서 Ctrl 키를 누른 상태로 클릭해 책 날개가 될 1페이지와 5페이지를 선택하고, 도구상자의 페이지 도구를 클릭합니다. 컨트롤 패널에서 W 값을 '100mm'로 입력해 페이지 폭을 조절합니다.

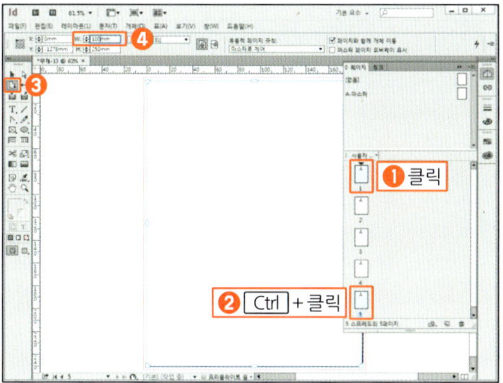 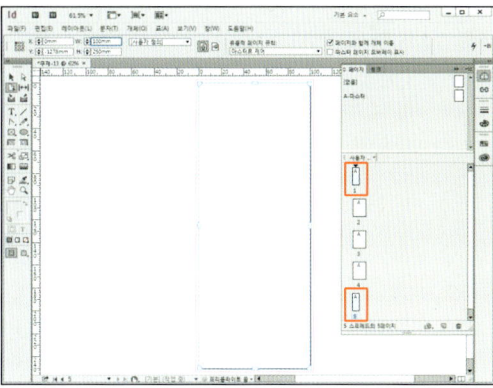

6 [페이지] 패널에서 3페이지를 클릭하고, 도구상자의 페이지 도구를 선택합니다. 컨트롤 패널에서 W 값을 '17mm'로 입력해 페이지 폭을 조절합니다.

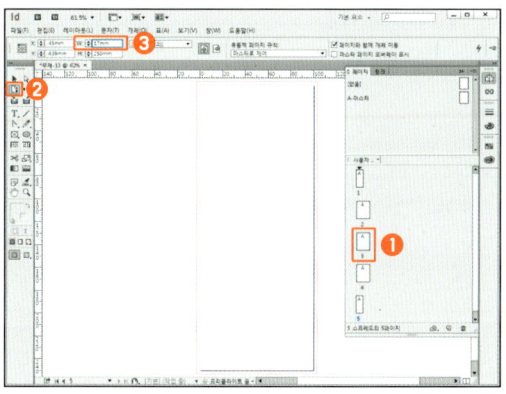 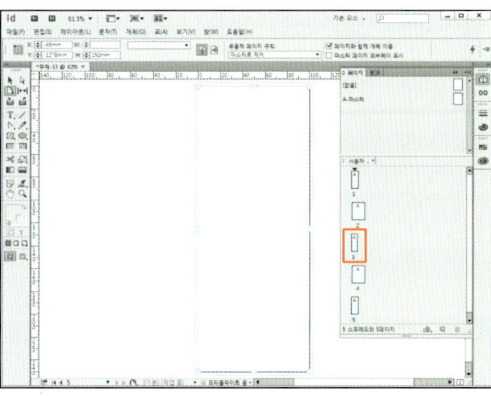

문서 다루기 및 레이아웃   133

7 [페이지] 패널의 일반 페이지에서 마우스 오른쪽 버튼을 클릭해 [선택한 스프레드 재편성 허용]을 선택해 옵션을 해제합니다.

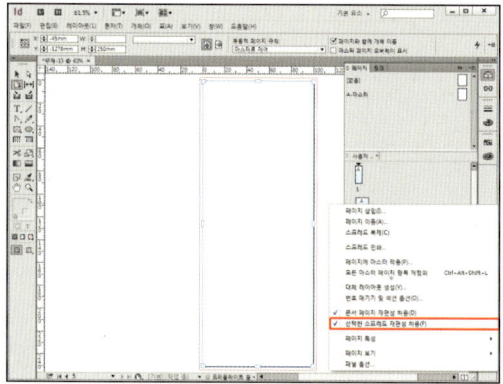

8 [페이지] 패널에서 1페이지와 5페이지를 Shift 키를 누르고 클릭해 선택합니다. 2번째 페이지에서 마우스 왼쪽 버튼을 누른 상태에서 1번 페이지 뒤로 드래그합니다.

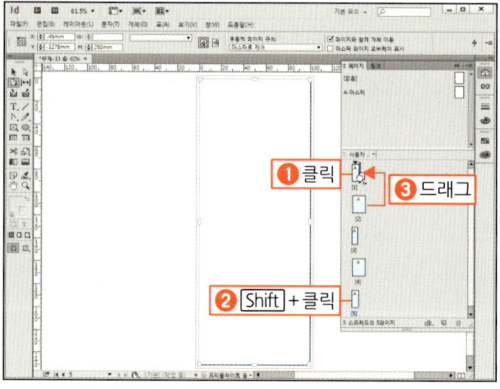

9 [페이지] 프레임에 5페이지가 모두 연결된 것을 확인할 수 있습니다. 페이지를 연결할 때 반드시 2번째 페이지를 선택해야 하는 것은 아닙니다. 선택한 페이지 중에서 드래그하면 동일한 결과를 얻을 수 있습니다.

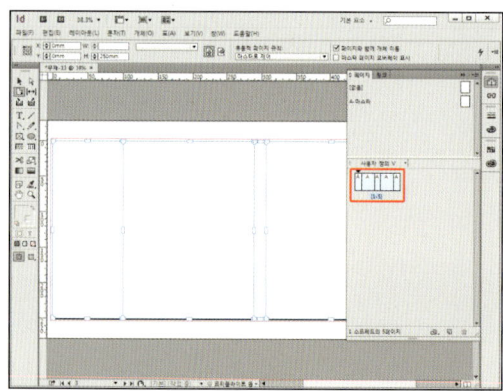

10 날개가 있는 책 표지 기본 문서가 완성되었습니다. 이곳에 제목, 이미지 등을 넣어 멋진 표지를 만들면 됩니다.

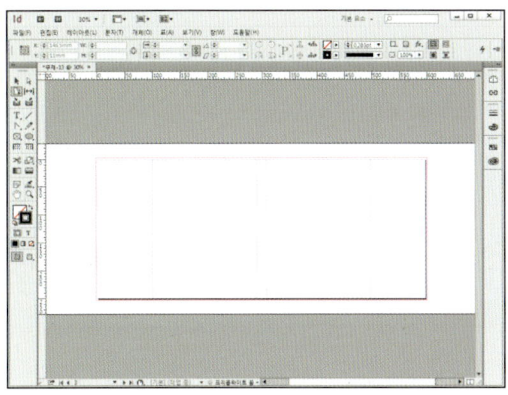

책 표지 원고형태

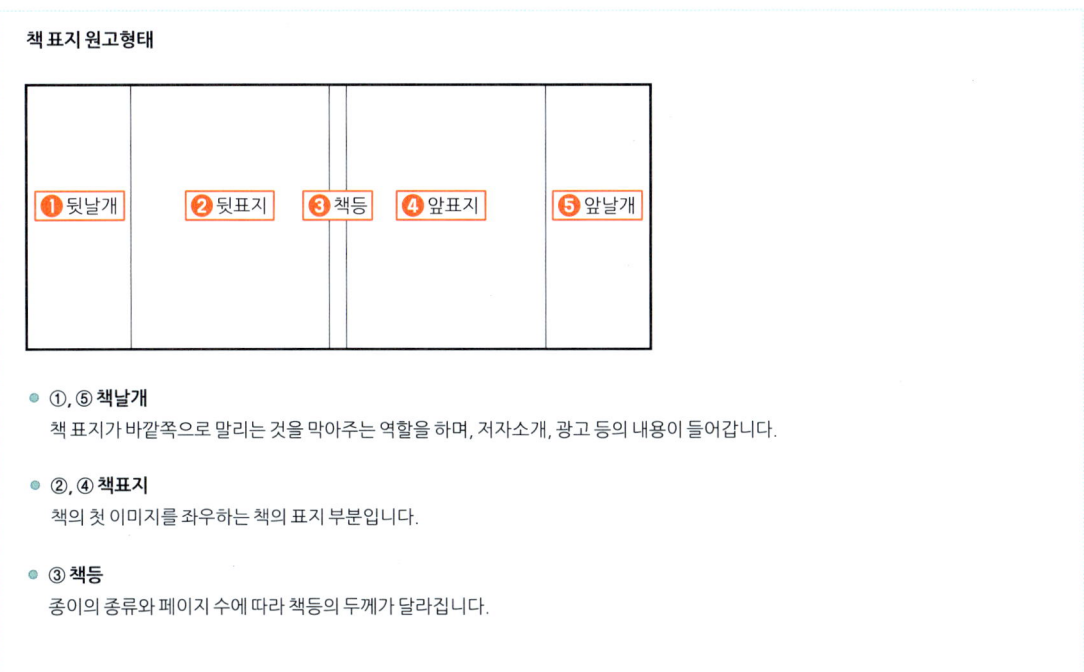

- ①, ⑤ **책날개**
  책 표지가 바깥쪽으로 말리는 것을 막아주는 역할을 하며, 저자소개, 광고 등의 내용이 들어갑니다.

- ②, ④ **책표지**
  책의 첫 이미지를 좌우하는 책의 표지 부분입니다.

- ③ **책등**
  종이의 종류와 페이지 수에 따라 책등의 두께가 달라집니다.

03 타이포그래피 디자인

PART

INDESIGN

01 타이포그래피의 요소에 대한 이해

1 글꼴

글꼴은 비슷해 보이지만 각각 가지고 있는 느낌과 감성이 다릅니다. 글자의 모양에 따라 다음과 같이 분류할 수 있습니다.

1. **네모꼴 & 탈네모꼴 한글** : 명조, 고딕서체로 네모꼴로 이루어진 본문용 전통적인 서체와 안상수체, 공한체와 같이 탈네모꼴로 이루어진 현대적인 서체가 있습니다.
2. **셰리프서체 & 산셰리프서체** : 돌기의 유무로 분리되는 서체로 가라몬드(Garamond)서체와 헬베티카(Helvetica)서체가 있습니다.
3. **스크립트 서체** : 손으로 필기한 듯한 느낌의 서체입니다.
4. **장식체** : 장식에 사용하는 서체입니다.

윤고딕　　신신명조　　산돌고딕
바탕체　　굵은안상수체　　손글씨펜
(대표 한글 서체)

글꼴마다 같은 사이즈라도 굵기와 길이에 따라 다양하게 보일 수 있으므로 용도와 목적에 맞게 고려하여 적용합니다.

2 폰트의 종류

1. **트루타입(True Type Fonts)** : 애플에서 개발, 고해상도의 출력이 가능한 윈도우의 표준 글꼴로 널리 사용됩니다.
2. **포스트 스크립트(Post Script Fonts)** : 어도비에서 개발하였으며, 섬세하고 품질이 높아 인쇄용으로 매킨토시에서 주로 사용합니다.
3. **오픈타입(Open Type Fonts)** : 어도비와 마이크로소프트가 공동 개발한 맥(Mac), 윈도우(Windows) 상호 호환되며, 글꼴이 많지 않지만 압축률이 높아 전자출판에 유용합니다.

3 폰트 설치

1 설치경로 : 일반적으로 폰트(글꼴)은 [제어판] – [글꼴] 폴더에 설치하지만 그렇지 않은 폰트도 있습니다.
- **트루타입(.ttf)** : 내컴퓨터\로컬디스크C\Windows\Fonts
- **오픈타입(.otf)** : 내컴퓨터\C\Program Files\Adobe\Adobe Indesign\Fonts

2 네이버 소프트웨어 : 네이버 소프트웨어(http://software.naver.com/)에 접속한 다음 왼쪽 메뉴의 카테고리에서 폰트 메뉴를 클릭하면 폰트가 보여집니다. 원하는 폰트를 클릭하면 실행 파일이 설치되거나 .ttf 등과 같은 폰트가 다운로드 됩니다. 실행 파일이 다운로드 되면 .exe 파일을 실행하여 설치를 진행하면 됩니다.

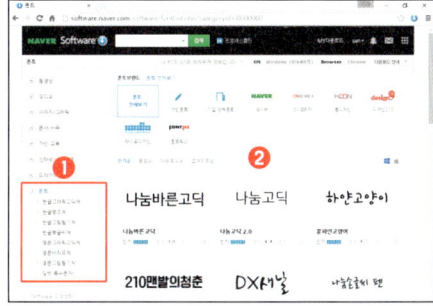

3 Adobe Type Kit : Creative Cloud 홈에서 TypeKit에서 [글꼴 추가]를 클릭하면 Adobe Type Kit에 있는 라이브러리에서 폰트를 설치하고 동기화할 수 있습니다.

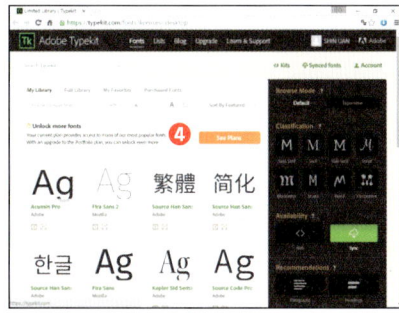

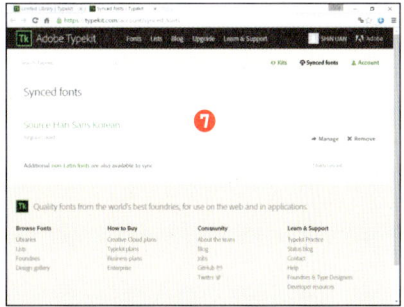

Creative Cloud 글꼴 관리를 선택하면 Adobe Type Kit에서 동기화된 폰트를 삭제도 할 수 있습니다.

4 타이포그래피 디자인

글꼴마다 자세히 살펴보면 느낌과 개성과 전달하는 감성이 다릅니다. 글꼴이 가지고 있는 감성을 잘 파악하고 글꼴을 적용하여 각각의 매체에 맞게 가독성과 심미성을 고려하여 디자인하는 것을 타이포그래피 디자인이라고 합니다. 애정과 관심을 가지고 깊이 들여다보면 알게 되고 다양하고 오랜 경험에 의해 숙련될 것입니다. 타이포그래피 디자인은 글꼴을 선택하여 각각의 매체에 맞게 디자인합니다.

> 적합한 글꼴을 선택하고 크기와 자간을 조정하여
> 각각의 매체의 목적에 맞게 감성을 전달하고자 하는 것이
> 타이포그래피 디자인입니다.
> (신신명조, 글자크기12pt, 글줄사이 자간)

> **적합한 글꼴을 선택하고 크기와 자간을 조정하여**
>
> **각각의 매체의 목적에 맞게 감성을 전달하고자 하는 것이**
>
> **타이포그래피 디자인입니다.**
> (윤고딕, 글자크기12pt, 글줄사이 자간)

02 타이포그래피를 위한 기본 기능

1 문자 패널

1. **글꼴/글꼴 스타일** : 용도에 맞는 글꼴과 스타일을 지정합니다.
2. **글꼴 크기(단축키 Shift + Ctrl + > 또는 <)** : 글꼴 크기를 설정합니다.
3. **행간(Alt + ↑ 또는 ↓)** : 줄과 줄 사이의 간격을 설정합니다.
4. **세로/가로비율** : 문자의 높이와 넓이의 비율을 설정합니다.
5. **커닝(Alt + ← 또는 →)** : 커서가 위치하고 있는 지정 문자와 문자 사이의 간격을 설정합니다. 대화상자의 옵션에 있는 시각을 선택하면 자동으로 커닝을 조정할 수 있지만 섬세한 타이포그래피를 위해서는 수동으로 조절하는 것이 좋습니다.
6. **자간(Alt + ← 또는 →)** : 문자를 블록으로 지정(선택)한 글자 사이의 간격을 조정합니다.
7. **비율 간격** : 문자 주변의 간격을 비율로 조절합니다. 글자의 비율이 변경되지는 않습니다.
8. **셀에 정렬** : 지정한 격자 문자를 균등 배치합니다.
9. **기준선 이동** : 지정한 특정 단어의 높이를 조절합니다.
10. **문자 회전** : 한 글자씩 반시계 방향으로 회전합니다.
11. **기울이기** : 문자를 기울여 이탤릭체를 적용합니다.
12. **문자 앞뒤 자간** : 문자의 앞뒤로 간격을 조절합니다.
13. **언어** : 해당 언어에 맞게 하이픈 기능과 맞춤법 기능이 적용됩니다.

2 단락 패널

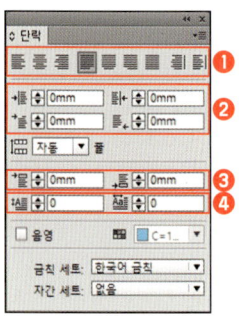

1 **정렬** : 문자나 단락의 정렬과 배치를 지정합니다.

2 **들여쓰기/내어쓰기** : 왼쪽 들여쓰기, 오른쪽 들여쓰기, 첫 행 들여쓰기, 오른쪽 내어 쓰기를 설정하여 단락을 구분합니다.

3 **이전 공백/이후 공백** : 단락과 단락 사이에 공간을 삽입합니다. 앞쪽 단락 사이의 공간과 뒤쪽 단락 사이에 공백을 설정합니다.

4 **단락 시작 표시 문자 높이** : 단락의 시작 부분에 크게 보여질 문자 수와 줄 수를 설정합니다.

3 문자 컨트롤 패널

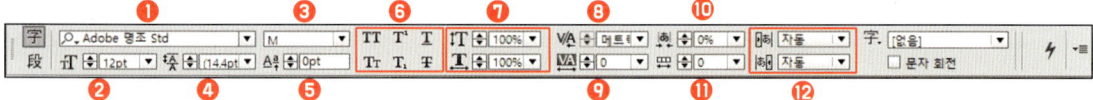

1 **글꼴** : 글꼴을 선택합니다.

2 **크기** : 글꼴 크기를 설정합니다.

3 **글꼴 스타일** : 글꼴 스타일을 설정합니다.

4 **행간** : 줄과 줄 사이의 간격을 설정합니다.

5 **기준선 이동** : 기준선을 기준으로 위아래로 이동합니다.

6 모두 대문자, 작은 대문자, 위첨자, 아래 첨자, 밑줄, 취소선 등을 위한 도구입니다.

7 **세로 / 가로 비율** : 문자의 가로와 세로의 비율을 설정합니다.

8 **커닝** : 커서가 위치하고 있는 문자와 문자 사이의 간격을 설정합니다.

9 **자간** : 선택한 문자들의 사이 간격을 조정합니다.

10 **비율 간격** : 문자 주변의 비율 간격을 조절합니다.

11 **셀에 정렬** : 지정한 격자 문자를 균등 배치합니다.

12 **문자 앞뒤 자간** : 문자의 앞 뒤로 간격을 조절합니다.

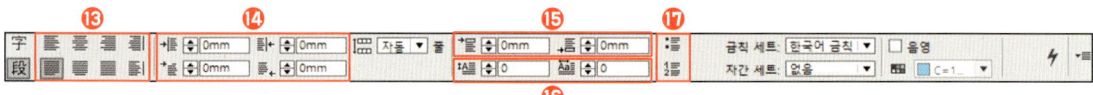

13 **단락 정렬** : 선택한 단락의 정렬을 지정합니다.

14 **들여쓰기** : 선택한 단락의 들여쓰기를 설정합니다.

15 **단락 시작 표시 문자 수** : 단락의 시작 부분에 보여질 문자 수와 줄 수를 설정합니다.
16 **단락 이전, 이후 공백** : 단락과 단락 사이에 공백을 설정합니다.
17 **글머리 기호 목록/ 번호 매기기 목록** : 단락 기호/번호를 지정합니다.

4 텍스트 프레임에 대한 이해

문자를 입력하고, 입력하면 생기는 텍스트 프레임에 대한 이해를 돕기 위한 예제입니다.

1 새로운 문서에 [도구상자]의 [문자 도구](T)를 선택하고 글자를 입력하고자 하는 부분을 적당한 사이즈로 드래그합니다. 커서가 깜박이면 파란색으로 생성된 글상자(텍스트 프레임) 안에 '타이포그래피 디자인'이라고 입력합니다.

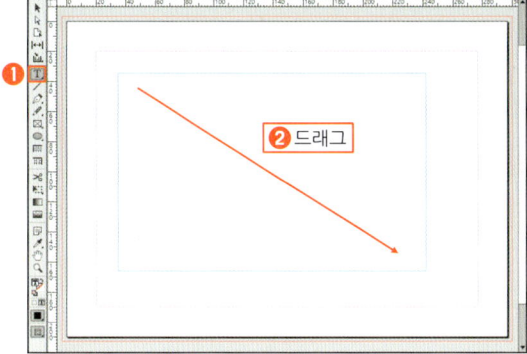

2 [도구상자]의 [문자 도구](T)로 입력한 글자를 드래그하거나 글상자를 선택한 다음, [문자 컨트롤 패널]이나 [문자 패널]에서 원하는 글꼴과 글자 크기로 변경합니다.

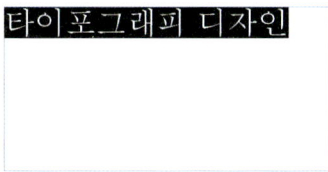

3 글자가 입력된 파란색 글상자를 [도구상자]의 [선택 도구](▶)로 클릭하면 텍스트 프레임에 시작 포트 및 끝 포트가 있는 것을 확인할 수 있습니다.

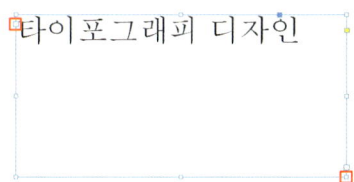

4 [도구상자]의 [선택 도구](▶)로 글상자를 클릭하고, [파일] - [가져오기]를 선택한 다음, 'Part3\typo_01.txt' 파일을 가져옵니다.

> **TIP** **텍스트 프레임이 이상해요!**
> 텍스트를 [파일] - [가져오기] 메뉴를 통해 가져왔을 때 프레임에 격자가 보이는 경우에는 마우스 오른쪽 버튼을 클릭해 나오는 메뉴 중 [프레임 유형] - [텍스트 프레임]을 선택해 변경하면 됩니다.

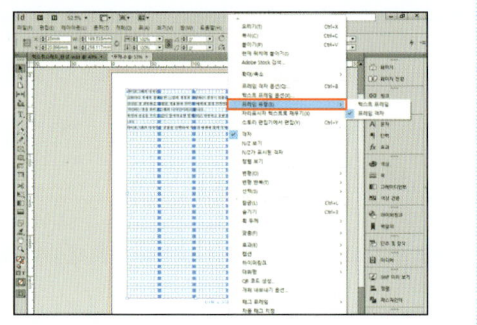

5 텍스트 프레임 오른쪽 아래에 빨간색 십자 표시는 글상자(텍스트 프레임)가 작아서 원고가 넘친다는 의미입니다. [도구상자] - [선택 도구(▶)]로 넘치는 '끝 포트'를 클릭합니다.

넘치는 텍스트를 나타내는 끝 포트

6 넘치는 원고가 마우스 포인터에 섬네일로 표시됩니다. 이때 대지의 빈 곳을 드래그하면 '텍스트 프레임'이 생성되면서 넘치는 원고에 대하여 추가 텍스트 프레임에 나타납니다.

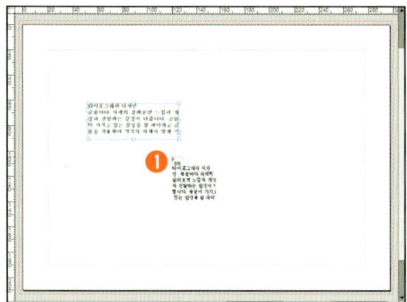
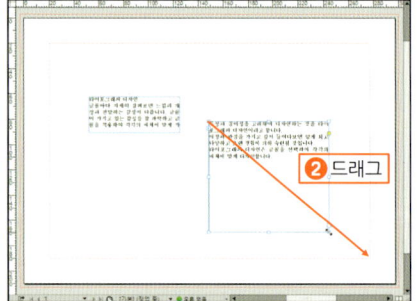

7 키보드의 Ctrl+Z 키를 두 번 누르면 넘치는 텍스트를 나타내는 끝 포트가 보이는 전 단계로 되돌아갑니다. 텍스트 프레임의 오른쪽 하단의 꼭지점을 드래그하여 크기를 늘리면 끝 포트가 사라지면서 원고가 모두 나타납니다.

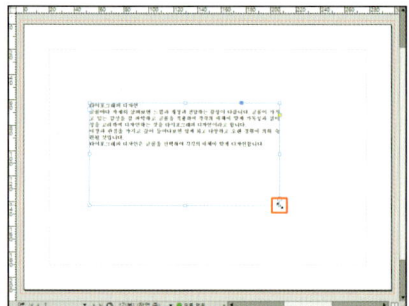

8 텍스트 프레임을 선택하고 마우스 오른쪽 버튼을 클릭하면 나오는 메뉴 중 '텍스트 프레임 옵션'을 클릭합니다.

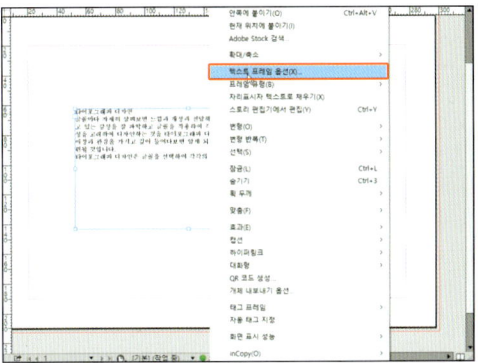

9 텍스트 프레임 안쪽으로 내부 간격을 생성하기 위해 [텍스트 프레임 옵션] 대화상자가 나오면, [일반] 탭 화면에서 '인세트' 간격을 '5mm'로 설정합니다.

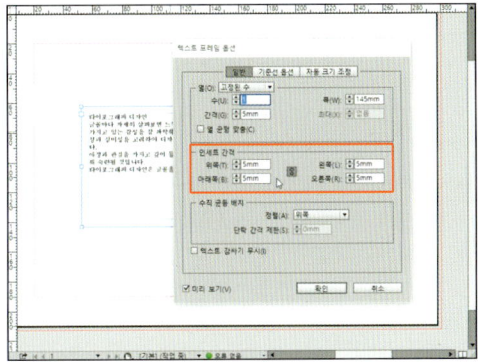

 인세트란?
텍스트 프레임 안쪽에 생성되는 '내부 간격'이라는 뜻입니다.

텍스트 프레임 옵션

- **일반 옵션** : 열, 인세트 간격, 수직 균등 배치, 텍스트 감싸기 무시를 설정합니다.

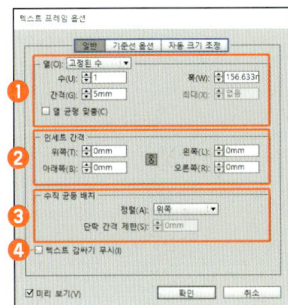

1 **열** : 글상자를 원하는 열의 개수로 조정합니다.

2 **인세트 간격** : 텍스트 프레임 안쪽에 여백을 설정합니다.

3 **수직 균등 배치** : 텍스트 프레임과 텍스트간의 위치를 정렬합니다.

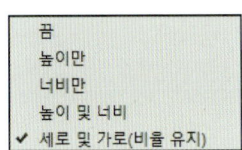

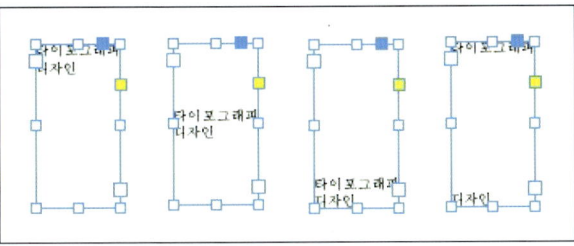

4 **텍스트 감싸기 무시** : 다른 프레임과 겹쳐서 글이 흐르는 것을 무시합니다.

- **기준선 옵션** : 텍스트 프레임 안에서 간격 기준선을 설정합니다.

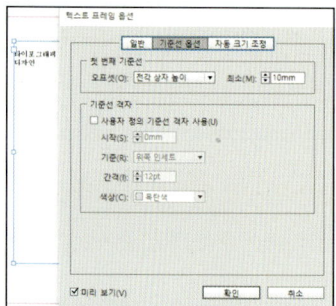

- **자동 크기 조정 옵션** : 텍스트의 길이와 양에 따라 프레임이 자동으로 변합니다.

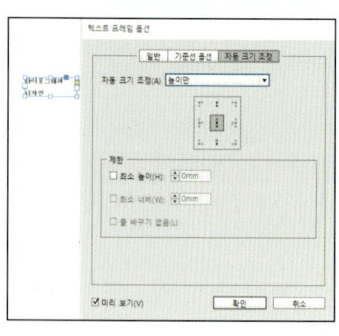 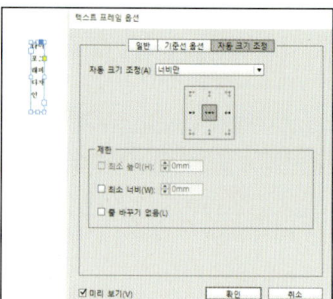 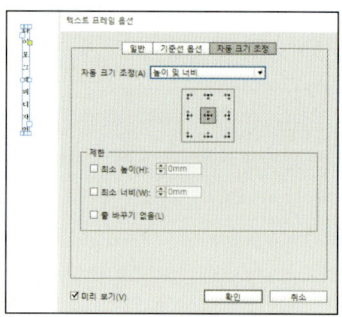

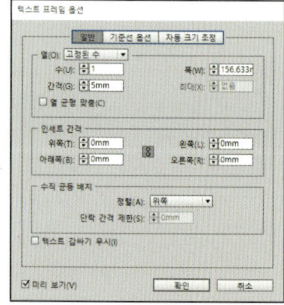 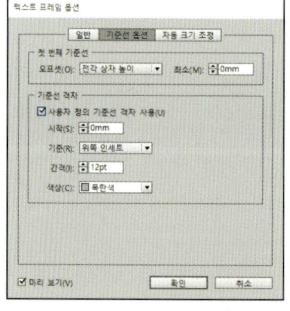 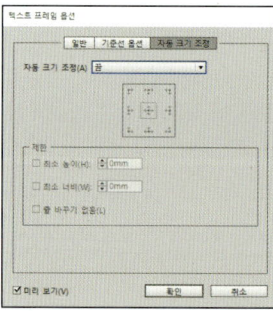

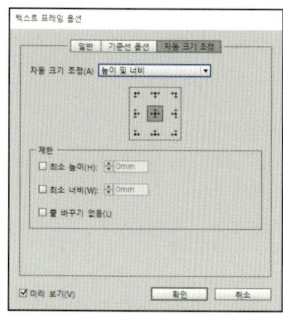 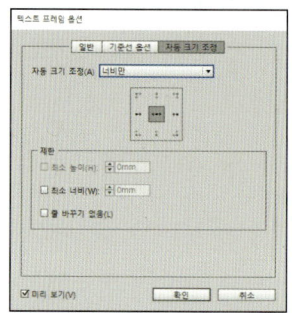 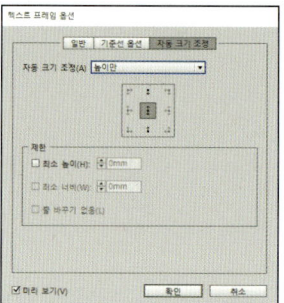

5 텍스트 스레드

많은 양의 원고를 텍스트 프레임(글상자)에 가지고 오는 경우 한정된 텍스트 프레임에 원고가 넘치는 경우가 발생합니다. 문서에 넘치는 텍스트를 관리하기 위하여 다른 페이지의 텍스트 프레임으로 이동하는 것을 '스레드'라고 합니다.

1 [파일] - [새로 만들기] - [문서]를 클릭하거나 Ctrl + N 키를 눌러 새로운 문서를 만듭니다.

> 페이지 : A4, 2페이지, '페이지 마주보기' 체크, 도련 : 각3mm, 여백 : 20mm, 열 개수 : 2, 간격:5mm

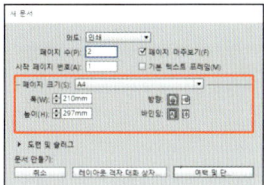 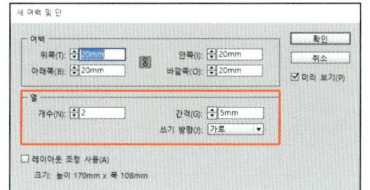

2 [페이지 패널]에서 마우스 오른쪽 버튼을 클릭해 '문서 페이지 재편성 허용'을 선택 취소하고, Page1을 마우스로 클릭하여 Page2로 끌어당겨 대괄호] 표시가 생길 때 마우스를 놓아 2장의 펼침 면을 만듭니다.

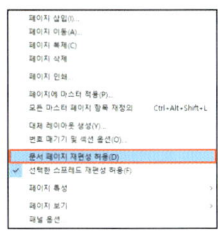 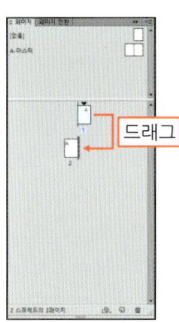 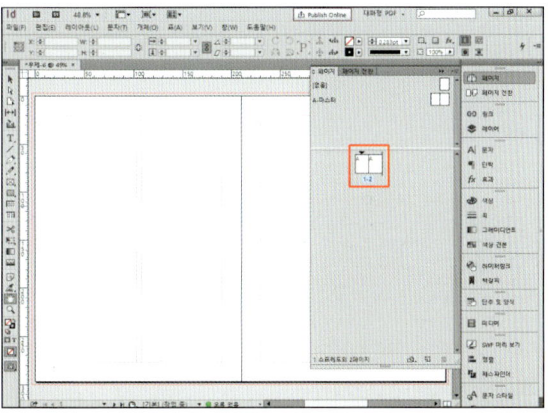

3 [도구상자] - [문자 도구(T)]를 선택하고 문서의 1단을 드래그하여 텍스트 프레임(글상자)을 생성합니다.

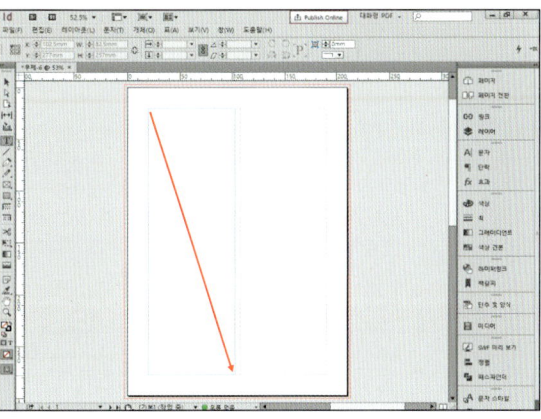

타이포그래피 디자인　147

4 텍스트 프레임에 커서가 깜박이면 [파일] - [가져오기]를 클릭해 'Part3\느리게 걷는 아이.docx' 파일을 가져옵니다.

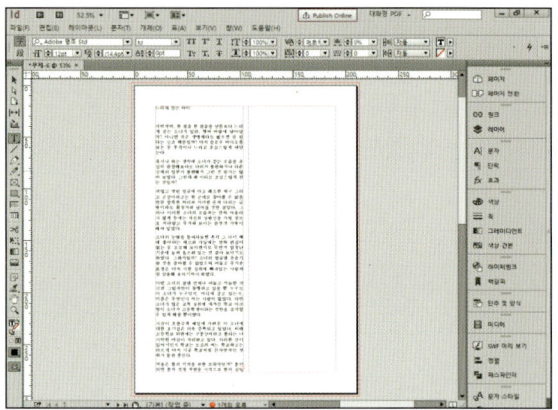

TIP 글상자를 [도구상자] - [선택 도구( )]로 선택하고 [파일] - [가져오기]를 클릭하거나 Ctrl + D 키를 눌러도 텍스트 프레임에 원고가 삽입됩니다.

5 [도구상자] - [선택 도구( )]로 텍스트 프레임 오른쪽 아래에 '텍스트 넘침 포트 ⊞'를 클릭하면 마우스 포인터에 원고가 섬네일로 보여집니다. Page1의 2열에 텍스트 프레임을 드래그하면 넘치는 텍스트가 옮겨집니다.

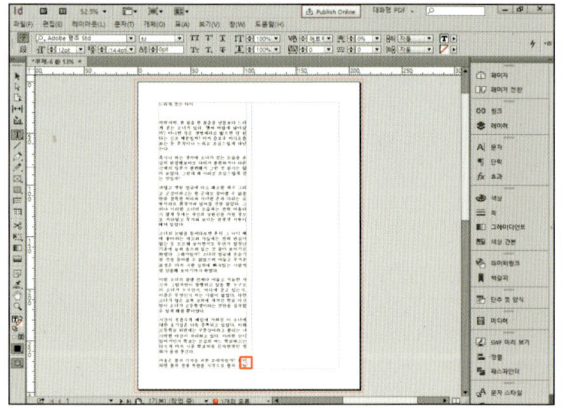

6 Page2에 5 처럼 [도구상자] - [선택 도구( )]로 텍스트 프레임(글상자) 오른쪽 아래에 '텍스트 넘침 포트⊞'를 클릭하여 텍스트 프레임을 드래그하고 나머지 넘치는 텍스트를 옮기도록 합니다.

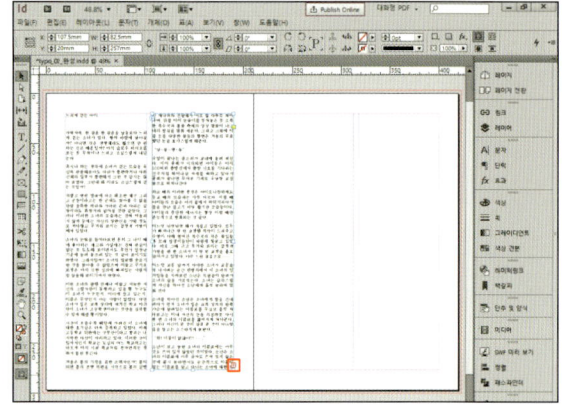

스레드 연결 및 해지

'텍스트 스레드_완성.indd'에서 연결한 스레드는 Page1의 2열에 있는 텍스트 프레임의 왼쪽 상단의 '프레임 포트'를 클릭하면 마우스포인터 끝에 링크 아이콘이 생성됩니다. 그 상태로 Page1의 1열에 있는 텍스트 프레임의 오른쪽 하단의 프레임 포트를 클릭하여 스레드 연결을 끊을 수 있습니다.

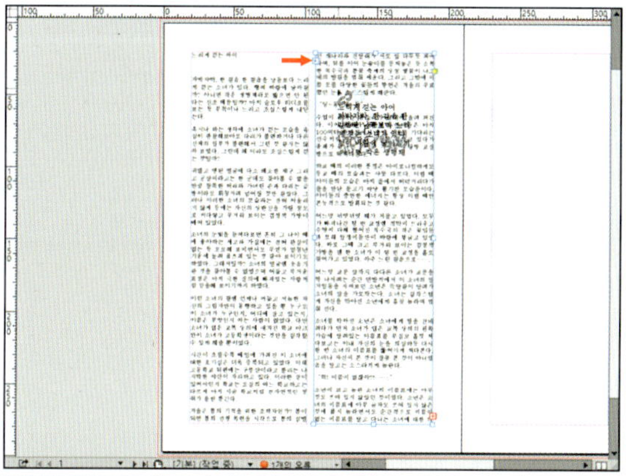

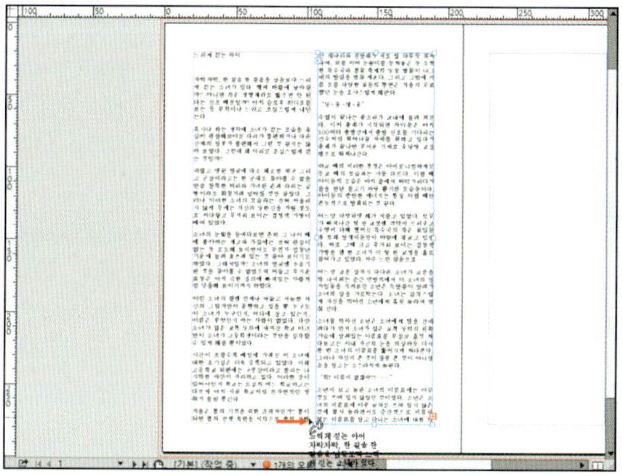

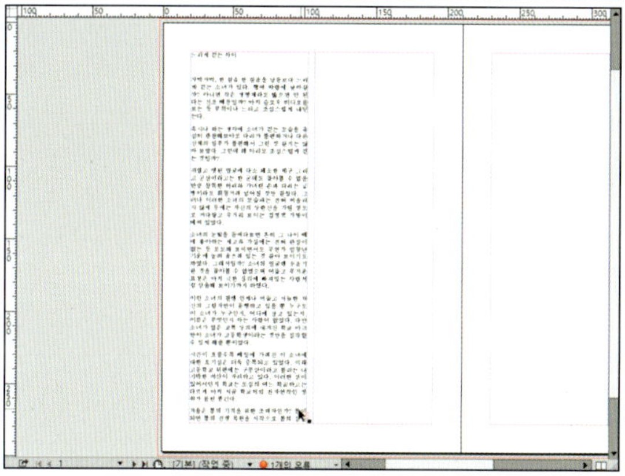

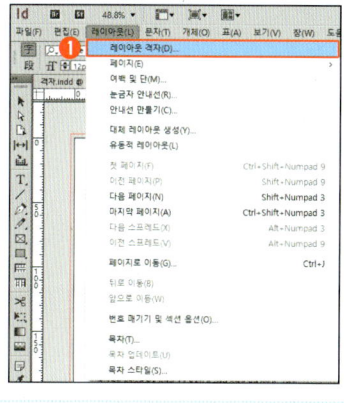

페이지를 완성한 다음 열의 수를 변경하고 싶어요!

열의 수를 변경할 경우 [레이아웃] - [레이아웃 격자]를 클릭해 [레이아웃 격자] 대화상자가 나오면 줄 및 단의 단수를 입력해 변경합니다.

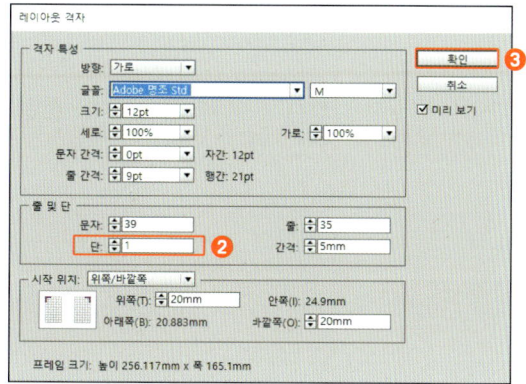

타이포그래피 디자인 **149**

 **텍스트 프레임을 벗어나는 방법 :** Alt , Shift

문자 도구로 문자를 입력하고 Alt 키를 길게 누르면 손 도구로 바뀌게 되면서 대지의 다른 부분으로 이동할 수 있습니다. 반대로 Shift 키를 길게 누르면 다시 문자 도구로 바뀌어 문자 입력이 가능하게 됩니다.

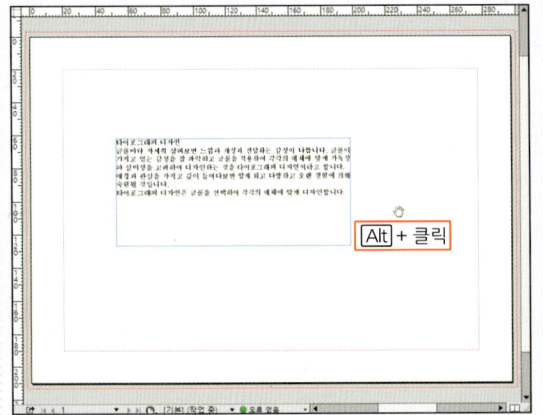
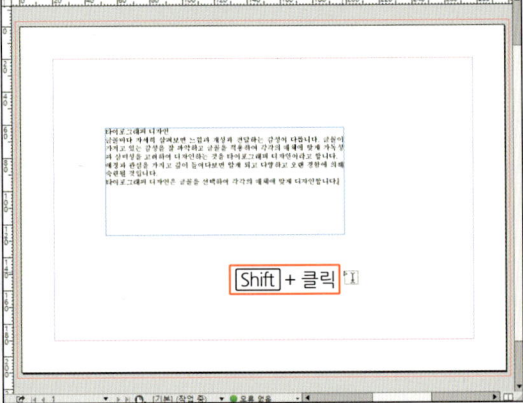

6 격자 설정 및 정렬

2단 이상으로 대지를 편집할 때 1단과 2단의 좌우 줄을 맞추기 위해 사용하는 기능입니다.

1 [파일] - [열기]를 선택하거나 Ctrl + O 키를 눌러 'Part3\격자.indd' 파일을 불러옵니다.

2 [보기] - [격자 및 안내선] - [기준선 격자표시] 메뉴 또는 단축키 Ctrl + Alt + ' 를 눌러 격자를 표시합니다. 확대해서 보면 각 단끼리 좌우 줄의 수평이 맞지 않음을 확인할 수 있습니다.

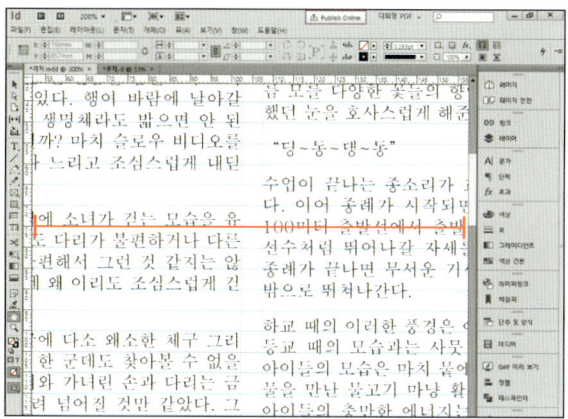

3 [도구상자] - [문자 도구(T)]를 선택하여 텍스트를 전체 선택한 다음, [단락 패널]의 보조 메뉴( )를 클릭하고 [격자 정렬] - [전각 상자 위쪽] 메뉴를 선택합니다.

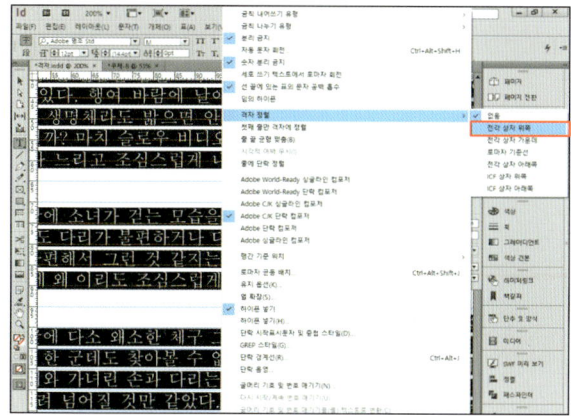

> **TIP** 문자의 무게 중심 때문에 한글은 전각 상자 위쪽으로 설정하고 로마자는 로마자 기준선을 설정합니다.

4 모든 글줄이 격자를 따라 수평이 맞게 변경되었습니다.

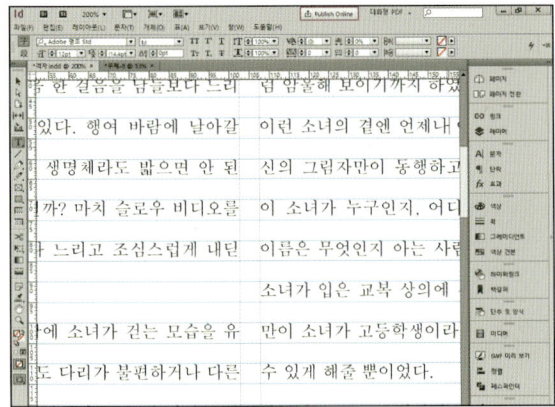

 **각 페이지마다 다르게 격자를 설정하고 싶어요!**

격자 설정을 하게 되면 문서 전체에 적용됩니다. 격자 설정은 [편집] - [환경설정] - [격자]에서 할 수 있습니다. 페이지마다 다르게 설정하고자 한다면 [개체] - [텍스트 프레임 옵션] - [기준선 옵션]에서 격자를 설정합니다.

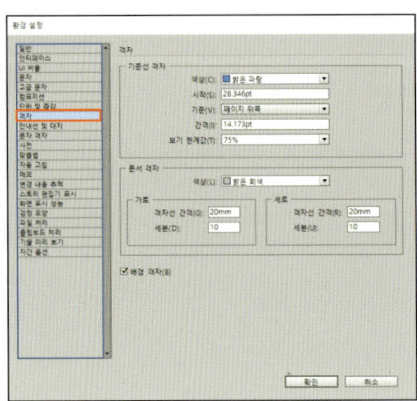
문서 전체에 격자 설정

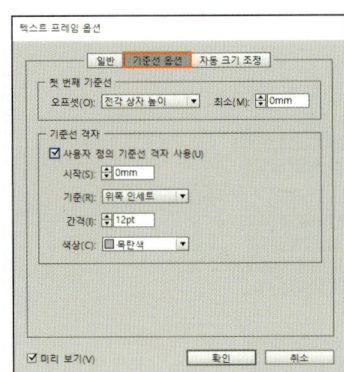
페이지마다 격자 설정

7 단락 스타일과 문자 스타일

[마스터 페이지]에서 작업 페이지를 일괄적으로 관리하듯 [스타일] 관리를 통해 작업 페이지 전체를 관리함으로써 반복 작업이 줄고 타이포그래피 디자인을 일관성 있게 할 수 있습니다.

단락 스타일을 만드는 방법은 두 가지가 있습니다. 첫 번째 방법은 [단락 스타일 패널]에서 '대제목 스타일', '중제목 스타일', '본문' 등 필요한 스타일을 미리 만들어놓고 적용하는 방법입니다. 이 방법은 작업 속도가 빠른 장점은 있으나 해당 글꼴을 적용하였을 때 미리 볼 수 없기 때문에 초보 디자이너가 사용하기 어렵습니다. 두 번째 방법은 본문의 일부분을 드래그하여 [컨트롤 패널]에서 '글꼴'과 '글꼴 스타일', '크기', '색상' 등을 지정한 다음 [단락 스타일 패널]에서 '새 스타일 만들기' 아이콘을 눌러서 만드는 방법입니다. 이 방법은 미리보면서 스타일로 등록할 수 있기 때문에 초보 디자이너에게 유용한 방법입니다.

단락 스타일 패널에서 스타일 만들기

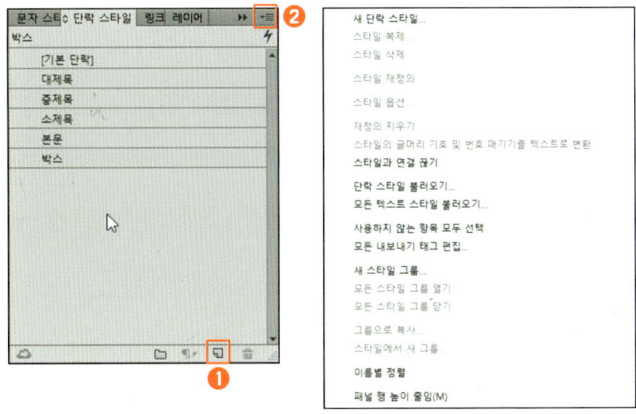

방법 1

새 스타일 만들기 : [단락 스타일] 패널에서 [새 스타일 만들기] 버튼을 클릭해 새로운 스타일을 만들고, 만든 스타일을 더블클릭해 단락 스타일 옵션에서 자세한 옵션을 설정합니다.

방법 2

보조 메뉴 아이콘을 클릭하여 나오는 메뉴 중 [새 단락 스타일]을 클릭하고 스타일 옵션에서 자세한 옵션을 설정합니다.

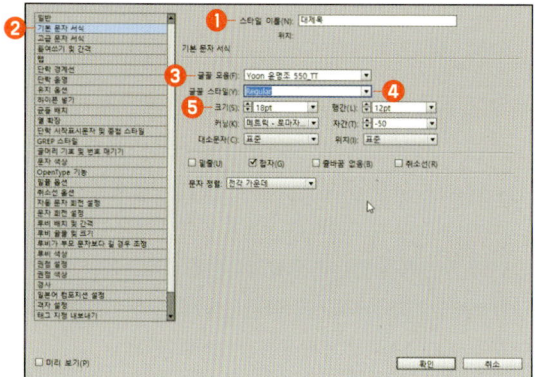

[스타일 옵션] 대화상자에서 스타일 이름, 글꼴 스타일, 크기 등을 설정합니다.

스타일 옵션

컨트롤 패널을 이용해 스타일 만들기

도구상자의 문자 도구를 선택하고 본문의 텍스트 일부분을 드래그합니다. [컨트롤 패널]에서 '글꼴'과 '글꼴 스타일', '크기', '색상' 등을 지정한 다음 [단락 스타일 패널]에서 [새 스타일 만들기] 버튼을 클릭해 만드는 방법입니다.

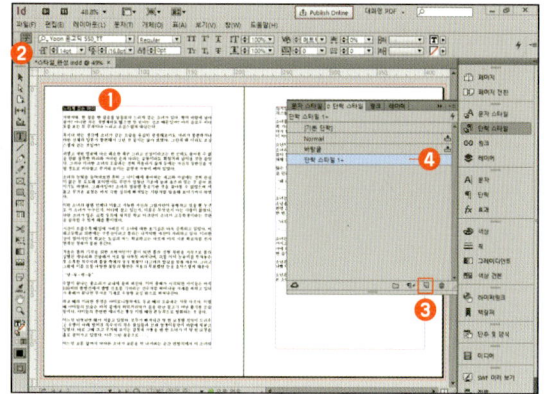

문자 스타일 패널

스타일을 지정한 단락에 또 다른 스타일을 적용하고 싶은 경우에는 [문자 스타일]을 만들어 부분적으로 스타일을 적용합니다.

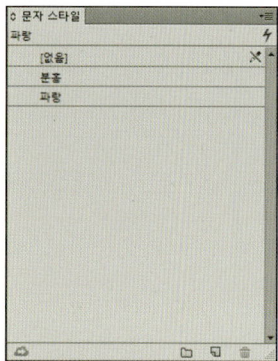

 **스타일 변경이 안돼요!**

스타일은 한 개만 지정이 가능합니다. 스타일을 변경하기 위해서는 스타일을 이미 적용한 문자나 단락을 선택하고 [단락 스타일] 패널의 보조 메뉴 아이콘을 클릭해 [스타일과 연결 끊기]를 선택하고 다시 [단락 스타일]의 보조 메뉴 아이콘을 클릭해 [재정의 지우기]를 실행해야 비로소 새로운 스타일이 적용됩니다.

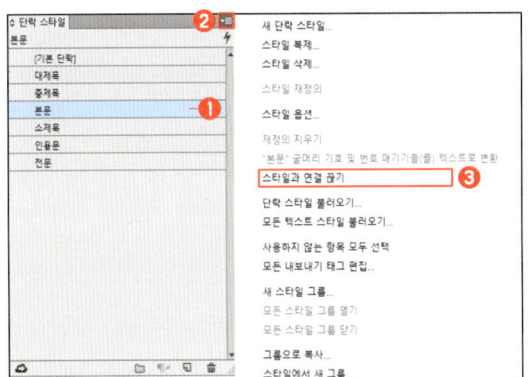
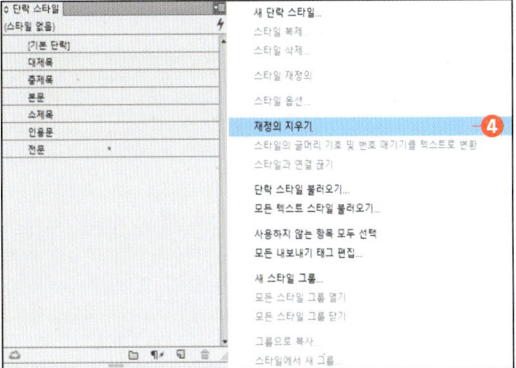

스타일 지정은 어떻게 해야 하나요?

- 본문 서체의 크기는 독자의 연령대가 젊은 층은 8~10pt, 아동 또는 중장년 층은 11~12pt를 일반적으로 사용합니다.

- 스타일의 계층 구조를 미리 작성해놓고 본문을 중심으로 제목은 본문보다 크게, 부연 설명을 위한 캡션 스타일은 본문보다 작게 2pt씩 증감하여 구성합니다.

- 캡션이나 박스 안의 스타일은 7pt 이하로 사용할 때는 명조체보다는 고딕체가 가독성이 좋습니다.

- 영문이 국문보다 작아보이므로 영문을 1pt 더 크게 합니다.

- 자간은 반드시 설정해야 하며 글자 크기가 작아질수록 자간은 넓게 합니다.

- 따옴표의 간격은 [자간 세트]를 만들거나 [커닝] 값을 조정해 벌어지는 것을 해결합니다.

- 폰트1pt=1/72inch=0.35146mm=1.4Q / 1mm=2.845pt

8 단락 스타일 적용하기

1 [파일] - [열기]를 선택하거나 Ctrl + O 키를 눌러 'Part3\스타일.indd' 파일을 불러옵니다.

2 [도구상자] - [문자 도구(T)]로 '느리게 걷는 아이'를 드래그하고 [컨트롤 패널]에서 '글꼴 : 윤명조125, 크기 : 14pt, 자간 : -20pt'로 지정한 다음 [단락 스타일 패널] - [새 스타일 만들기]를 클릭합니다. [단락스타일1]이 만들어집니다.

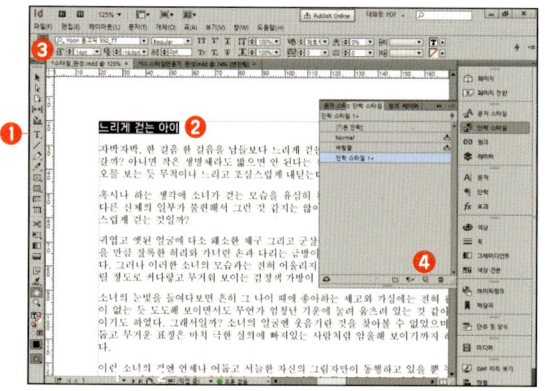

3 [단락 스타일 패널]을 더블클릭하거나 마우스 오른쪽 버튼을 클릭해 나오는 메뉴 중 ["단락 스타일1" 편집..]메뉴를 선택하고, 누르고 [단락 스타일 옵션] 대화상자에서 '스타일이름'을 '소제목'이라고 입력하고 [확인] 버튼을 클릭합니다. '단락스타일1'이 '소제목'이라고 변경됩니다.

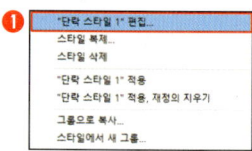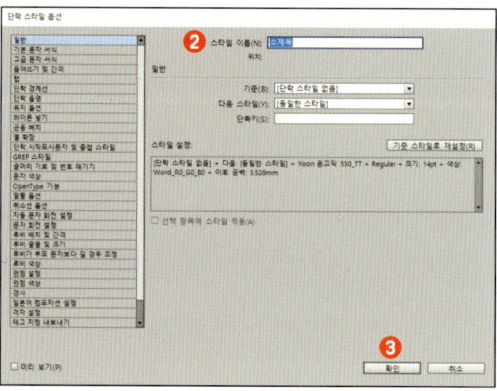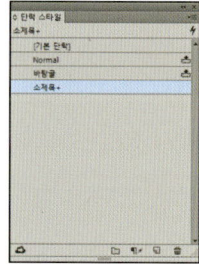

4 본문을 [도구상자] - [문자 도구(T)]로 드래그하고, 단락 스타일의 [새 스타일 만들기]아이콘을 클릭하여 스타일을 추가합니다. [단락 스타일 옵션] 대화상자를 불러오기 위해 [단락 스타일] 대화상자에서 추가한 스타일을 더블클릭합니다.

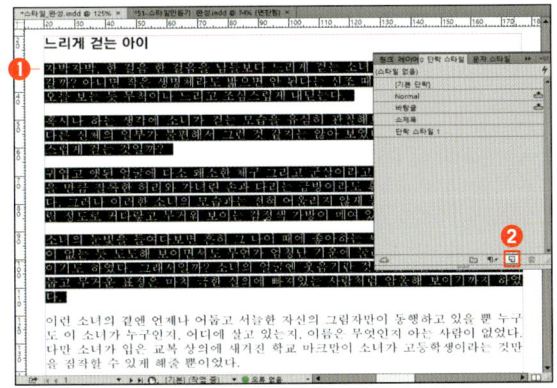

5 [단락 스타일 옵션] 대화상자에서 스타일 이름을 '본문' 이라고 입력하고, '미리보기'를 클릭하고 '글꼴 : 윤명조125, 크기 : 10pt, 행간 : 14pt, 자간 : -25'이라고 지정합니다. '미리보기'를 클릭하고 스타일을 지정하면 초보 디자이너에게 유용하게 사용됩니다.

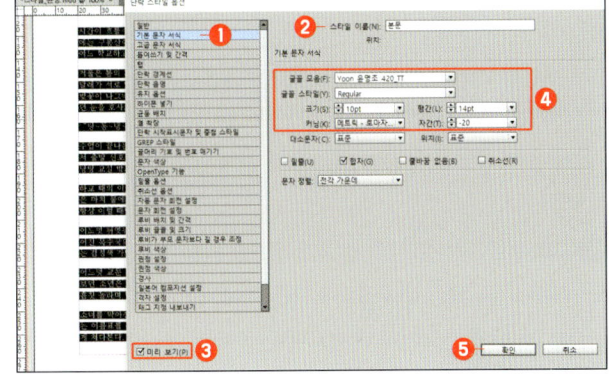

6 [도구상자] - [문자 도구(T)]로 본문의 다른 부분을 드래그하여 블록을 지정하고 [단락 스타일] 패널의 '본문'스타일을 클릭하여 스타일을 지정합니다.

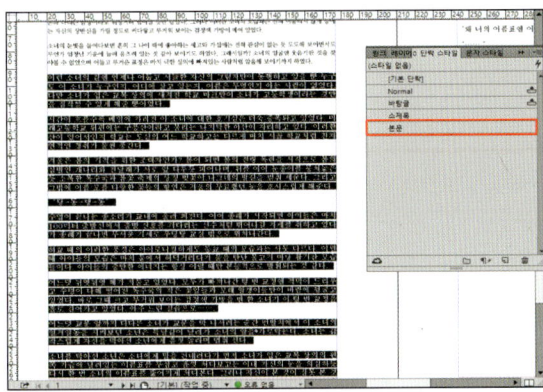

타이포그래피 디자인 157

7 단락 스타일의 [본문]을 마우스 오른쪽 버튼을 클릭하여 '스타일 복제'를 누르고 [단락 스타일 옵션]을 불러옵니다. 스타일 이름 '본문 사본'을 '인용문' 이라고 수정하고, '고급 문자 서식'에서 '기울이기 : 15도'로 지정한 다음 [확인] 버튼을 클릭합니다.

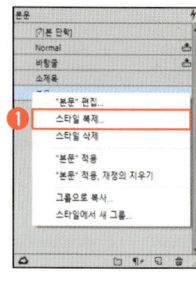 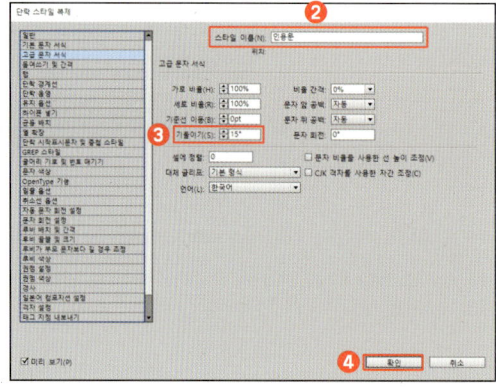

8 "딩~동~댕~동"
"왜 너의 이름표엔 이름이 없는 거니?" "……."
"너의 이름표엔 왜 이름이 없는 거냐고?" "……."
라는 텍스트를 각각 드래그하여 영역 설정하고 [단락 스타일]패널에서 '인용문'을 클릭해 단락 스타일을 지정합니다.

9 이제는 [단락 스타일] 패널에서 스타일을 미리 만들고 본문에 적용해보겠습니다. [단락 스타일 패널] - [보조 메뉴 아이콘(▤)] - [새 스타일 만들기]를 클릭합니다. [단락 스타일] 패널에서 스타일을 추가해 나오는 [단락 스타일 옵션] 대화상자에서 세부 옵션을 다음과 같이 지정하여 3개의 단락 스타일을 추가합니다.

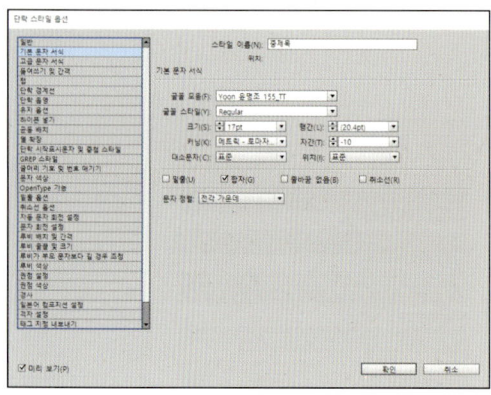 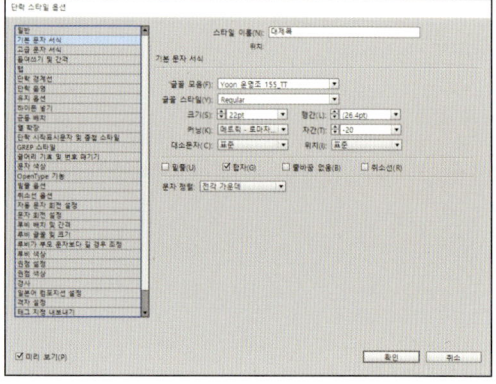

중제목 - 글꼴 : 윤명조125, 크기 : 17pt, 자간 : -10pt   **대제목** - 글꼴 : 윤명조155, 크기 : 22pt, 자간 : -20pt

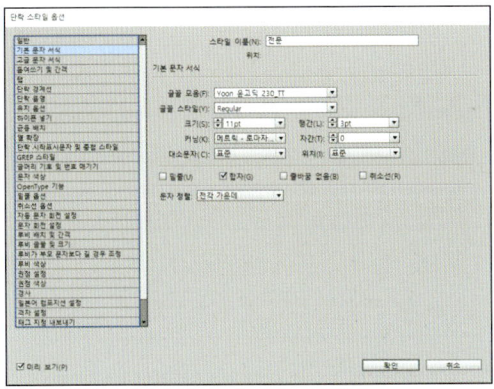

전문 - 윤고딕230, 크기 :11pt, 자간 : 0pt, 문자 색
상 : C100, M0, Y0. K0

10 도구상자의 문자 도구로 '하늘에 달린 자몽은 달콤하다'를 드래그하고 [단락 스타일] 패널의 '대제목'을 클릭하여 스타일을 적용합니다.

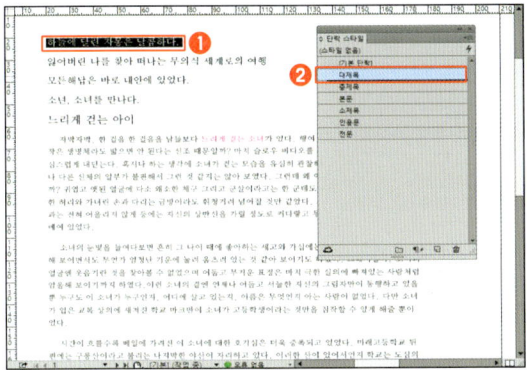

11 '소년, 소녀를 만나다.'부분은 드래그하여 [단락 스타일] 패널에서 '중제목'을, '잃어버린 나를 찾아~있었다' 부분은 드래그하여 [단락 스타일] 패널에서 '전문'스타일 을 적용합니다.

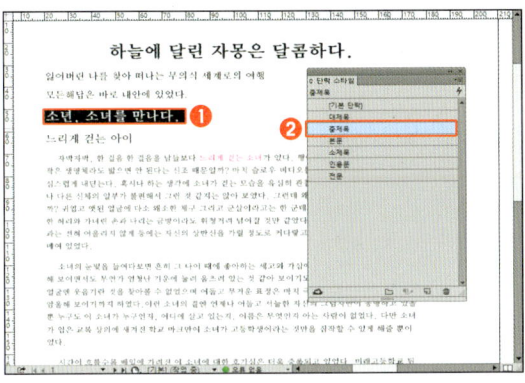 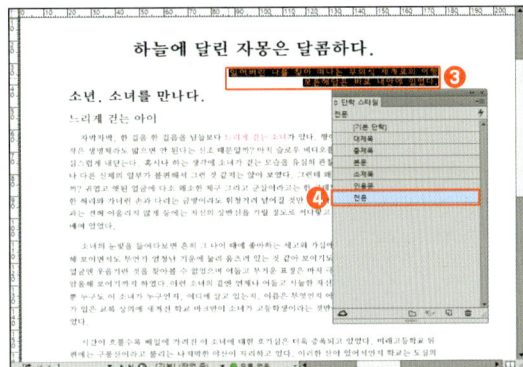

9 단락 스타일 편집 및 삭제하기

1 [단락 스타일] 패널에서 '본문'을 마우스 오른쪽 버튼을 누르고 '본문 편집'을 클릭하여 '단락 스타일 옵션'을 불러와 '기본 문자 서식'에서 '행간'을 '16pt'로 수정합니다. '본문' 스타일을 지정한 단락이 모두 행간이 넓게 변경됩니다. 이처럼 '스타일'을 사용하면 해당 스타일의 속성을 변경하여 모든 페이지를 관리할 수 있어 유용합니다.

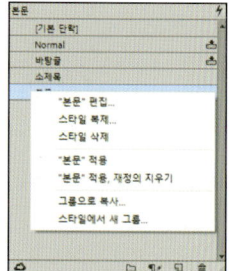

2 '행간'은 윗글 줄의 하단과 바로 다음 줄의 상단 사이 공간을 의미합니다. 네모꼴과 탈 네모꼴에 따라 가독성을 위해 공간을 넓혀줘야 합니다.

[행간 : 14pt]   [행간 : 16pt]

3 [단락 스타일] 패널에 있는 '바탕글', 'Normal'은 워드 문서에 있는 스타일이 불러와진 것이므로 해당 스타일에서 마우스 오른쪽 버튼을 클릭해 삭제하면 됩니다. [단락 스타일] 패널에서 '바탕글' 스타일을 클릭하고 마우스 오른쪽 버튼을 눌러 '스타일 삭제'를 하거나 휴지통으로 드래그하면 불필요한 '스타일'이 삭제됩니다.

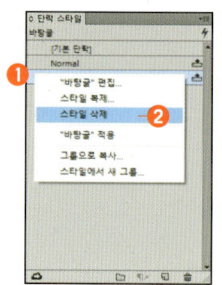 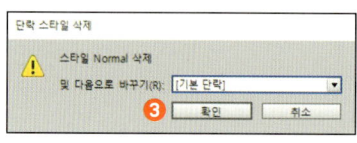

4 [단락 스타일] 패널의 '본문' 스타일 위에서 마우스 오른쪽 버튼을 누르고 '본문 편집'을 클릭한 후 '단락 스타일 옵션'을 불러와 '들여쓰기 및 간격'에서 '첫 줄 들여쓰기'를 '5mm'로 수정합니다. 단락의 시작을 구분하는 방법으로 쓰이는 '들여쓰기'를 지정하여 단락을 구분합니다.

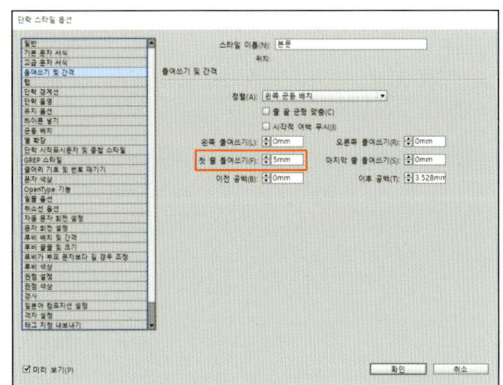

> **TIP** 문단 시작을 구분하는 또 다른 방법 etc.
> [단락 스타일 옵션]에서 '들여쓰기 및 간격'을 '왼쪽 들여쓰기 : 5mm', '첫 줄 들여쓰기 : -5mm'로 지정하면 '내어쓰기'로 단락의 시작을 구분할 수 있습니다.

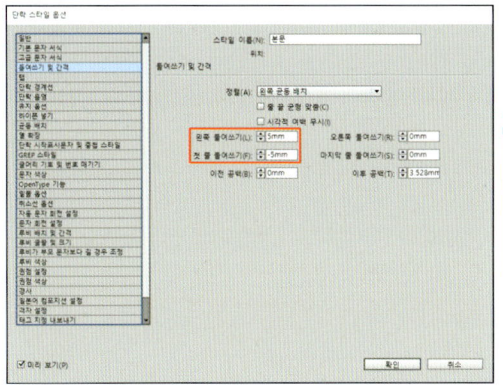

단락 시작 표시문자

[단락 스타일 옵션] – [단락 시작 표시문자 및 중첩 스타일]에서 단락 시작 표시 문자 수와 줄 수를 지정합니다. 외국 잡지나 책에서는 많이 사용하지만 한글에는 신중히 적용해야 합니다.

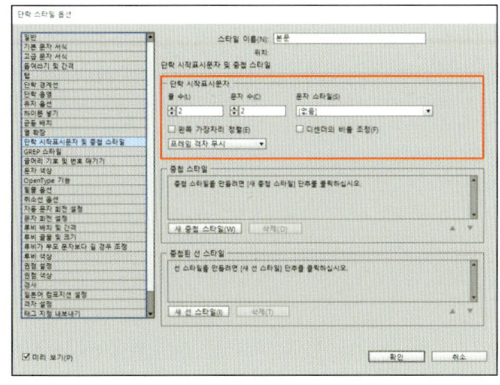

10 문자 스타일 적용하기

1 '본문' 스타일이 적용되어 있는 단락에서 특정 문자에 또 다른 스타일을 주고 싶은 경우에는 [문자 스타일]을 적용합니다. 텍스트 도구로 '느리게 걷는 아이'를 드래그하여 [문자 스타일] 패널의 보조 메뉴에서 [새 문자 스타일]을 선택하면 스타일 옵션이 나타납니다.

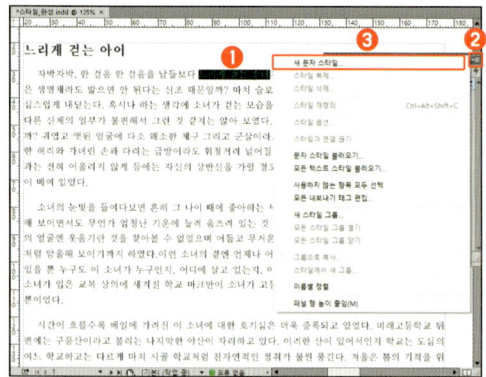

2 [문자 스타일 옵션] 대화상자에서 '스타일' 이름을 '분홍', '문자 색상 : 'C0, M100, Y0, K0'을 지정합니다.

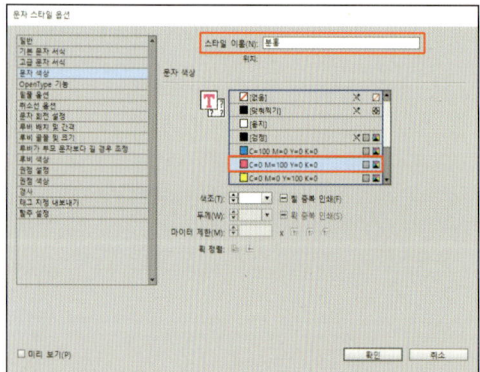

3 본문에 있는 '느리게 걷는 소녀'에 '분홍' 문자 스타일이 적용된 것을 확인합니다.

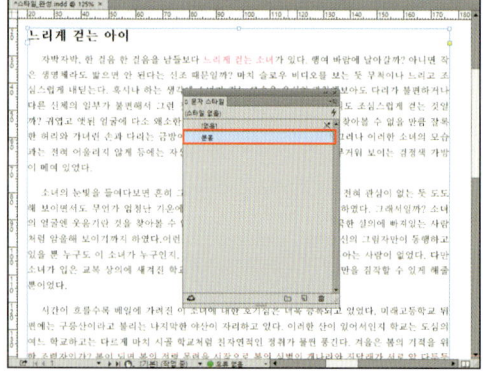

4 [도구상자] - [문자 도구(T)]로 대제목 '하늘에 달린 자몽은 달콤하다'의 '몽'을 드래그하여 [문자 스타일] 패널의 보조 메뉴에서 [새 문자 스타일]을 선택합니다. [문자 스타일 옵션] 대화상자가 나오면 스타일을 다음과 같이 지정합니다.

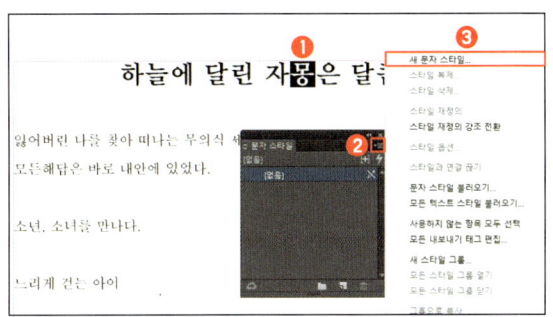

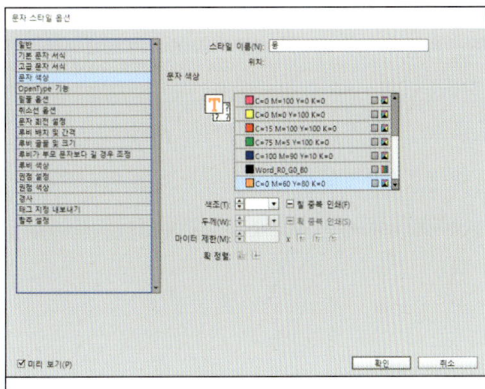

스타일 이름 : 몽, 글꼴 : 윤명조155, 크기 : 8pt, 자간 : 0pt, 문자색상 : C0, M60, Y80, K0

5 단락 스타일은 '하나'만 적용 가능하지만, [문자 스타일]을 사용하면 한 단락 안에 있는 개별 문자에 또 다른 스타일이 가능합니다.

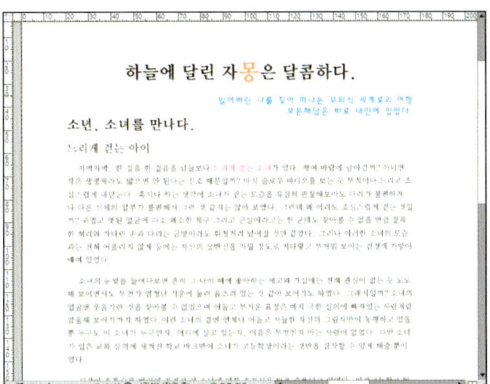

TIP 문자의 크기가 다른 경우 기준선 이동

문자의 크기가 다른 경우 문자의 위치를 높게 할 수도, 낮게 할 수도 있는 기준선 이동 기능을 살펴보겠습니다. [도구상자] - [문자 도구(T)]를 선택하고 원하는 텍스트를 드래그해서 [문자 서식 컨트롤 패널]에서 '기준선 이동'을 '7pt', '0pt', '-7pt'로 설정합니다.

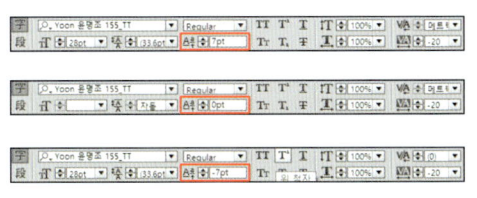

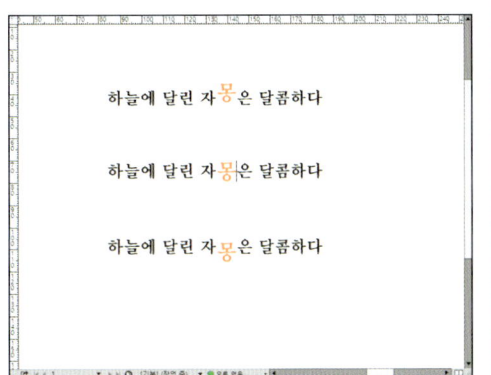

11 한글문서 불러와 다른 문서에 있는 스타일 적용하기

MS 워드 문서나 엑셀 문서는 인디자인에서 불러와서 사용가능합니다. 그러나 한글 프로그램에서 작성한 경우 인디자인에서 불러올 수 없습니다. 한글 문서를 인디자인에서 편집하고자 하는 경우에는 한글 프로그램에서 [파일] - [다른 이름으로 저장]해서 확장자를 RTF나 DOC 파일로 변환해야 사용가능합니다.

1 [파일] - [열기]([Ctrl]+[O]) 키를 눌러 'Part3\스타일 가져오기.indd' 파일을 불러옵니다.

2 [편집] - [환경설정 - [클립보드 처리]에서 '모든 정보 (색인 표시자, 색상 견본, 스타일 등)'에 체크를 합니다

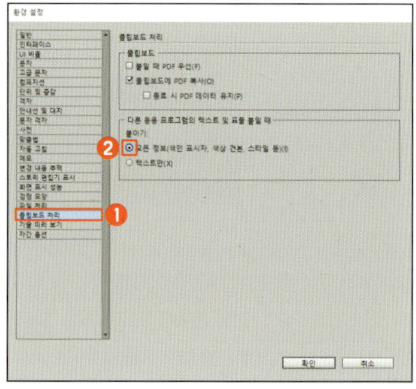

3 'Part3'에서 '잃어버린 이름들.hwp' 문서를 열어 전체 선택([Ctrl]+[A])후 복사([Ctrl]+[C])합니다

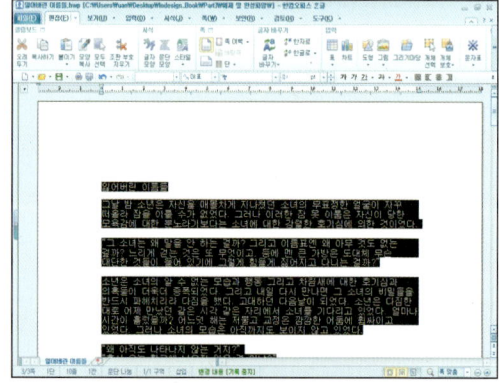

4 '스타일 가져오기.indd' 파일에 문자 도구로 텍스트 프레임을 만든 후 [Ctrl]+[V]키를 눌러 붙여넣기 합니다.

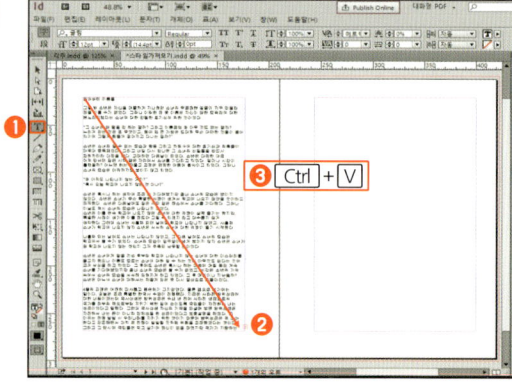

5 [도구상자] - [선택 도구(↖)]로 텍스트 프레임 오른쪽 아래에 '텍스트 넘침 포트(⊞)'를 클릭하여 Page2로 넘치는 텍스트를 옮겨 모두 보이게 합니다.

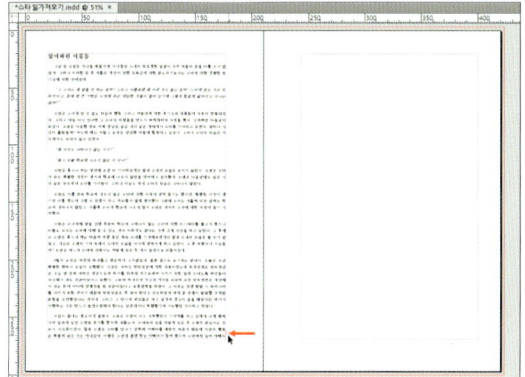
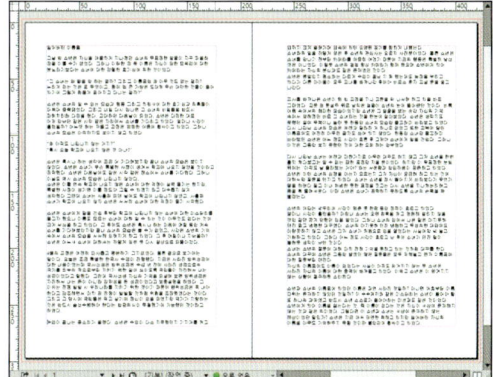

6 현재 문서에 다른 문서에 있는 스타일 가져와 현재 문서에 적용하겠습니다. [단락 스타일] 패널의 보조 메뉴를 눌러 [단락 스타일 불러오기]를 선택합니다. 'Part3\스타일_완성.indd' 파일을 불러옵니다.

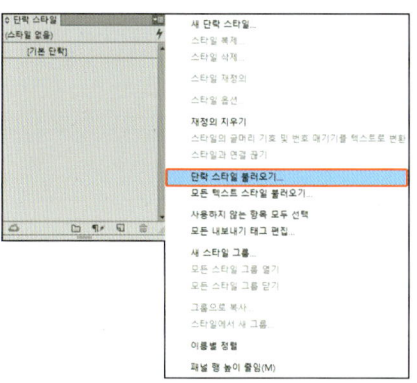
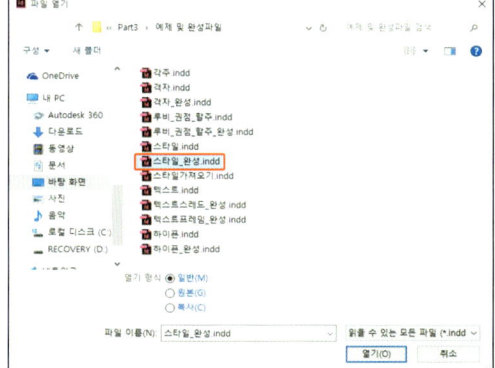

7 [스타일 불러오기] 대화상자에서 사용할 스타일을 체크하고 확인을 누릅니다. [단락 스타일]과 [문자 스타일] 모두 불러오기가 가능합니다.

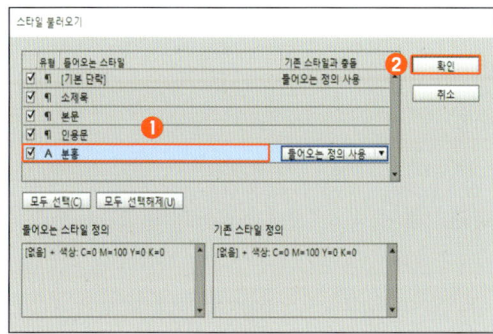

타이포그래피 디자인　165

8 현재 문서에 '소제목', '본문', '인용문' 스타일을 적용합니다. 도구상자의 문자 도구로 해당 원고를 드래그하여 [단락 스타일] 패널의 [빠른 적용] 아이콘을 눌러 해당 스타일을 선택하면 됩니다.

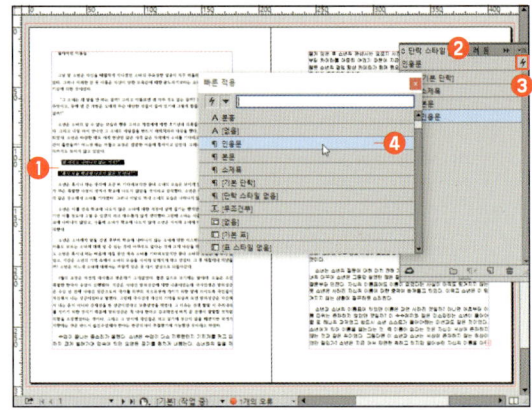

하이픈 설정

텍스트 프레임의 끝에서 다음 줄로 넘어가면서 단어가 분리되는 경우가 있습니다. 주로 영문을 편집할 때 쓰는 기능으로 하이픈 넣기를 설정하면 단어가 분리되면서 행이 바뀔 때 하이픈(-)표시로 분리된 단어를 완성해줍니다. [단락 스타일] 패널의 보조 메뉴를 클릭하거나 스타일을 더블클릭해 [단락 스타일 옵션]대화상자가 나오면 '하이픈 넣기'옵션을 선택해 설정합니다.

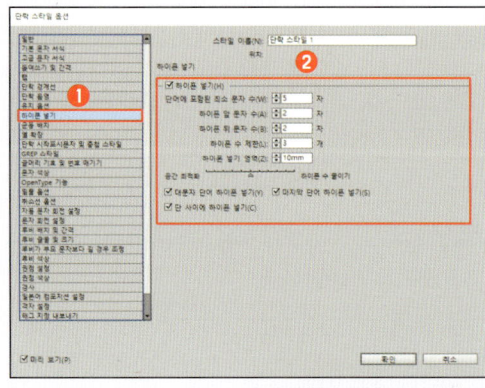

영문에 [하이픈 넣기]를 적용할 때는 [문자 패널]의 [언어]를 [영어]로 설정해야 합니다.

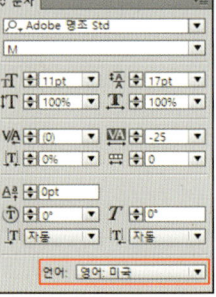

03 타이포그래피를 위한 고급 기능

1 루비, 권점, 할주, 각주

- **루비** : 글자 위에 작은 글자를 표시하는 기능, 일본어 작업 시 한자 옆에 히라가나로 득음을 표시할 때 많이 쓰입니다.

- **권점** : 글자 위나 아래에 약물을 표시하는 기능입니다.

- **할주** : 보조 설명문의 기능으로 소괄호를 넣은 후 내용을 입력하면 한 줄에 여러 줄의 글이 삽입됩니다.

할주 (보조설명문의 기능으로 소괄호를 넣은후 내용을 입력하면 한줄에 여러줄의 글이 삽입됩니다)

1 [파일] - [열기](Ctrl + O)키를 눌러 'Part3\루비_권점_할주.indd' 파일을 가져옵니다.

2 할주로 보여질 'にっぽん'를 드래그하여 잘라내기(Ctrl + X)를 하고 할주를 적용할 ▢▢을 드래그한 다음, [문자] 패널의 보조 메뉴를 클릭해 [루비]를 선택합니다.

❶ 日本 にほん

❷ 루비: 글자위에 작은 글자를 표시하는 기능, 일본어 작업시 한자 옆에 히라가나로 득음을 표시할 때 많이 쓰입니다.

日本

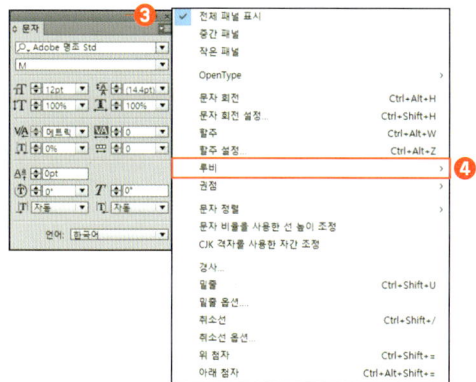

타이포그래피 디자인 167

3 [루비] 대화상자가 열리면 잘라내기한 'にっぽん'을 붙여넣기하고 '유형'을 '그룹 루비'로 변경합니다. '루비색상'은 (C100, M0, Y0, K0)으로 지정합니다.

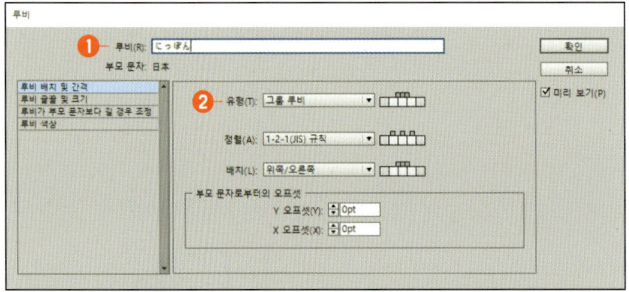

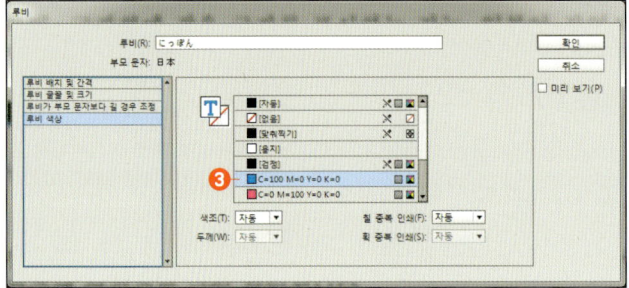

4 권점을 입력할 문자 '권점'을 드래그하고 [문자] 패널의 보조 메뉴를 클릭해 [권점]을 선택합니다.

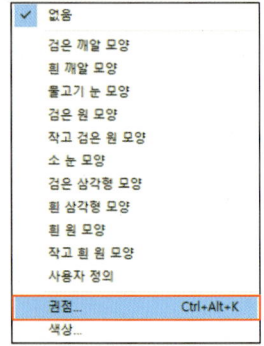

5 [권점 설정] - [문자]를 '검은 원 모양'으로 변경하고 권점 색상을 (C0, M100, Y0, K0)을 지정합니다.

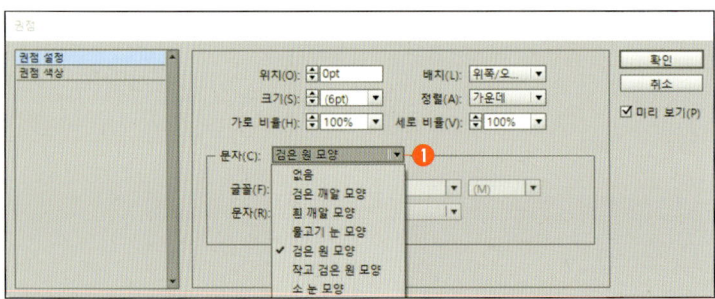

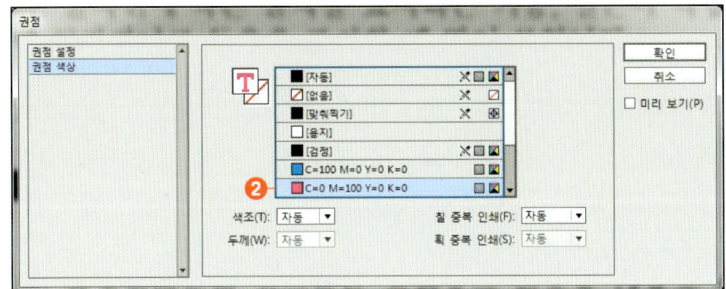

6 '권점' 글자 위에 분홍색 원 모양의 권점이 입력된 것을 확인할 수 있습니다.

7 괄호 안에 입력된 '보조 설명문의 기능으로 소괄호를 넣은 후 내용을 입력하면 한 줄에 여러 줄의 글이 삽입됩니다'를 드래그합니다. [문자] 패널의 보조 메뉴 아이콘을 누른 후 [할주]를 선택합니다.

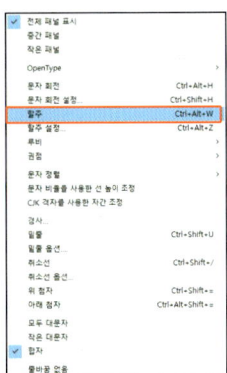

8 '할주' 옆에 두 줄로 괄호 안에 보조 설명문이 생성된 것을 확인할 수 있습니다.

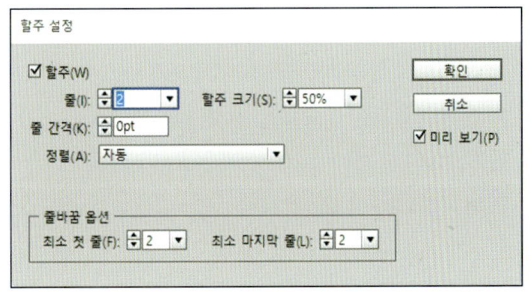

TIP [문자] 패널의 보조 메뉴 아이콘을 클릭해 나오는 [할주 설정] 메뉴를 클릭해 [할주 설정] 대화상자가 나오면 줄 개수, 할주 크기, 줄 간격 등 세부 옵션 변경이 가능합니다.

타이포그래피 디자인 **169**

2 부연 설명 각주 달아주기

각주는 논문이나 책 본문 아래 부분에 특정 단어의 부연 설명을 위해 추가한 글입니다. 여기서는 각주를 달아주는 방법을 알아보겠습니다.

1 [파일] - [열기]를 선택하거나 Ctrl+O 키를 눌러 'Part3\각주.indd' 파일을 불러옵니다.

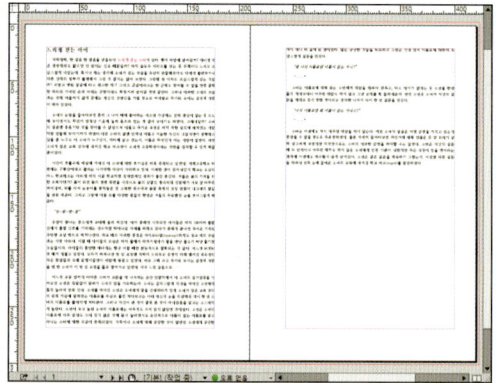

2 Page1의 네 번째 단락에 있는 '아이로니컬'을 드래그한 다음 [문자] - [각주 삽입]을 선택합니다.

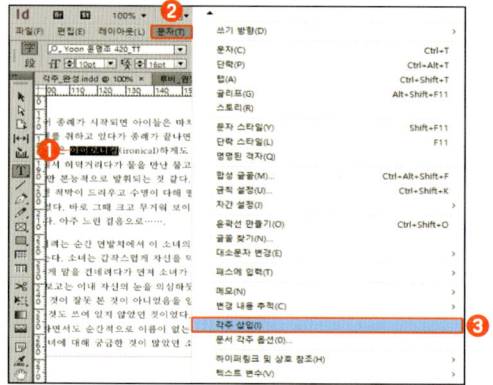

3 [파일] - [가져오기]를 선택하거나 Ctrl+D 키를 눌러 'Part3\각주.txt' 파일을 불러옵니다. '아이로니컬(ironical) : 짐작이나 겉보기와 다르고 앞뒤가 어긋나서 맞지않아 모순되거나 역설적인 뜻으로 일반적인 생각과 다른 것을 일컬음'을 복사해서 '각주.indd' 파일 아래 부분에 붙여넣기합니다.

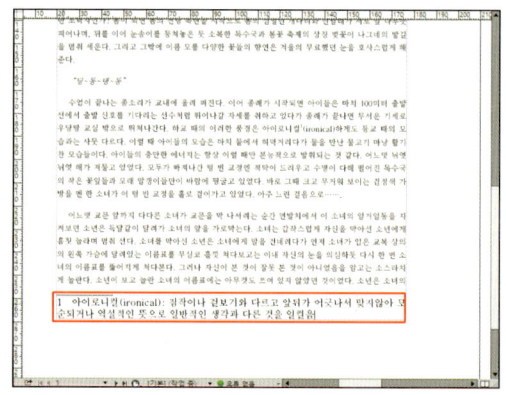

4 위의 2 , 3 과 같은 방법으로 Page2 하단에 있는 '마크'에도 각주 입력합니다.

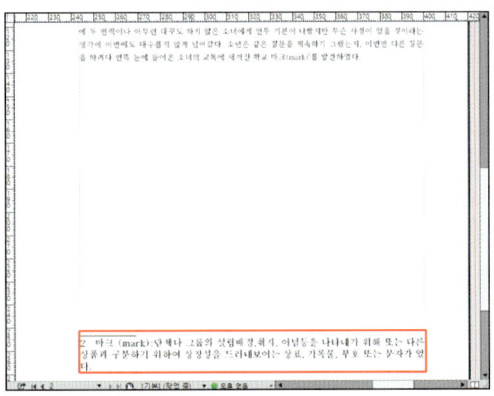

5 각주의 번호와 스타일을 수정해보도록 하겠습니다. [문자] - [문서 각주 옵션]을 선택합니다. [각주 옵션] 대화상자에서 번호 스타일을 변경합니다. 접두어의 ▶를 클릭하여 '별표'를 선택합니다.

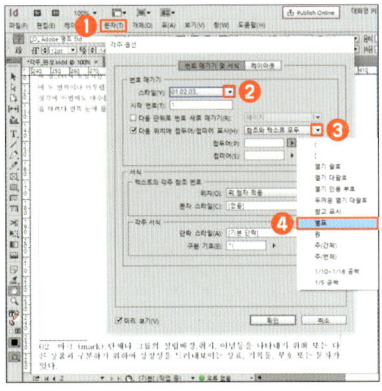

6 각주 옵션의 서식에서 [문자 스타일]을 '새 문자 스타일'로 선택하고, [문자 스타일 옵션] 대화상자가 나오면 기본 문자 서식을 다음과 같이 설정하고 [확인] 버튼을 클릭합니다.

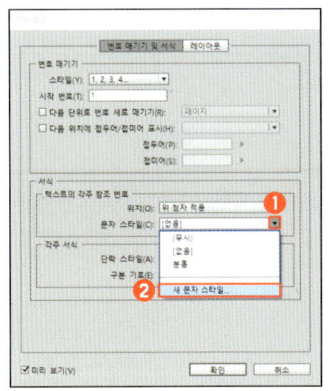 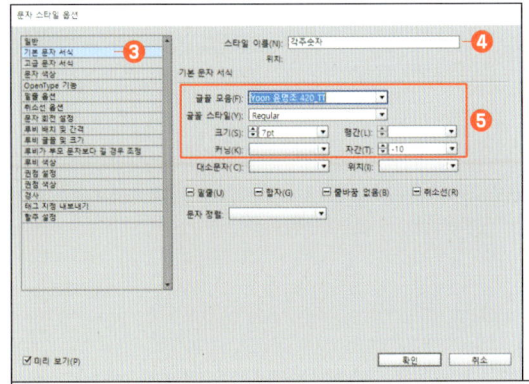

각주 숫자 스타일
글꼴 : 윤고딕, 크기 : 7pt, 자간 : -10, 문자 색상 : C0, M100, Y0, K0

7 [각주 옵션] 대화상자의 [단락 스타일]을 '새 문자 스타일'로 선택하고, [새 단락 스타일] 대화상자가 나오면 기본 문자 서식을 다음과 같이 설정하고 [확인] 버튼을 클릭합니다. [각주 옵션] 대화상자가 다시 나오면 [확인] 버튼을 클릭합니다.

> 스타일 이름 : 각주, 글꼴 : 윤고딕, 크기: 8pt, 자간 : -10pt

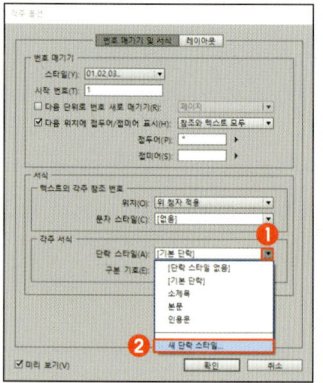 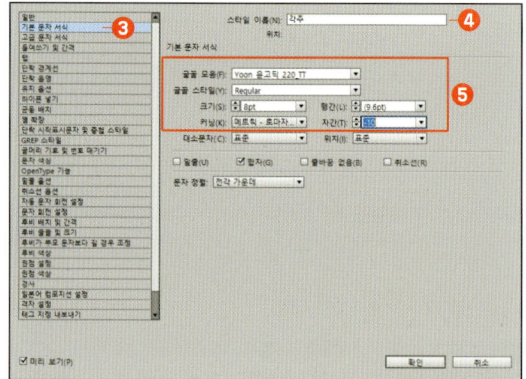

8 각주에 삽입한 숫자를 드래그하여 '각주숫자' 문자 스타일을 적용합니다.

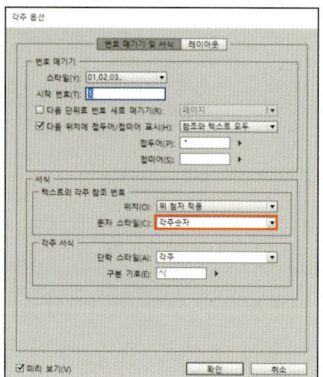

9 본문에 삽입된 첨자나 각주의 숫자 모두에 스타일이 적용된 것을 확인합니다.

우당탕 교실 밖으로 뛰쳐나간다. 하교 때의 이러한 풍경은 아이로니컬[*](ironical)하게도 등교 때의 모습과는 사뭇 다르다. 이럴 때 아이들의 모습은 마치 물에 허덕거리다가 물을 만난 물고기 마냥 활기찬 모습들이다. 아이들의 충만한 에너지는 항상 이럴 때만 본능적으로 발휘되는 것 같다. 어느덧 뉘엿뉘엿 해가 저물고 있었다. 모두가 빠져나간 텅 빈 교정엔 적막이 드리우고 수명이 다해 떨어진 목수국의 작은 꽃잎들과 모래 알갱이들만이 바람에 뒹굴고 있었다. 바로 그때 크고 무거워 보이는 검정색 가방을 멘 소녀가 이 텅 빈 교정을 홀로 걸어가고 있었다. 아주 느린 걸음으로…….

어느덧 교문 앞까지 다다른 소녀가 교문을 막 나서려는 순간 면벽치에서 이 소녀의 일거일동을 지켜보던 소년은 득달같이 달려가 소녀의 앞을 가로막는다. 소녀는 갑작스럽게 자신을 막아선 소년에게 흠칫 놀라며 멈춰 선다. 소녀를 막아선 소년은 소녀에게 말을 건네려다가 먼저 소녀가 입은 교복 상의의 왼쪽 가슴에 달려있는 이름표를 무심코 흘낏 쳐다보고는 이내 자신의 눈을 의심하듯 다시 한 번 소녀의 이름표를 뚫어지게 쳐다본다. 그러나 자신이 본 것이 잘못 본 것이 아니었음을 알고는 소스라치게 놀란다. 소년이 보고 놀란 소녀의 이름표에는 아무것도 쓰여 있지 않았던 것이었다. 소년은 소녀의 이름표에 아무 글자도 쓰여 있지 않은 것에 몹시 놀라면서도 순간적으로 이름이 없는 이름표를 달고

[*01] 아이로니컬(ironical): 짐작이나 겉보기와 다르고 앞뒤가 어긋나서 맞지않아 모순되거나 역설적인 뜻으로 일반적인 생각과 다른 것을 일컬음

3 합성 글꼴 : 중첩 스타일, 중첩된 획 스타일

단락 스타일과 문자 스타일은 오직 한 개의 스타일만 적용할 수 있습니다. 예외적으로 한글과 영문이 혼용된 문장과 한자와 영문의 혼용된 문장은 글꼴이 달라야 하기 때문에 단락 스타일의 하위 개념인 중첩 스타일을 사용하여 최대 3개까지 스타일 적용이 가능합니다.

1 [파일] - [열기]를 선택하거나 Ctrl + O 키를 눌러 'Part3\중첩스타일.indd' 파일을 불러옵니다.

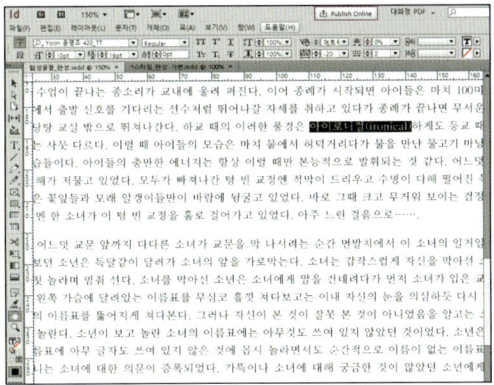

2 [문자] - [합성 글꼴]을 선택하여 [합성 글꼴 편집기(Ctrl + Alt + Shift + F)]를 실행합니다. [합성 글꼴 편집기] 대화상자에서 [새로 만들기] 버튼을 클릭하여 [새 합성 글꼴] 대화상자가 나오면 이름을 '윤명조가라몬드'라고 입력하고 [확인]을 클릭합니다.

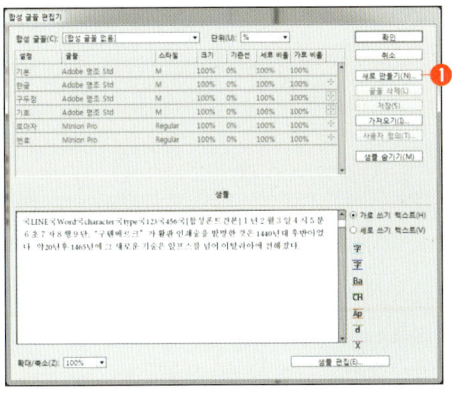
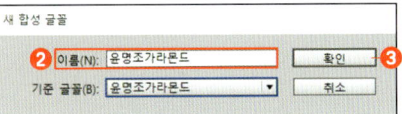

타이포그래피 디자인 173

3 기본, 한글, 구두점, 기호는 글꼴을 '윤명조420'으로, 로마자는 'Garamond'으로, 크기는 '105％', 기준선은 '2％'로 지정하고 [저장] 버튼을 클릭한 다음 [확인] 버튼을 클릭합니다.

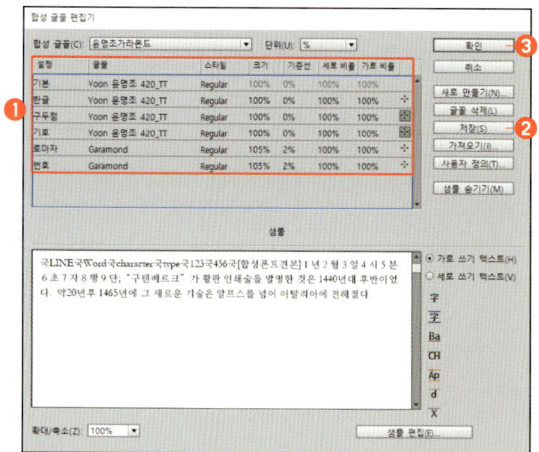

4 '본문' 스타일을 편집하기 위해 [단락 스타일] 패널의 '본문' 스타일을 더블클릭하여 [단락 스타일 옵션] 대화상자를 실행합니다. [기본 문자 서식] - [글꼴]을 '윤명조가라몬드'로 변경합니다.

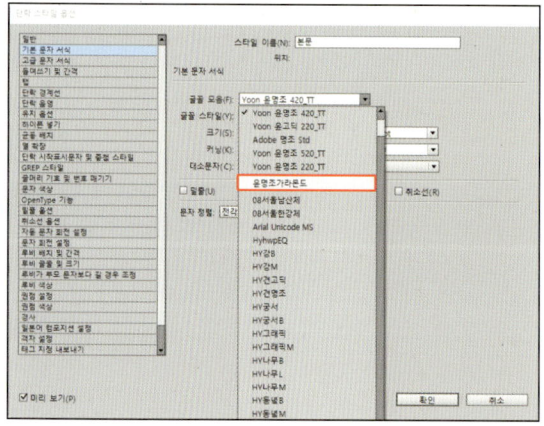

5 본문이 합성 글꼴로 변경된 것을 확인합니다.

    수업이 끝나는 종소리가 교내에 울려 퍼진다. 이어 종례가 시작되면 아이들은 마치 100미터 출발선에서 출발 신호를 기다리는 선수처럼 뛰어나갈 자세를 취하고 있다가 종례가 끝나면 무서운 기세로 우당탕 교실 밖으로 뛰쳐나간다. 하교 때의 이러한 풍경은 아이로니컬(ironical)하게도 등교 때의 모습과는 사뭇 다르다. 이럴 때 아이들의 모습은 마치 물에서 허덕거리다가 물을 만난 물고기 마냥 활기찬 모습들이다. 아이들의 충만한 에너지는 항상 이럴 때만 본능적으로 발휘되는 것 같다. 어느덧 뉘엿뉘엿 해가 저물고 있었다. 모두가 **빠져나간 텅 빈 교정**엔 적막이 드리우고 수명이 다해 떨어진 목수국의 작은 꽃잎들과 모래 알갱이들만이 바람에 뒹굴고 있었다. 바로 그때 크고 무거워 보이는 검정색 가방을 멘 한 소녀가 이 텅 빈 교정을 홀로 걸어가고 있었다. 아주 느린 걸음으로……

6 글줄 단위로 문자 스타일을 적용할 수 있는 기능으로 '중첩된 획스타일'을 적용해보겠습니다. '본문'스타일을 편집하기 위해 [단락 스타일] 패널의 '본문'스타일을 더블클릭하여 [단락 스타일 옵션] 대화상자를 실행합니다. [단락 시작 표시문자 및 중첩스타일]에서 [중첩된 선 스타일]을 이미 만들어 놓은 문자 스타일인 '분홍' 과 '파랑'을 클릭하여 적용합니다. 스타일을 선택하고, 반복은 '2번' 적용합니다.

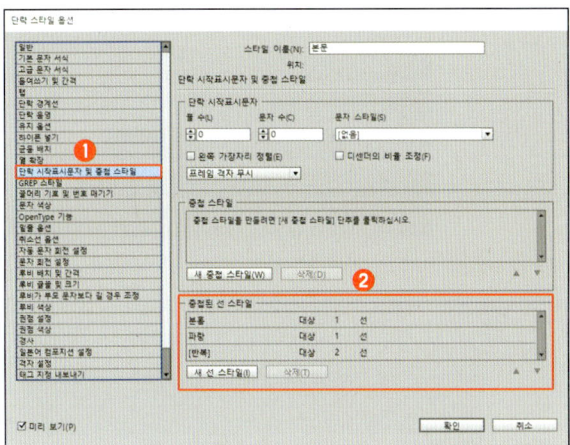

7 중첩된 획 스타일이 적용된 것을 확인할 수 있습니다.

4 글머리 기호 / 번호 매기기

1 [파일] - [열기]를 선택하거나 Ctrl+O 키를 눌러 'Part3\GREP스타일.indd' 파일을 불러옵니다.

2 글머리 기호가 들어갈 본문의 텍스트를 드래그합니다.

3 [단락 컨트롤] 패널에서 번호 매기기 목록 아이콘을 클릭하여 번호를 입력합니다.

4 번호가 입력된 것이 확인됩니다.

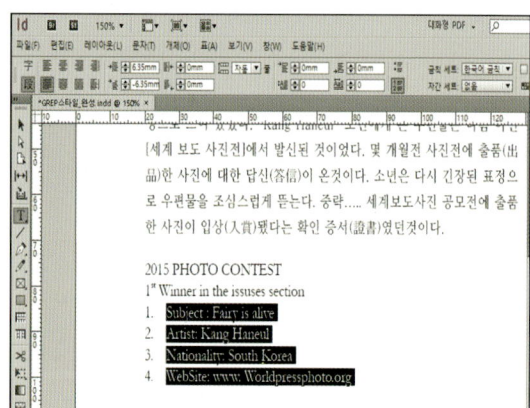

5 이제 세부 옵션을 수정하기 위해 [단락 컨트롤] 패널에서 오른쪽 [보조 메뉴 아이콘( )]을 클릭하고 '글머리 기호 / 번호 매기기'를 선택합니다.

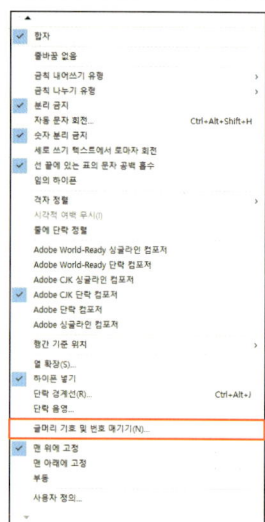

6 [글머리 기호/번호 매기기] 대화상자가 표시되면 '번호 매기기 스타일'에서 '형식'을 지정하고 '글머리 기호 또는 번호 위치'에서 '왼쪽 정렬', 왼쪽 들여쓰기 : 11mm, 첫 줄 들여쓰기 : -6mm '로 변경하고 [확인] 버튼을 클릭합니다.

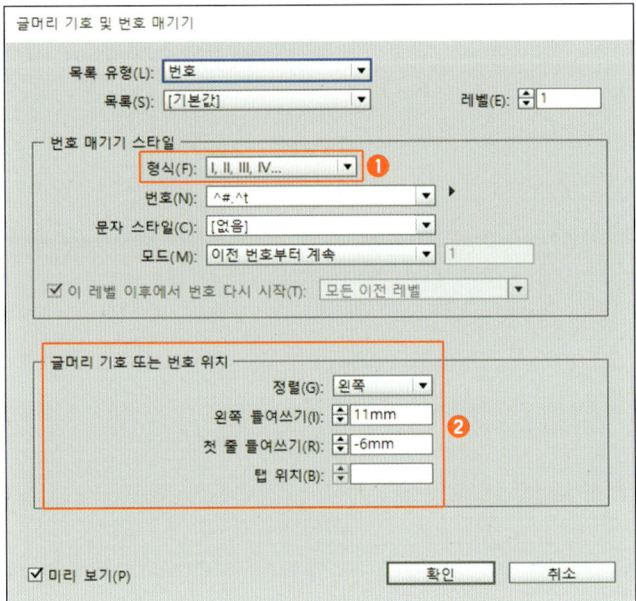

7 단락에 번호 매기기 스타일이 알맞게 변동되었음을 확인할 수 있습니다.

2015 PHOTO CONTEST
1st Winner in the issuses section
    I.   Subject : Fairy is alive
   II.   Artist: Kang Haneul
  III.   Nationality: South Korea
  IV.   Duration: 2015. 04.21~05.24
   V.   WebSite: www. Worldpressphoto.org

 **글머리 번호 / 기호에 스타일주기**

[글머리 기호 및 번호 매기기] 대화상자에서 목록 유형을 '기호'나 '번호'로 지정 가능하고 '글머리 기호'나 '글머리 번호'에 스타일을 설정하고자 하는 경우에는 [글머리 기호 및 번호 매기기] 대화상자의 '문자 스타일'에서 가능합니다.

5 GREP 스타일

중첩 스타일이 서로 다른 언어로 표현되는 단어를 위해 합성한 글꼴이라면, GREP은 본문에서 숫자, 한자 등과 같은 조건을 가진 텍스트를 검색한 후 표현식을 이용하여 특정 문자 스타일을 적용시켜주는 기능입니다.

1 [파일] - [열기]를 선택하거나 Ctrl + O 키를 눌러 'Part3\GREP스타일.indd' 파일을 불러옵니다.

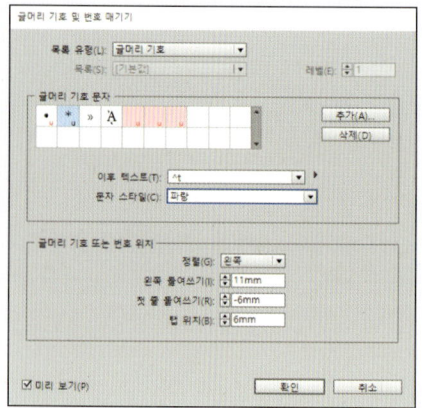

2 '영문' 단락 스타일이 지정된 텍스트 중에서 '숫자'라고 하는 특정 조건을 가진 텍스트만 다른 스타일을 주기 위해 [단락 스타일] 대화상자에서 '영문' 단락 스타일을 더블클릭해 대화상자를 불러옵니다. [단락 스타일 옵션] 대화상자에서 [GREP 스타일]의 [새 GREP스타일] 버튼을 클릭합니다. 이때 '대상 테스트'의 [@ 아이콘] - [와일드카드] - [모든 숫자]를 클릭한 후 '스타일 적용'의 '파랑'을 지정하고 [확인] 버튼을 클릭합니다.

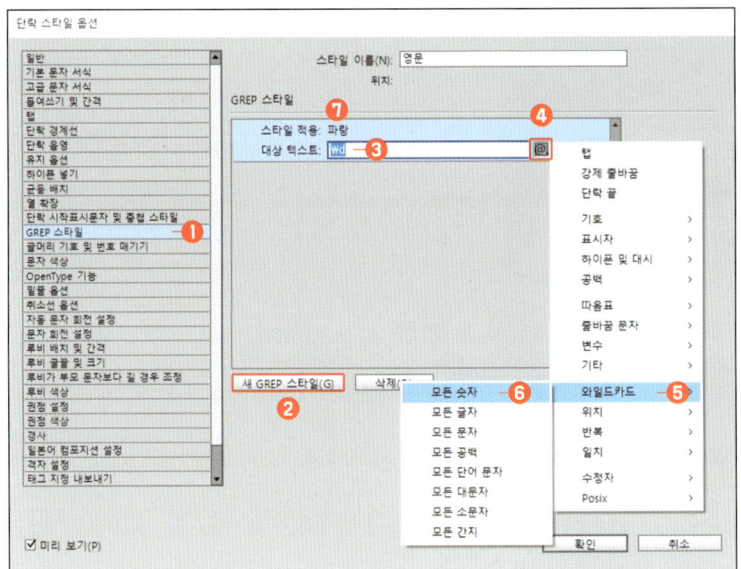

3 선택한 단락의 모든 숫자들이 '파랑' 스타일이 적용된 것을 확인할 수 있습니다.

4 '본문' 단락 스타일이 지정된 텍스트 중에서 '한자'라고 하는 특정 조건을 가진 텍스트만 다른 스타일을 주기 위해 '본문' 단락 스타일을 더블클릭해 대화상자를 불러옵니다. [GREP 스타일] - [새 GREP 스타일] - [대상 텍스트] - [@아이콘] - [와일드카드] - [모든 간지]를 클릭하고 [스타일 적용] - [분홍 사본] 스타일을 지정하고 [확인] 버튼을 클릭합니다.

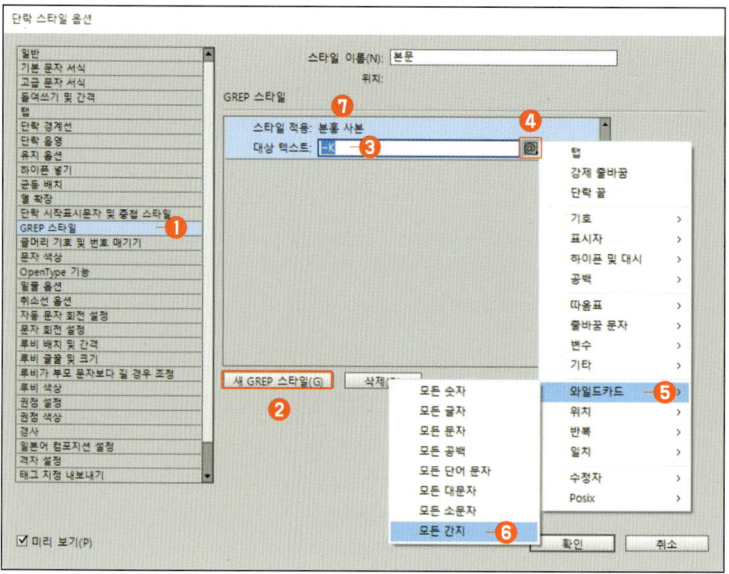

5 '본문'의 모든 한자들이 '분홍 사본' 스타일이 적용된 것을 확인할 수 있습니다.

6 찾기 / 바꾸기로 한꺼번에 변경하기

본문에서 텍스트, GREP, 글리프, 개체, 음역 등 다섯 개 항목을 한꺼번에 변경할 수도 있습니다.

1 먼저 [파일] - [열기]를 선택하거나 Ctrl + O 키를 눌러 'Part3\찾기바꾸기.indd' 파일을 불러옵니다.

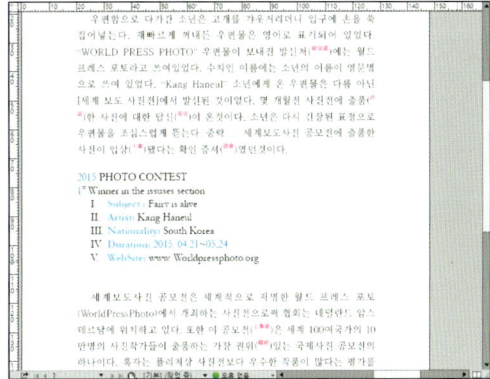

2 GREP 스타일을 적용하고 남은 (")기호를 찾기/바꾸기 기능을 이용하여 일괄적으로 변경하겠습니다. [편집] - [찾기/바꾸기]를 선택하거나 단축키 Ctrl + F 를 눌러 [찾기/바꾸기] 대화상자를 불러옵니다.

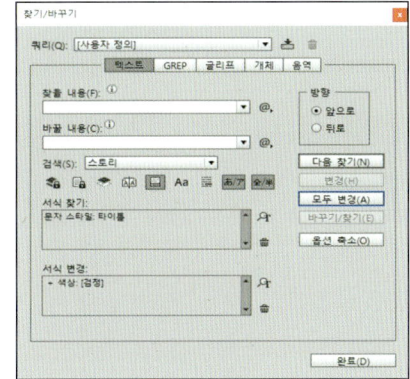

3 '찾을 내용'에서 '(' 괄호를 입력하고 '바꿀 내용'은 '' 공백상태로 '모두 변경'을 선택하여 '('를 모두 지웁니다. 같은 방법으로 '찾을 내용'에서 ')' 괄호를 입력하고 '바꿀 내용'은 '' 공백 상태로 '모두 변경'을 선택하여 ')'를 모두 지웁니다.

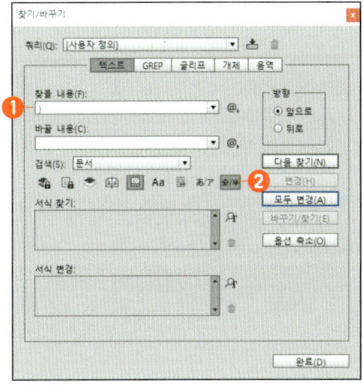 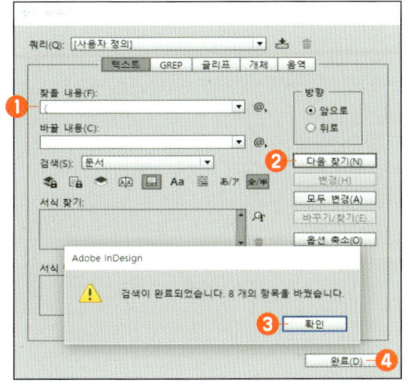

4 본문의 한자를 둘러싸고 있던 '( )'가 모두 공백으로 변경되었습니다.

> 우편함으로 다가간 소년은 고개를 갸웃거리더니 입구에 손을 쑥 집어넣는다. 재빠르게 꺼내든 우편물은 영어로 표기되어 있었다. "WORLD PRESS PHOTO" 우편물이 보내진 발신처^{發信處}에는 월드 프레스 포토라고 쓰여있었다. 수치인 이름에는 소년의 이름이 영문명으로 쓰여 있었다. "Kang Haneul" 소년에게 온 우편물은 다름 아닌 [세계 보도 사진전]에서 발신된 것이었다. 몇 개월전 사진전에 출품^{出品}한 사진에 대한 답신^{答信}이 온것이다. 소년은 다시 긴장된 표정으로 우편물을 조심스럽게 뜯는다. 중략..... 세계보도사진 공모전에 출품한 사진이 입상^{入賞}됐다는 확인 증서^{證書}였던것이다.

5 이번에는 'subject~website'까지 '타이틀'이라는 문자 스타일이 적용된 5개의 텍스트의 서식을 일괄적으로 변경하겠습니다. [편집] - [찾기/바꾸기] 메뉴나 단축키 Ctrl + F 를 눌러 [찾기/바꾸기] 대화상자를 불러옵니다. [서식 찾기]를 클릭하면 [서식 찾기 설정] 대화상자가 나타납니다. [문자 스타일]에서 '타이틀'을 선택하고 [확인] 버튼을 클릭합니다. [서식 변경]을 클릭하면 [서식 변경 설정] 대화상자가 나타납니다. [문자 색상]에서 '검정'을 선택하고 색조를 '50%'로 설정하고 [확인] 버튼을 클릭합니다.

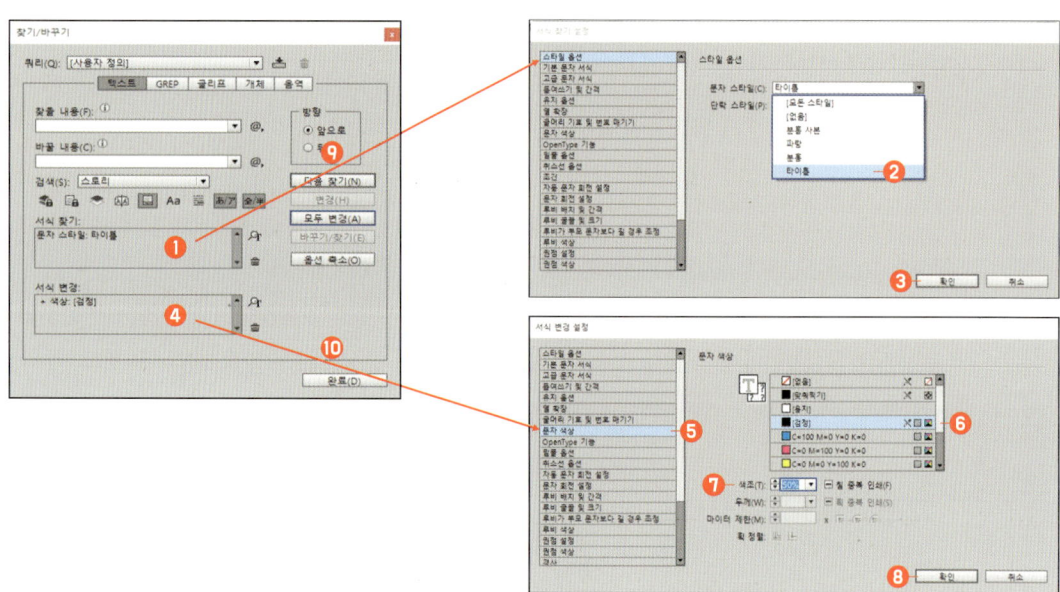

6 본문 중 '타이틀'이라는 문자 스타일로 지정해놓은 '파란색'이 '회색'으로 변경된 것을 확인할 수 있습니다.

7 본문 중에 변경하고자 한 '텍스트'와 '스타일'을 일괄적으로 변경 완료하였습니다.

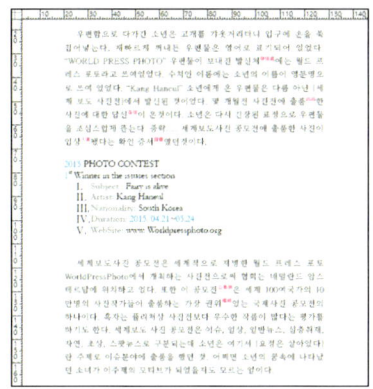

7 텍스트 감싸기

글상자와 그림상자나 다른 오브젝트가 겹쳐질 때 겹친 부분을 피해서 글이 흐르도록 설정하는 기능입니다.

1 먼저 [파일] - [열기]를 선택하거나 Ctrl + O 키를 눌러 'Part3\텍스트 감싸기.indd' 파일을 불러옵니다. 그림과 본문이 겹쳐져서 일부 텍스트가 보이지 않습니다.

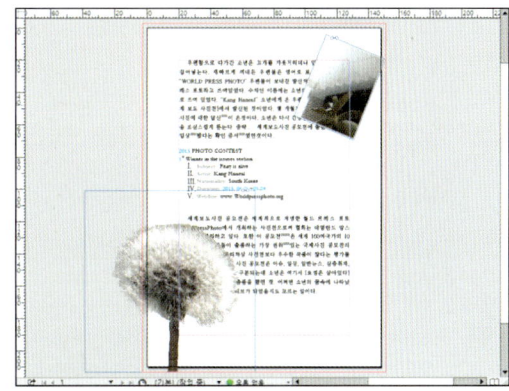

2 방금 불러온 문서의 그림 중 위쪽의 'text_01.jpg'를 [도구상자] - [선택 도구]로 선택하고 [창] - [텍스트 감싸기]를 선택합니다. [텍스트 감싸기] 패널이 나오면 [개체 모양 감싸기] 아이콘을 클릭합니다. '모든 설정 동일하게 만들기' 아이콘( )을 클릭하고 여백을 '10mm'로 설정합니다. 윤곽선 유형은 '테두리 상자'를 선택합니다.

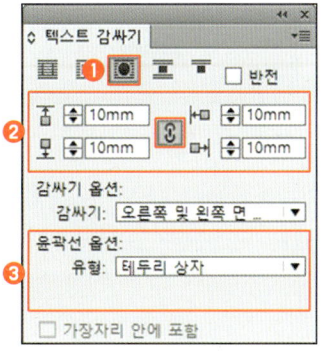

타이포그래피 디자인 **183**

3 그림과 글 사이에 '10mm'의 여백이 생기면서 텍스트는 그림 가장자리를 따라 흘러내리는 형태로 텍스트 감싸기가 완성됩니다.

4 이번엔 아래에 있는 이미지 'text_02.jpg'를 [도구상자] - [선택 도구]로 선택하고 [창] - [텍스트 감싸기]를 선택합니다. [텍스트 감싸기] 패널이 나오면 [개체 모양 감싸기] 아이콘을 클릭합니다. '모든 설정 동일하게 만들기' 아이콘( )을 클릭하고 여백을 '2mm'로 설정합니다. 윤곽선 유형은 '가장자리 감지'를 선택합니다.

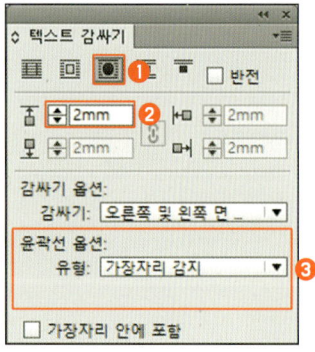

5 오브젝트에 둥근 모양의 가장자리를 감지해서 경계가 설정되어 완성되었습니다.

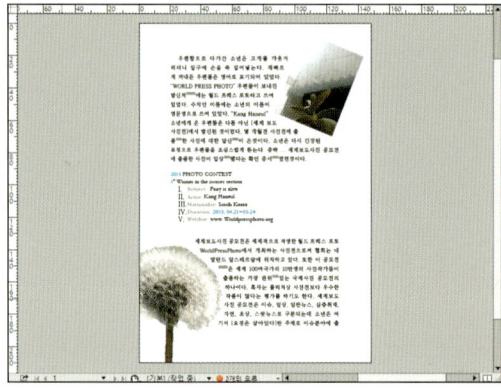

TIP 텍스트 감싸기 옵션

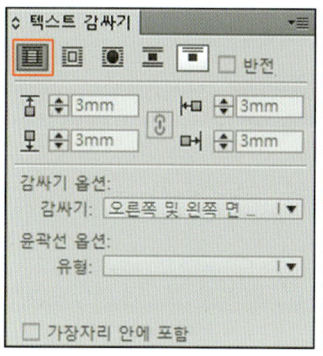
텍스트 감싸기 없음

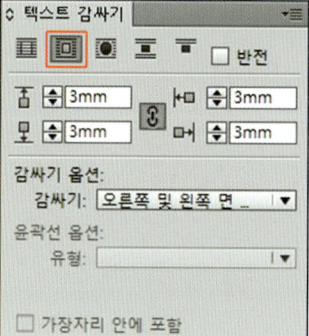
테두리 상자 감싸기

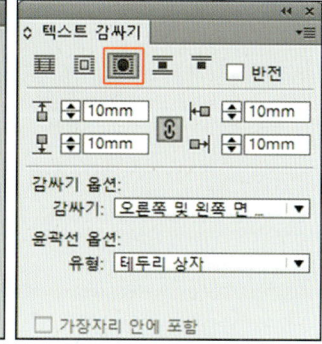
개체 모양 감싸기

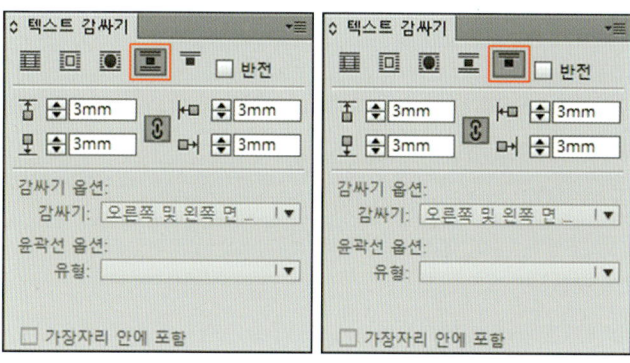
개체 건너뛰기   다음 단으로 이동

- **텍스트 감싸기 없음** : 텍스트 감싸기 효과 적용하지 않습니다.
- **테두리 상자 감싸기** : 오브젝트 선택상자 모양대로 감싸기 효과를 적용합니다.
- **개체 모양 감싸기** : 오브젝트 모양대로 감싸기 효과를 적용합니다.
- **개체 건너뛰기** : 오브젝트와 단이 분리되어 글이 오브젝트 좌우 공간에 글이 흐르지 않습니다.
- **다음 단으로 이동** : 다음 단으로 글을 이동합니다.

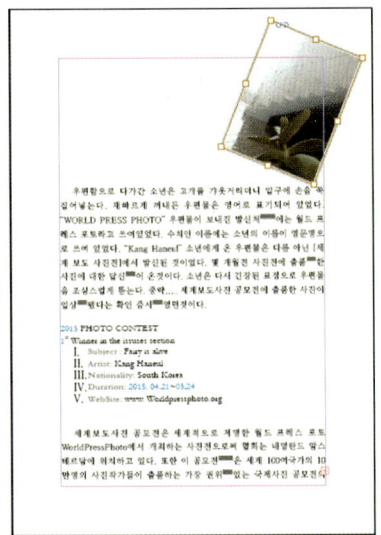

윤곽선 옵션에 따라 여섯 가지 유형으로 경계가 설정됩니다.

- **테두리상자 감싸기** : 오브젝트 선택상자 모양대로 감싸기 효과를 적용합니다.
- **개체 모양 감싸기** : 오브젝트 모양대로 감싸기 효과를 적용합니다.
- **개체 건너뛰기** : 오브젝트와 단이 분리되어 글이 오브젝트 좌우 공간에 글이 흐르지 않습니다.
- **텍스트 감싸기 없음** : 텍스트 감싸기 효과 적용하지 않습니다.
- **테두리 상자 감싸기** : 오브젝트 선택상자 모양대로 감싸기 효과를 적용합니다.
- **개체 모양 감싸기** : 오브젝트 모양대로 감싸기 효과를 적용합니다.

8 다음 스타일

1 [파일] - [열기]를 선택하여 'Part3\다음스타일.indd' 파일을 불러옵니다. 동일한 조건으로 구성된 [텍스트 프레임]이 2개 있습니다. [서문] 텍스트 프레임에 스타일 3개를 연속으로 적용하고 동일한 단락 스타일을 [작가의 말]에도 적용해보겠습니다.

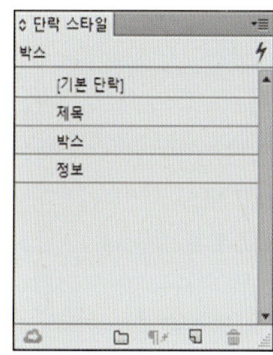

2 [단락 스타일] 패널에서 '제목' 단락 스타일을 더블클릭합니다. [단락스타일 옵션] 대화상자에서 '다음 스타일'을 '박스'로 지정하고 [확인] 버튼을 클릭합니다. 다른 옵션도 변경하기 위해 [단락 스타일] 패널에서 '박스' 단락 스타일을 더블클릭합니다. [단락 스타일 옵션] 대화상자에서 '박스'의 다음 스타일을 '정보'로 지정합니다.

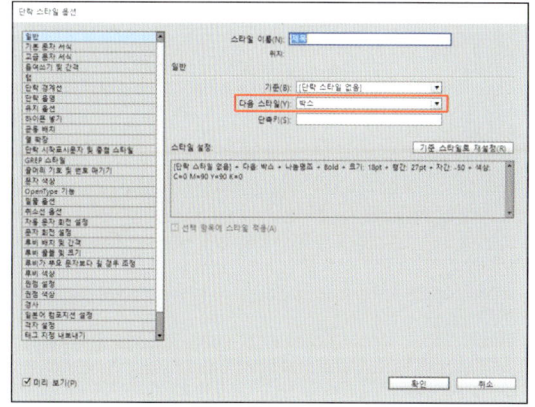
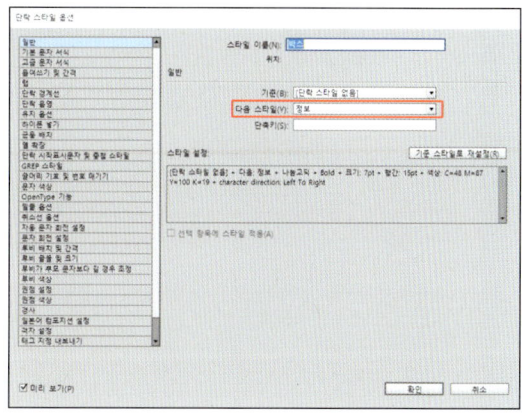

3 선택 도구로 [서문] 텍스트 프레임을 선택하고 [단락 스타일] 패널의 '제목' 스타일에서 마우스 오른쪽 버튼을 클릭해 "제목" 적용 후 다음 스타일'을 선택합니다.

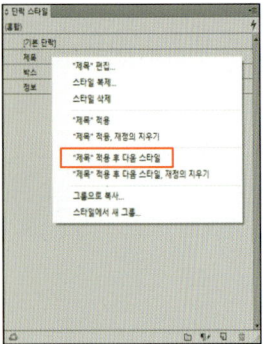

4 같은 방법으로 [작가의 말] 텍스트 프레임에도 다음 스타일을 적용합니다. [단락 스타일] 패널에 만들어놓은 스타일 세 가지가 동시에 적용됩니다.

9 단락 스타일을 이용한 목차 만들기

책의 내용을 한 장의 목록으로 정리해서 보여주는 것을 목차라고 하는데, 목차 페이지에 직접 입력하는 방법도 있지만 인디자인에서는 [레이아웃] - [목차] 메뉴에 특정 단락 스타일이 적용된 글과 페이지가 한 곳으로 정리해주는 기능을 통해 작성 및 수정을 용이하게 하는 것이 가능합니다.

1 [파일]-[열기]를 선택하여 'Part3\목차.indd' 파일을 불러옵니다. [레이아웃] - [목차] 메뉴를 선택하여 [목차] 대화상자를 불러옵니다.

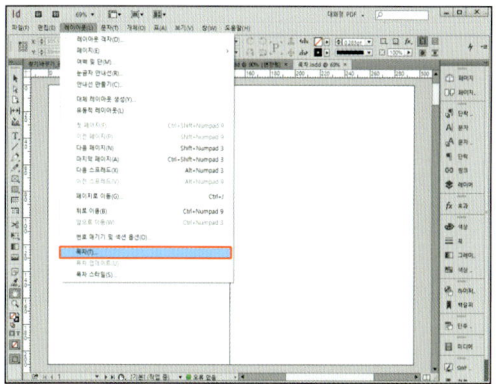

2 [목차] 대화상자가 실행되면 [제목]에 '차례'라고 입력하고 스타일을 '목차'로 지정합니다. [기타 스타일]에서 [중제목]을 선택하고 [추가]를 클릭하면 왼쪽 [목차의 스타일]로 이동합니다. [중제목]을 선택 후 [항목 스타일]에서 [목차대제목]을 지정합니다. (스타일은 미리 만들어 등록해야 합니다.)

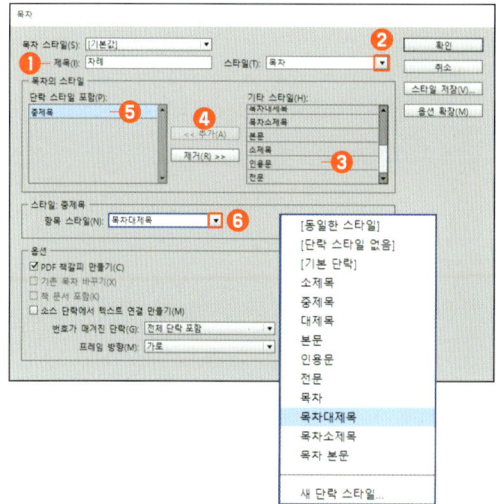

3 같은 방법으로 [기타 스타일]에서 [소제목]을 선택 하고 [추가]를 클릭하면 왼쪽 [목차의 스타일]로 이동합니다. 추가된 [소제목]을 선택 하고 [항목 스타일]에서 [목차소제목]을 지정하고 [확인] 버튼을 클릭합니다.

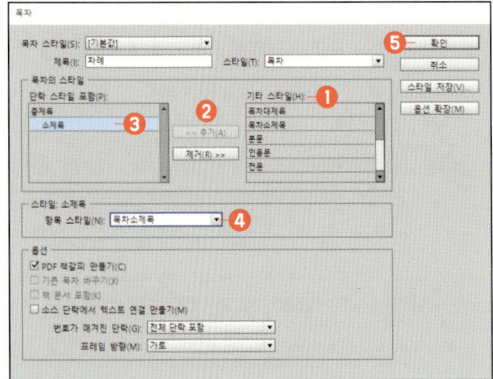

4 커서 끝 모양이 바뀌고 대기하고 있는 목차를 1 페이지에 해당 위치에 마우스로 드래그합니다.

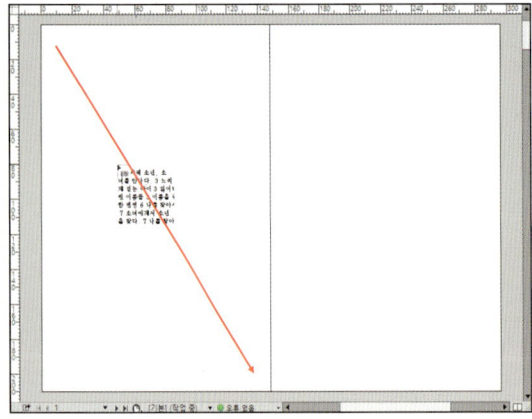

5 목차가 자동으로 완성됩니다.

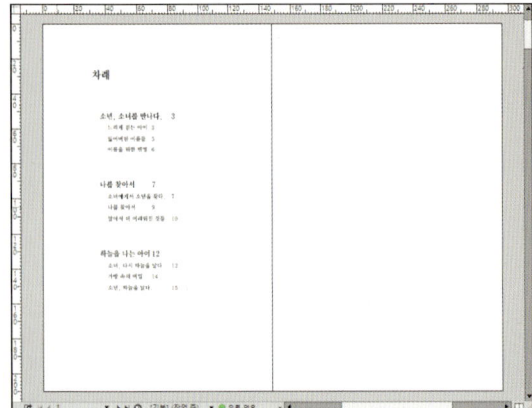

6 탭을 이용하여 목차를 정돈하겠습니다. 탭 문자를 보기 위해서 [보기] - [화면 모드] - [표준]으로 지정하고 메뉴의 [문자] - [숨겨진 문자 표시]를 활성화합니다.

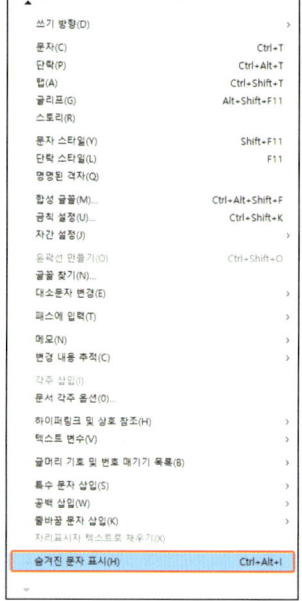

7 [도구상자] - [문자 도구(T)]로 '목차 제목'과 '페이지 번호' 사이에 마우스 커서를 이동하고 단축키 Tab 를 누릅니다.

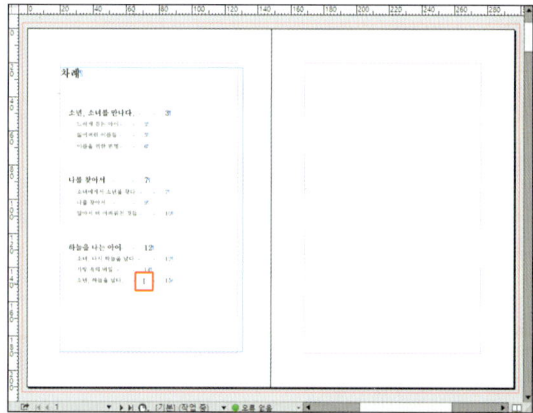

8 [도구상자] - [선택 도구]로 텍스트 프레임 상자를 선택하고 [문자] - [탭] 메뉴를 실행합니다. 채움 문자에 '…'을 입력하고 [오른쪽 균등 배치 탭]( )을 선택한 후 눈금 위 '90mm' 위치를 클릭하고 닫기 버튼 ( )을 클릭합니다.

타이포그래피 디자인   191

> **TIP** [탭] 메뉴가 실행된 후에는 이동하거나 확대해서 위치를 변경하면 탭기능이 적용되지 않습니다.

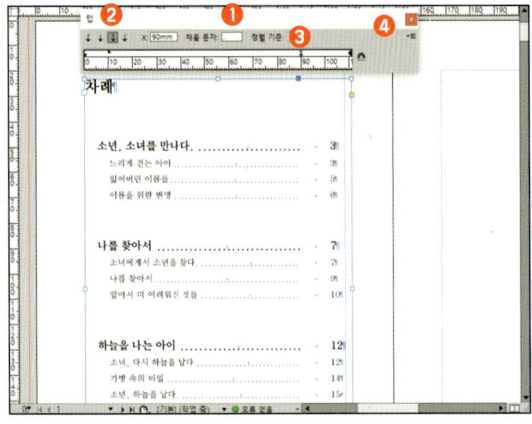

9 목차와 페이지 번호가 정리되었습니다.

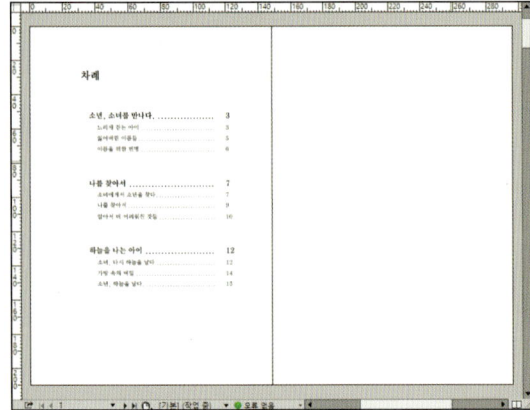

10 '차례'를 'Contents'로 수정을 하고 2 페이지에 있는 이미지를 배치하였습니다.

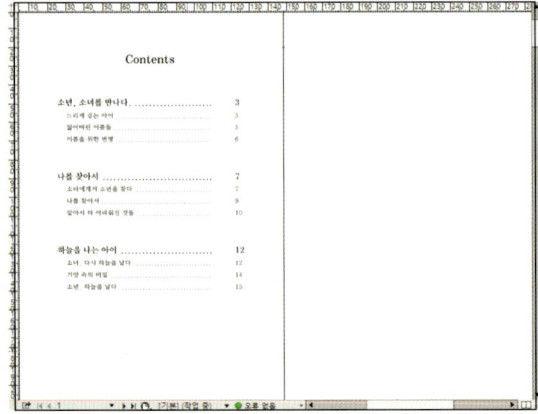

10 자동화 기능을 이용하여 색인 만들기

색인등록

1 [창] - [문자 및 표] - [색인]([Shift]+[F8])패널을 불러옵니다. [도구상자]의 문자 도구(T)를 선택하고 본문내용 중 '자박자박' 부분을 드래그하여 영역설정합니다. [색인] 패널에서 [새 색인 엔트리 만들기](🗐) 아이콘을 누릅니다.

2 [새 페이지 참조] 대화상자가 나오면 [확인] 버튼을 클릭합니다.

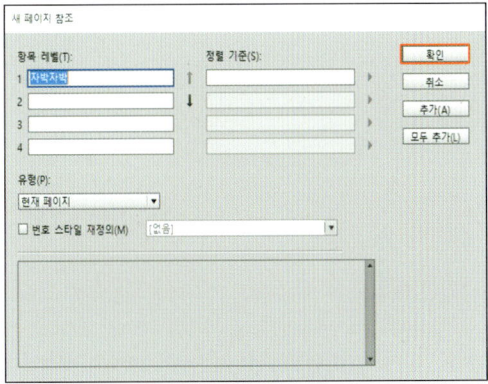

3 [색인] 패널에 '자박자박'이 '한국어'의 'ㅈ'항목에 등록됩니다.

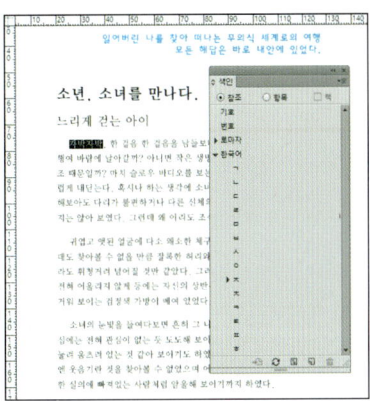

타이포그래피 디자인 193

4 Page2의 '목수국'을 드래그하고 단축키 Alt + Ctrl + Shift + []를 누릅니다. '목수국'이 색인 패널에 추가됩니다. [새 페이지 참조] 옵션창이 뜨지 않으므로 색인 등록 시에는 단축키를 많이 사용합니다.

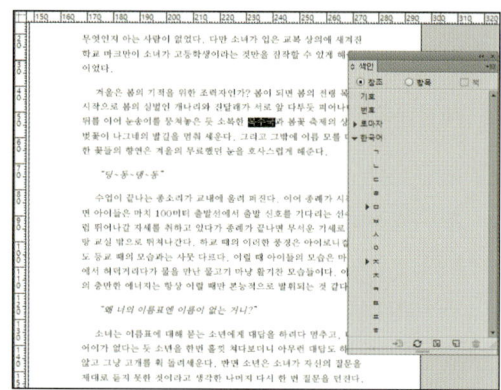

5 Page2의 'ironical'을 드래그하고 단축키 Alt + Ctrl + Shif + []를 누릅니다. 'ironical'이 색인 패널 '로마자'에 추가됩니다.

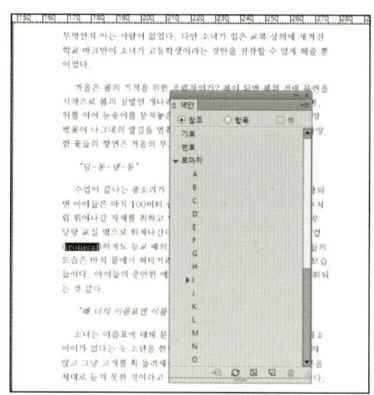

6 같은 방법으로 원하는 단어들을 색인으로 등록합니다.

색인 만들기

7 색인이 위치할 Page17로 이동하고 [색인] 패널의 [색인 생성( )]아이콘을 누릅니다.

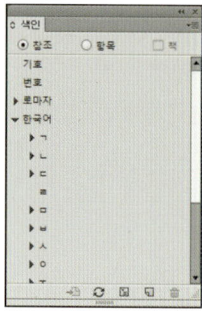

[색인 생성] 대화상자가 나타나면 [제목]을 '찾아보기'라고 입력하고 [스타일]을 지정하기 위해 [옵션 확장]을 누릅니다. 레벨 스타일에서 '레벨1(1):'을 색인 본문으로, 색인 스타일의 색션 제목을 '색이제목' 페이지 번호를 '색인페이지'로 설정하고 [확인] 버튼을 클릭합니다.

 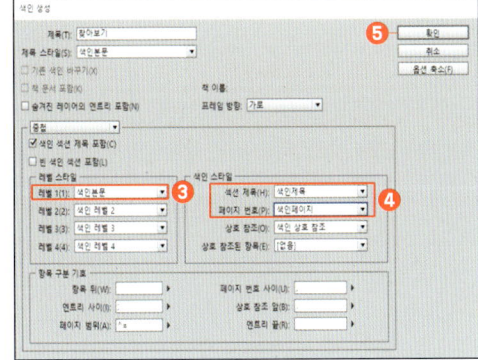

> **TIP** 미리 만들어놓은 스타일이 없는 경우에는 [확인]을 누르고 '색인페이지'에서 [단락 스타일]과 [문자 스타일]을 완성해도 됩니다.

8 마우스 포인터에 미리보기가 생성되고 색인이 들어갈 곳을 드래그하면 색인이 만들어집니다.

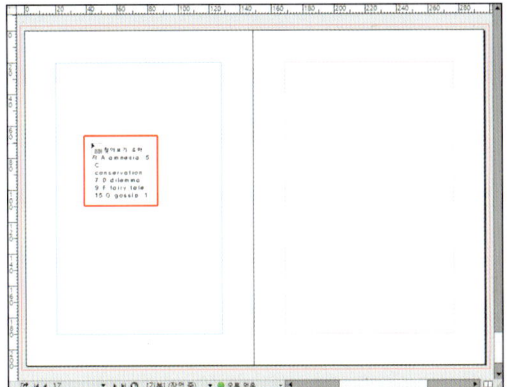 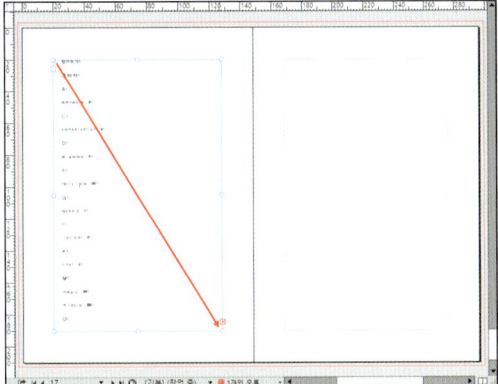

도구상자의 선택 도구로 텍스트 프레임을 선택하고 마우스 오른쪽 버튼을 눌러 [텍스트 프레임 옵션] 대화상자를 실행합니다. 열의 수를 '2'로 바꾸고 [확인] 버튼을 클릭합니다.

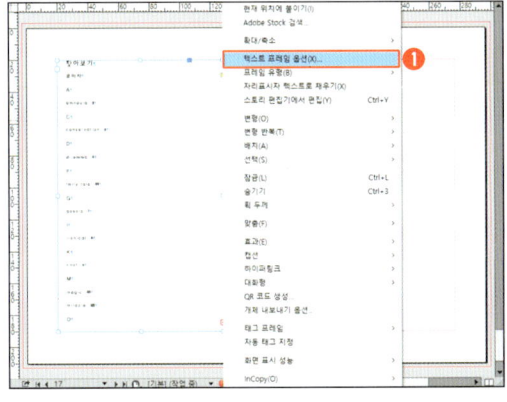 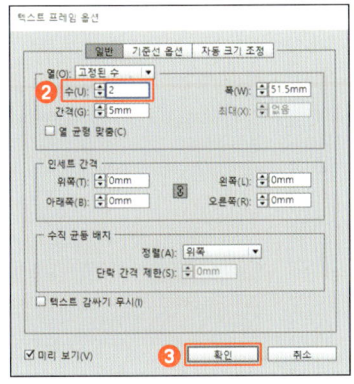

타이포그래피 디자인   **195**

9 '로마자'나 '한국어' 같은 불필요한 텍스트를 지우면 색인이 완성됩니다.

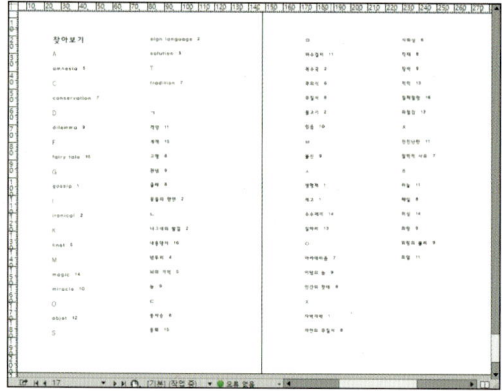

10 6Page의 '관념'을 드래그해서 색인을 추가 등록합니다.

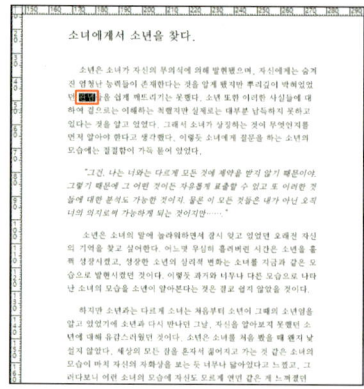

11 [색인] 패널의 [색인 생성( )] 아이콘을 누릅니다. [색인 생성] 대화상자가 나오면 '기존 색인 바꾸기'를 체크하고 [확인] 버튼을 클릭하면 수정한 내용이 업데이트됩니다.

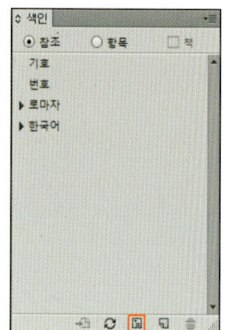 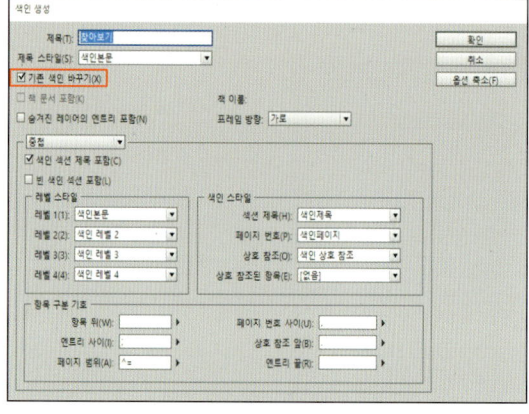

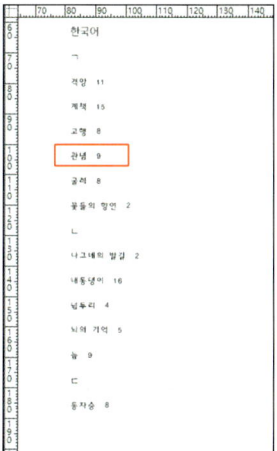

 **단락 스타일로 단락 경계선 표시하기**

[단락 스타일]에서 '색인제목'을 더블클릭하여 대화상자를 불러옵니다. '단락 경계선'에서 '아래쪽 경계선', 두께 : 0.5pt, 유형 : 점선, 오른쪽 들여쓰기 : 10mm로 지정하면 색인 페이지에 점선으로 단락을 구분 지을 수 있습니다.

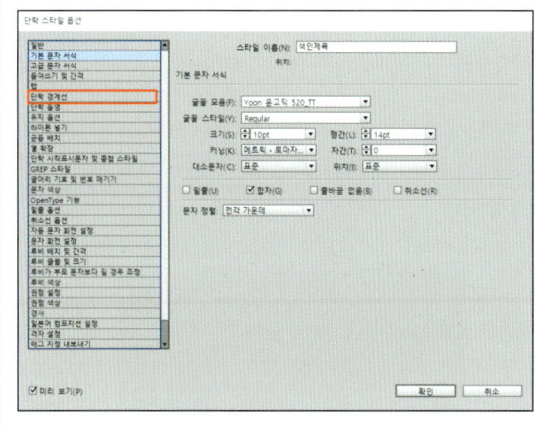 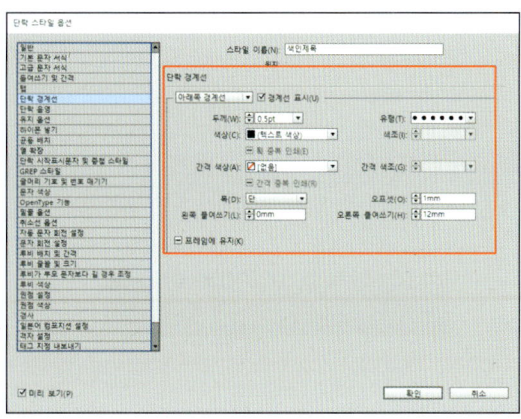

04 표 만들기

표를 효과적으로 사용하면 정보를 체계적이고 깔끔하게 편집할 수 있습니다.

1 표 만들기

1 새로운 문서를 만듭니다.

> 페이지 : A4, 1페이지, '페이지 마주보기' 체크 해지, 도련 : 각3mm, 여백 : 20mm, 열 개수 : 1, 간격 : 5mm

2 표 만들기는 [도구상자] - [문자도구]로 문서를 드래그하여 '텍스트 프레임'을 먼저 만듭니다. 텍스트 프레임 안에 커서가 깜박이는 위치에 [표] - [표 삽입]을 선택하고 [표 삽입] 대화상자에서 만들고자 하는 '행'과 '열'(5행 3열)을 입력하고 [확인] 버튼을 클릭하면 표가 생성됩니다.

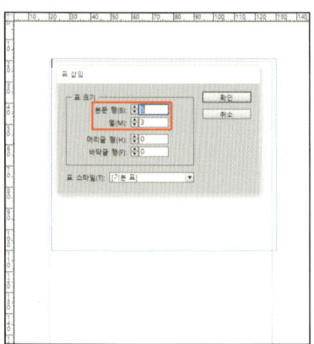 

3 [도구상자] - [문자 도구]로 표를 전체 선택해서 오른쪽 하단 모서리에 마우스를 가져가 화살표 모양으로 변경될 때 드래그하면 셀의 넓이와 높이를 자유롭게 조정 가능합니다.

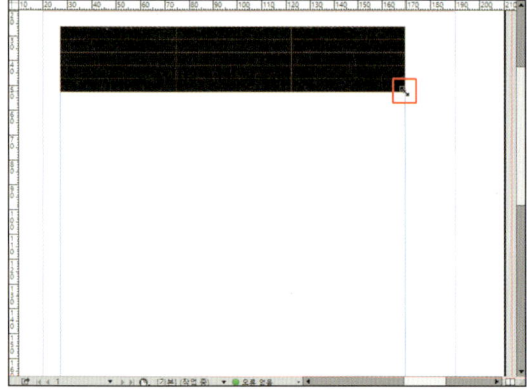 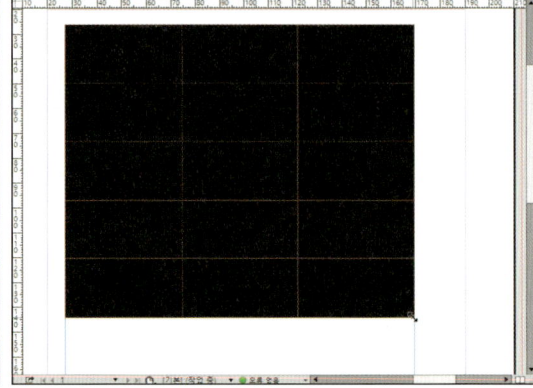

2 텍스트 상자를 표로 만들어 편집하기

1 [파일] - [열기]를 선택하여 'Part3\표.indd' 파일을 불러옵니다.

2 문서 빈 곳에 [도구상자] - [문자 도구]로 드래그하고 [파일] - [가져오기] 메뉴를 실행하면 [파일 열기] 대화상자가 나옵니다. 'Part3\표.txt' 파일을 선택하고 [열기] 버튼을 클릭하여 '표.txt' 파일에 있는 텍스트를 가져옵니다.

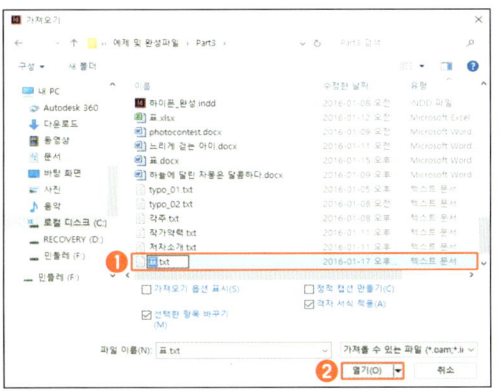  

3 [도구상자] - [선택 도구]로 '텍스트 프레임'을 선택하고 [표] - [텍스트를 표로 변환]을 클릭합니다. [텍스트를 표로 변환] 대화상자에서 [확인] 버튼을 누르면 선택한 텍스트 프레임이 표로 변환됩니다.

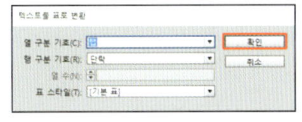

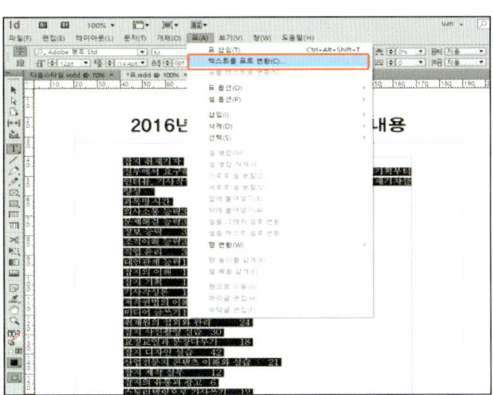 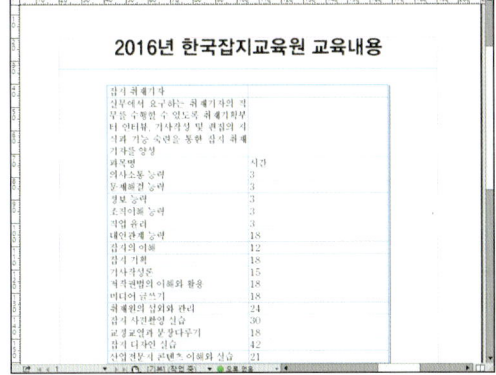

4 텍스트를 드래그하여 블록으로 전체 선택해서 '글꼴 : 윤고딕 125, 크기 :10pt, 가운데 정렬'로 컨트롤 패널에서 속성을 지정합니다. [도구상자] - [문자 도구(T)]로 텍스트 프레임 안의 텍스트를 다섯 번 클릭하면 텍스트 프레임의 텍스트 전체가 선택됩니다.

5 1행을 드래그해서 [메뉴] - [표] - [셀 병합]을 클릭합니다. 두 개의 셀이 하나로 병합됩니다.

2행도 마찬가지로 두 개의 셀을 하나로 병합합니다.

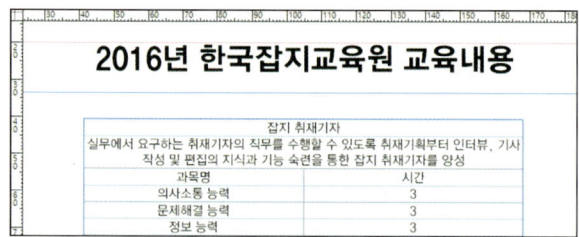

6 [도구상자] - [문자도구]로 셀의 속성을 지정하기 위해 표를 드래그하여 블록으로 지정한 상태에서 [컨트롤 패널]의 [테두리 선]에서 '왼쪽 수직선', '오른쪽 수직선'만 활성화한 다음 '선 없음'으로 지정합니다.

[테두리 선]에서 '윗선', '아래선'만 활성화하고 '선 굵기 : 1pt'로 지정합니다.

[테두리 선]에서 '중앙선'만 활성화한 다음 '선 굵기 : 0.5pt'로 지정합니다.

7 전체 표가 블록으로 지정된 상태에서 '셀 칠 색상'을 (C100, M0, Y0, K0), '색조'를 '10%'로 지정하고, '머리글'은 '셀 칠 색상'을 (C100, M0, Y0, K0), '색조'를 '30%'로 지정합니다.

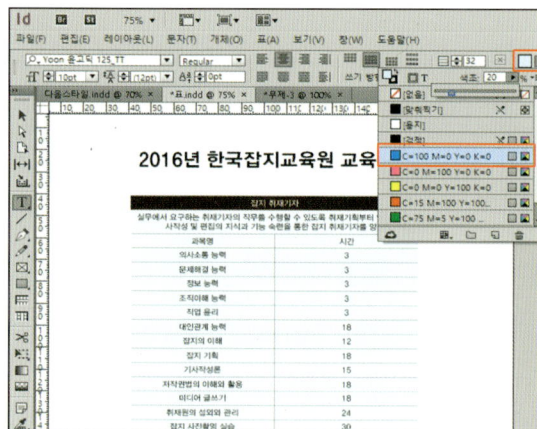

8 [창] - [문자 및 표] - [표] 패널에서 첫 번째 행 '셀의 높이'를 '9mm', 두 번째 행 셀 높이를 '13mm' 그 외 전체 행 높이는 '7mm'로 변경합니다.

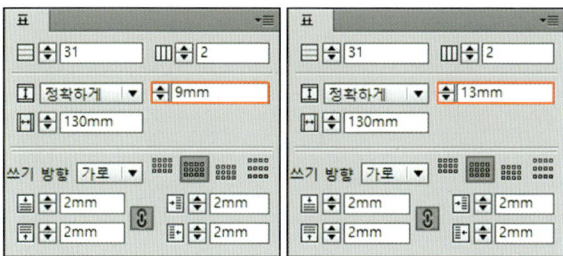

왼쪽 열의 넓이를 '90mm', 오른쪽 열의 넓이를 '40mm'로 지정합니다.

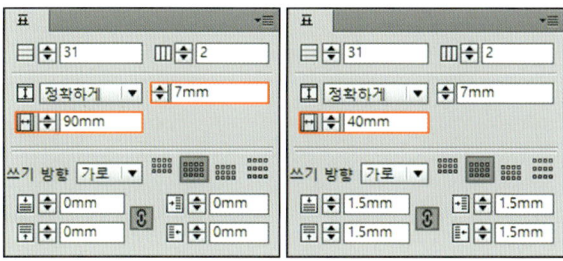

9 표가 완성되었습니다.

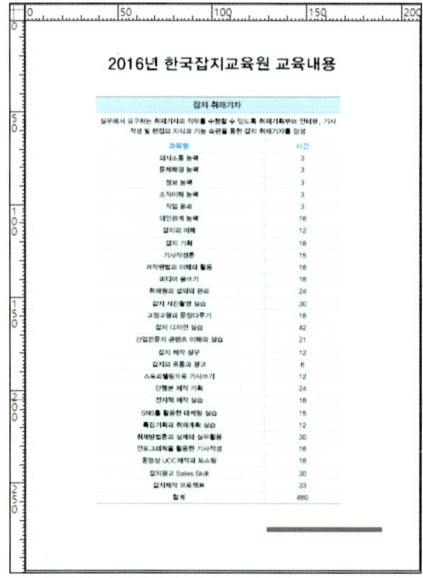

3 워드와 엑셀과 한글에서 작업한 표 편집하기

1 [파일] - [새로 만들기] 메뉴를 선택하거나 Ctrl+N 키를 눌러 새로운 문서를 만듭니다. [파일] - [가져오기]를 선택하거나 단축키 Ctrl+D를 눌러 'Part3\표.docx' 파일을 선택하여 문서의 빈 부분을 드래그하면 워드에 있는 표가 불려와집니다.

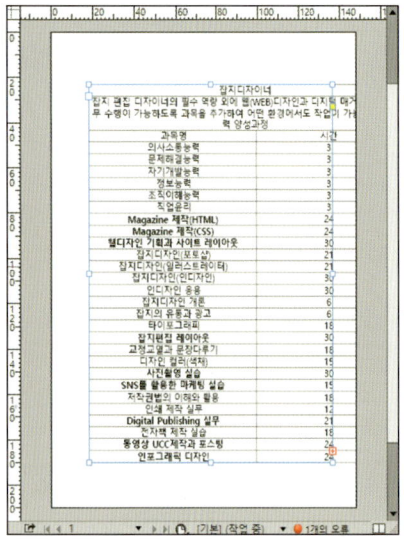

TIP 표를 불러왔는데 격자로 보이면 어떻게 하나요?

표를 불러왔는데 격자로 보일 때는 [도구상자] - [선택 도구]로 텍스트 프레임을 선택하고 마우스 오른쪽 버튼을 클릭해 나오는 메뉴 중 [프레임 유형] - [텍스트 프레임]을 선택해 변경하면 됩니다.

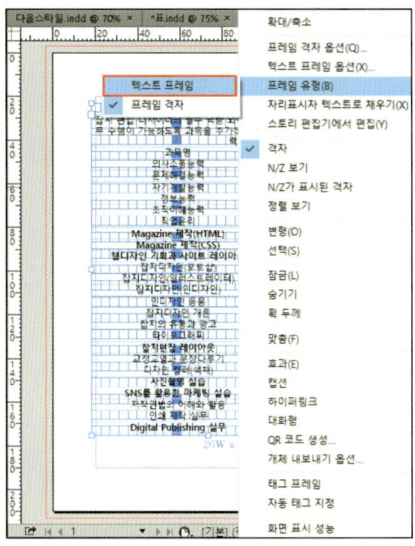

2 [도구상자] - [문자 도구]로 표 전체를 블록으로 지정한 후 [표] - [표 옵션] - [표 설정]을 선택합니다. [표 옵션] 대화상자에서 '표 테두리 두께 : 0.5pt', '유형 : 실선'을 지정합니다.

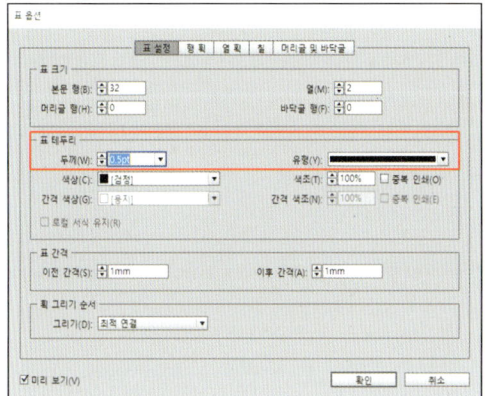

3 [표 옵션]의 [칠]항목에서 교대 패턴을 '1행마다', 색상 : '용지', 다음 색상 : '검정', 색조 : '30%', 처음 건너뛰기 : '1행'으로 지정합니다.

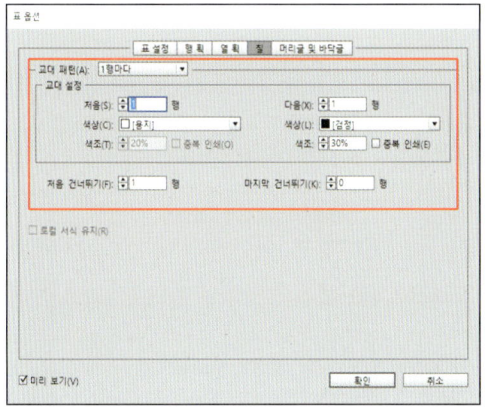

4 문자 도구( )로 표 전체를 드래그해서 블록을 지정하고 오른쪽 하단 모서리를 클릭해서 표의 전체 크기를 조정합니다.

5 1행마다 교대로 칠한 표가 완성되었습니다.

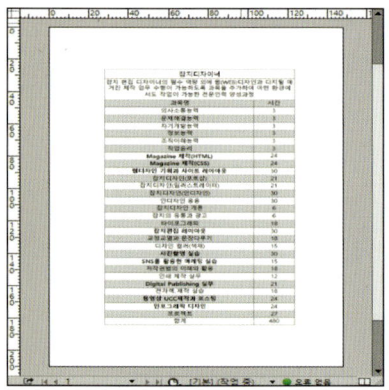

 **빠르게 텍스트 선택하는 방법에 대해 알고 싶어요!**

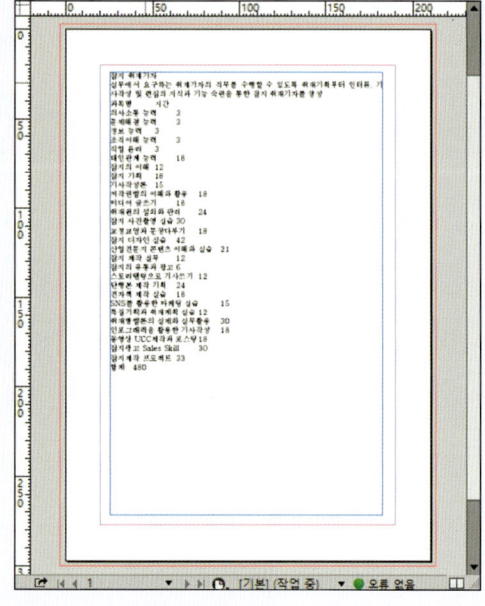

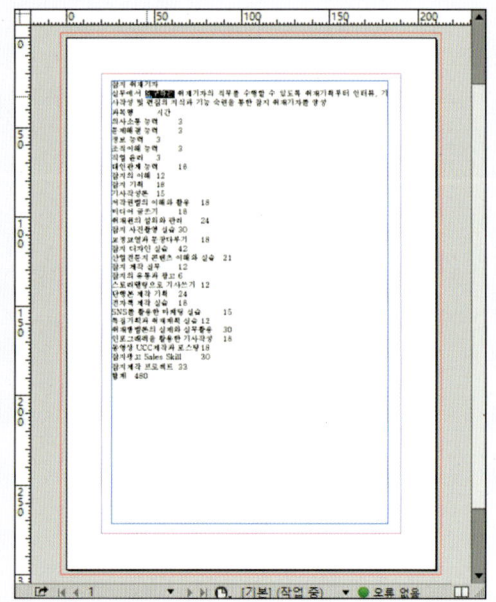

한 번 클릭 : 커서가 원하는 위치에 깜박입니다.   **두 번 클릭** : 단어가 선택됩니다.

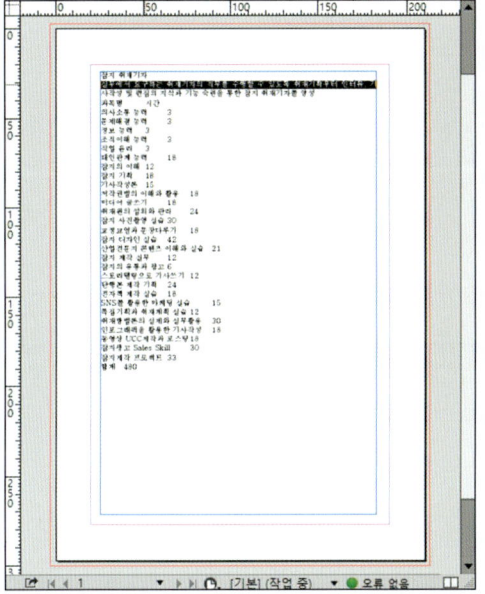

세 번 클릭 : 클릭한 행 한 줄이 선택됩니다.

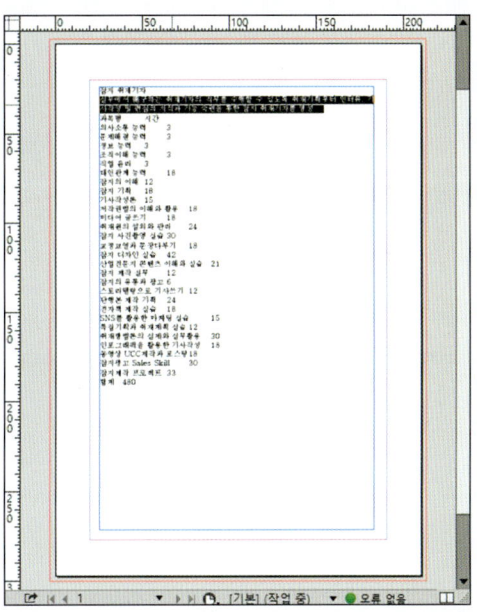

네 번 클릭 : 한 단락이 선택됩니다.

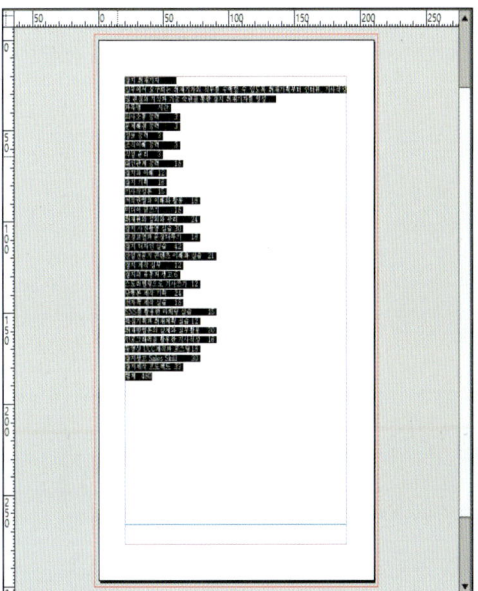

다섯 번 클릭 : 텍스트 프레임 안에 있는 모든 텍스트가 선택됩니다.

타이포그래피를 위한 실무예제

표를 활용한 브로슈어 작업노트

표 편집하기

1 [파일] - [열기]를 선택하여 'Part3\활용예제\브로슈어.indd' 파일을 엽니다.

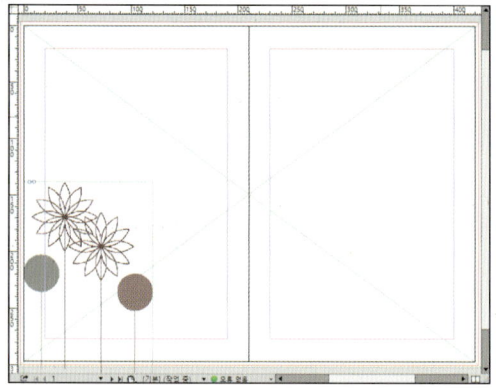

2 [파일] - [가져오기](Ctrl + D)를 선택하고 [가져오기] 대화상자가 나오면 'Part3\브로슈어\채용안내.txt' 파일을 선택하고 [열기] 버튼을 클릭합니다. 빈 대지에 드래그하여 텍스트 가져오기를 합니다.

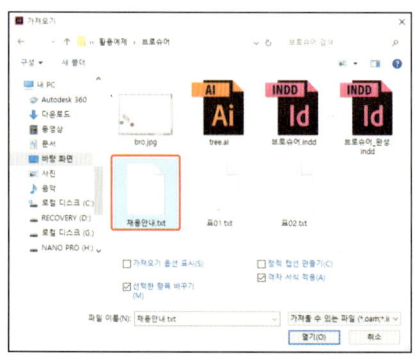
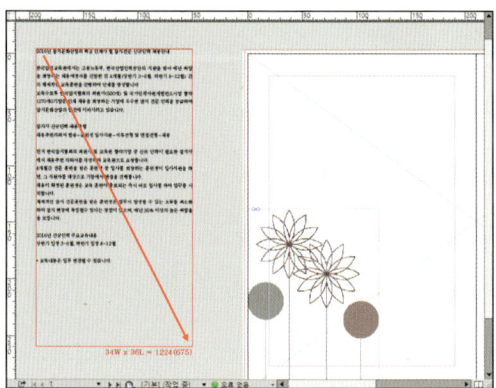

3 각각의 텍스트를 [잘라내기] Ctrl + X 하여 1페이지에 옮기고 스타일을 지정합니다.

제목
글꼴 : 윤고딕125, 크기 : 24pt, 행간 : 3pt, 자간 : -50 , 가운데 정렬
본문
글꼴 : 윤명조125, 크기 : 0pt, 행간 : 14pt, 자간 : -40 , 가운데 정렬
소제목
글꼴 : 윤고딕125, 크기 : 12.4pt, 행간 : 14.4pt, 자간 : -50 , 왼쪽 정렬
설명
글꼴 : 윤고딕125, 크기 : 9.5pt, 행간 : 11.4pt, 자간 : -40 , 왼쪽 정렬

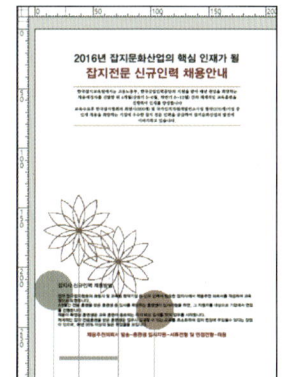

4 2페이지에 행 : 33, 열 : 2의 표 삽입을 합니다. 첫 행을 드래그하여 높이를 '8mm'로, 두 번째 행을 드래그하여 높이를 '18mm'로 하고, 그 외 나머지 행 전체는 '7mm'로 해줍니다. 참고로 그림에서의 ❷, ❸ 번은 나머지 행 전체에 대한 높이입니다.

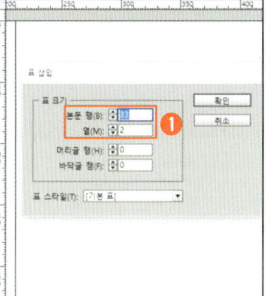
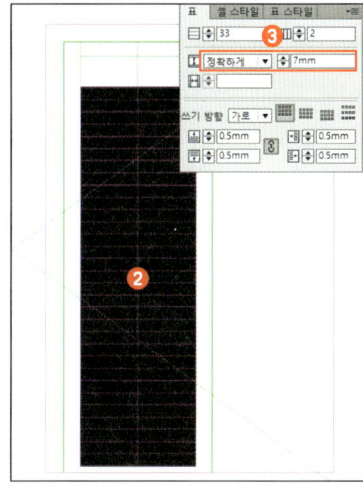

5 'Part3\활용예제\브로슈어\표01.txt' 파일의 텍스트를 복사해서 Ctrl + C , 붙여넣기 Ctrl + V 합니다. 단락 스타일과 문자 스타일을 다음과 지정합니다.

중제목
글꼴 : 윤고딕 125, 글꼴 크기 : 20pt, 행간 : 24pt, 자간 : -50 , 가운데 정렬
표
글꼴 : 윤고딕125, 글꼴 크기 : 9pt, 행간 : 10.8pt, 자간 : -65 , 가운데 정렬
기자
글꼴 : 윤고딕135, 글꼴 크기 : 10pt, 자간 : -50, 색상 : C50, M44, Y31, K3
디자이너
글꼴 : 윤고딕135, 글꼴 크기 : 10pt, 자간 : -50, 색상 : C53, M65, Y57, K36

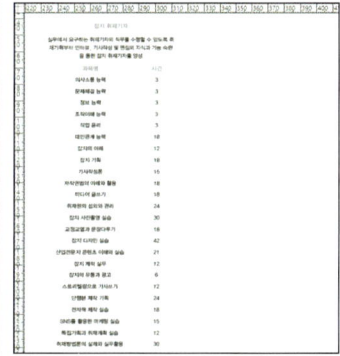

6 완성된 표를 복사해서 'Part3\활용예제\브로슈어\표02.txt'의 텍스트를 복사한 후 붙여넣기하여 내용을 변경하고 표를 완성합니다.

개체 그리기로 브로슈어 장식하기

Part3에서 다룰 개체인 도형을 이용하여 브로슈어를 장식해보겠습니다.

7 도형과 선으로 오브젝트를 그려보겠습니다. [도구상자] - [타원 도구]를 선택하고 대지 위에서 Shift 키를 누른 상태로 드래그하여 원을 완성합니다.

8 [도구상자] - [선택 도구(▶)]로 동그라미를 선택하고, [컨트롤] 패널에서 '칠 색상 : C53, M65, Y57, K36'을 지정합니다.

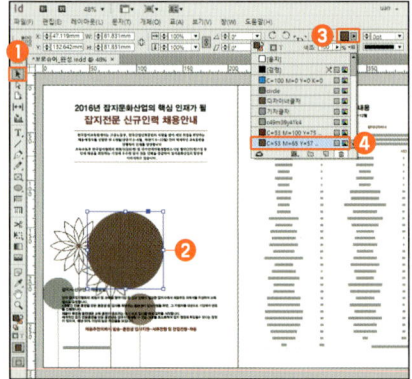

9 [도구상자] - [선 도구(/)]를 선택한 후 Shift 키를 누른 상태로 동그라미 아래 부분에서 시작하여 아래로 드래그합니다.

10 [도구상자] - [선택 도구]로 '선'을 선택하고, 컨트롤 패널에서 획 색상을 'C53, M65, Y57, K36'으로 지정합니다.

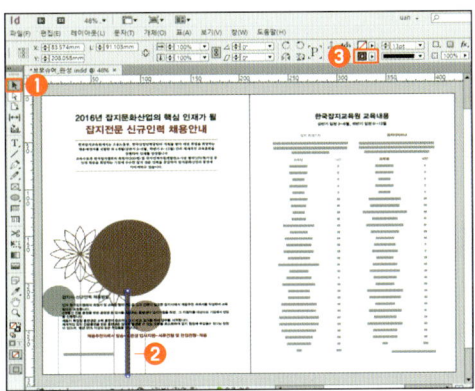

11 Shift 키를 누른 상태로 동그라미와 선 오브젝트를 [선택 도구]로 선택하고 [컨트롤] 패널의 '투명도'를 '55%'로 변경합니다.

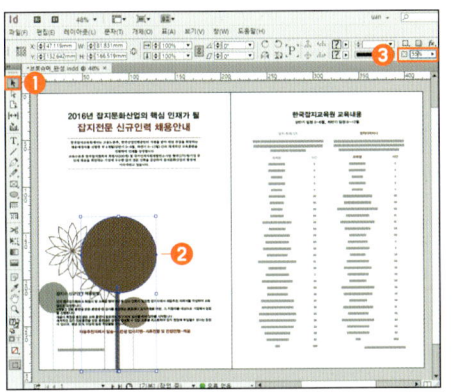

12 동그라미와 선 개체 2개가 선택된 상태에서 Ctrl + G 단축키를 눌러 그룹을 생성합니다.

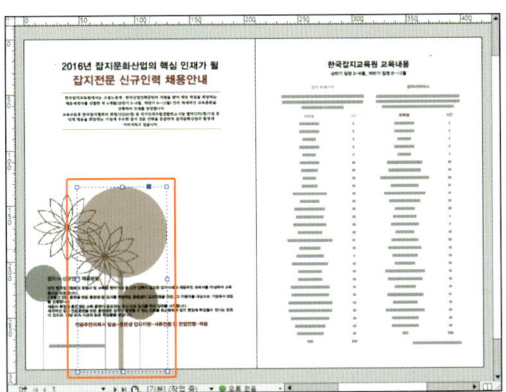

13 그룹화된 개체를 선택하고 Alt 를 눌러 드래그하여 복제를 합니다. 복사해서 Ctrl + C, 붙여넣기 Ctrl + V 하는 것과 같습니다. Shift 를 누른 상태에서 모서리의 조절점을 드래그하여 사이즈를 작게 변형합니다.

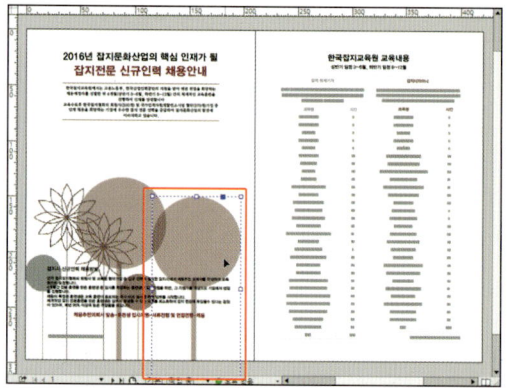

14 추가로 네 개를 복제해서 사이즈를 다양하게 변형할 수 있도록 1~2페이지에 배치하고 원하는 색상을 지정하고 투명도를 '55%'로 적용합니다.

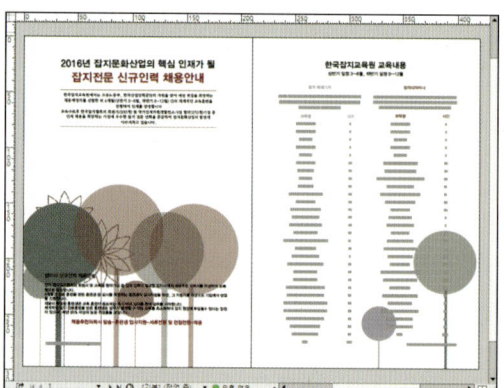
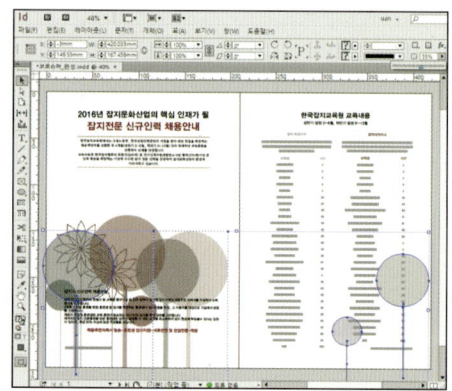

15 표에 개체를 이용하여 장식을 더한 브로슈어가 완성되었습니다.

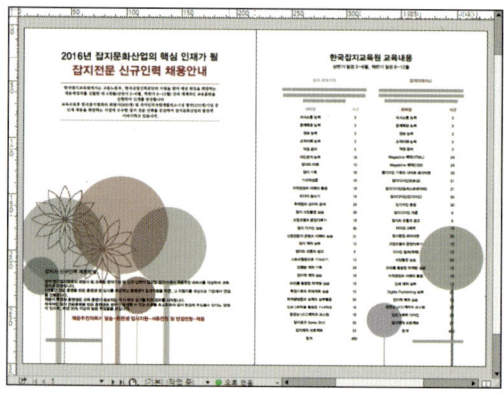

타이포그래피를 위한 실무예제

단계 및 반복 작업을 통한 DIARY 작업 노트

┗ DIARY 커버 배경 디자인

1 [파일] - [새로 만들기] 메뉴를 선택하거나 Ctrl + N 을 눌러 새로운 문서를 만듭니다.

> 폭 : 140mm, 넓이 : 180mm, 페이지 수 : 8, 페이지 마주보기 : 체크, 도련 : 3mm, 여백 : 20mm

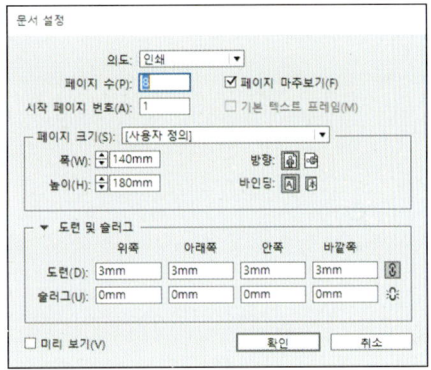

2 1페이지에 [도구상자] - [사각형 프레임 도구(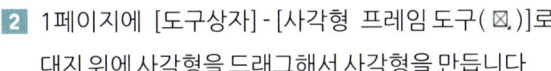)]로 대지 위에 사각형을 드래그해서 사각형을 만듭니다.

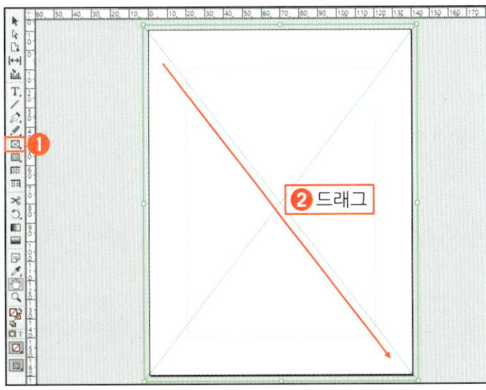

3 [도구상자] - [선택 도구]로 사각형 프레임을 선택하고 컨트롤 패널에서 '칠' 색상을 'C0, M0, Y100, K0'으로 지정합니다.

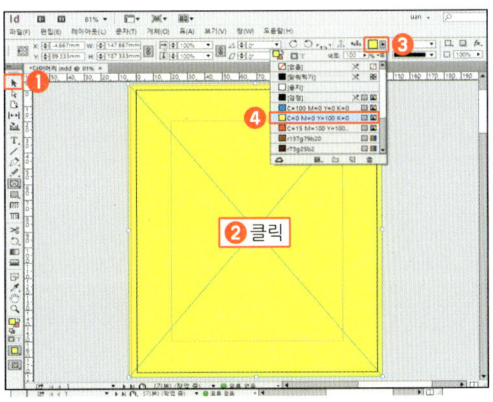

타이포그래피 디자인 **211**

4 [도구상자]의 [선 도구(□)]를 선택하고 '45도' 각도로 '선'을 그립니다. [컨트롤] 패널에서 '선 굵기'를 '10pt'로, '획' 색상을 '용지색(C0, M0, Y0, K0)'으로 변경합니다. Alt 키를 누른 채 마우스로 드래그해서 선 하나를 그림과 같은 간격으로 띄어 복사합니다.

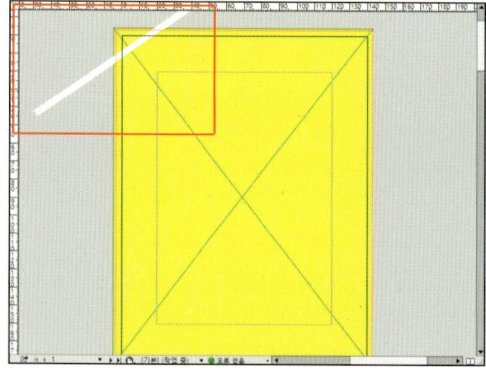 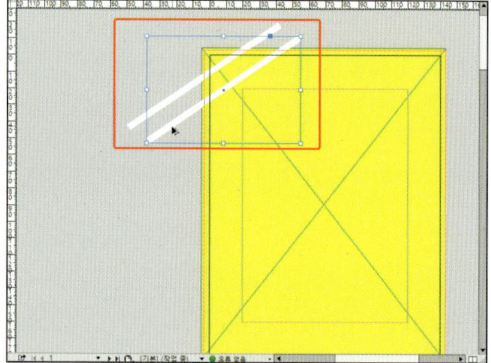

5 마우스 오른쪽 버튼을 클릭하고 [변형 반복] - [변형 순차 반복] 또는 Alt + Ctrl + 4 을 눌러 대지 전체를 채웁니다.

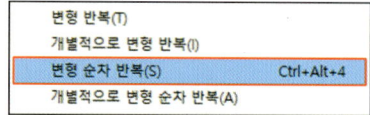 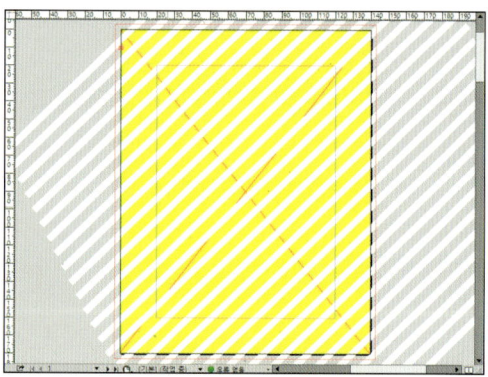

6 모든 선을 선택하여 [개체] - [그룹]을 선택하거나 단축키 Ctrl + G 을 눌러 그룹을 만들고 투명도를 '30%'로 지정합니다.

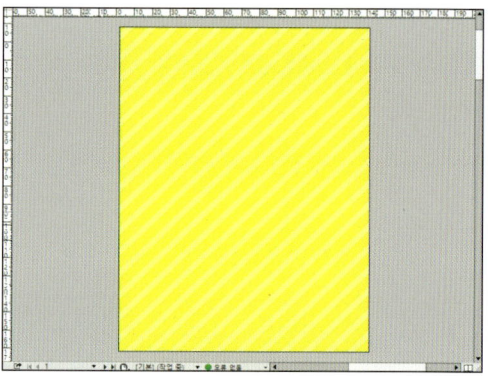

7 [페이지] 패널에서 1페이지를 마스터 페이지로 드래그하여 이동합니다. B-마스터가 생성됩니다.

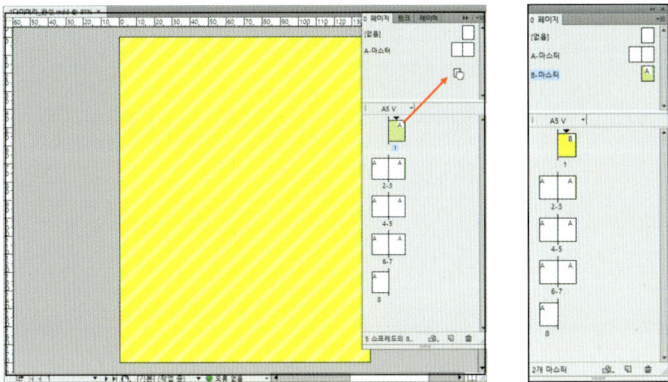

8 1페이지를 더블클릭하여 [페이지] 영역으로 나옵니다. 1페이지를 선택하고 마우스 오른쪽 버튼 클릭하고 [페이지에 마스터 적용]을 선택합니다. [마스터 적용] 대화상자가 나오면 'B-마스터'로 변경하고 [확인] 버튼을 클릭합니다.

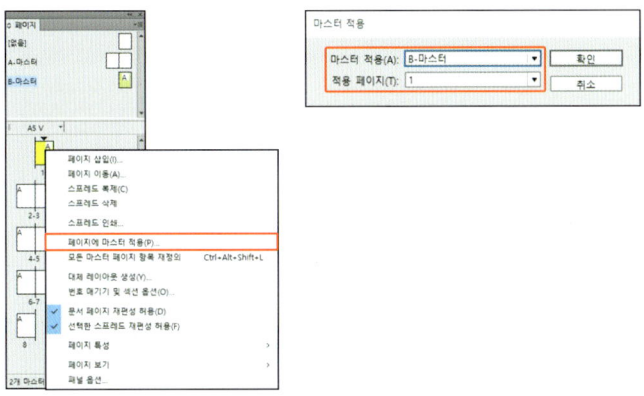

9 1페이지의 'A'가 'B'로 변경됩니다. 'B-마스터'로 적용되었습니다.

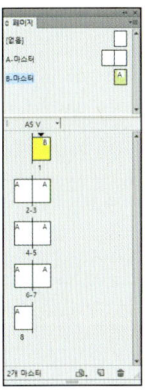

10 [파일] - [저장]을 선택하거나 Ctrl+S를 눌러 '다이어리.indd' 파일로 저장합니다.

> **TIP** 배경색을 주기 위해 프레임을 그리거나 이미지를 넣을 때는 빨간색 '도련선' 까지 넣어야 합니다.

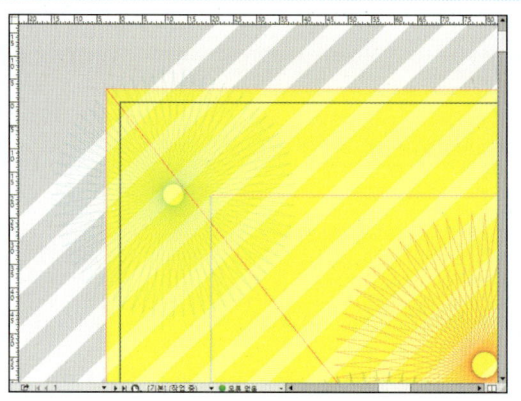

회전 반복 작업을 통한 문양 만들기

1 [새 문서]를 연 후 [도구상자] - [선 도구]로 대지 위에서 Shift 키를 누르고 아래로 드래그하여 수직으로 직선 하나를 그립니다.

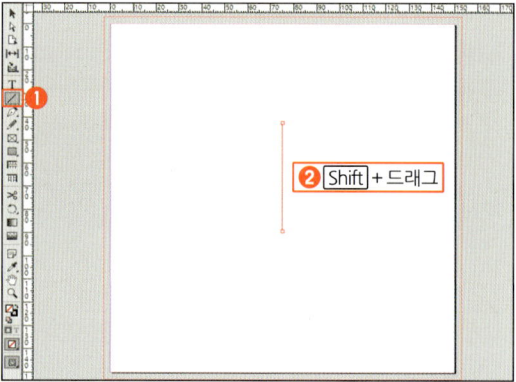

2 [도구상자] - [회전 도구(⟲)]를 선택합니다. 회전 도구를 클릭하면 중심점(✥)이 생깁니다. Alt 키를 누르면 '+' 표시가 보일 때 새로운 중심점을 클릭합니다. 가운데 구멍을 만들기 위해 선을 '5mm'정도 비켜서 클릭합니다.

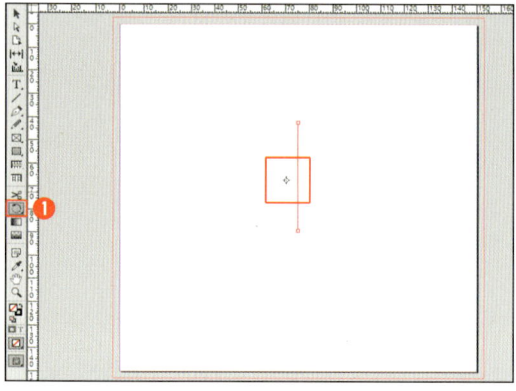 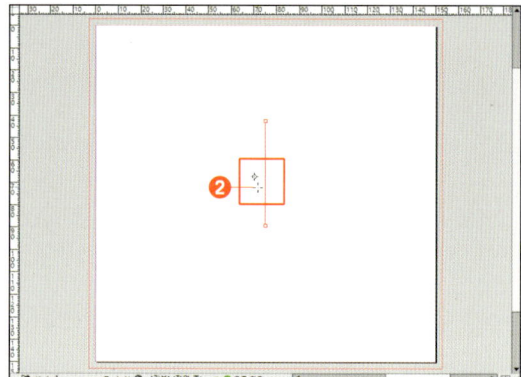

3 새로운 중심점을 클릭함과 동시에 [회전] 대화상자가 생깁니다. 각도를 '5도'를 입력하고 [복사]를 선택합니다.

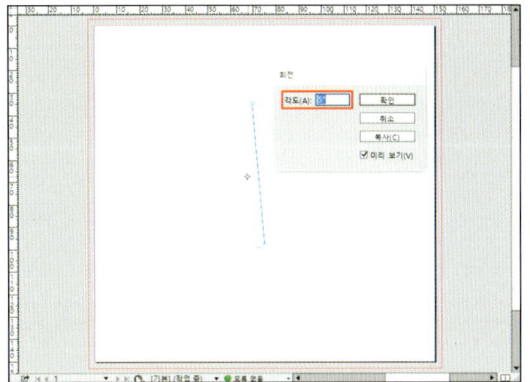

4 [개체] - [변형 반복] - [변형 순차 반복]을 선택합니다. 5도로 회전한 선이 복제됩니다. 단축키 Alt + Ctrl + 4 을 계속 눌러 360도 회전할 때까지 대지 전체를 채웁니다.

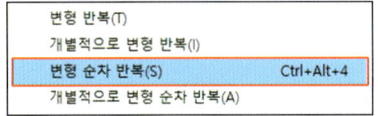
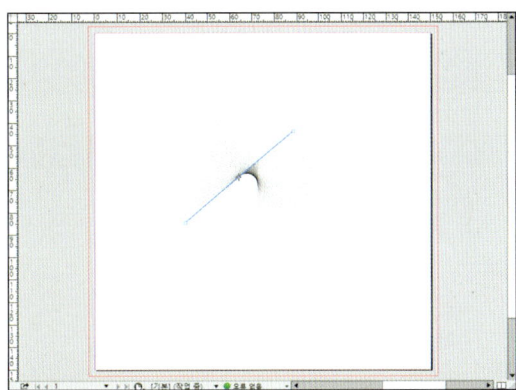
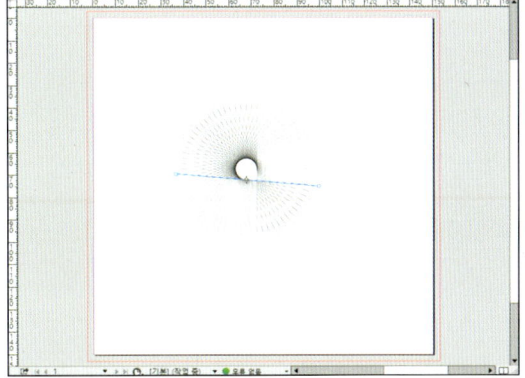
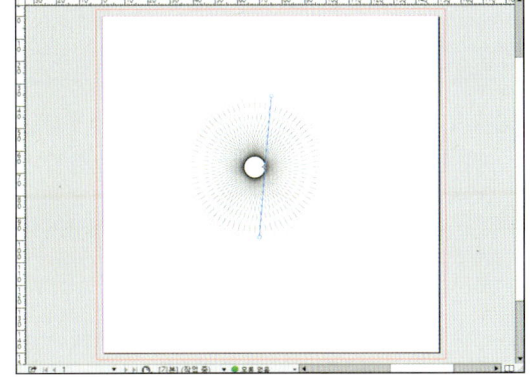

5 모든 선을 선택하여 [개체] - [그룹]을 선택하거나 단축키 Ctrl + G 을 눌러 그룹을 만들고 Ctrl + C 를 눌러 복사합니다.

6 '다이어리.indd' 파일 1페이지에 Ctrl + V 붙여넣기를 합니다. 여러 개 복제해서 대지 위에 배치하고 획 색상과 크기를 변경합니다.

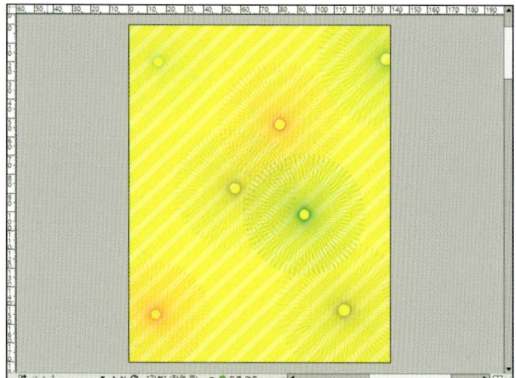

7 [도구상자] - [문자 도구]로 대지 위를 드래그하여 '2016 DIARY'라고 입력하고 '글꼴 : Lucida Calligraphy, 글꼴 스타일 : Italic, 크기 : 40pt, 색상 : 검정'으로 지정합니다.

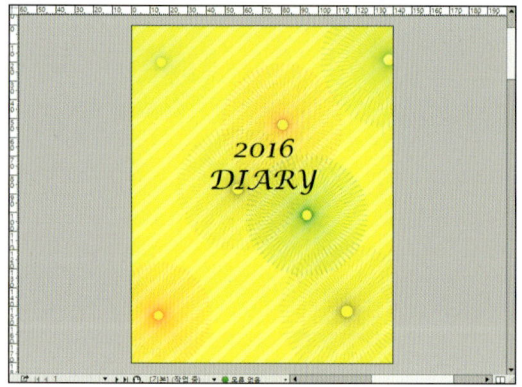

- 표를 이용한 큰 달력 만들기

1 2페이지로 이동하여 [도구상자] - [문자 도구(T)]로 대지 위를 드래그하고, [표] - [표 삽입]을 선택해 6행 7열의 표를 삽입합니다.

2 첫 행의 높이를 '6mm'로 나머지 높이는 '16mm'로 지정합니다.

3 첫 행에 'SUN, MON, TUE, WED, THU, FRI, SAT'라고 '요일'을 입력합니다. [문자 서식 컨트롤 패널(주)]에서 '글꼴 : bodony, 크기 : 10pt'로 지정합니다. [단락 서식 컨트롤 패널(殿)]에서 가운데 정렬'을 합니다. 1월달에 표시될 '날짜'를 입력합니다. 날짜 스타일 : '글꼴 : bodony, 크기 : 10pt, 가운데 정렬, 기준선 : -5pt'

4 공휴일 글자에 색상을 지정한 '휴일' 문자 스타일을 지정합니다.

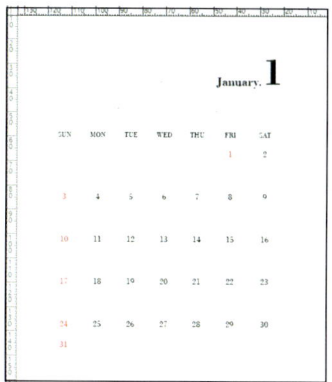

5 복사해서 나머지 12달을 완성합니다.

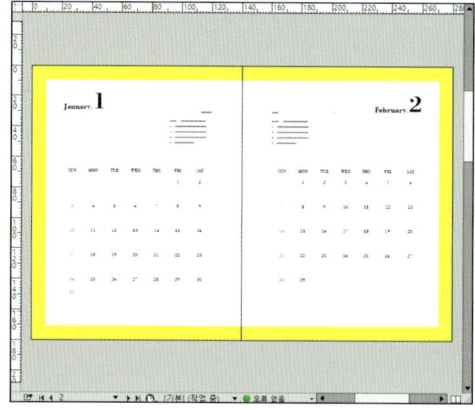

탭을 이용한 작은 달력 만들기

1 1월 달에 보이게 될 2015년도 12월 달력을 작게 만들겠습니다. [도구상자] - [텍스트 프레임(図)]을 작게 드래그하여 12월의 날짜를 입력합니다. 숫자 입력 시 탭[Tab]키를 눌러가며 다음 숫자를 입력합니다. 글자 크기는 '4pt'입니다. [도구상자] - [선택 도구(▶)]로 '텍스트 프레임'을 선택하고 [문자] - [탭] 메뉴를 선택하여 [탭] 대화상자를 불러옵니다. [탭] 대화상자에서 [가운데 균등배치 탭]으로 4mm간격으로 여섯 개의 눈금자를 클릭하여 간격을 조정합니다.

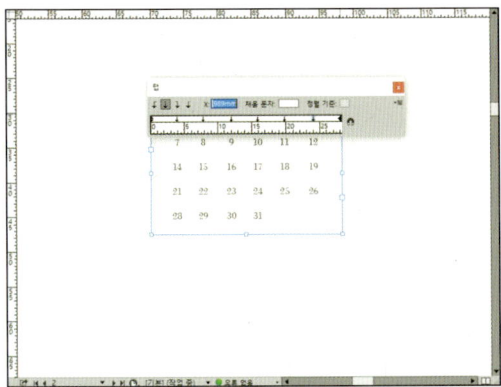

2 간격이 알맞게 조정된 작은 달력이 완성되었습니다.

> **휴일 문자스타일 : '작은 숫자1' 스타일**
> 글꼴 : Bodoni Bk BT, 글꼴 스타일 : Normal, 크기 : 4pt, 행간 : 10pt, 자간 : -10 문자색상 : 작은 숫자1
>
> **평일 문자스타일 : '작은 숫자2' 스타일**
> 글꼴 : Bodoni Bk BT, 글꼴 스타일 : Normal, 크기 : 4pt, 행간 : 10pt, 자간 : -10 문자색상 : 작은 숫자

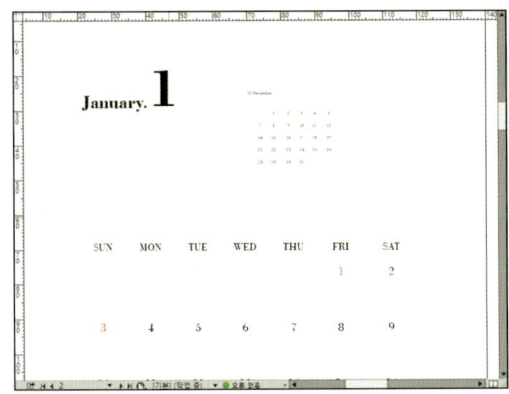

3 '12월'의 작은 달력을 Alt + Shift 키를 누른 채 드래그하여 복사해서 3Page로 수평 이동합니다. 복사한 달력의 날짜를 3월로 수정합니다.

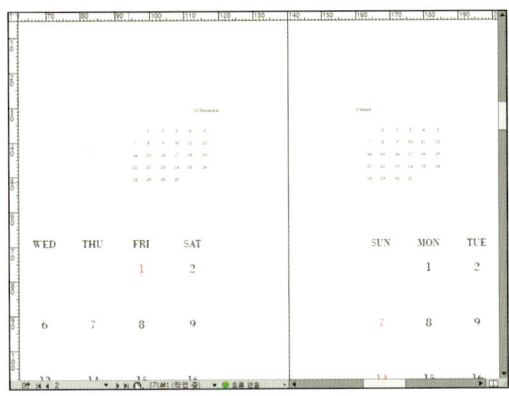

- **다이어리 라인 내지 만들기**

1. 4페이지에 [도구상자] - [선 도구(/)]로 가로로 직선을 그립니다. [컨트롤] 패널에서 '획 두께'를 '0.25pt', '획 색상'을 '연회색 : C22, M22, Y22 K22'로 지정합니다. 선을 선택하고 [편집] - [단계 및 반복]을 실행하여 [단계 및 반복] 대화상자에서 '개수 : 19, 오프셋 -세로 : 7mm, 가로 : 0mm'를 지정하고 [확인] 버튼을 누릅니다.

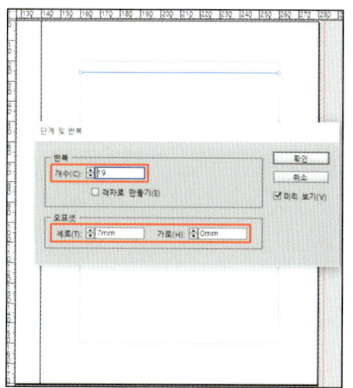

2. 선을 모두 선택하고 Alt + Shift 키를 누른 채 드래그하여 5페이지에 복사합니다. 이로써 내지가 완성되었습니다.

- **다이어리 격자 내지 만들기**

1. 6~7페이지 전체에 [도구상자] - [선 도구]로 '가로선'을 그립니다. [컨트롤] 패널에서 '획 색상'을 '연회색 : C22, M22, Y22, K22', '두께 : 0.25pt', '유형 : 점선'으로 지정합니다.

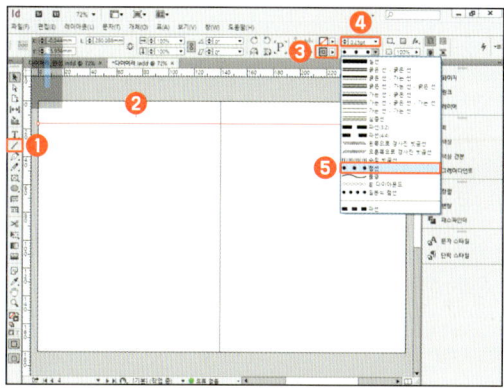

타이포그래피 디자인   219

2 [편집] - [단계] - [반복] 메뉴를 실행하여 [단계 및 반복] 대화상자에 (개수 : 22개, 오프셋 세로 : 9mm, 가로 : 0)을 설정합니다.

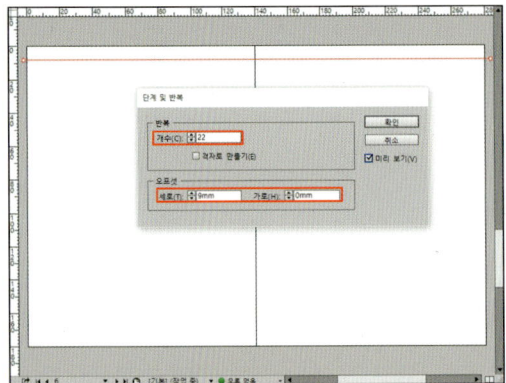

3 6페이지 전체에 세로선을 만듭니다. [컨트롤] 패널에서 '획 색상'을 '연회색 : C22, M22, Y22, K22', '두께 : 0.25pt', '유형 : 점선'으로 지정합니다. [편집] - [단계] - [반복] 메뉴를 실행하여 [단계 및 반복] 대화상자에 '개수 : 26개, 오프셋 세로 : 0mm, 가로 : 16'을 입력하고 [확인] 버튼을 클릭합니다.

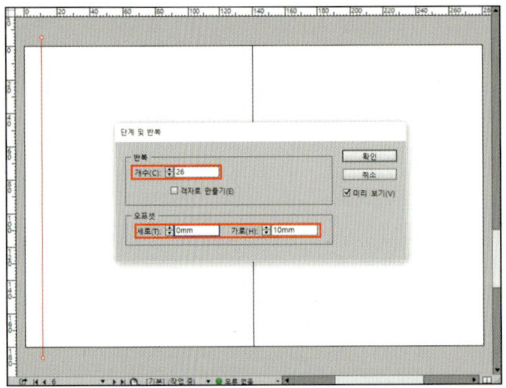

4 가로와 세로선이 교차로 있는 격자 노트가 완성되었습니다.

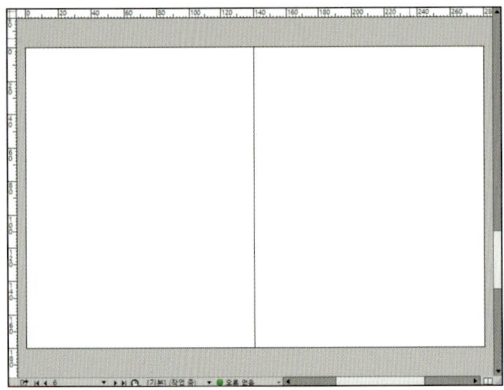

— 다이어리 뒷 표지 마무리하기

1 8페이지를 선택한 후 마우스 오른쪽 버튼 클릭하고 [페이지에 마스터 적용]을 선택합니다. [마스터 적용] 대화상자가 나오면 'B-마스터'로 변경하고 [확인] 버튼을 클릭합니다.

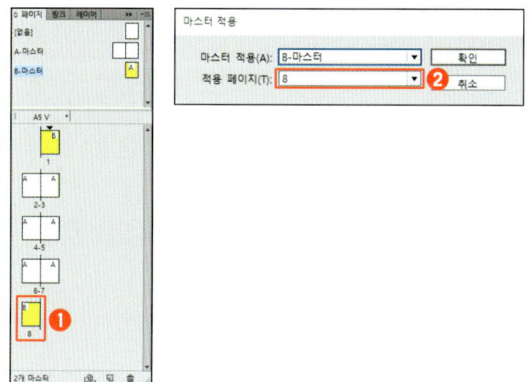

2 1페이지로 이동하여 선 도구로 아래 그림처럼 그룹화한 개체를 복사 Ctrl + C 합니다. 8페이지로 이동하여 붙여넣기 Ctrl + V 합니다. 그리고 크기와 위치와 색상을 지정하여 다이어리 뒷 표지를 완성합니다.

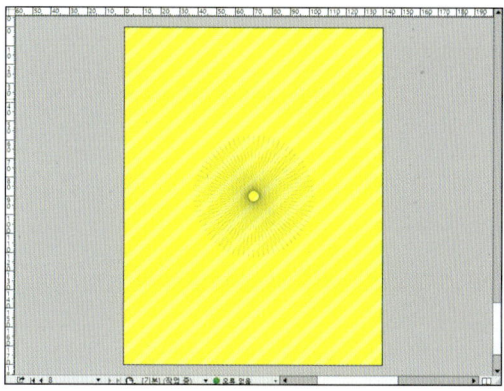

04

개체 및 색상활용

PART

01 개체와 이미지

1 개체

인디자인에서 개체는 오브젝트라고도 하며 프레임, 이미지, 글자, 도형의 모든 것을 일컫는 말입니다.

2 인디자인에서 사용할 수 있는 이미지 파일

인디자인에서 사용할 수 있는 이미지 파일의 확장자로는 GIF, JPG, PNG, PSD, BMP, TIF, EPS, AI, PDF 파일이 있습니다. 이미지를 효율적으로 사용하기 위해서는 이미지의 특징에 대해서 알고 있어야 합니다.

1 벡터

일러스트레이터나 인디자인에서 그리거나 만든 개체로 인쇄 출판을 위해 가장 이상적인 파일 형태입니다.

- **EPS** : 고품질이면서 용량이 작아 전자책에 많이 사용되는 그래픽 파일 형식입니다.
- **AI** : Adobe Illustrator에서 제작한 벡터 드로잉 파일로 용량이 작고 그림을 확대해도 깨지지 않아 확대 출력할 때 매우 용이합니다.

2 비트맵

픽셀로 표현되는 이미지를 일컫는 말로 확대하는 경우 이미지가 깨져 보이게 되므로 이미지 해상도가 중요한 편집물인 경우에는 PSD나 TIFF, 고품질의 JPG 형식의 고해상도 이미지 형식을 사용하는 것이 좋습니다. 그러나 속도가 더 우선인 전자책이나 웹진을 제작하는 경우에는 GIF나 JPG, PNG 형식을 사용합니다.

- **JPG** : 사진이나 고해상도 품질의 이미지로 압축되어진 파일 형식으로 GIF와 같이 가장 일반적인 이미지 형식입니다.
- **PSD** : 포토샵에서 제작한 원본 파일로 모든 레이어가 저장되어 있고 포토샵에서만 수정 가능한 파일 형식입니다. 고해상도의 높은 품질로 용량이 큽니다.
- **TIFF** : 사진 데이터로 주로 TIFF나 JPEG 파일을 사용하는데 인디자인에서 회색 음영의 이미지에 듀오톤을 적용할 때 사용하는 파일 형식입니다.
- **GIF** : 256가지 색상의 제한된 색상으로 이미지를 압축하여 저장한 파일로 용량이 작고 전송 속도가 빨라 웹디자인에서 많이 사용하는 파일 형식입니다.
- **PNG** : GIF보다 용량이 작고 압축 시 이미지 손실이 적어 웹에서 비트맵 이미지를 구현하기 가장 좋은 파일 형식으로 배경이 투명하게 저장 가능합니다.
- **BMP** : 압축 알고리즘이 원시적이라 다른 확장자에 비해 파일 크기가 큰 파일 형식입니다.

02 이미지 가져오기

인디자인에서 이미지를 불러와 사용하는 경우 [가져오기] 메뉴를 선택해 가져와 사용하면 됩니다. 여기서는 이미지를 가져와 활용하는 방법을 알아보겠습니다.

1 [파일] - [열기]를 선택하거나 Ctrl+O 를 눌러 'Part4\이미지가져오기.indd' 파일을 불러옵니다.

2 도구상자의 사각형 프레임 도구(⊠)를 선택한 다음, 연회색 사각형 안에 이미지가 들어갈 영역을 드래그하여 빈 프레임을 생성합니다.

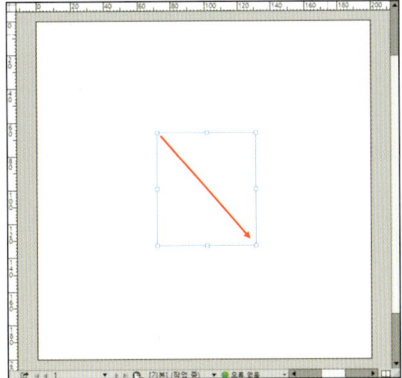

3 [파일] - [가져오기]를 선택하거나 Ctrl+D 를 눌러 'Part4\flower.jpg'를 선택하고 [열기]를 누릅니다. 그림이 사각형 프레임 안에 삽입됩니다.

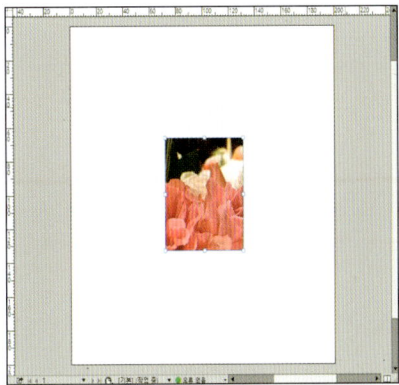

4 원본 이미지 크기로 삽입되기 때문에 이미지 크기를 원하는 크기로 프레임에 맞게 조절해야 합니다. [도구상자]의 [선택 도구]로 프레임 상자를 선택하고 마우스 오른쪽 버튼을 눌러 나오는 메뉴 중 [맞춤] - [비율에 맞게 프레임 채우기]로 지정합니다.

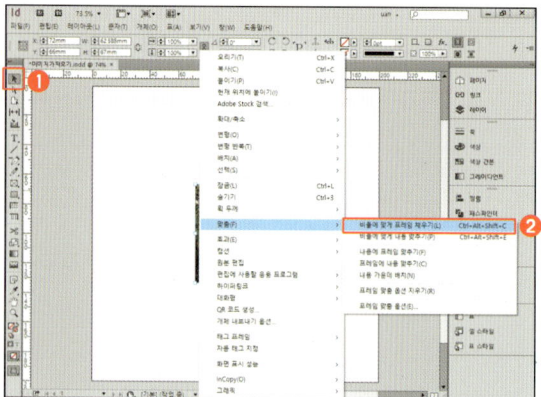

5 이미지의 크기가 프레임 크기와 비율에 맞게 조절됩니다.

TIP 이미지 맞춤 옵션에 대해 자세하게 알고 싶어요!

비율에 맞게 프레임 채우기(L)	Ctrl+Alt+Shift+C
비율에 맞게 내용 맞추기(P)	Ctrl+Alt+Shift+E
내용에 프레임 맞추기(F)	
프레임에 내용 맞추기(C)	
내용 가운데 배치(N)	
프레임 맞춤 옵션 지우기(R)	
프레임 맞춤 옵션(E)...	

1 비율에 맞게 프레임 채우기(Ctrl + Alt + Shift + C) : 이미지가 프레임에 비율에 맞게 조절됩니다. 프레임보다 이미지가 클 경우 이미지의 비율에 맞추었기 때문에 프레임 안에 모든 이미지가 들어오지 않고 이미지의 가로와 세로 비율을 유지합니다.

2 **비율에 맞게 내용 맞추기**(Ctrl + Alt + Shift + E) : 이미지가 프레임 안에 모두 들어오게 맞춰지기 때문에 이미지의 가로와 세로 비율이 왜곡되지 않게 조절되어 프레임에 여백이 생기는 경우가 발생합니다.

3 **내용에 프레임 맞추기** : 이미지의 크기에 맞게 프레임 사이즈가 변경됩니다. 이미지가 큰 경우는 프레임 사이즈가 커지고 이미지가 작은 경우에는 프레임 사이즈가 작아집니다.

4 **프레임에 내용 맞추기** : 이미지와 프레임의 비율이 맞지 않는 경우 프레임이 더 중요하기 때문에 이미지의 비율이 왜곡되면서 프레임 안에 이미지가 채워집니다.

5 **내용 가운데 배치** : 이미지가 프레임 가운데에 맞춰집니다.

6 **프레임 맞춤 옵션 지우기** : 프레임 맞춤 옵션을 지울 때 사용합니다.

7 **프레임 맞춤 옵션** : 프레임을 만들고 옵션을 정한 다음에 이미지를 가져옵니다.

- **자동 맞춤** : 프레임 크기에 맞추어 이미지도 자동 조절됩니다.
- **내용 맞춤** : 프레임에 내용 맞추기, 비율에 맞게 내용 맞추기, 비율에 맞게 프레임 채우기에 맞게 조절합니다.
- **정렬 시작** : 프레임과 이미지의 기준점 위치를 정합니다.
- **자르기 양** : 이미지 크기를 자릅니다.
- **이미지 원본 사이즈** : 150X200mm
- **프레임 사이즈** : 59X67mm

❶ 비율에 맞게 프레임 채우기

❷ 비율에 맞게 내용 맞추기

❸ 내용에 프레임 맞추기

❹ 프레임에 내용 맞추기

❺ 내용 가운데 배치

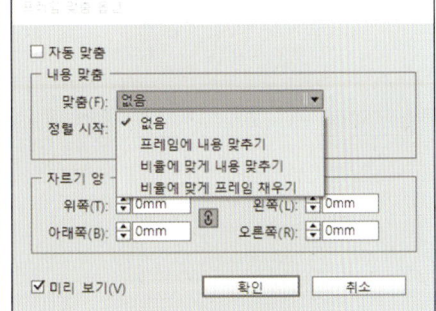
❼ 프레임 맞춤 옵션

03 이미지 조절하기 : 크기, 회전, 기울기

1️⃣ 도구상자의 선택 도구로 프레임 박스를 클릭하면 8개의 조절점이 보입니다. 원하는 사이즈로 드래그하여 프레임의 크기를 조절할 수 있습니다. 비율을 유지한 채 조절하기 위해서는 Shift 를 누른 채 모서리 점을 드래그합니다.

2️⃣ 컨트롤 패널이나 [창] - [개체 및 레이아웃] - [변형] 패널에서 수치를 입력하여 정확하게 크기 및 위치, 회전과 기울기 조절이 가능합니다. 기준점을 정중앙으로 위치하고 '넓이 : 63mm, 높이 : 66mm, X : 102.5, Y : 99.5, 기울기 : 45도'로 입력하면 그림의 위치와 크기, 기울기가 조절됩니다.

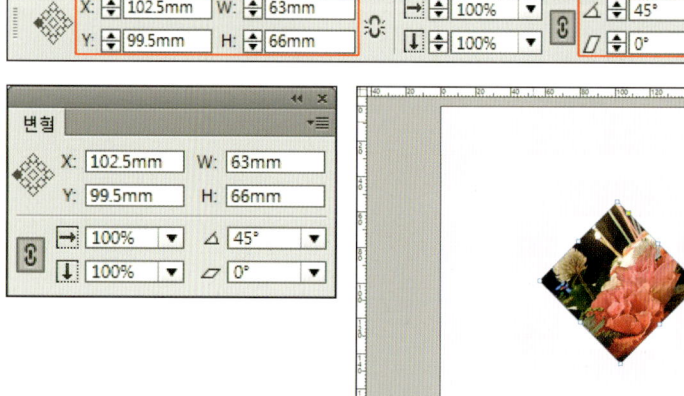

3 선택 도구가 선택되어 있을 때 그림 위에서 마우스 포인터를 이동하면, 그림 중앙에 원 모양이 생깁니다. 원 모양을 클릭하면 이미지의 가장자리 조절점이 보입니다. 마우스 포인터를 조절점 위로 이동해서 크기를 조정하거나, 드래그해서 위치를 바꾸거나 회전할 수도 있습니다

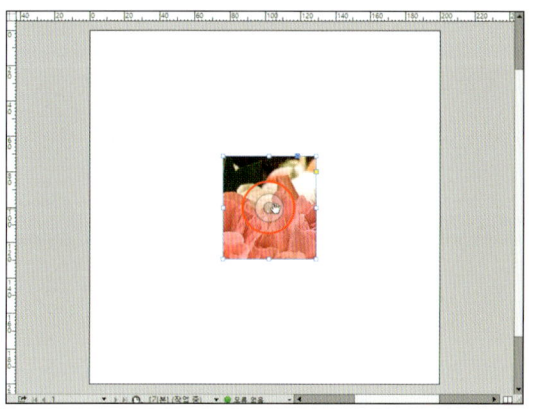 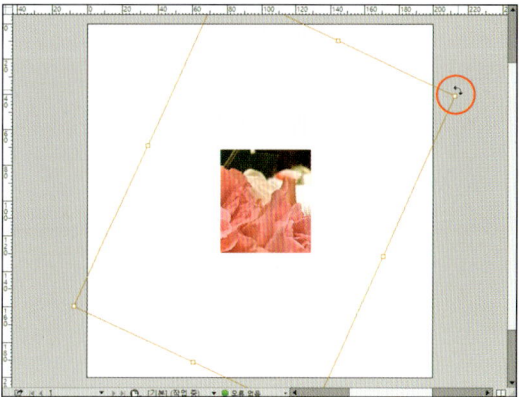

4 도구상자의 자유 변형 도구(▧)로도 이미지 자유변형, 회전, 크기, 기울기 조절이 가능합니다.

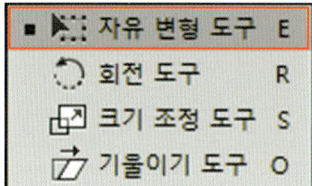 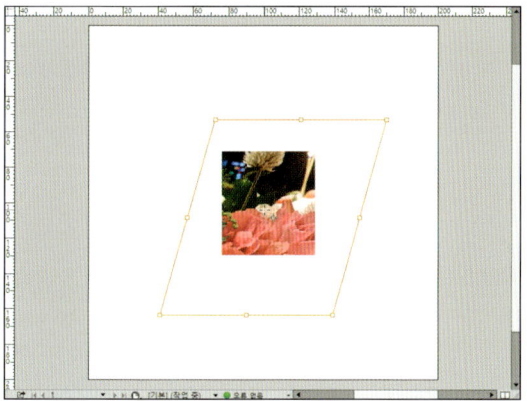

> **TIP** **크기 조절 단축키**
> 오브젝트 크기 5% 증가 : Ctrl + Alt + >
> 오브젝트 크기 5% 감소 : Ctrl + Alt + <
> 오브젝트 크기 1% 증가 : Ctrl + >
> 오브젝트 크기 1% 감소 : Ctrl + <

 **특별한 모양의 프레임 안에 이미지를 가져오고 싶어요!**

펜이나 연필로 사각형, 타원, 다각형 도구로 원하는 모양을 그린 다음 이미지를 가져옵니다.

04 여러 개의 이미지를 한꺼번에 불러오기

이미지 한꺼번에 불러오기

1 [파일] - [열기]를 선택하거나 Ctrl+O 를 눌러 'Part4\ 여러 개 이미지 가져오기.indd' 파일을 불러옵니다.

2 [파일] - [가져오기]를 선택하거나 Ctrl+D 를 눌러 'Part4\images' 폴더 안에 있는 이미지 모두를 선택하고 '열기'를 누릅니다.

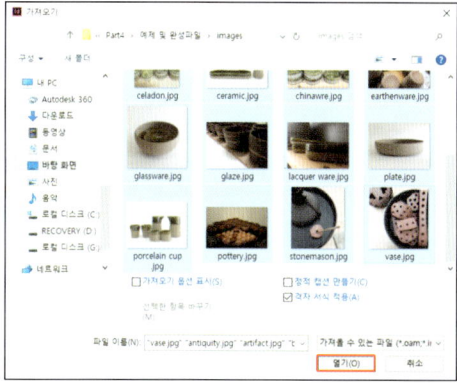

3 마우스 포인터에 '16'이라고 이미지 숫자가 보입니다.

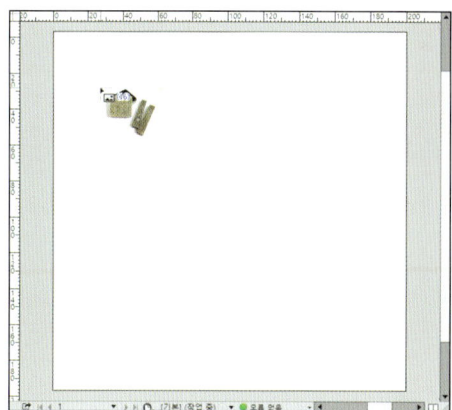

> **TIP** 이미지 가져오기를 실행하고 다시 취소하고 싶은 경우에는 실행취소 Ctrl+Z 를 누르거나 Esc 키를 누르면 마우스 커서 끝에 이미지가 사라집니다.

4 대지에 드래그하면서 동시에 화살표 방향키 →를 세 번, ↑를 세 번 클릭하면 16개의 그림상자가 생성됩니다.

5 마우스를 대지에서 놓으면 대지 위에 여러 개의 이미지를 한꺼번에 불러옵니다.

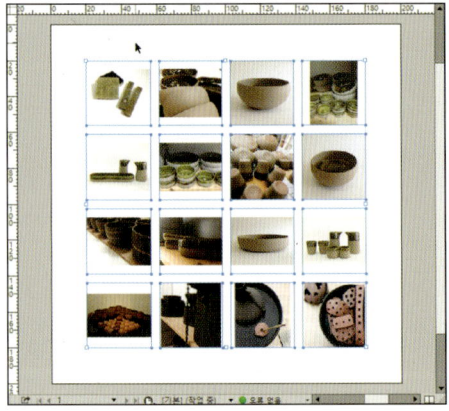

캡션 넣기

1 마우스 오른쪽 버튼을 클릭해 나오는 메뉴 중 [캡션] - [정적 캡션 생성]을 클릭하면 image의 원래 이름이 입력됩니다.

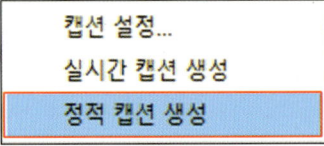

2 마우스 오른쪽 버튼을 다시 클릭해 [캡션] - [캡션 설정...]을 클릭하면 [캡션 설정] 대화상자가 나옵니다. '이전 텍스트'에 '2016'이라고 입력하고 [확인] 버튼을 누릅니다. 한 번 더 마우스 오른쪽 버튼을 클릭해 [캡션] - [실시간 캡션 생성]을 클릭하면 이미지 이름 앞 위치에 2016이 추가됩니다.

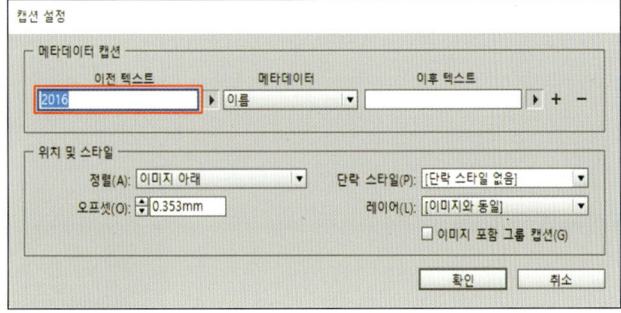

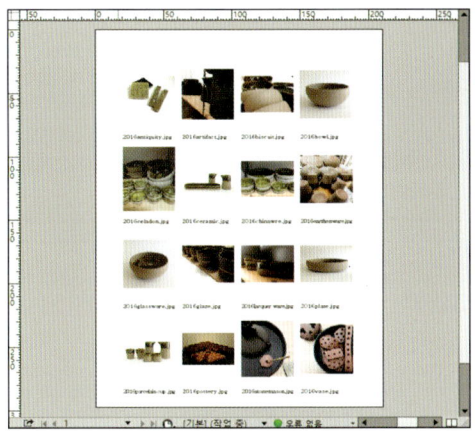

TIP 정적 캡션은 이미지 가져오기 할 때도 가능합니다.

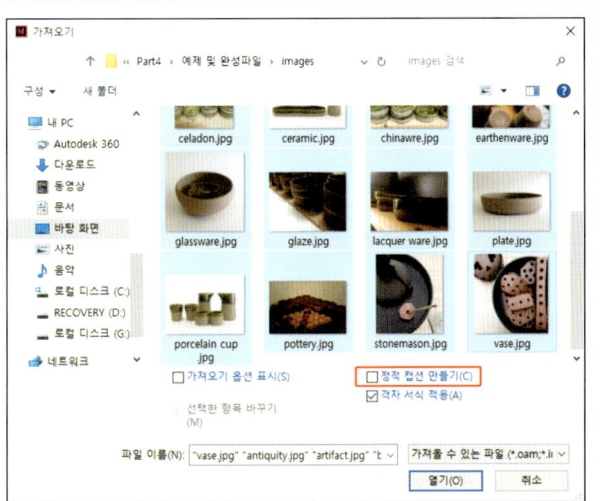

05 어도비 브리지에서 이미지 이름 바꾸기

1. 인디자인 아이콘 옆에 '브리지로 이동' 아이콘을 클릭합니다.

2. '어도비 브리지'가 실행됩니다. images 폴더의 파일 이름 전체를 바꾸겠습니다.

3. 이미지 파일을 모두 선택하고 [도구] - [일괄 이름 바꾸기] 메뉴를 선택합니다. 대화상자가 나타나면 '새 파일 이름'에서 텍스트를 'pottery_'로 입력하고, 시퀀스 번호 2자리로 변경하고 '이름 바꾸기'를 클릭합니다. 하단의 '미리보기'를 통해 새 파일 이름 확인이 가능합니다.

4. 일괄적으로 이름이 바뀌었습니다.

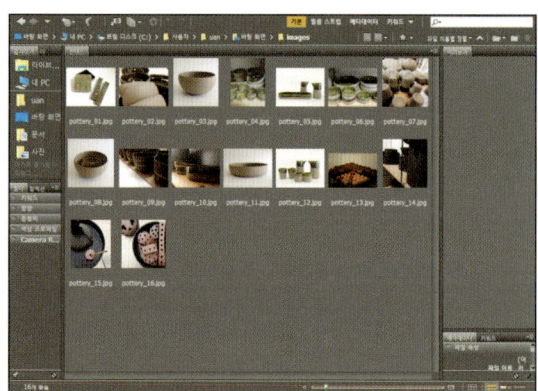

06 링크 패널 살펴보기

문서에 가져온 이미지는 모두 링크 패널에서 확인 가능하며, 수정 편집도 할 수 있어 효율적으로 이미지를 관리할 수 있습니다. 링크 패널에서는 이미지의 이름, 링크 정보, 원본 이미지 편집 및 업데이트 기능이 가능합니다.

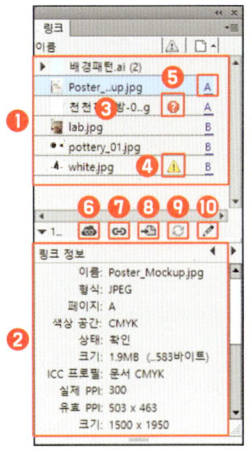 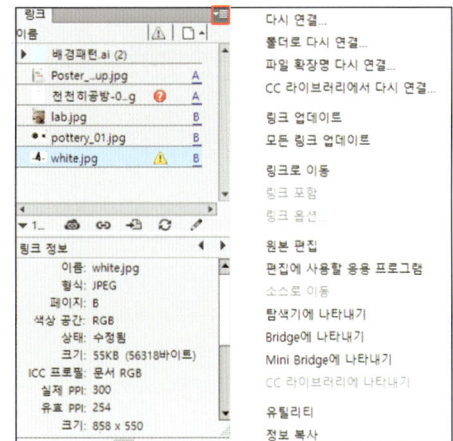

1. **링크 파일** : 문서에 삽입된 파일 리스트가 보이며 파일 이름과 상태가 보입니다.
2. **링크 정보** : 선택한 이미지의 이름, 형식, 색상, 해상도 등 정보가 자세하게 나옵니다.
3. **누락** : 경로가 맞지 않거나 원본 파일이 유실되었다는 표시입니다. 두 번 클릭하면 다시 연결됩니다.
4. **수정** : 원본 파일이 수정되었다는 표시입니다. 두 번 클릭하면 업데이트 됩니다.
5. **페이지 명** : 해당 이미지가 있는 페이지 번호입니다.
6. **CC 라이브러리에서 다시 연결** : CC Cloud 라이브러리에 있는 그래픽과 연결합니다.
7. **다시 연결** : 원본의 파일 경로를 다시 연결합니다.
8. **링크로 이동** : 파일이 삽입된 페이지로 화면이 이동합니다.
9. **링크 업데이트** : Alt 키를 누른 채 클릭하면 모두 업데이트 됩니다.
10. **원본 편집** : 원본 파일을 수정 가능한 프로그램(포토샵 또는 일러스트레이터)으로 자동 실행됩니다.

경로가 수정되었거나 삭제된 이미지 파일이 있는 문서가 열릴 때 알림 창이 뜹니다. 이때 '링크 업데이트'를 클릭해도 원본 이미지 파일 경로가 업데이트됩니다.

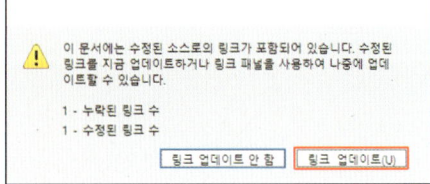

TIP 이미지를 가져오기한 다음 위치 이동할 때, 선택 도구로 이미지를 선택하고 마우스 포인터 모양이 손 모양이 아니고 삼각형 모양일 때 움직여야 위치가 이동됩니다.

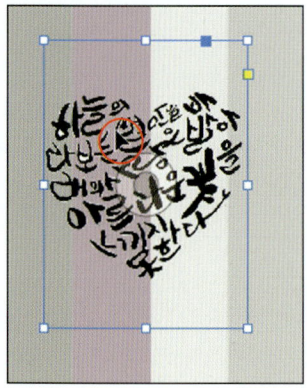 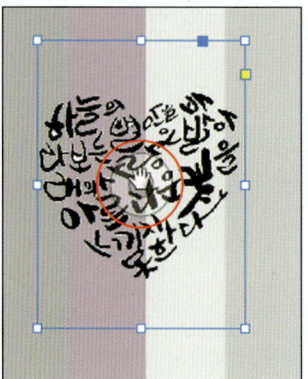

07 레이아웃을 위한 기능

제한된 대지에 개체와 이미지를 효과적으로 배치하는 작업을 레이아웃(Layout) 이라고 합니다. 레이아웃을 위한 기능을 숙지하고 작업하면 작업을 효율적으로 할 수 있습니다.

정렬

[창] - [개체 및 레이아웃] - [정렬] 패널에서 개체 정렬 설정이 가능합니다.

개체 정렬

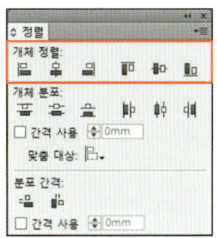

2개 이상의 개체를 반듯하게 정렬하는데 기준을 왼쪽 가장자리 정렬, 수평 가운데 정렬, 오른쪽 가장자리 정렬, 위쪽 가장자리 정렬, 수직 가운데 정렬, 아래쪽 가장자리 정렬을 선택해 사용할 수 있습니다.

개체 분포

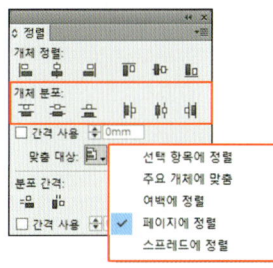

개체 간의 간격 기준을 선택 항목인지, 페이지인지를 정하고 기준에 맞추어 간격을 위쪽 가장자리 분포, 수직 가운데 분포, 아래쪽 가장자리 분포, 왼쪽 가장자리 분포, 수평 가운데 분포, 오른쪽 가장자리 분포 중 하나를 선택합니다.

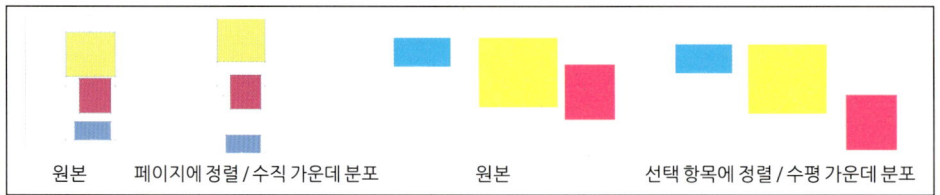

| 원본 | 페이지에 정렬 / 수직 가운데 분포 | 원본 | 선택 항목에 정렬 / 수평 가운데 분포 |

┗ 분포 간격

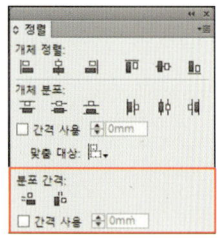

선택한 개체의 분포 간격을 수직 공간 분포와 수평 공간 분포 중 하나를 선택하며, [간격 사용]을 체크하고 정확한 수치를 입력하여 조절합니다.

| 원본 | 수직 공간 분포 : 2mm | 원본 | 수평 공간 분포 : 2mm |

▎배치

개체들이 겹쳐있을 때 앞과 뒤와 중간 위치를 설정할 수 있습니다. 앞과 뒤로 위치가 바뀌는 건 레이어에서 확인 가능합니다.

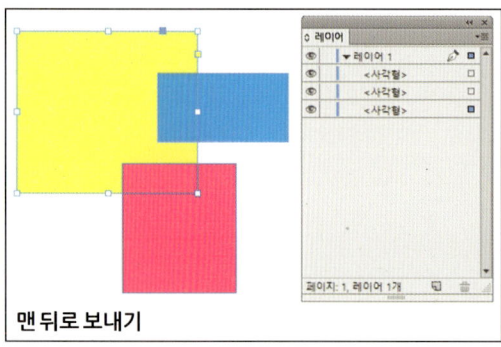

맨 뒤로 보내기

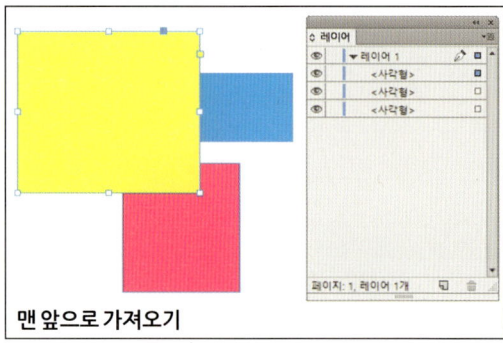

맨 앞으로 가져오기

08 선 그리기 (직선, 곡선) 획 패널

직선 그리기는 도구상자의 선 도구나 펜 도구로 직선을 그리고 싶은 지점을 클릭 앤 드래그하여 그립니다. 이때 Shift 키를 누르고 드래그하면 수평선과 수직선이 만들어집니다. 펜 도구를 이용하면 다양한 곡선과 도형을 그릴 수 있습니다. 연필 도구로도 드래그한 모양대로 자유로운 선이 그려집니다.

획 패널에서 선이나 개체의 테두리 두께, 모퉁이 옵션, 유형 등을 설정하면 다양한 선을 만들어 사용할 수 있습니다.

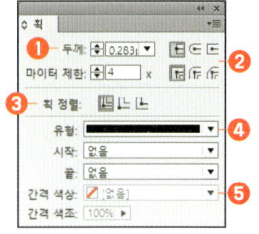

① **두께** : 선의 두께를 지정합니다. 0pt~800pt까지 지정 가능합니다.

② **끝 점 형태와 모퉁이 연결 모양** : 끝 점의 형태와 절단형, 원형, 경사형, 돌출 등 모퉁이 연결 모양을 설정합니다.

③ **획 정렬** : 프레임으로부터의 선의 위치를 획 가운데, 획 안쪽, 획 바깥쪽으로 설정합니다.

④ **유형** : 점선, 파선, 빗금선 등 다양한 18종의 선과 시작과 끝의 화살표 머리를 설정합니다.

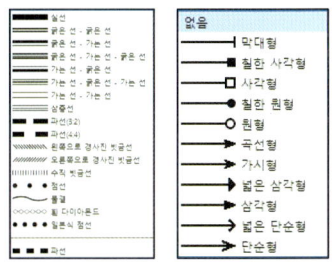

⑤ **간격 색상** : 선의 유형을 지정하고 간격 색상을 설정하여 다양한 선을 만들 수 있습니다.

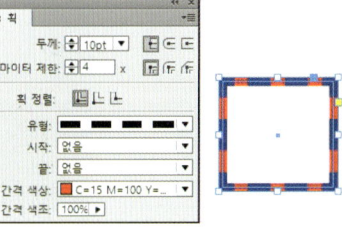

09 개체 그리고 정렬하기

도구상자의 사각형 도구를 길게 누르면 사각형 도구, 타원 도구, 다각형 도구 세부 옵션이 나타납니다. 개체는 칠과 획이 있으므로 구분을 명확하게 적용해야 합니다.

사각형 도구 / 타원 도구 / 다각형 도구

 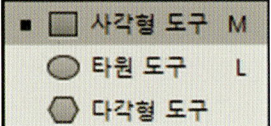

> **TIP** 인디자인에서 '▶' 모양은 세부 옵션(기능)이 있다는 뜻입니다.

칠 / 획

 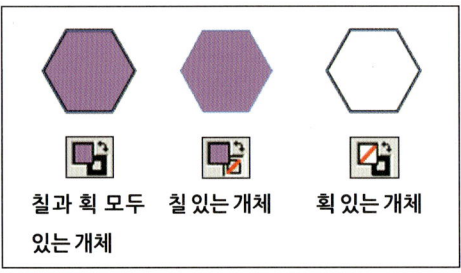

1 [파일] - [열기]를 선택하거나 Ctrl+O 를 눌러 'Part4\개체.indd' 파일을 불러옵니다.

2 [도구상자] - [사각형 도구]로 대지 위를 클릭하면 '사각형 대화상자'가 열립니다. '폭:20mm', '넓이: 200mm'라고 입력하고 [확인] 버튼을 클릭합니다.

3 [선택 도구]로 사각형을 선택하고 [컨트롤 패널]에서 '칠' 색상을 'C46, M58, Y20 K30', '획' 색상은 '없음'으로 지정합니다.

4 [선택 도구]로 회색 사각형을 대지 왼쪽 가장자리로 이동합니다. 계속해서 회색 사각형을 선택한 상태에서 Alt 키를 누르면 마우스 포인터가 복제 상태로 변합니다. 이때 드래그해서 9개를 복제하여 '총 10개'를 만듭니다.

개체 및 색상활용   241

5 마지막 사각형 위치를 오른쪽 가장자리에 정확하게 위치한 다음, 전체 선택 Ctrl+A 합니다. [정렬] 패널에서 '위쪽 가장자리 정렬', '오른쪽 가장자리 분포'를 누릅니다.

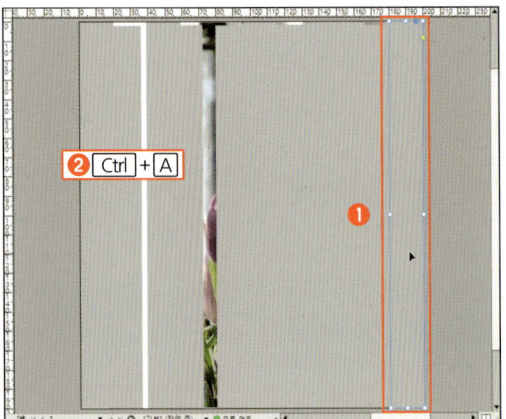

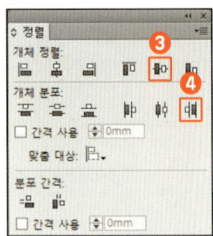

6 대지 위에 사각형 도형 10개가 반듯하게 정렬되었습니다.

7 [선택 도구]로 이미지를 가리고 있는 사각형만 Shift 키를 누르고 클릭해 선택하고 [창] - [효과] 패널에서 혼합 모드를 '곱하기'로 불투명도를 '35%'로 변경합니다.

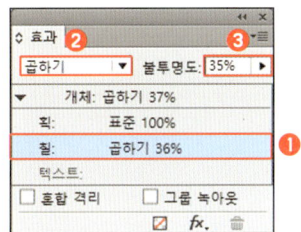

8 [선택 도구]로 사각형을 선택하고 도구상자나 컨트롤 패널에서 각기 다른 색을 지정합니다. 이미지 레이어에서 사각형 3개는 안 보이게 해서 이미지와 개체 간의 조화를 은은하게 조정합니다.

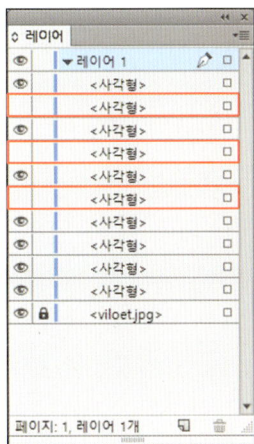

10 개체 효과

포토샵을 사용하지 않고도 프레임이나 개체, 텍스트에 효과를 적용하여 다양하고 완성도 높은 이미지를 만들 수 있습니다.

효과 대화상자 및 종류

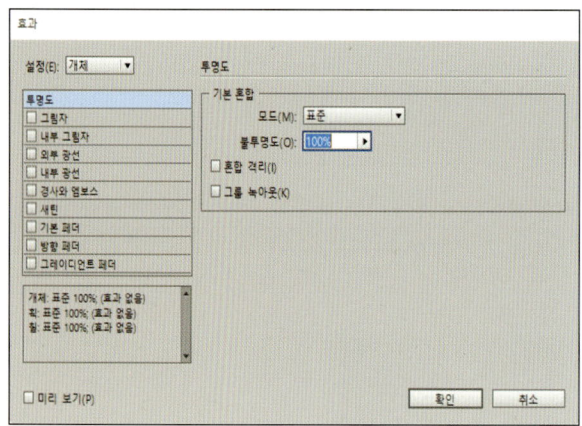

1. **투명도** : 개체를 투명하게 조절합니다.
2. **그림자** : 개체에 그림자의 색상, 거리, 각도, 크기 혼합 모드를 적용하여 입체감을 표현할 수 있습니다.
3. **내부 그림자** : 개체가 음각 형태로 보일 수 있게 안쪽으로 그림자를 만들 수 있습니다.
4. **외부 광선** : 개체 가장자리 밖으로 광선을 추가하는 기능입니다.
5. **내부 광선** : 개체 가장자리 안 쪽으로 광선을 추가하는 기능입니다.
6. **경사와 엠보스** : 입체적인 효과로 양각의 느낌을 표현하는 기능입니다.
7. **새틴** : 매끈하게 윤이 나는 음영을 거리, 각도, 크기, 색상 등으로 표현 가능합니다.
8. **기본 페더** : 가장자리를 희미하게 보이는 효과입니다.
9. **방향 페더** : 희미하게 보이는 방향을 위쪽, 왼쪽, 아래쪽, 오른쪽으로 지정 가능합니다.
10. **그레이디언트 페더** : 개체에 수직이나 수평 방향에 좀 더 부드러운 느낌을 만들 수 있습니다.

 **인쇄 넘기면서 효과를 적용한 작업 페이지는 점검하세요!**

효과를 적용한 글자에 투명도를 적용하는 경우에 바탕에 색이 있을 경우 오버프린트가 되기 때문에 본인이 의도한 색상과 다른 결과가 나올 수 있습니다. 그러므로 글자에서는 투명도보다 색상에서 색조 값을 조정해야 인쇄 사고를 방지할 수 있습니다.

EFFECT EFFECT

색상 : C100, M0, Y0, K0에 왼쪽 이미지는 투명도가 60%인데 바탕색과 겹쳐서 보이는 결과이고 오른쪽 이미지는 색조 60%를 준 결과입니다. 투명도 효과를 준 이미지 또한 흐리게 보입니다. [페이지 패널]의 보조 메뉴를 클릭해 [패널 옵션]에서 투명도를 체크해 해당 작업 페이지에 투명도 아이콘을 표시하여 효과를 적용했음을 염두하고 있어야 합니다.

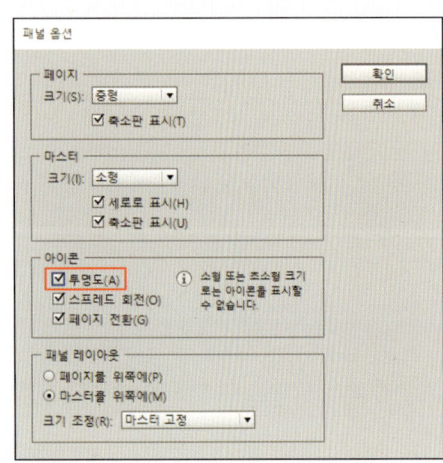
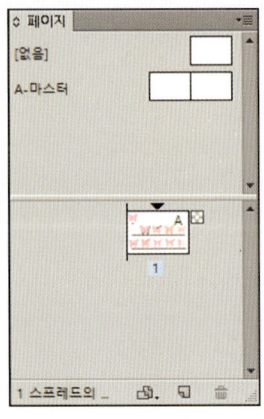

11 패스를 이용해서 개체 그리기

펜 도구를 이용해서 직선과 곡선을 자유롭고 섬세하게 베지어 곡선 방식의 선과 선을 이어 패스를 만들어 다양한 개체를 그릴 수 있습니다.

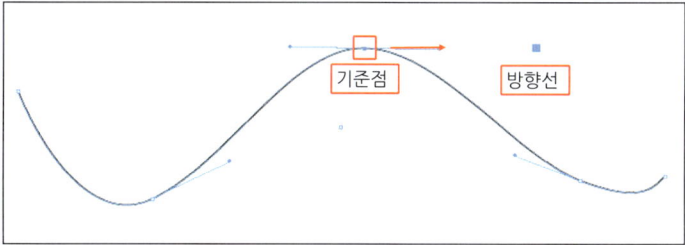

1 [파일] - [열기]를 선택하거나 Ctrl+O를 눌러 'Part4\패스.indd' 파일을 불러옵니다.

2 [도구상자] - [펜 도구(✏️)]로 대지의 왼쪽 윗부분을 클릭합니다. 두 번째 지점을 다음 그림과 같이 클릭한 상태에서 아래 방향으로 드래그하면서 곡선으로 만듭니다. 원하는 모양의 세 번째 지점을 클릭해 점을 추가하고 드래그하면서 곡선의 패스를 그립니다. 4번째, 5번째 위치에서 클릭하고 마지막점은 시작점에서 다시 클릭하여 패스를 닫히게 해줍니다.

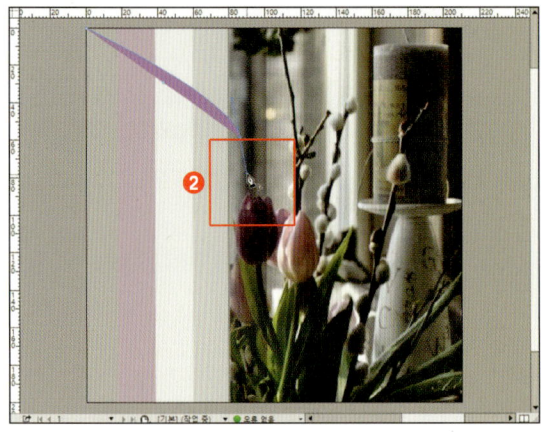

3 [직접 선택 도구( )]로 기준점을 선택하고 방향선을 움직여서 패스선을 부드럽고 원만하게 수정합니다.

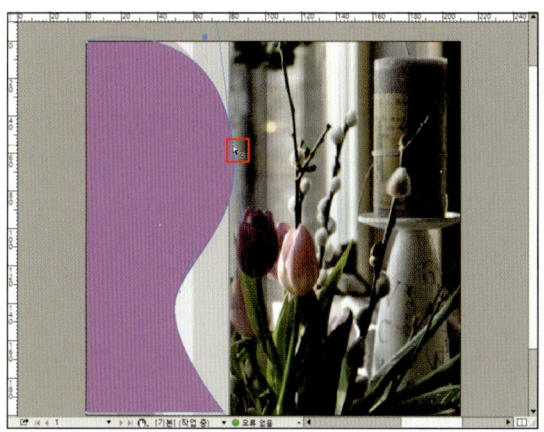

4 [선택 도구]로 완성한 패스를 선택하고 컨트롤 패널에서 원하는 색상을 지정하고 투명도를 조절합니다. 패스 레이어를 배경 이미지 레이어(viloet.jpg) 위로 순서를 이동합니다.

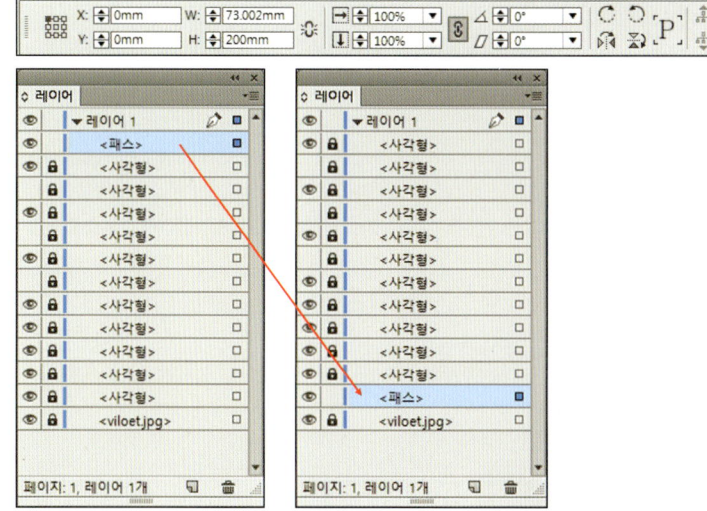

5 패스를 이용한 개체가 완성되었습니다.

12 클리핑 패스 : 배경 없는 이미지

포토샵에서 펜 도구로 개체만 따서 이미지에 배경 없이 원하는 개체만 추출하는 누끼라고 하는 작업을 클리핑 패스로 간단하게 이미지에서 배경을 삭제할 수 있습니다.

1 [파일] - [열기]를 선택하여 'Part4\클리핑패스.indd' 파일을 불러옵니다.

2 [파일] - [가져오기]를 선택하고 [가져오기] 대화상자가 나오면 'Part4\happy.jpg'를 선택하고 [열기] 버튼을 클릭합니다. 문서 상단을 드래그하여 그림을 문서에 가지고 옵니다.

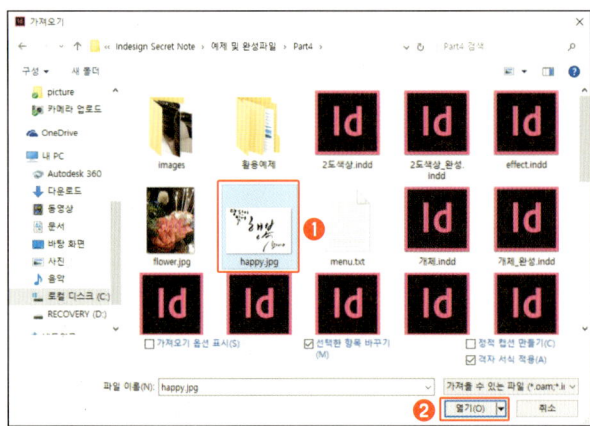

3 이미지에 배경색이 있는 경우 이미지에 있는 흰색 배경은 디자인과 조화롭지 않습니다. 포토샵을 사용하지 않고도 흰색 배경을 제거할 수 있습니다.

4 [선택 도구( )]로 'happy.jpg' 파일을 선택하고 [개체] - [클리핑 패스] - [옵션] 메뉴를 선택합니다. 유형은 [가장자리 감지]로 선택하고 [미리보기]를 체크합니다. 'happy.jpg' 파일의 글씨는 훼손되지 않으면서 흰색 배경이 제거되는지 미리보기를 보면서 한계치와 허용치를 조정하고 [확인] 버튼을 누릅니다.

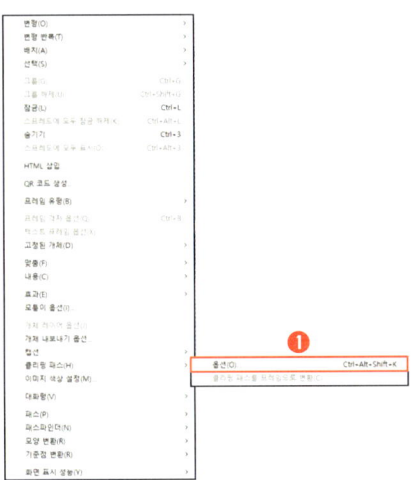

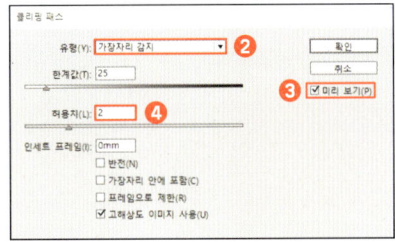

5 'happy.jpg' 이미지 파일에 클리핑 패스가 완성되어 흰색 배경이 사라집니다.

13 패스파인더

닫힌 패스로 이루어진 2개 이상의 개체를 더하기, 빼기 등 다섯 가지 옵션을 적용해 각기 다른 형태로 하나의 합쳐진 패스로 만드는 기능입니다.

패스파인더 옵션

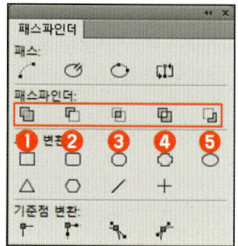

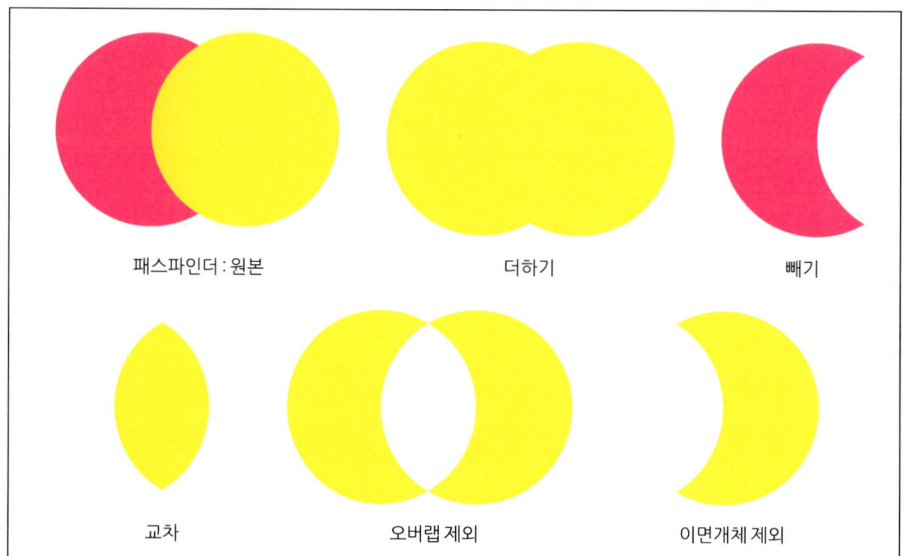

1 **더하기** : 겹쳐있는 개체들을 하나로 합칩니다.

2 **빼기** : 맨 뒤의 개체에서 맨 앞의 개체 모양을 빼면서 겹쳐진 부분이 사라집니다.

3 **교차** : 개체들이 겹쳐진 부분만 남깁니다.

4 **오버랩 제외** : 겹쳐진 부분은 사라지고 겹치지 않은 부분만 남깁니다.

5 **이면 오브젝트 제외** : 빼기와 반대로 맨 앞의 개체에서 뒤의 개체와 겹쳐진 부분을 뺍니다.

모양 변환

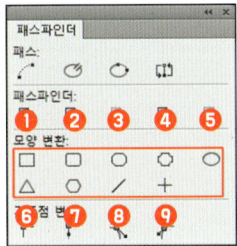

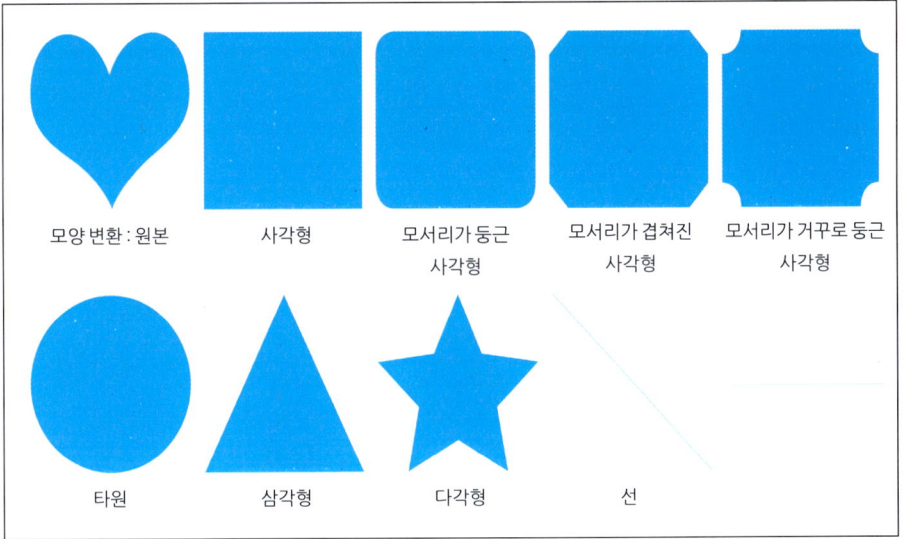

1 개체 모양을 사각형으로 변환합니다.

2 개체 모양을 모서리가 둥근 사각형으로 변환합니다.

3 개체 모양을 모서리가 경사진 사각형으로 변환합니다.

4 개체 모양을 모서리가 거꾸로 둥근 사각형으로 변환합니다.

5 개체 모양을 타원으로 변환합니다.

6 개체 모양을 삼각형으로 변환합니다.

7 개체 모양을 다각형으로 변환합니다.

8 개체 모양을 선으로 변환합니다.

9 개체 모양을 수직선 또는 수평선으로 변환합니다.

기준점 변환

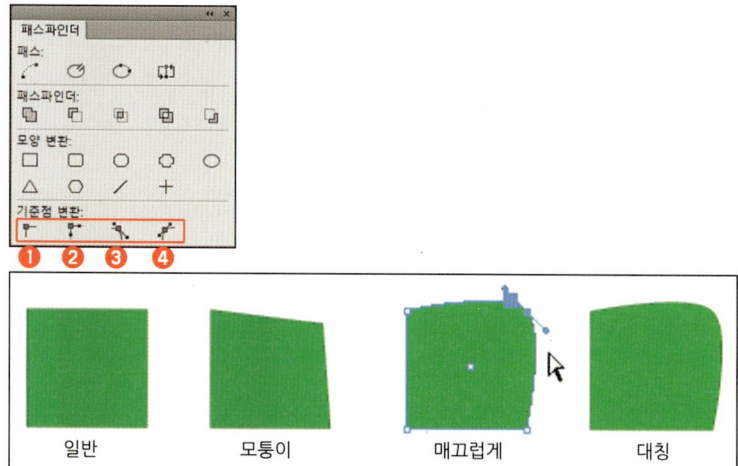

1 일반 : 선택한 점을 변경하여 방향점 또는 선이 없도록 합니다.

2 모퉁이 : 선택한 점을 변경하여 독립적인 방향선을 가지도록 합니다.

3 매끄럽게 : 선택한 점이 연결된 방향선으로 연속적인 곡선이 되도록 변경합니다.

4 대칭 : 선택한 점을 변경하여 동일한 길이의 방향선으로 점을 부드럽게 합니다.

14 모퉁이 옵션

개체의 모퉁이 옵션에는 '돌림무늬', '경사', '인세트', '거꾸로 둥글게', '둥글게' 다섯 가지 옵션이 있습니다. 모퉁이 변환을 이용해 다양한 장식 효과가 가능합니다.

1. [파일] - [열기] 또는 Ctrl+O 키를 눌러 'Part4\모퉁이옵션.indd' 파일을 불러옵니다.

2. 사각형 도구를 선택하고 대지를 클릭하면 [사각형] 대화상자가 나타납니다. 가로와 세로 30mm를 입력하여 정사각형을 만들고 'X좌표 : 0, Y좌표 : 0, 획 : 1pt'를 입력합니다.

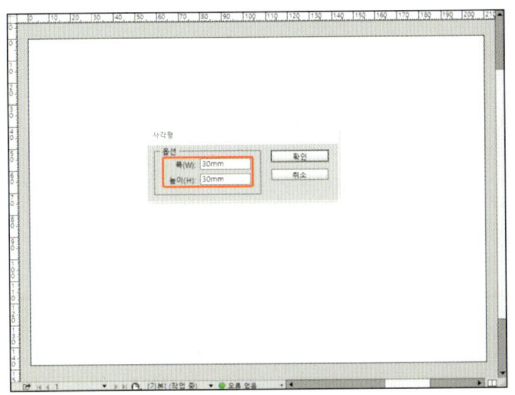 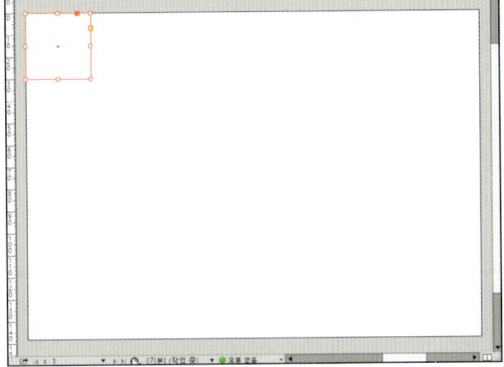

3. 사각형을 선택한 다음 [개체] - [모퉁이 옵션] 메뉴를 클릭하여 [모퉁이 옵션] 대화상자가 나타나면 '돌림', '5mm'를 입력하고 [확인] 버튼을 누릅니다.

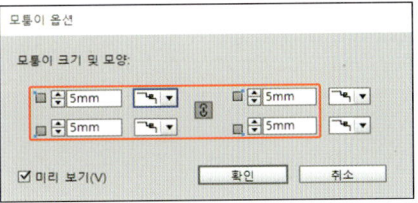

4 [편집] - [단계 및 반복] Ctrl + Alt + U 메뉴를 실행합니다. [단계 및 반복] 대화상자에서 '행 : 5, 단 : 7, 세로 : 30mm, 가로 : 30mm'를 입력하고 [확인] 버튼을 누릅니다.

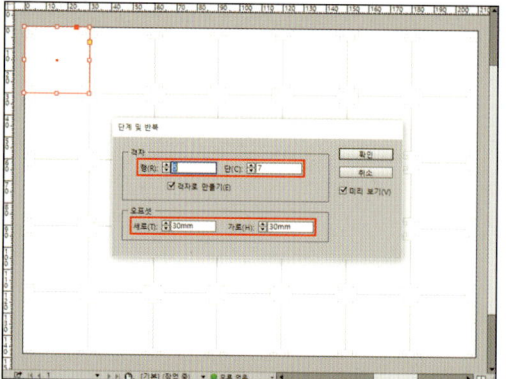

5 Ctrl + A 를 눌러 사각형을 모두 선택하여 '색상 : C49, M19, Y21, K0'을 지정합니다. 모퉁이 옵션을 활용한 그래픽이 완성됩니다.

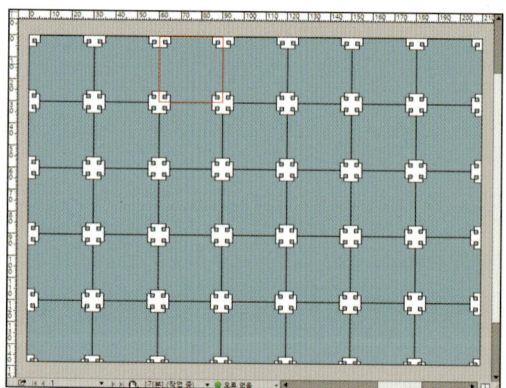

6 [레이어] 패널에 레이어1의 눈을 클릭하여 활성화합니다. 잠시 안보이게 비활성화한 그래픽이 모퉁이 옵션 사이로 보입니다.

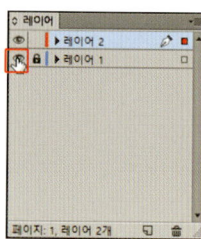 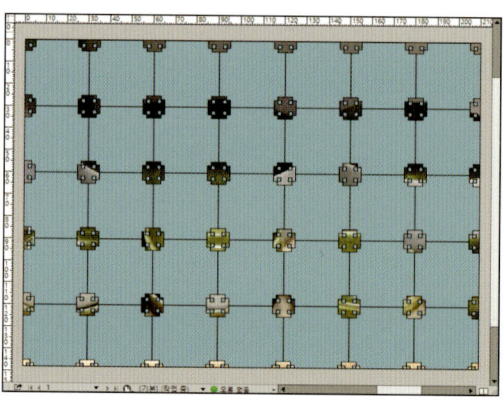

15 모퉁이 옵션 & 효과로 개체 완성도 높이기

개체의 모퉁이 옵션에는 '돌림무늬', '경사', '인세트', '거꾸로 둥글게', '둥글게' 다섯 가지 옵션이 있습니다. 모퉁이 변환을 이용해 다양한 장식효과가 가능합니다.

1 [파일] - [열기] 또는 Ctrl+O 를 눌러 'Part4\효과.indd' 파일을 불러옵니다.

2 이미지를 흐리게 표현하고자 할 때는 이미지에 직접 투명도를 주기보다 상자를 만들어 상자에 투명도를 적용하는 것이 인쇄할 때 이미지가 흐리게 나오는 것을 방지할 수 있습니다. 이미지에서 강조하고자 하는 부분을 제외한 나머지 부분만 흐리게 하기 위해 사각형(칠 색상 : C0, M0, Y0, K0, 획 : 없음)을 나누어 그립니다.

 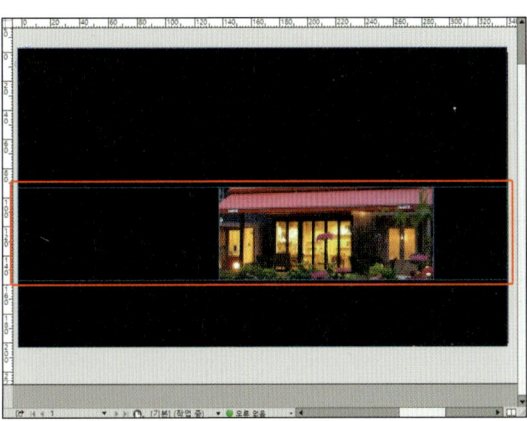

개체 및 색상활용 **257**

3 4개의 사각형을 Shift 를 이용하여 선택한 다음 [컨트롤 패널]에서 투명도를 '68%'로 조정합니다. 투명도를 조절한 사각형의 이미지는 흐리게 보이고 그 외는 선명하게 보입니다.

4 도구상자의 [사각형 도구]를 선택해 '넓이 : 48mm', '높이 : 21mm' 사각형을 그리고, 도구상자의 [선택 도구]로 사각형 선택 후 Alt 키를 눌러 4개를 복제합니다. 획 색상을 [도구상자] - [스포이드 도구( )]로 지붕을 클릭하여 지붕과 같은 색상을 지정합니다. 스포이드 도구를 사용하면 스포이드로 클릭한 부분의 색상과 서식이 복사됩니다. 사각형 4개를 Shift 키를 눌러 모두 선택하고 [정렬] 패널에서 '왼쪽 가장자리 정렬', 분포 간격을 [간격 사용]을 체크하고 [수직 공간 분포]를 선택하여 '2mm'를 입력하여 개체 간 정렬을 합니다.

5 [파일] - [가져오기]를 선택해 'Part4\HAVE.txt' 파일의 원고를 불러와 텍스트를 입력합니다.

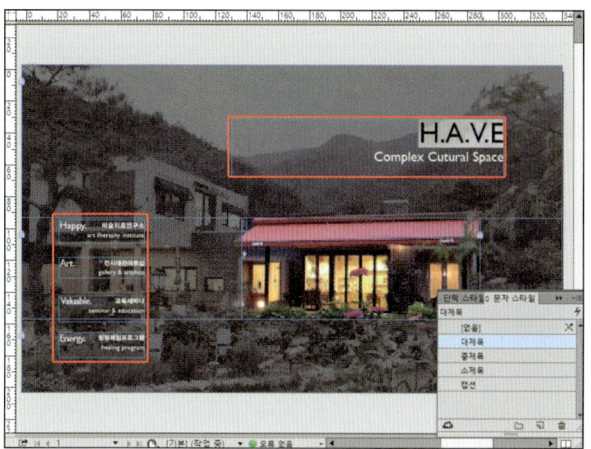

6 입력한 텍스트에 문자 스타일과 단락 스타일을 다음과 같이 적용합니다.

> **H.A.V.E 대제목**
> 글꼴 : Gilsan, 크기 : 50pt, 문자 색상 : 흰색
> **Complex Cutural Space 중제목**
> 글꼴 : Gilsan, 크기 : 24pt, 문자 색상 : 흰색
> **Happy. Art. Valuable. Energy 소제목**
> 글꼴 : Gilsan, 크기 : 18pt, 문자 색상 : 흰색
> **미술치료연구소, 전시대관 아트샵, 교육 세미나, 힐링 체험 프로그램 소제목_한글**
> 글꼴 : 윤고딕165, 크기 : 11pt, 자간 : -50, 문자 색상 : 흰색
> **art theraphy institute, gallery & artshop, seminar & education, healing program 소제목_영문**
> 글꼴 : Gilsan, 크기 : 12pt, 문자 색상 : 흰색

7 첫 번째 사각형을 선택하고 [개체] - [모퉁이 옵션]을 '왼쪽 상단'만 '경사'로 '5mm'로 지정합니다. 마지막 네 번째 사각형을 선택하고 [개체] - [모퉁이 옵션]을 '오른쪽 하단'만 '경사'로 '5mm'로 지정합니다.

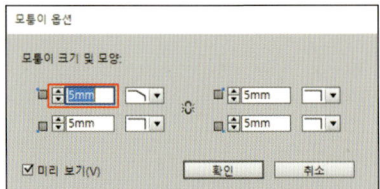
첫 번째 사각형 모퉁이 옵션

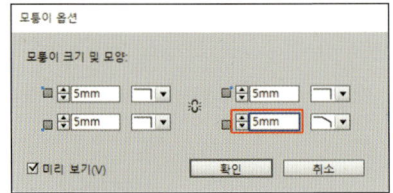
네 번째 사각형 모퉁이 옵션

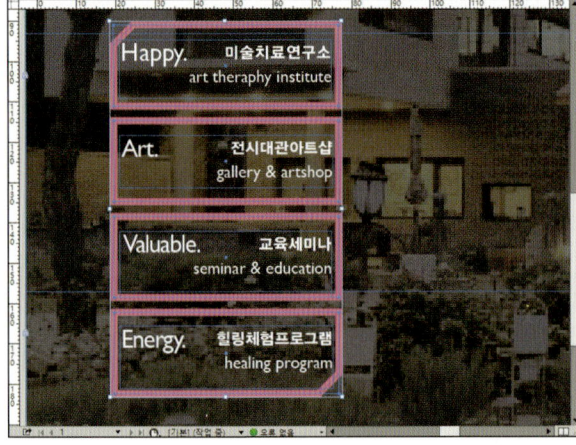

8 Shift 키를 눌러 사각형 4개를 모두 선택하고 [개체] - [효과] - [경사와 엠보스] 메뉴를 클릭해 [효과] 대화상자에서 내부 경사 크기를 '4mm'로 지정합니다.

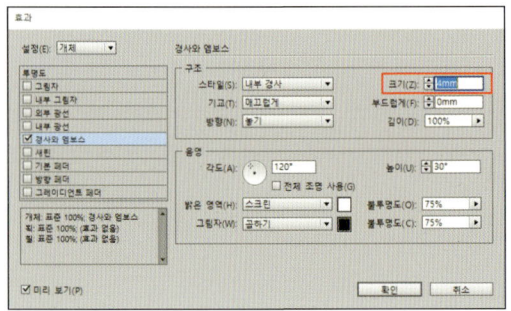

9 오른쪽 상단에 사각형을 만든 다음 [도구상자] - [직접 선택 도구( )]로 오른쪽 2개의 점을 선택한 후 드래그하여 위로 이동하고 '사각형 모양'을 변형합니다. [도구상자] - [세로문자도구( )]를 선택해 'GALLERY & CAFE'란 텍스트를 입력하고 '캡션' 문자 스타일을 적용합니다.

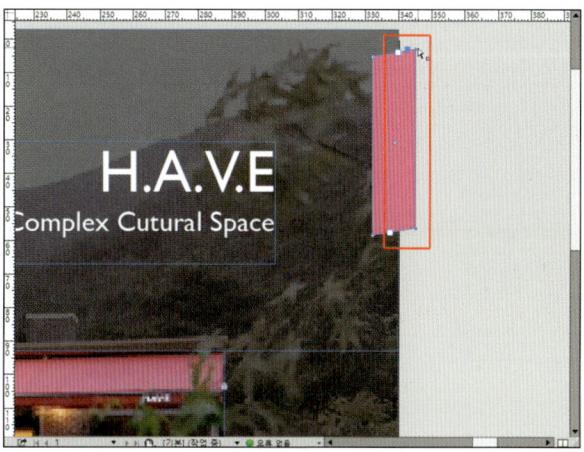

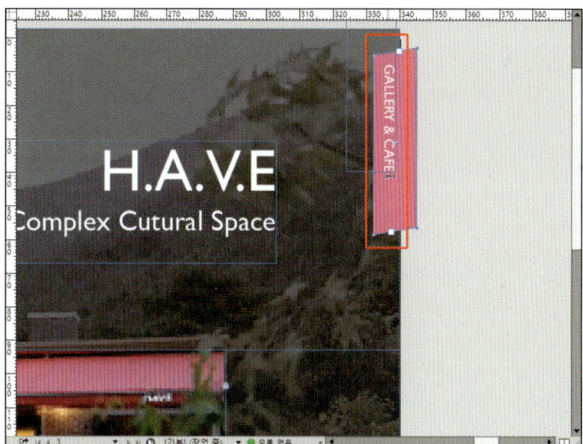

GALLERY & CAFE 스타일 이름 : 캡션
글꼴 : Gilsan, 크기 : 12pt, 문자 색상 : 흰색

9 효과와 모퉁이 옵션을 활용한 리플렛이 완성되었습니다.

 **대체 레이아웃으로 다양한 편집물을 완성하기**

[페이지] 패널의 [대체 레이아웃] 기능으로 '340X200mm' 사이즈 리플렛을 '170mmX100mm' 사이즈의 다른 판형으로 변경해보겠습니다.

1 [페이지] 패널에서 마우스 오른쪽 버튼을 클릭하고 [대체 레이아웃 생성]을 선택합니다.

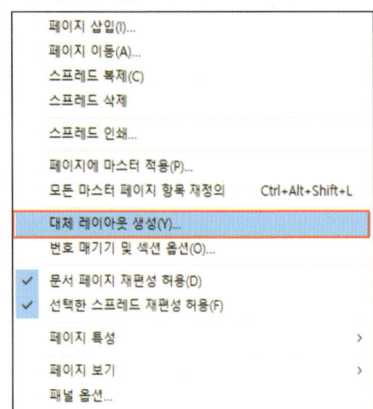

2 [대체 레이아웃 생성] 대화상자에서 '1/2사이즈'인 '폭 : 170mm, 넓이 : 100mm'를 입력하고 가로 방향을 지정합니다. 유동적 페이지 규칙에서 '크기 조정'을 선택하고 [확인] 버튼을 클릭합니다.

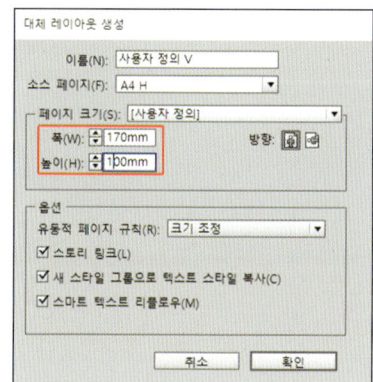

3 [페이지 패널]에 다른 사이즈의 소형 리플릿이 추가되고 대지에서도 확인 가능합니다.

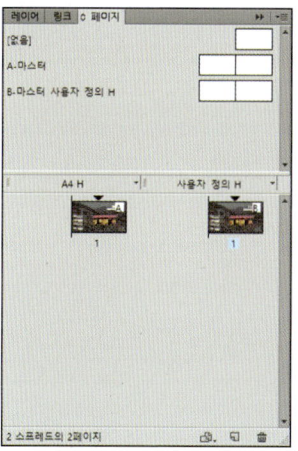

16 색상

인디자인에서 편집물을 작업할 때 기본적으로 알고있어야 할 색상모드입니다.

● **CMYK 모드**

모든 인쇄물에 적용되는 색상 모드입니다. 색의 삼원색인 Cyan, Magenta, Yellow에 Black을 더하는 감산 혼합 방식으로 4가지 색을 기준으로 모든 색상을 만들기 때문에 4도 인쇄라고 합니다.

● **RGB 모드**

빛의 삼원색인 Red, Green, Blue의 가산 혼합 방식으로 컴퓨터 모니터의 색상체계입니다. 웹페이지나 e-book은 RGB 모드의 색상을 사용합니다.

● **Lab 모드**

Lightness는 명도, a와 b는 Red와 Green, Yellow와 Blue의 색상 및 채도 관계를 나타내는 국제조명위원회(CIE)가 발표한 색상체계입니다. 색 체계를 다른 색 체계로 바꿀 경우 원 색상 값을 보존하는 장점이 있어 RGB > Lab > CMYK 순서로 변환합니다.

17 새 색상 만들기

1 [파일] - [열기]를 선택하거나 Ctrl + O 를 눌러 'Part4\색상.indd' 파일을 불러옵니다.

2 **색상 피커로 색상 바꾸기** : '왼쪽 보라색 꽃'을 [선택 도구]로 선택한 다음 도구상자의 칠을 더블클릭하면 '색상 피커'가 실행됩니다. [색상 피커] 창에서 원하는 색상을 선택하고 [확인] 버튼을 누릅니다.

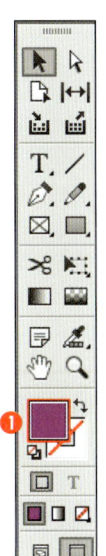
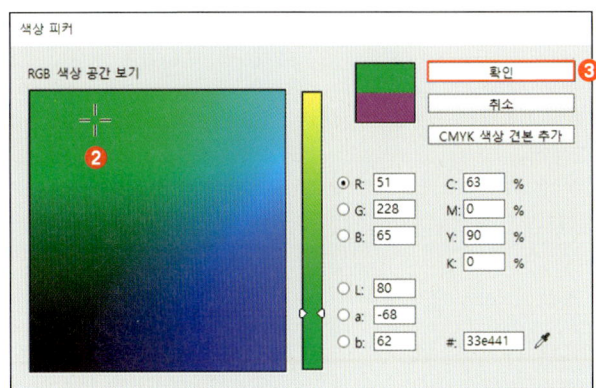

개체 및 색상활용 **265**

3 **색상 패널로 색상 바꾸기** : 선택 도구로 '하늘색 꽃'을 선택한 다음 [색상] 패널의 보조 메뉴에서 색상 모드를 'CMYK'로 선택합니다. 수치를 입력하거나 색상 피커로 원하는 색상을 지정합니다.

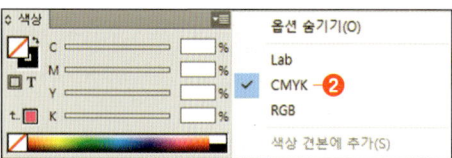

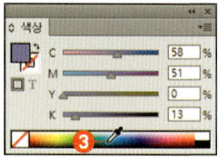

[획 색상 변경하기]

4 '회색 꽃'을 선택하고 [컨트롤] 패널의 [획]을 클릭해 원하는 색상으로 바꿔줍니다.

5 [도구상자] - [문자 도구(T)]를 선택하여 'COLOR' 텍스트를 드래그하여 선택하고 [컨트롤] 패널이나 도구상자의 '칠'에서 색상을 변경합니다.

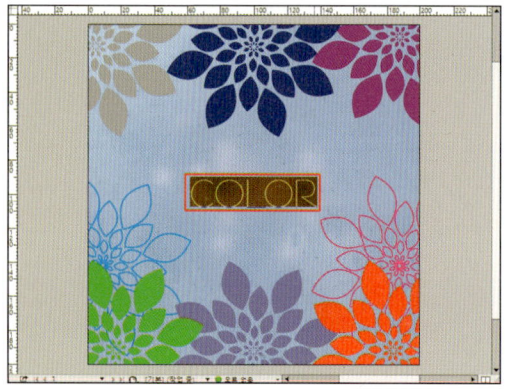

18 색상 견본 관리하기

색상 견본 패널

새로운 색상을 만들거나 편집 및 삭제 등의 관리하는 패널로 나만의 색상 견본으로 활용이 가능하고 인디자인에서 작업하는 개체에 적용한 색상을 일괄적으로 수정이 가능하므로 개체에 적용한 색상은 패널에 등록하면 편리하게 사용 할 수 있습니다. 패널이 화면에 나타나지 않은 경우 [창] - [색상] - [색상 견본]을 선택하면 됩니다.

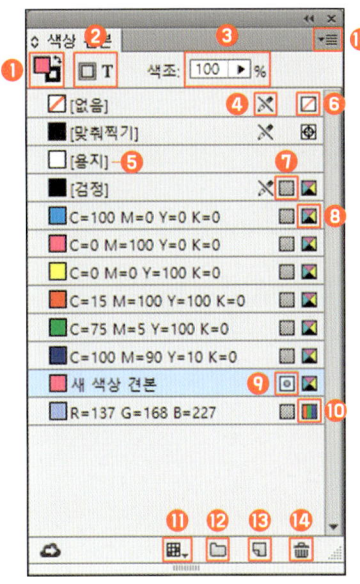

1 칠 / 획 : 면과 선의 색상을 적용합니다.

2 컨테이너 / 텍스트 서식에 적용

3 색조 : 색상의 명도와 채도를 조절합니다.

4 편집 금지 : 수정 및 편집이 불가한 고정색입니다.

5 용지 색 : 흰 색입니다.

6 맞춰 찍기 : 재단선 표시로 필름에 나타나는 잉크 표시입니다.

7 원색 : 모든 색을 만들 수 있는 독립적인 원래의 색을 말합니다.

8 CMYK : 출판용 색상인 CMYK 모드입니다.

9 별색 : 별도로 잉크를 섞어서 인쇄해야 하는 색으로 금은색, 형광색, 특별한 색이 표현되어야 할 때 사용합니다.

10 RGB : 웹용 색상인 RGB모드 입니다.

11 견본 보기 : 모든 색상 견본, 그레이디언트 색상 견본, 색상 그룹별로 볼 수 있습니다.

12 새 색상 그룹 : 색상별로 그룹화합니다.

13 새 색상 견본 : 새로운 색상이나 별색을 만듭니다.

14 선택한 견본/그룹 삭제 : 색상 견본이나 그룹을 삭제합니다.

15 보조 메뉴 : 새 색상 견본부터 혼합 잉크 관리자까지 다양한 메뉴가 있습니다.

1 색상 견본에서 색상 바꾸기 : 'Part4\색상.indd' 파일의 '주황색 꽃'을 선택하고 [색상 견본] 패널에 선택된 '색상 견본'을 더블클릭합니다. [색상 견본 옵션] 대화상자가 나타나면 원하는 색상을 만들고 [색상 견본이름]을 '다홍'이라고 입력 후 [확인]을 누릅니다. 주황색 꽃이 다홍색으로 변경되면서 색상 견본 또한 변경됩니다.

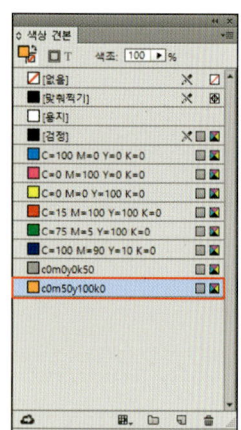 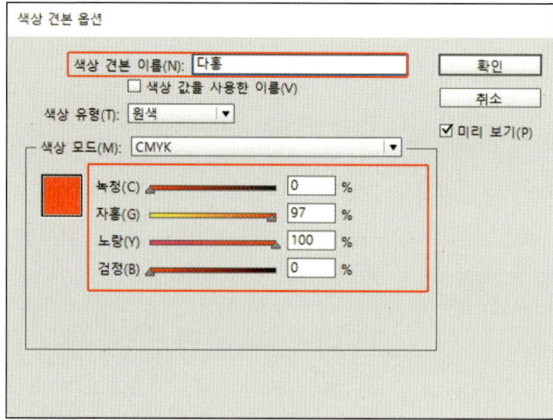 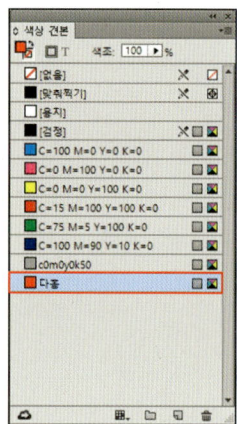

2 기존에 있던 주황색 견본이 다홍색으로 변경되면서 '주황색 꽃'의 색상이 변경되었습니다.

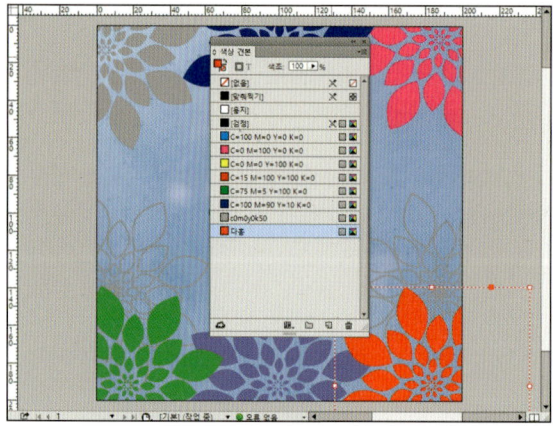

색상 견본을 바꾸지 않고 새로운 색상 견본을 만드는 방법

3 [색상 견본] 패널에서 편집 금지 아이콘( )이 없는 색상을 클릭하고 [색상 견본] 패널 아래쪽의 [새 색상 견본] 아이콘을 클릭하면 선택한 색상 견본이 복제됩니다. 복제된 색상 견본을 더블클릭해서 [색상 견본 옵션] 대화 상자가 나타나면 '자홍'을 '52'로 입력하고 [확인] 버튼을 클릭합니다.

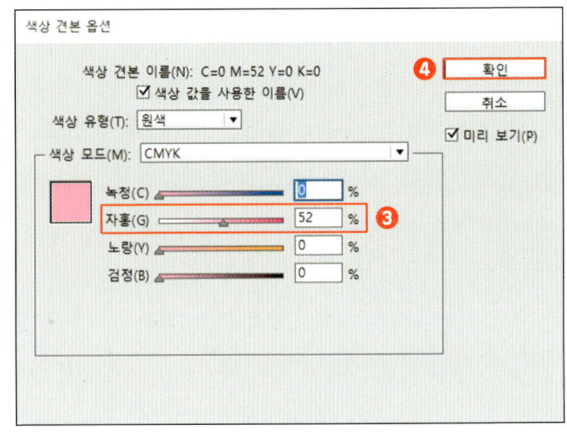

4 '핑크색 꽃'을 선택한 다음 [칠] 색상을 색상 견본에서 'C0, M52, Y0, K0'으로 선택해 변경합니다.

19 그레이디언트 색상 견본 만들기

1. [그레이디어트] 패널에서 왼쪽 '흰색 앵커'를 선택한 다음 [색상] 패널에서 원하는 색상을 지정합니다. 다시 [그레이디어트] 패널에서 오른쪽 '검정색 앵커'를 선택한 다음 [색상] 패널에서 원하는 색상을 지정합니다. 만일 색상이 나오지 않는 경우 [색상] 패널 오른쪽의 보조 메뉴를 클릭해 'CMYK'로 변경하면 색상을 설정할 수 있습니다. 그레이디언트 색상 바 중간을 클릭해 앵커를 추가하여 '노랑' 색상을 추가합니다.

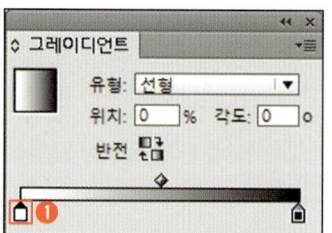 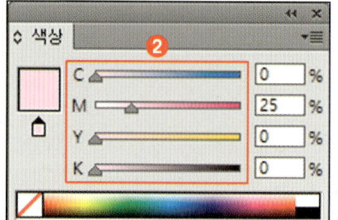 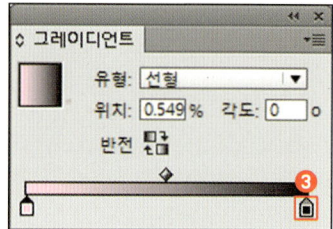

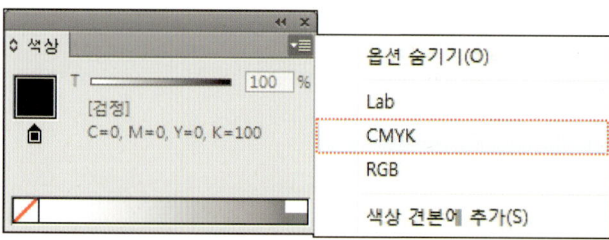

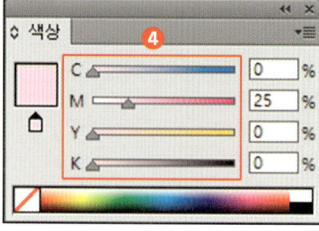 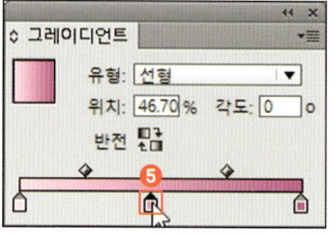 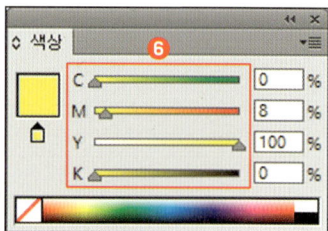

2. 완성된 그레이디언트 색상에서 마우스 오른쪽 버튼을 클릭해 '색상 견본에 추가'를 선택합니다.

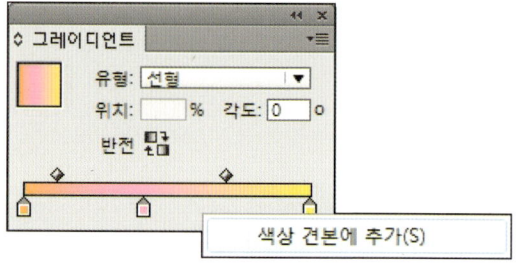

3 같은 방식으로 다른 색상의 그레이디언트 색상을 변경하고 유형을 '방사형'으로 한 다음 그레이디언트 색상에서 마우스 오른쪽 버튼을 클릭해 '색상 견본에 추가'를 선택합니다.

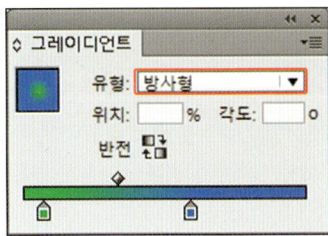

4 'Part4\색상.indd' 파일의 '회색 꽃'을 도구상자의 [선택 도구]로 선택하고 색상 견본 패널에 추가된 그레이디언트 색상 견본 중 첫 번째 추가한 색을 클릭해 적용합니다.

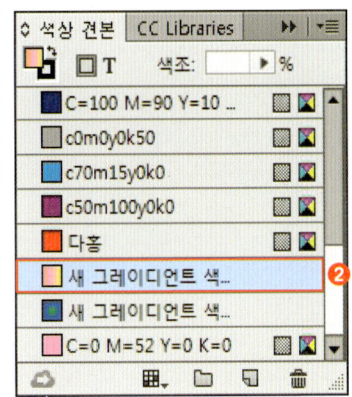

5 '남색 꽃'에도 색상 견본 패널에 추가된 그레이디언트 색상 견본을 적용하여 색상 변경을 완료합니다.

20 색조 색상 견본

'색조'는 명도와 채도를 일컫는 용어로 밝거나 어두운 명도가 다른 상태를 구분하여 '밝은 색조', '어두운 색조' 라 말하고, 채도는 '맑은 색조', '흐린 색조'라고 합니다. 원색을 사용하지 않고 톤 조정된 색상을 원하는 경우에는 '색조 색상 견본'을 사용합니다.

1 [파일] - [열기]를 선택하거나 Ctrl + O 를 눌러 'Part4\색조 색상 견본.indd' 파일을 불러옵니다.

2 원하는 색상 견본을 선택하고 [색상 견본 패널]의 보조 메뉴를 클릭해 [새 색조 색상 견본]을 선택합니다.

3 [새 색조 색상 견본] 대화상자가 나타나면 색조를 '80%'로 입력한 후 [확인] 버튼을 클릭합니다.

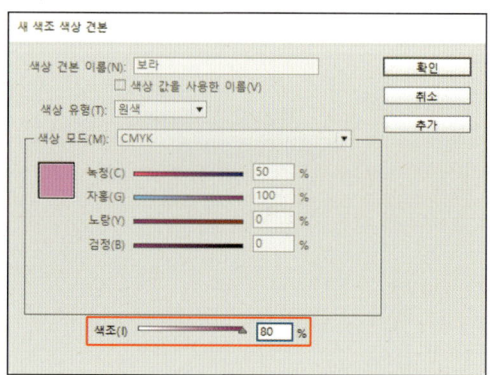

4 [색상 견본] 패널에서 '보라' 색상 견본을 선택하고 [새 색상 견본] 아이콘을 클릭해 현재 색상 견본을 복제합니다. 복제한 색상 견본을 더블클릭해 [색상 견본 옵션] 대화상자가 나오면 '색상 값을 사용한 이름' 옵션을 해제한 다음 색상 견본 이름을 '보라 60%'로, 색조를 '60%'로 설정하고 [확인] 버튼을 클릭합니다. 동일한 방법으로 [색상 견본] 패널에서 '보라40%', '보라 20%'의 색조 색상 견본을 추가합니다.

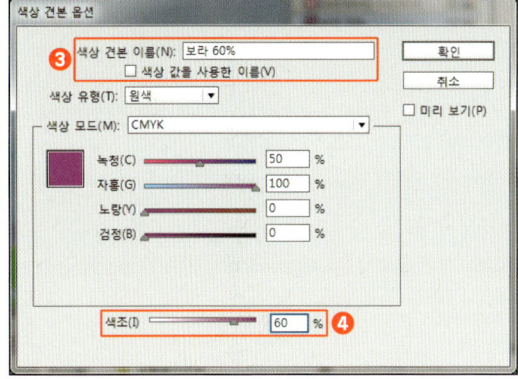

5 보라색을 기준으로 한 '보라 80%', '보라 60%', '보라 40%', '보라 20%' 색조 색상 견본이 완성되었습니다.

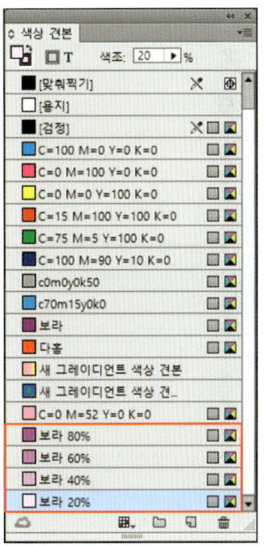

6 각각의 꽃을 [선택 도구]를 이용하여 선택하고 방금 추가한 보라색들로 변경합니다.

21 색상 견본 저장하고 색상 견본 불러오기

1. [파일] - [열기]를 선택하거나 Ctrl+O를 눌러 'Part4\색상.indd' 파일을 불러옵니다.

2. 색상 견본 패널에서 저장할 색상을 Shift 버튼을 누른 채 모두 선택합니다. 보조 메뉴를 클릭해 '색상 견본 저장'을 선택합니다. 그레이디언트, 색조, 혼합 잉크는 색상 견본으로 저장되지 않습니다.

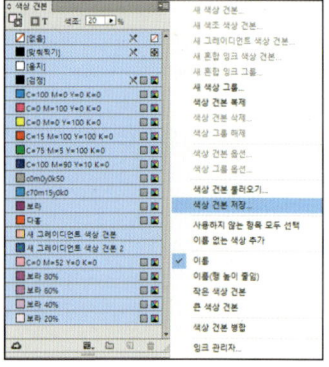

3. [다른 이름으로 저장] 대화상자가 나오면 파일 이름을 '색상견본저장.ase'로 입력하고 [저장] 버튼을 누릅니다. '*.ase'는 색상 견본 파일 형식입니다.

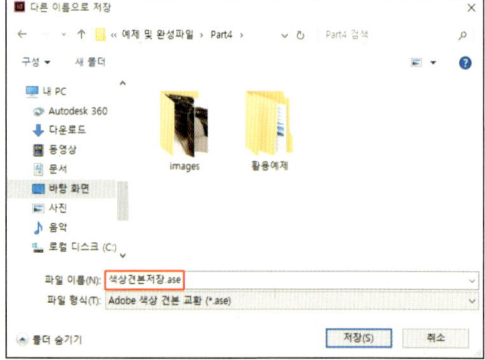

4. [파일] - [새로 만들기]를 선택하거나 Ctrl+N을 눌러 새 문서를 만듭니다. 새 문서에는 '맞춰 찍기', '용지', '검정' 외에 6가지 색상이 기본으로 제공됩니다.

 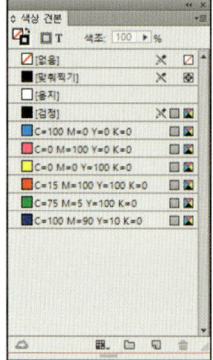

5 [색상 견본] 패널의 보조 메뉴를 클릭해 [색상 견본 불러오기]를 선택합니다. 'Part4'에서 '색상견본저장.ase'를 선택하고 [열기] 버튼을 누릅니다.

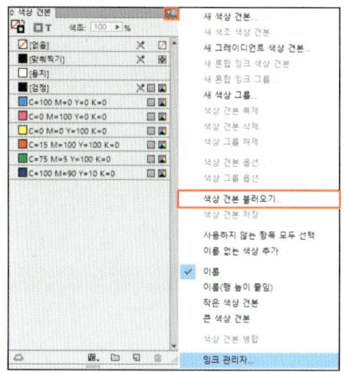 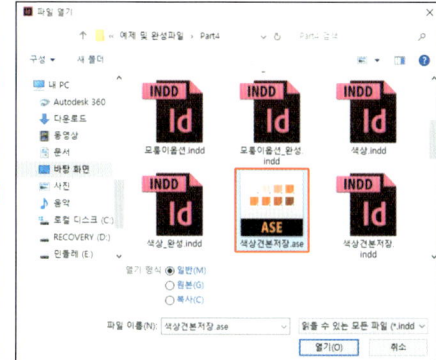

6 새 문서에 '색상견본저장.ase' 파일의 색상 견본이 추가되었습니다.

SECRET NOTE — 슈퍼 블랙

모니터에서는 차이를 느낄 수 없지만 검정색을 사용한 인쇄물에서 간혹 검정색이 흐릿하게 보이거나 본인이 의도한 색의 결과가 아닌 경우가 나타날 수 있습니다. 특히 오브젝트가 겹쳐있는 경우 인디자인에서의 검정색은 기본이 오버프린트로 설정되기 때문에 겹친 오브젝트 색상의 색이 비쳐 보일 수 있습니다.. 선명한 검정색을 원한다면 검정100%에 'C' 나 'M'을 '30%'정도 추가하여 만든 '슈퍼 블랙'을 사용합니다. 이렇게 두 가지 색으로 만든 슈퍼 블랙은 '면'에만 사용하는데, 그 이유는 글자나 얇은 획에 사용하면 핀이 조금만 어긋나도 흰색 영역이 가려져서 글자를 읽기 힘든 무아레(인쇄 시 망판이 겹쳐서 생기는 줄무늬)가 생겨 가독성이 떨어지게 됩니다.

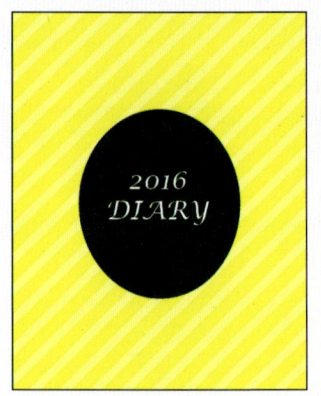 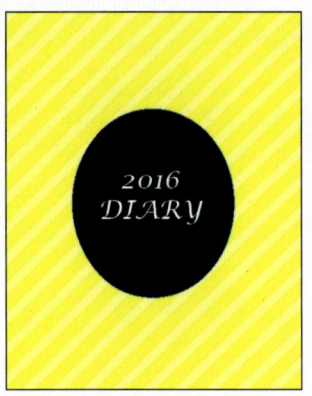

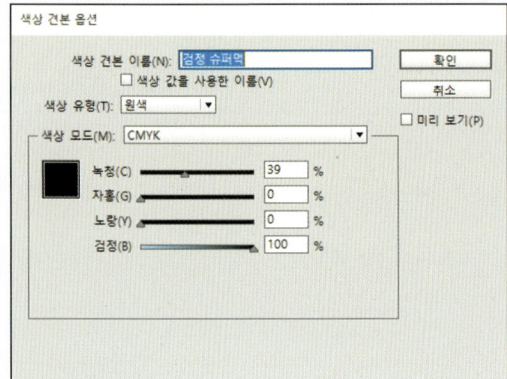

맞춰찍기는 분판 출력 시 CMYK 모든 판에 맞춤표로 표시되는 잉크 표시입니다. 임의로 수정할 수 없으며 글자나 오브젝트에 검정색으로 사용해서도 안됩니다.

22 별색 만들기

CMYK 4개의 판을 사용하면 4도 인쇄라고 하고 2개의 판을 사용하면 2도 인쇄라고 합니다. CMYK로 분판하지 않고 별도로 잉크를 사용해야 하는 색을 별색이라고 합니다. 금색, 은색, 형광색, 항상 일정한 색으로 표현되어야 하는 특정 색상인 경우에 별색으로 지정하여 사용합니다. 1도(흑백)인쇄의 단조로움을 보강하기 위해 2도 인쇄를 하는 경우에도 별색을 사용합니다. 별색이 추가될 때마다 별도의 인쇄 판형이 추가되어 5도, 6도, 7도가 되기 때문에 별색 사용 시 비용도 추가됩니다. 모니터에서 보이는 색과 인쇄물의 색상의 오차를 줄이기 위해서 DIC나 PANTONE사의 색상 견본집을 참고하여 색을 정확하게 지정합니다.

별색 만들기

색상 견본 패널에서 임의의 색상을 선택하고 보조 메뉴를 클릭해 [새 색상 견본] 메뉴를 선택합니다. [색상 견본 옵션] 대화상자에서 '색상 유형'을 '별색'으로, '색상 모드'에서 'Dic Color Guide'를 지정하고 원하는 색상을 선택한 다음 [확인] 버튼을 누릅니다.

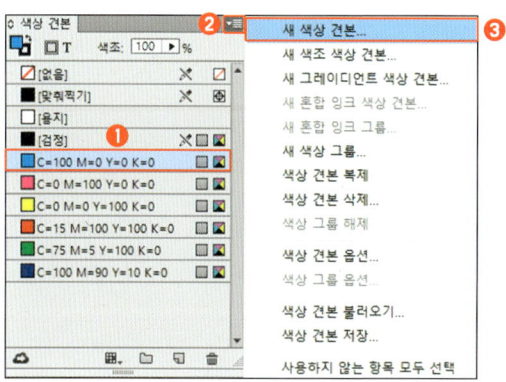

개체 및 색상활용 **277**

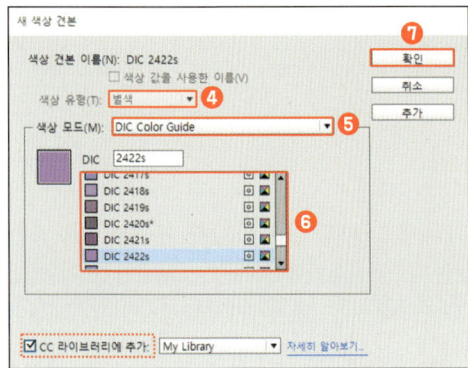 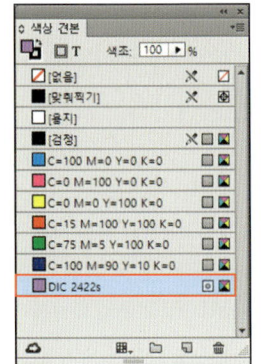 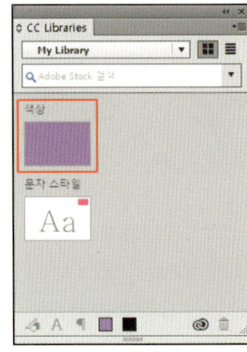

> **TIP** CC 라이브러리에 추가를 체크하면 Creative Cloud와 자동으로 동기화되어 Creative Cloud Libraries에 등록되어 모든 디바이스에서 개체를 사용하여 디자인이 가능해집니다.

23 혼합 잉크로 2도 색상 만들기

검정색에 별색을 혼합해서 새로운 색을 만드는 2도 색상은 흑백 인쇄물 보다 색상 범위를 넓게 표현할 수 있습니다. 여기서는 '혼합 잉크 색상 견본'으로 농도가 일정하게 증감하는 혼합색으로 2도 이미지를 만들어보겠습니다.

1 [파일] - [열기]를 선택하거나 Ctrl+O 를 눌러 'Part4\2도 색상.indd' 파일을 불러옵니다.

2 [색상 견본 패널]에서 '새 색상 견본' 아이콘을 눌러 별색 견본을 만듭니다. 그리고 [색상 견본 옵션] 대화상자에서 '색상 유형'을 '별색'으로 선택하고 '색상 모드'를 'Dic Color Guide'로 지정한 다음 원하는 색상을 클릭해 [확인] 버튼을 누릅니다.

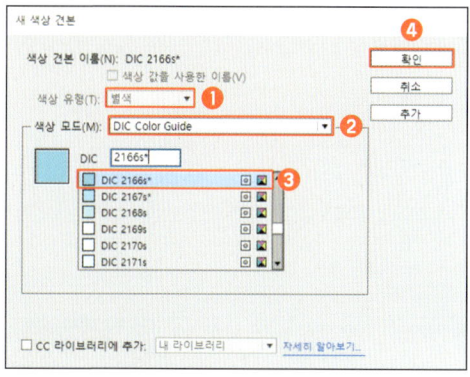

3 [색상 견본] 패널의 보조 메뉴에서 [새 혼합 잉크 그룹]을 선택합니다.

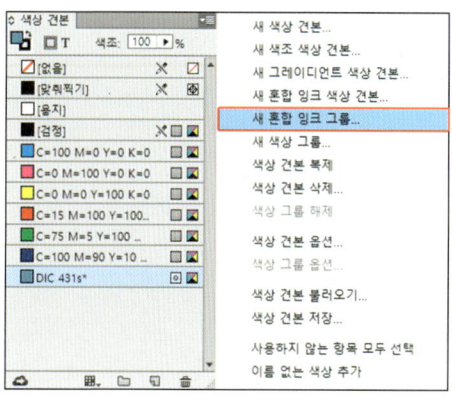

4 [새 혼합 잉크 그룹] 대화상자에서 '검정 원색'과 'DIC 2166S*'를 체크합니다. '검정 원색' 초기 값을 '10%', 반복을 '5', 증감을 '10%'로 입력하고 'DIC 2166S*', '초기 값'을 '100%'로 입력하고 [색상 견본 미리보기]를 눌러 5개의 색상 견본을 미리 확인해 본 후 [확인] 버튼을 누릅니다. 6개 색상 견본이 만들어졌습니다.

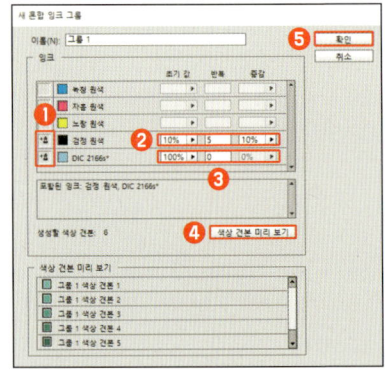 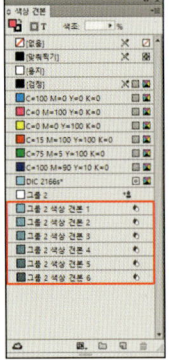

5 2 ~ 4 단계와 같은 방식으로 '새 혼합 잉크 색상 견본'을 만듭니다. 색 선택 시에는 별색을 하나 이상 포함하고, 혼합 개수가 두 색을 넘지 않도록 합니다.

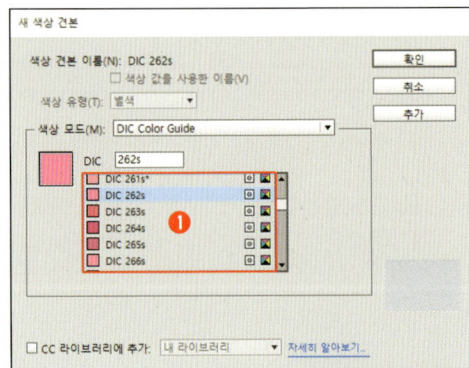 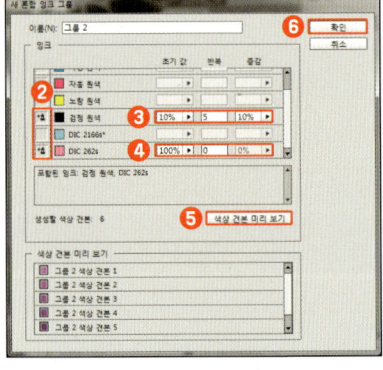

6 앞서 만든 색상들을 '2도 색상.indd' 파일의 1페이지와 2페이지에 적용합니다.

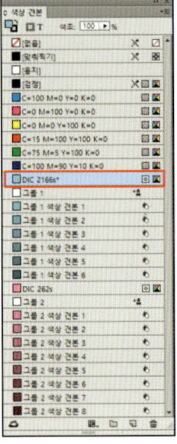 

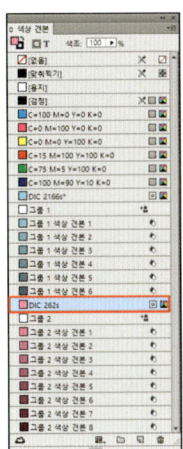 

7 다른 색상도 만들어 적용하면 다음과 같이 활용할 수 있습니다.

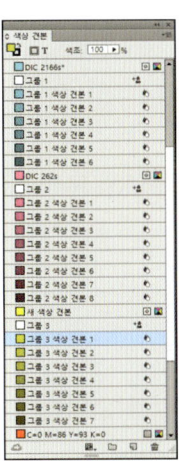 

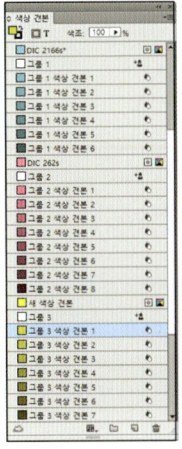 

 **효과적으로 TIFF 파일 듀오톤 활용하기**

GrayScale(그레이스케일) 모드는 가장 밝은 흰 색과 가장 어두운 검정과 그 중간에 있는 회색의 음영으로 구성된 모드입니다. 회색 음영과 흑백은 다르게 구분됩니다. 이미지는 포토샵 메뉴의 [이미지 모드] - [회색 음영 모드]로 변경한 '*.TIFF' 파일 형식이어야 듀오톤으로 색상이 변경 가능합니다.

1 [파일] - [열기]를 선택하거나 Ctrl + O 를 눌러 'Part4\활용예제\have\이미지활용.indd' 파일을 불러옵니다. 레이어 패널을 확인해보면 보이지 않도록 설정해 놓은 원본 이미지 have.jpg, 회색음영모드 이미지 have.tiff, 흑백 이미지 have.eps 3개의 이미지 파일이 있습니다.

2 [도구상자] - [사각형 프레임 도구(⊠)]'로 대지를 합니다. 레이어 패널에서 'have.jpg' 레이어의 이미지를 보이도록 설정하고, 도구상자의 선택 도구를 사용하여 이미지를 클릭해 선택합니다. Ctrl + C 를 눌러 복사한 다음 'have.jpg' 레이어는 보이지 않도록 설정합니다. '사각형 프레임'을 선택하고 [편집] - [안쪽에 붙이기]를 선택하거나 Ctrl + Alt + V 를 누릅니다. 사각형 프레임 안에 이미지의 일부가 보입니다.

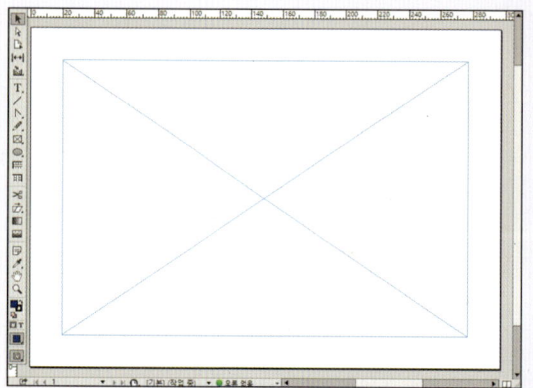

3 도구상자의 [사각형 프레임 도구(⊠)]를 선택해 1번과 2번 위치에 프레임을 2개 더 만들어 3분할로 나눕니다.

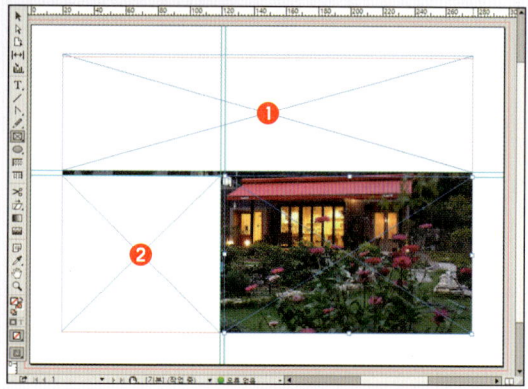

4 위쪽 프레임에는 'have.tif' 레이어의 이미지를, 왼쪽 프레임에는 'have.eps' 파일을 위의 방법과 동일하게 복사해서 안쪽에 붙이기를 합니다. 레이어 패널에서 복사할 레이어의 이미지를 보이도록 설정하고, 도구상자의 선택 도구를 눌러 이미지를 선택한 다음 Ctrl+C 를 눌러 복사합니다. 다시 해당 레이어의 이미지는 보이지 않도록 설정한 후 붙여넣기 할 '사각형 프레임'을 선택하고 Ctrl+Alt+V 를 누릅니다. 사각형 프레임 안에 이미지 일부가 보입니다.

• 듀오톤으로 조정하고자 하는 프레임에 TIFF 파일을 넣어야 합니다.

5 .tiff 파일을 [직접 선택 도구( )]로 '사각형 프레임'을 선택하고 [색상 견본]에서 색상을 지정합니다.

개체 및 색상활용 **283**

단행본 디자인

일관적인 레이아웃을 유지하기 위해 상위 레벨인 기준 마스터로 하위 레벨인 종속 마스터를 만들어 통일감을 유지한 디자인으로 단행본을 만들어보겠습니다.

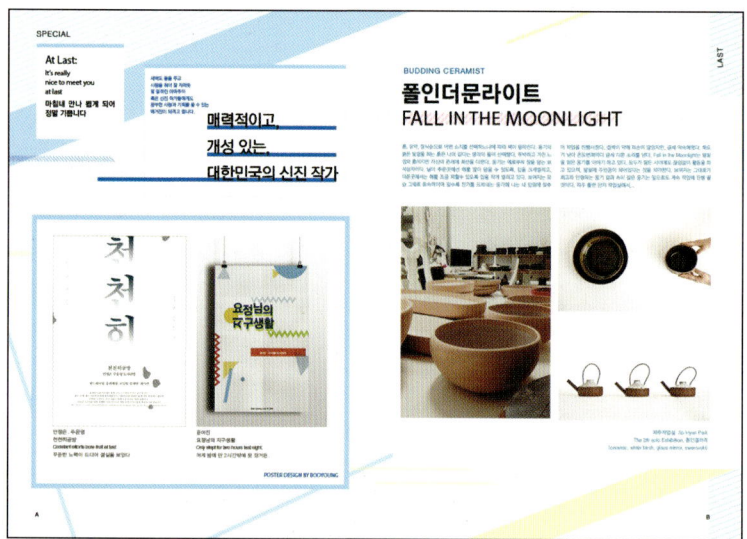

기본 스프레드 문서 만들기 : 기준 마스터

1 [파일] - [새로 만들기] - [문서]를 클릭해 새로운 문서를 만듭니다.

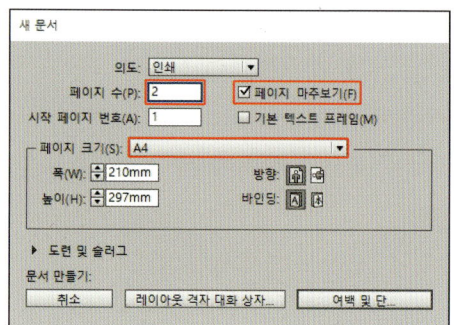
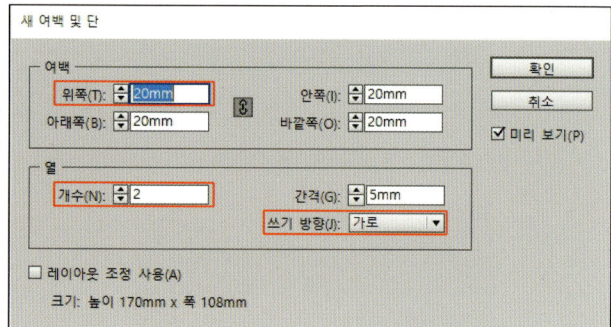

페이지 수와 크기 : A4 / 2페이지, 페이지 마주보기 : 체크, 도련 : 각 3mm, 여백 : 20mm, 열 개수 : 2, 간격 : 5mm, 쓰기 방향 : 가로

2 페이지 패널에서 마우스 오른쪽 버튼을 클릭해 '문서 페이지 재편성 허용'을 해제하고, Page1을 Page2로 끌어당겨 대괄호]표시가 생길 때 마우스를 놓아 2장의 펼침 면을 만듭니다.

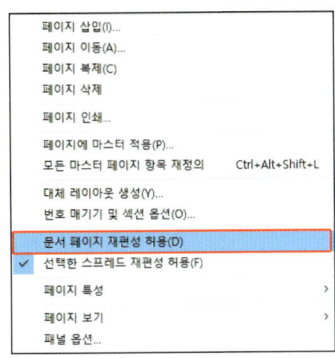

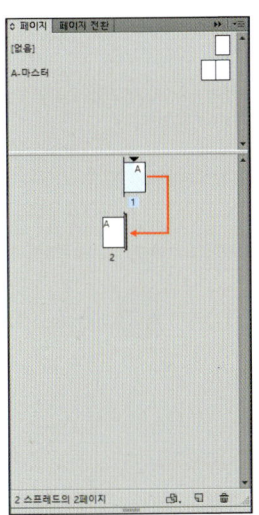
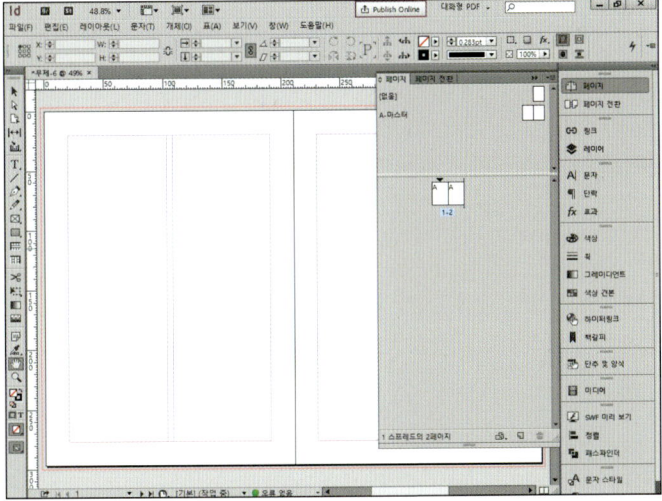

3 [페이지] 패널에서 'A-마스터'를 더블클릭하여 마스터 페이지로 이동합니다. 'A-마스터'에서 마우스 오른쪽 버튼 클릭하고 'A-마스터에 대한 옵션'을 선택합니다. '마스터 옵션' 대화상자에서 이름을 'SPECIAL'로 변경하고 [확인] 버튼을 누릅니다.

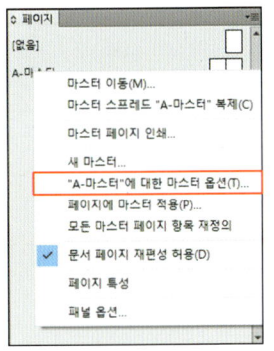
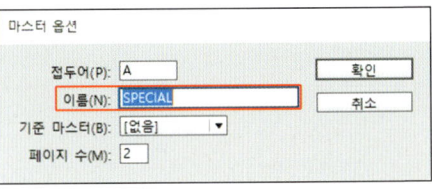

4 [도구상자] - [사각형 프레임 도구( )]로 빈 대지를 드래그하여 사각형을 만듭니다. [선택 도구]로 사각형을 선택하고 색상 견본에서 칠 색상을 C36, M4, Y0, K0으로 설정합니다.

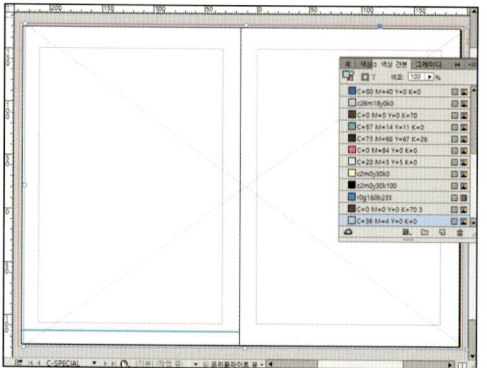

5 [도구상자] - [펜 도구( )]로 문서 왼쪽 상단에 삼각형 모양을 그린 후 [선택 도구( )]로 삼각형 패스를 선택합니다. [파일] - [가져오기]를 선택하고 [파일 열기] 대화상자가 나오면 'Part4\활용예제\단행본\배경패턴.ai'를 선택하고 [열기] 버튼을 클릭합니다.

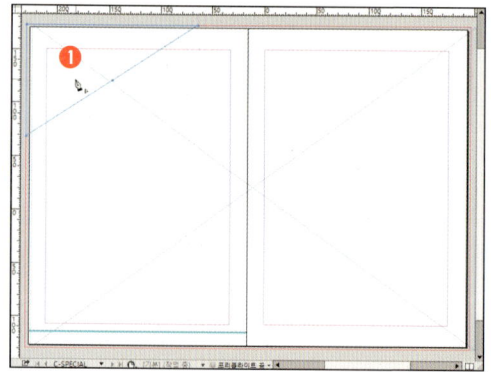 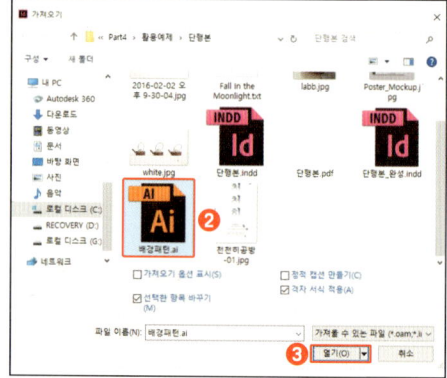

6 삼각형 패스안에 배경패턴.ai가 삽입되었습니다

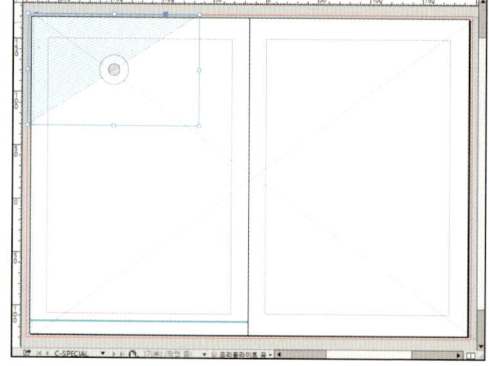

7 같은 방법으로 오른쪽 페이지에는 [도구상자] - [사각형 프레임도구(⊠)]로 직사각형을 그립니다. 선택 도구로 사각형 프레임을 선택하고 [파일] - [가져오기]를 선택해 'Part4\활용예제\단행본' 폴더에서 '배경패턴.ai' 를 가지고 옵니다.

8 [도구상자] - [사각형 도구(■)]로 사각형을 2개 크게 그린 다음, [직접 선택 도구(▶)]로 모양을 비스듬하게 변형합니다. 위쪽 사각형 칠 색상은 C36, M4, Y0, K0이고 아래쪽 사각형 칠 색상은 C3, M0, Y40, K0입니다.

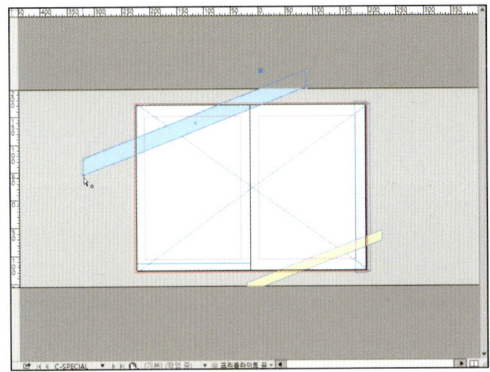

9 [도구상자] - [선 도구]로 선을 여러 개 그려서 대지 위에 비스듬하게 배치합니다.

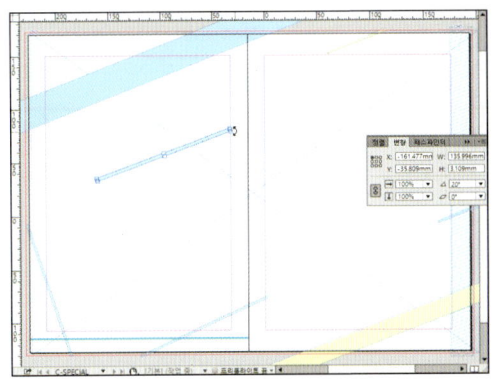

선 두께 : 6pt, 테두리 색상 : C75, M25, Y0 , K0

10 [도구상자] - [문자 도구(T)]를 선택하고 문서의 1페이지 상단을 드래그하여 텍스트 프레임을 생성한 후 'SPECIAL'이라고 입력합니다.

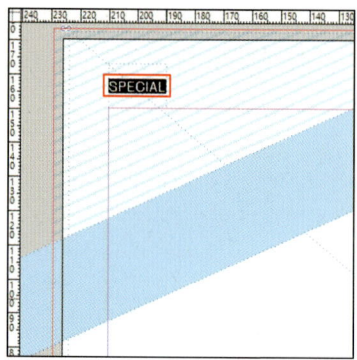

11 [도구상자] - [문자 도구(T)]를 선택하고 왼쪽 페이지 하단에 텍스트 프레임을 만듭니다. [문자] - [특수 문자 삽입] - [표시자] - [현재 페이지 번호] 메뉴를 선택합니다. A-마스터의 페이지 번호에 'A'가 나타납니다. 계속해서 [선택 도구]로 텍스트 프레임을 선택하고 Alt + Shift 키를 눌러 텍스트 상자를 오른쪽 페이지에 수평 복제하여 이동합니다.

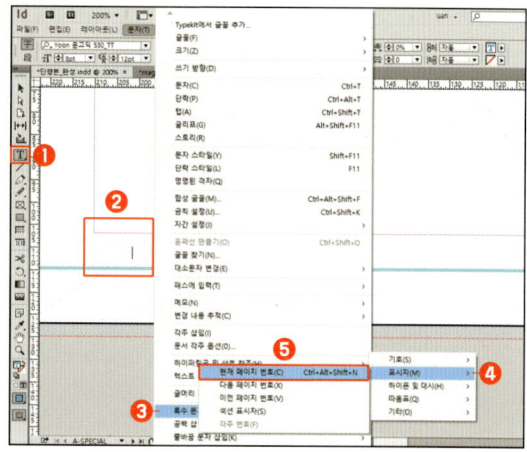

12 [도구상자] - [선 도구]로 선을 비스듬하게 그리고 여러 개 복제해서 다양한 두께와 색상으로 포인트 장식을 합니다. [창] - [획] 패널에서 유형을 '왼쪽으로 경사진 빗금선'과 '실선'으로 지정했습니다.

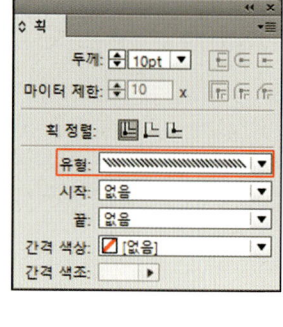 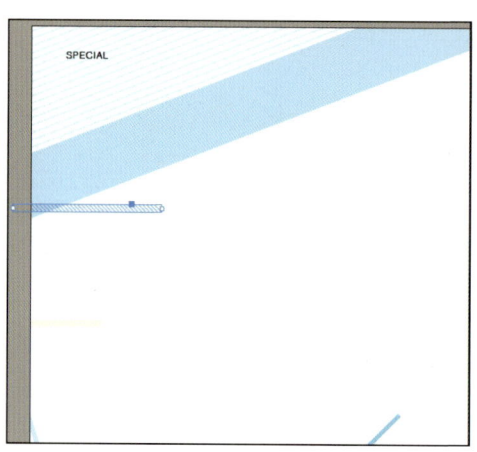 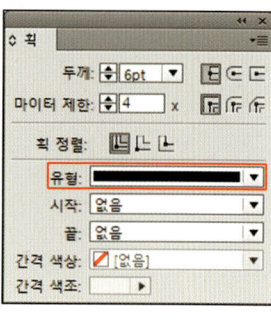

13 'A-SPECIAL' 마스터가 완성되었습니다.

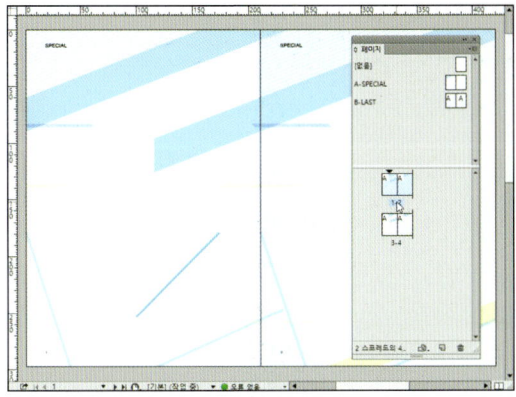

기준 마스터로 종속 마스터 만들기

1 [페이지] 패널에서 보조 메뉴를 클릭해 [새 마스터]를 선택하고 [새 마스터] 대화상자에서 접두어를 'B'로, 이름을 'LAST'로 입력하고 기준마스터를 'A-SPECIAL' 마스터로 지정한 다음 [확인] 버튼을 누릅니다.

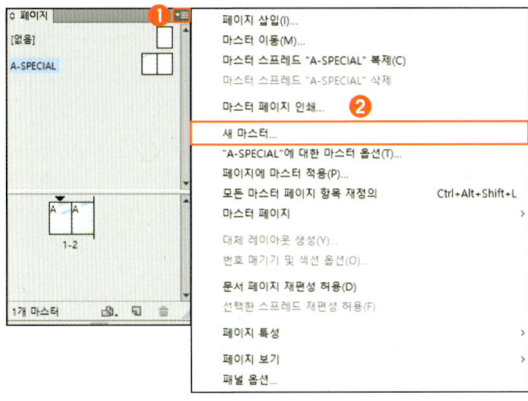 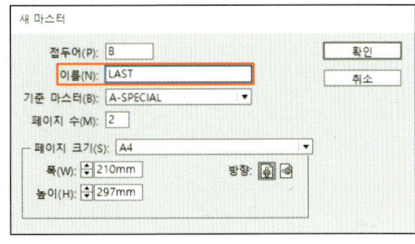

2 'B-LAST' 마스터가 추가되었습니다.

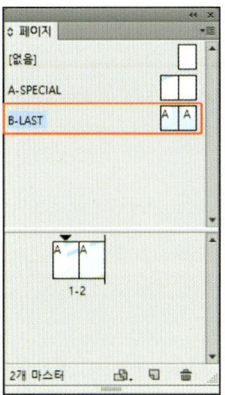

개체 및 색상활용 **289**

3 'B-LAST' 마스터를 더블클릭하여 [선택 도구]로 Ctrl, Shift를 동시에 누른 상태에서 배경 사각형을 선택하고 칠 색상을 'C26, M18, Y0, K0', 투명도를 '40%'로 변경합니다.

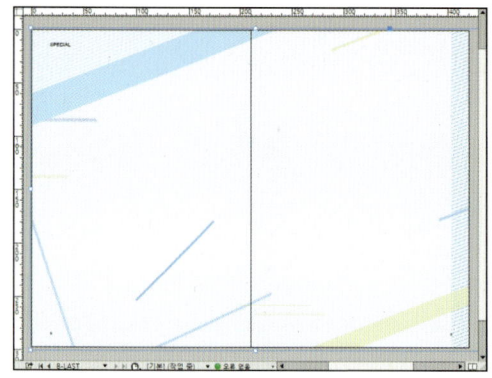

TIP 종속 마스터에서 개체를 선택할 때 Ctrl, Shift 키를 함께 누른 상태에서 선택하면 조절점이 보이면서 개체가 활성화됩니다.

4 도구상자의 선택 도구로 왼쪽 상단의 삼각형과 다각형을 Shift를 누르고 클릭해 선택하고 Ctrl+G를 눌러 그룹 화합니다. 개체 좌우 방향을 변경하기 위해 [개체] - [변형] - [가로로 뒤집기]를 선택하고, 개체를 드래그해 오른쪽 상단으로 위치를 이동합니다.

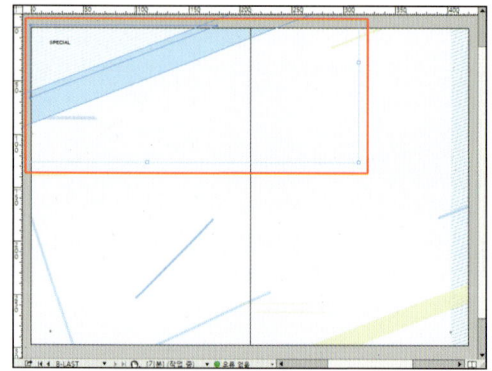 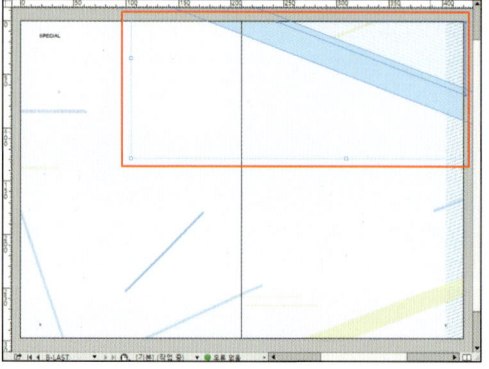

TIP 원하지 않게 개체가 자꾸 선택되어 움직이게 된다면 개체를 움직이지 않도록 고정시켜놓고 작업을 해야 합니다. 개체를 고정시키는 방법은 [레이어] 패널에서 해당 레이어의 자물쇠 모양을 나타나게 하는 것입니다.

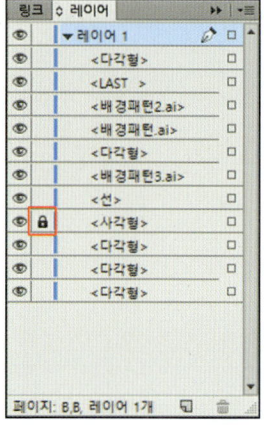

290 PART 04

5 배경패턴1.ai를 선택 도구로 선택하고 [파일] - [가져오기] 메뉴를 클릭해 [가져오기]창이 나오면 'Part4\활용예제\단행본' 폴더에서 '배경패턴2.ai'를 선택하고 [열기] 버튼을 클릭하여 열어줍니다.

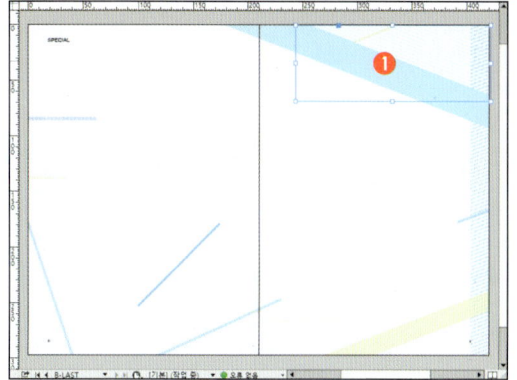
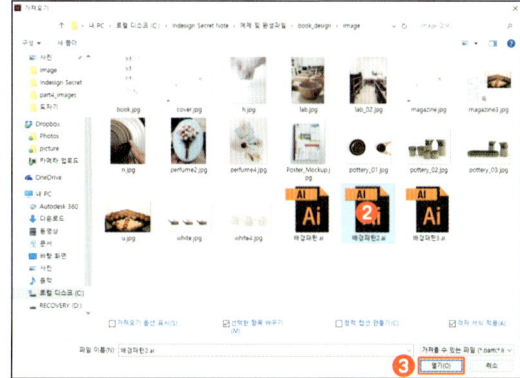

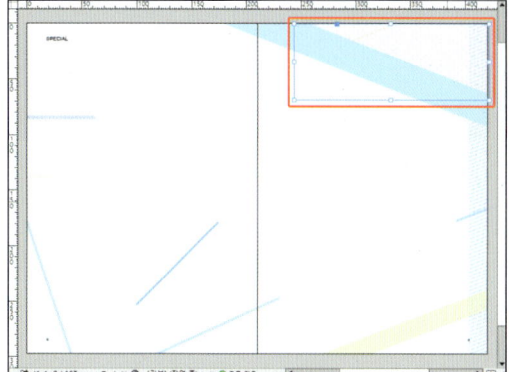

6 [도구상자] - [펜 도구( )]로 문서 왼쪽 하단에 삼각형 모양을 그립니다. [선택 도구( )]로 삼각형 패스를 선택합니다. [파일] - [가져오기]를 선택하고 [가져오기] 창이 나오면 'Part4\활용예제\단행본\배경패턴3.ai'를 선택하고 [열기] 버튼을 클릭합니다.

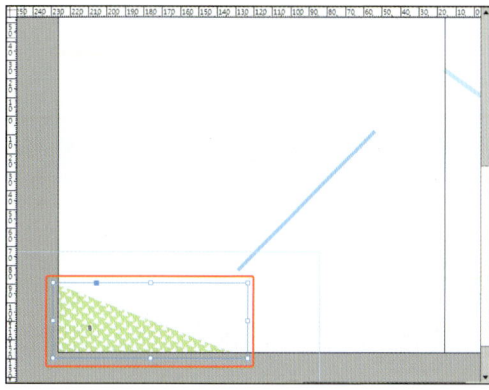

개체 및 색상활용 291

7 오른쪽 페이지 하단에 있는 노란색 다각형을 선택하고 좌우를 변경하기 위해 [개체] - [변형] - [가로로 뒤집기]를 적용하고, 왼쪽 하단으로 위치를 변경합니다. 오른쪽 모서리에도 [도구상자] - [펜 도구( )]로 문서 오른쪽 하단에 삼각형 모양을 그립니다. [선택 도구( )]로 삼각형 패스를 선택한 다음, [파일] - [가져오기] 메뉴를 클릭해 [가져오기] 창이 나오면 'Part4\활용예제\단행본\배경패턴.ai'를 선택하고 [열기] 버튼을 클릭합니다.

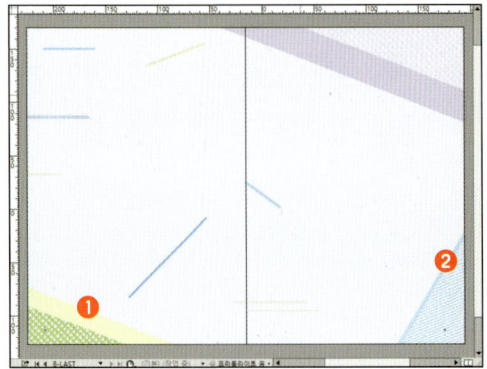

8 [선택 도구]로 'SPECIAL' 텍스트 프레임을 선택하고 [컨트롤 패널]에서 '-90도' 회전하고 'LAST'라고 텍스트를 수정해서 오른쪽 페이지에 위치합니다.

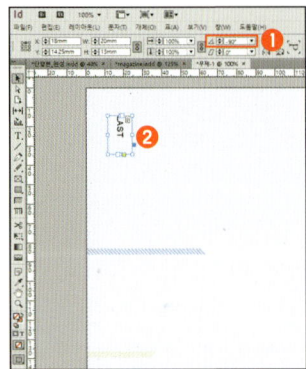

9 'B-LAST' 마스터가 완성되었습니다.

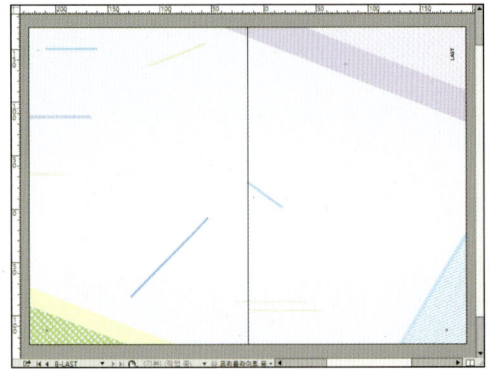

SPECIAL 페이지 디자인하기

1 1-2페이지를 디자인하겠습니다. 페이지 패널에서 1-2페이지를 더블클릭하여 마스터 페이지에서 일반 페이지로 이동합니다.

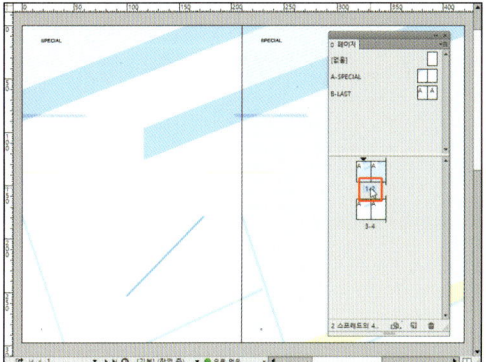

2 [보기] - [눈금자 표시] 또는 Ctrl + R 을 눌러 눈금자 표시를 합니다.

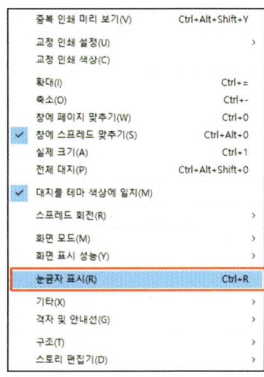

3 컨텐츠가 들어갈 영역을 표시하기 위해 눈금자에 마우스 포인터를 이동해 왼쪽 버튼을 누른 상태에서 대지로 드래그하여 Guide로 안내선을 배치합니다. 통일감과 안정감도 중요하지만 단조로움을 피해 지루하지 않은 레이아웃을 고려하는것도 중요합니다.

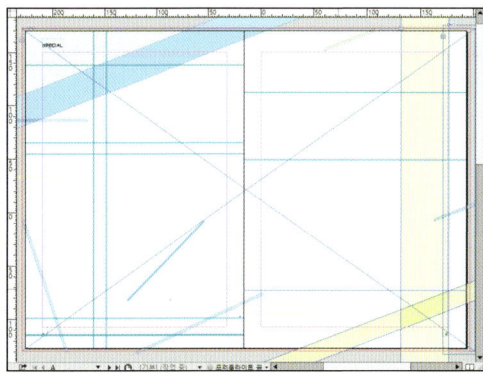

4 [도구상자] - [사각형 도구(■)]로 컨텐츠 영역을 그려서 그리드 시스템으로 지정하고 컨트롤 패널에서 칠 색상을 '용지' 색으로 지정합니다.

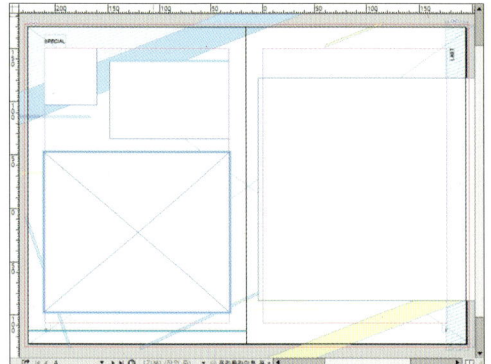

5 [파일] - [가져오기]를 선택하고 [가져오기] 대화상자가 나오면 'Part4＼활용예제＼단행본' 폴더에서 'book.jpg', 'Poster_Mockup.jpg' 선택하고 [열기] 버튼을 클릭합니다. 오른쪽 페이지에도 'cover.jpg', 'magazine.jpg' 이미지를 가져와 [비율에 맞게 채우기]로 맞추고 대지에 배치합니다.

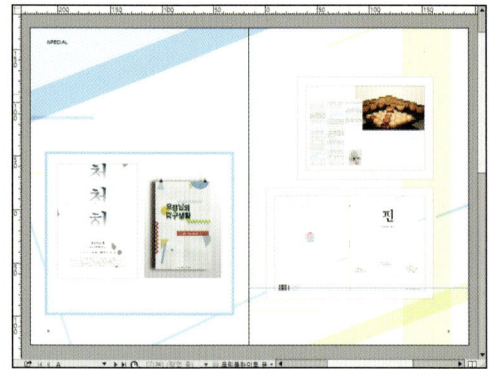

6 [문자 도구]로 제목, 전문, 본문이 들어갈 자리를 드래그하여 텍스트 프레임(글상자)을 만듭니다. 'Part4＼활용예제＼단행본' 폴더에서 '원고-SPECIAL.txt' 파일을 열어 원고를 복사해서 붙이기를 합니다.

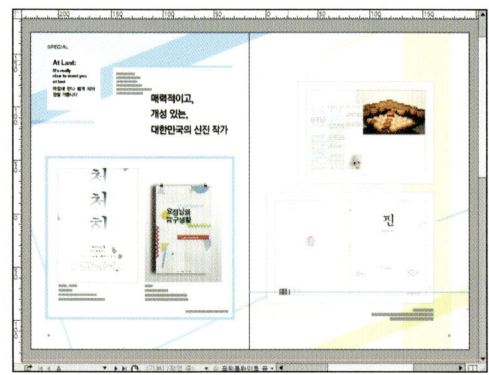

7 다음과 같이 단락 스타일을 적용합니다.

> **중제목 한글**
> 글꼴 : 윤고딕 530, 글꼴 스타일 : regular, 크기 : 26pt, 행간 : 42pt, 자간 : -40
> **중제목 영문**
> 글꼴 : Helvetica Neue_LT Std, 글꼴 스타일 : 75 Bold, 크기 : 18pt, 행간 : 16pt 자간 : -20
> **전문**
> 글꼴 : 윤고딕 520, 글꼴 스타일 : regular, 크기 : 7.5pt, 행간 : 10.5pt, 자간 : -22
> **캡션 한글**
> 글꼴 : 윤고딕 115, 글꼴 스타일 : regular, 크기 : 8pt, 행간 : 12pt, 자간 : -40
> **캡션 영문**
> 글꼴 : Helvetica Neue_LT Std, 글꼴 스타일 : Roman, 크기 : 8pt, 행간 : 12pt, 자간 : -40

8 'At Last : It's really nice to meet you 마침내 만나 뵙게 되어 정말 기쁩니다.'를 입력한 프레임을 선택하고 마우스 오른쪽 버튼 클릭해 나오는 메뉴 중 [텍스트 프레임 옵션]을 선택합니다. [텍스트 프레임 옵션]에서 [인세트 간격]을 같은 비율로 '5mm'지정하고 [확인] 버튼을 클릭합니다.

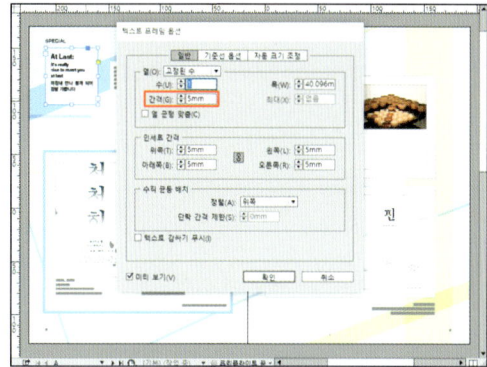

9 [도구상자] - [선 도구]로 선을 그려서 포인트 장식을 합니다.

10 [보기] - [화면 모드] - [프레젠테이션 모드]를 선택하거나 Shift + W 를 눌러 페이지를 검토하고 마무리합니다.

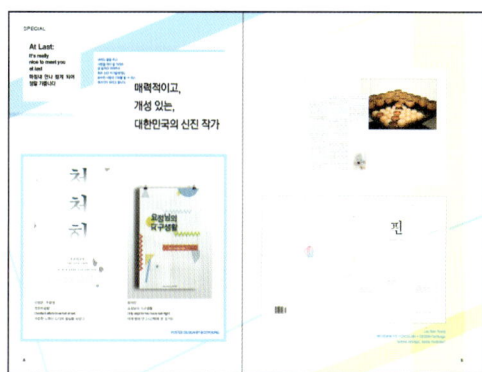

LAST 페이지 디자인하기

1 1, 2, 3, 4 페이지 번호를 A, B, C, D로 변경하겠습니다. [페이지 패널]에서 보조 메뉴를 클릭해 [번호 매기기 및 섹션 옵션]을 선택해 [새 섹션] 대화상자가 나오면 페이지 번호 매기기의 스타일을 'A, B, C, D…'로 선택하고 [확인] 버튼을 클릭합니다.

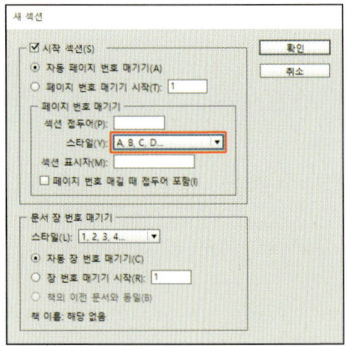

2 페이지 패널에서 C, D 페이지를 Shift 키를 눌러 선택한 후, 마우스 오른쪽 버튼을 클릭해 [페이지에 마스터 적용]을 선택합니다. [마스터 적용] 대화상자가 나오면 마스터 적용을 'B-LAST'로 변경하고 [확인] 버튼을 누릅니다.

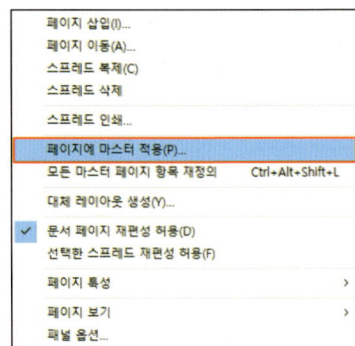
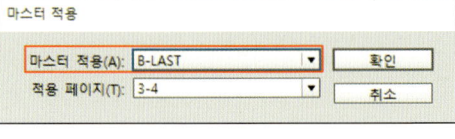

3 Guide로 안내선을 배치하여 [도구상자] - [사각형 도구(▢)]로 컨텐츠 영역을 지정하여 '용지'색을 지정합니다.

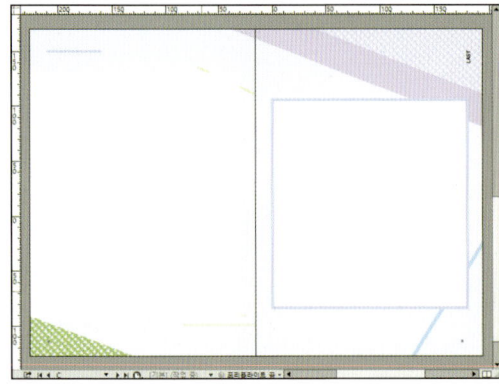

4 [파일] - [가져오기]를 선택하고 [가져오기] 대화상자가 나오면 'Part4\활용예제\단행본' 폴더에서 'lab.jpg', 'pottery_01.jpg', 'white.jpg'를 선택하고 [열기] 버튼을 클릭합니다. 오른쪽 페이지에도 'h.jpg', 'n.jpg' 'pottery_2.jpg', 'pottery_03.jpg',이미지를 가져와 [비율에 맞게 채우기]로 맞추고 대지에 배치합니다.

5 [문자 도구]로 제목, 전문, 본문이 들어갈 자리를 드래그하여 텍스트 프레임(글상자)을 만듭니다. 'Part4\활용예제\단행본' 폴더에서 '원고-LAST.txt' 파일을 열어 원고를 드래그해서 복사해서 붙여넣기를 합니다.

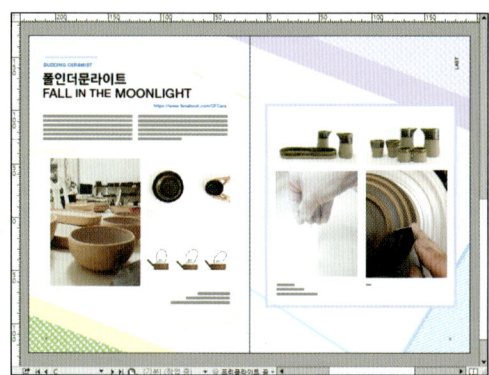

6 다음과 같은 단락 스타일을 적용합니다.

대제목 한글,
글꼴 : 윤고딕 550, 글꼴 스타일 : regular, Medium , 크기 : 36pt , 행간 : 40pt
대제목 영문
글꼴 : Helvetica Neue_LT Std, 글꼴 스타일 : 65 Medium , 크기 : 34pt , 행간 : 40pt
본문
글꼴 : 윤고딕 520, 글꼴 스타일 : regular, 크기 : 8pt, 행간 : 12pt, 자간 : -10
캡션 한글
글꼴 : 윤고딕 115, 글꼴 스타일 : regular, 크기 : 8pt, 행간 : 12pt, 자간 : -40
캡션 영문
글꼴 : Helvetica Neue_LT Std, 글꼴 스타일 : Roman, 크기 : 8pt, 행간 : 12pt, 자간 : -40

7 [도구상자] - [선 도구]로 선을 그려서 포인트 장식을 합니다.

8 [보기] - [화면 모드] - [프레젠테이션 모드] Shift + W 로 페이지를 검토하고 마무리합니다.

 **종속 마스터에서 개체 수정이 안돼요!**

종속 마스터에서 개체를 선택할 때는 Ctrl 와 Shift 키를 함께 누른 상태에서 선택하면 조절점이 보이면서 개체가 활성화됩니다. 간혹 작업 중에 종속 마스터 페이지에서 개체를 선택했는데 레이어 순서가 아래로 배치되어 안 보이는 문제나 보이지만 선택이 안 되거나 선택함과 동시에 사라지는 경우가 간혹 발생합니다. 이럴 땐 [컨트롤 패널]에서 '테두리 상자 감싸기'를 체크하고, '테두리 상자 감싸기 없음'으로 변경하면 문제가 해결됩니다.

● 종속 마스터 개체가 선택된 경우

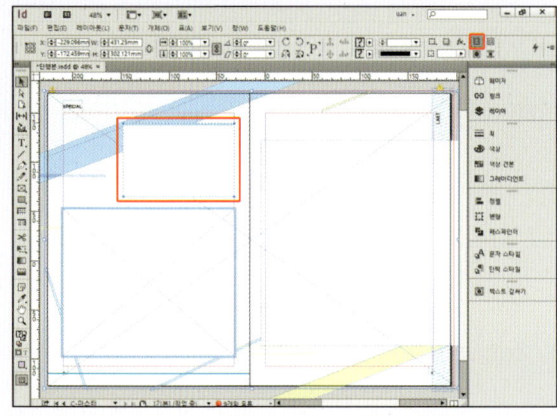

● **종속 마스터 개체가 사라지는 경우**

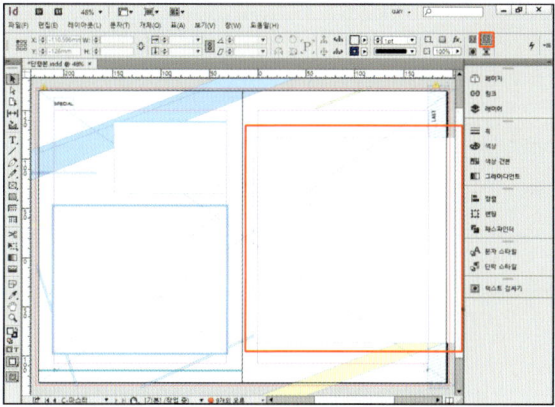

● **종속 마스터 개체가 사라지는 경우 해결 방법** : [컨트롤 패널]에서 '테두리 상자 감싸기 없음'을 선택하고 개체가 겹쳐져 있지 않은 모서리 부분을 선택하거나 방해가 되는 레이어를 잠그고 선택합니다.

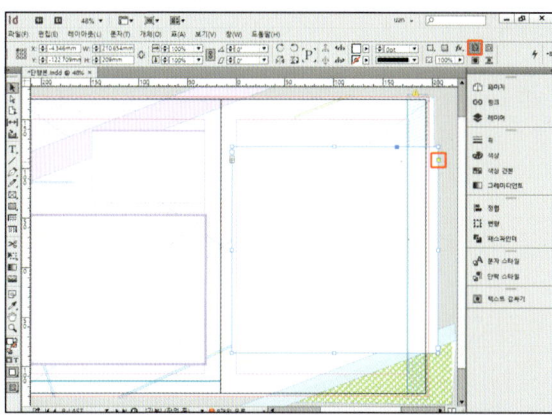

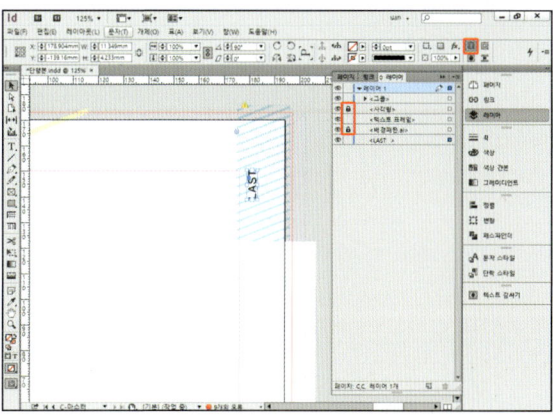

05 인쇄 및 출력 다루기

PART

INDESIGN

01 인쇄 범위 알아보기

출판물이 나오기까지 전체 Process는 다음과 같습니다.

기획-자료 수집(원고, 이미지) → 편집 디자인(레이아웃, 스타일) → 교정(원고, 색상)
→ 출력 → 제판 → 소부 → 인쇄 및 후가공 → 제본 → 재단

- 필름 출력 : 컴퓨터-필름-소부-인쇄
- CTP(Computer to Plate) : 컴퓨터-인쇄용 판-인쇄

컬러 인쇄물은 4색의 잉크(CMYK)인 C (Cyan), M (Magenta), Y (Yellow), K (Black)가 서로 다른 혼합 비율로 조합하여 색상을 표현합니다. 네 가지 색상의 필름 작업을 하는 출력물을 필름출력이라고 합니다. 최근에 많이 사용되는 CTP 방식은 컴퓨터의 데이터를 필름 공정 없이 인쇄 판형으로 직접 출력(새김)하게 됩니다. 또한 CTP 방식은 소부 공정이 없어짐에 따라 인쇄 시간을 단축하고, 동일한 망점 재현율로 고품질의 인쇄가 가능하기 때문에 제작 비용도 줄일 수 있습니다.

페이지 레이아웃 작업을 마치고 최종 파일을 출력소에 넘기기 전에는 항상 글꼴과 그림 파일, 오버프린트와 녹아웃 등 인쇄 공정에서 나올 수 있는 오류를 방지하기 위해 세심하게 점검해야 합니다. 점검해야 할 사항은 글꼴, 이미지, 색상 모드, 분판, 트랩 설정 및 중복인쇄, 분판과 잉크 관리자 및 제본 등이 있습니다.

02 프리플라이트 오류 확인하고 해결하기

문서 창 하단에 위치한 프리플라이트(Preflight)는 출력물에 오류를 점검하여 알려주는 기능입니다. 오류가 없으면 초록색 아이콘이 보입니다. 오류가 있으면 빨간색 아이콘과 오류 개수를 알려줍니다. [창] - [출력] 패널에도 있습니다.

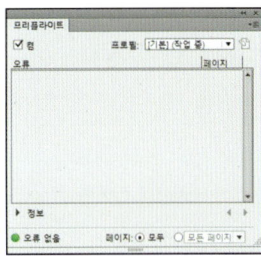

1 [파일] - [열기]를 선택하거나 Ctrl+O 를 눌러 'Part5\프리플라이트.indd' 파일을 불러옵니다. 문서 창 하단에 빨간색 아이콘과 함께 '9개의 오류'라는 메시지가 보입니다. 아이콘이 표시된 부분을 더블클릭합니다.

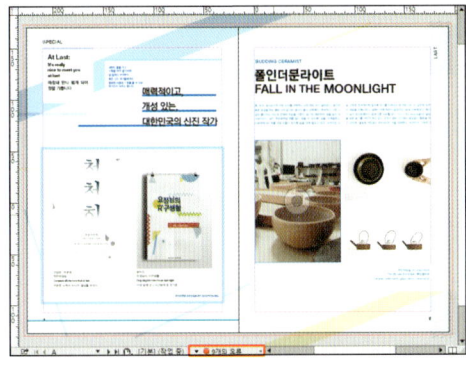

TIP 해당 글꼴이 없는 경우 오류의 개수는 다르게 나타납니다.

2 [프리플라이트]가 실행됩니다. [링크]를 클릭하면 누락된 링크가 7개 있고, [텍스트]를 클릭하면 넘치는 텍스트가 1개 있고, 누락된 글꼴이 1개 있다고 표시됩니다. [A]라는 페이지를 클릭하면 오류가 있는 문서의 해당위치로 이동합니다.

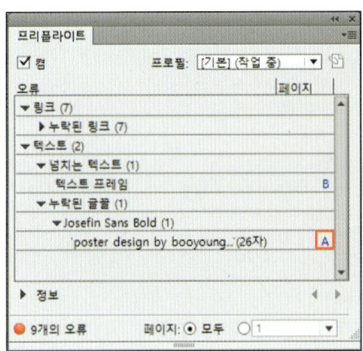
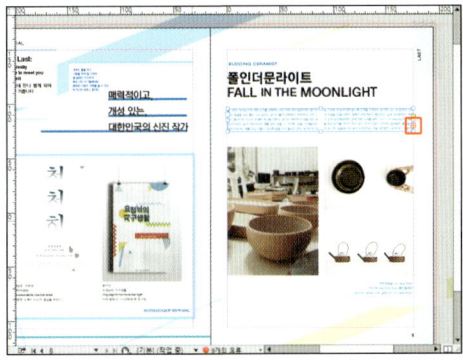

03 오버프린트, 녹아웃과 트랩

인쇄에서 출력에서 중요한 요소인 오버프린트는 두 가지 이상의 색상이 겹쳐서 인쇄되는 기능입니다. [창] - [특성] - [칠]메뉴에서 설정합니다. 녹아웃은 판의 색상이 서로 겹치지 않도록 사용자가 의도한 색 이외의 판에서는 용지색을 남기는 기능입니다. [창] - [효과]에서 [그룹 녹아웃]을 체크합니다. 대부분의 색상은 기본이 녹아웃으로 설정되지만 검정색은 오버프린트가 기본입니다. 배경색과 오버프린트를 피하기 위해서는 녹아웃으로 설정해야 합니다. 녹아웃으로 설정했을 때 종이의 특성이나 인쇄소의 숙련도 등 여러 가지 요인으로 인해 핀이 어긋나는 경우가 발생하기도 합니다. 녹아웃의 이런 단점을 피하기 위해서는 사이언과 마젠타를 30~40% 정도 섞어서 만든 슈퍼블랙을 사용하고 오버프린트로 설정합니다.

 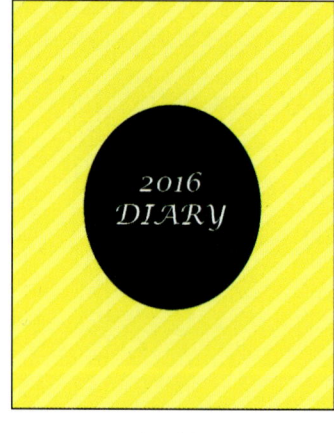 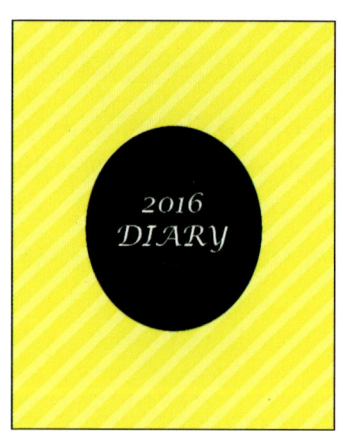

오버프린트   녹아웃   슈퍼블랙

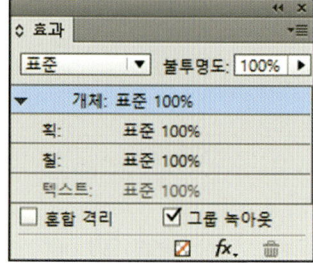

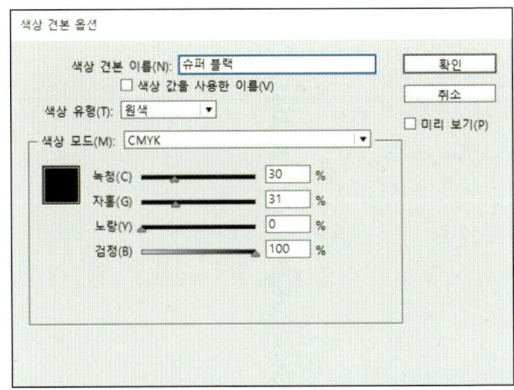

또한 트랩을 설정하면 서로 맞닿은 경계를 겹침으로써 틈이 생기는 것을 방지해줍니다. 인디자인에서는 녹아웃 시 트랩을 기본값으로 자동 부여합니다. 기본 항목을 수정하기 위해서는 [창] - [출력] - [트랩 사전 설정]을 선택해 트랩 옵션을 설정합니다.

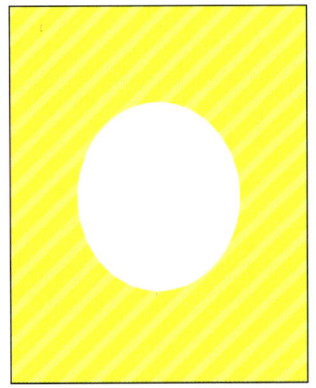

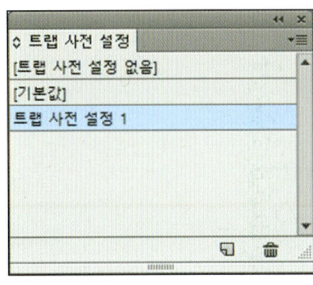
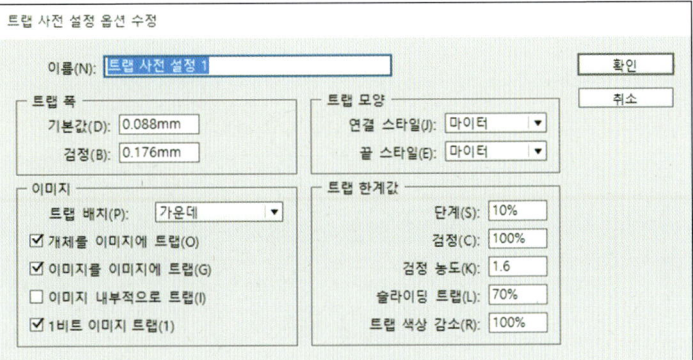

04 분판 미리보기

CMYK 4도로 작업한 문서는 4도 분판으로 구성되어 있습니다. 별색을 사용한 작업 문서는 사용한 별색 판형이 추가됩니다. [분판 미리 보기] 패널에서 [보기] 항목을 '끔'에서 분판으로 변경하고, 눈 아이콘을 한 개의 색판만 켜가면서 각각의 판의 상태를 확인합니다.

 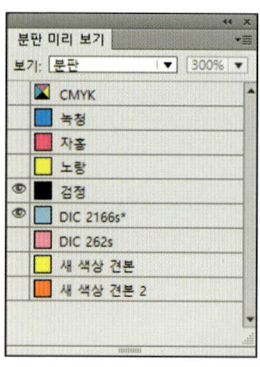

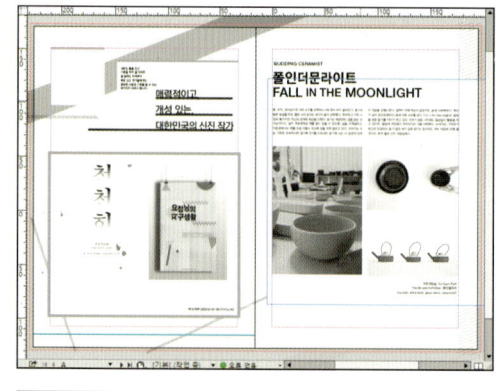 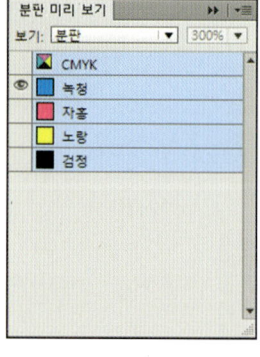

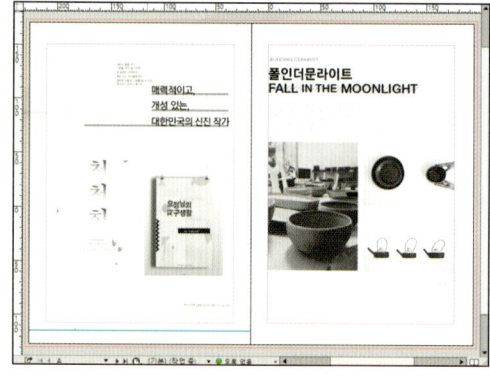 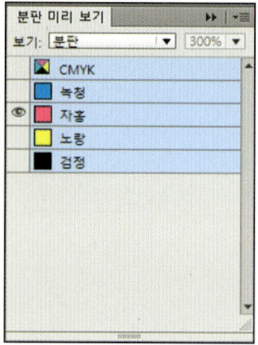

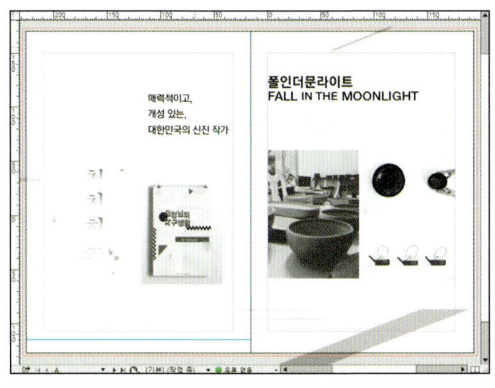
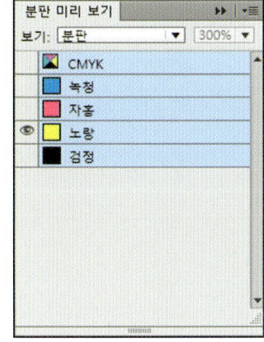

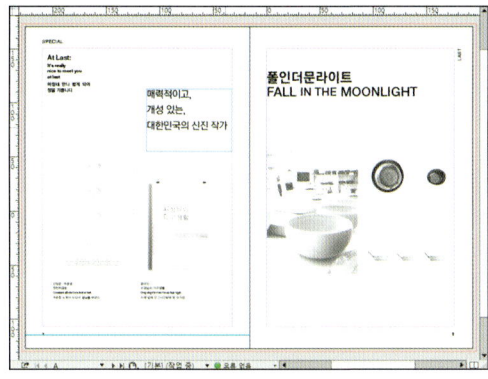
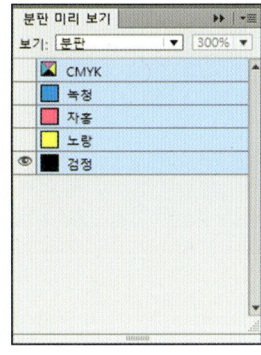

2도 인쇄 문서는 검정과 별색판을 확인합니다.

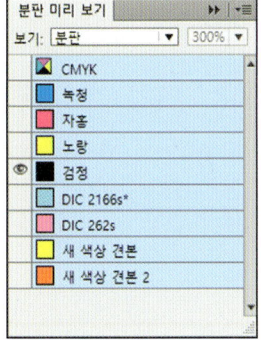

TIP 작업할 때는 별색을 사용하였지만 4도 인쇄로 변경해야 하는 경우가 있습니다. [분판 미리 보기] 패널의 보조 메뉴에서 [잉크 관리자]를 선택하고 대화상자에서 '모든 별색을 원색으로'를 체크하고 [확인] 버튼을 누릅니다. 별색이 원색으로 변경됩니다.

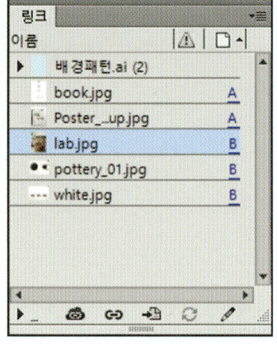

05 패키지 설정하기

[패키지] 기능을 사용하면 문서에 사용한 글꼴과 이미지 파일을 폴더로 모을 수 있습니다. [패키지] 폴더에는 파일 원본이 아니라 복사본이 만들어집니다. 문서에 가져왔으나 사용하지 않은 이미지는 백업되지 않기 때문에 최종 데이터를 보관하기 편리한 기능입니다.

1 [파일] - [열기]를 선택하거나 `Ctrl`+`O`를 눌러 'Part5\인쇄출력.indd' 파일을 불러옵니다. [파일] - [패키지] 메뉴를 실행합니다.

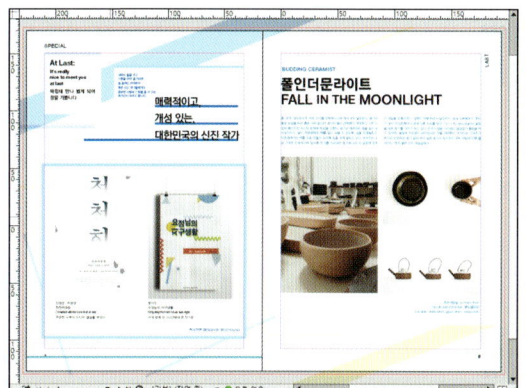
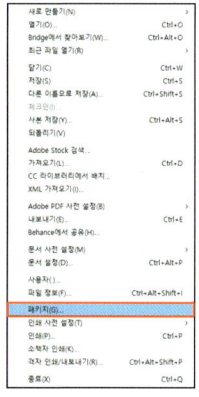

2 [패키지] 대화상자에 발행물의 글꼴과 이미지, 색상 정보를 확인합니다. '1항목에서 RGB 색상 공간 사용'이라고 요약이 표시됩니다.

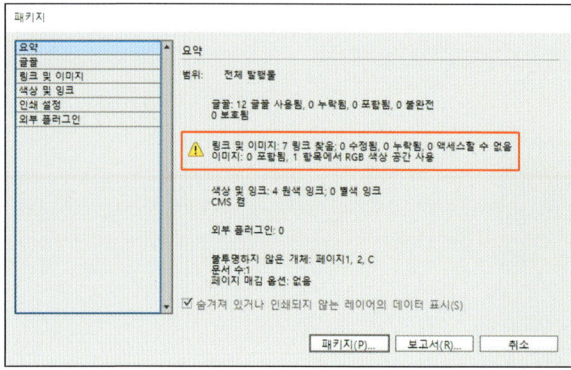

3 [링크 및 이미지]를 선택하고 '문제만 표시'를 체크하면 문제가 있는 링크 및 이미지를 확인할 수 있습니다.

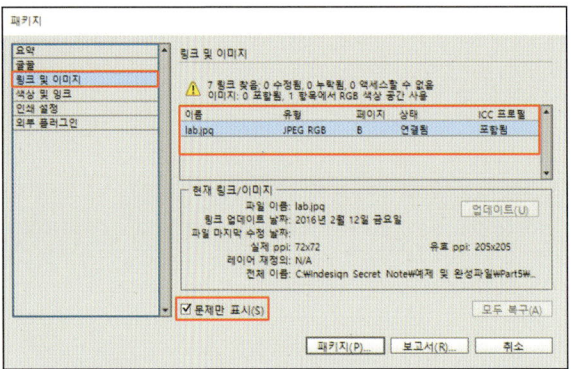

4 [패키지] 패널에서 [취소] 버튼을 클릭하고 [링크] 패널에서 'lab.jpg'를 선택한 다음 보조 메뉴를 클릭해 [편집에 사용할 응용 프로그램] - [Adobe Photoshop]을 선택하면 포토샵 프로그램이 실행됩니다.

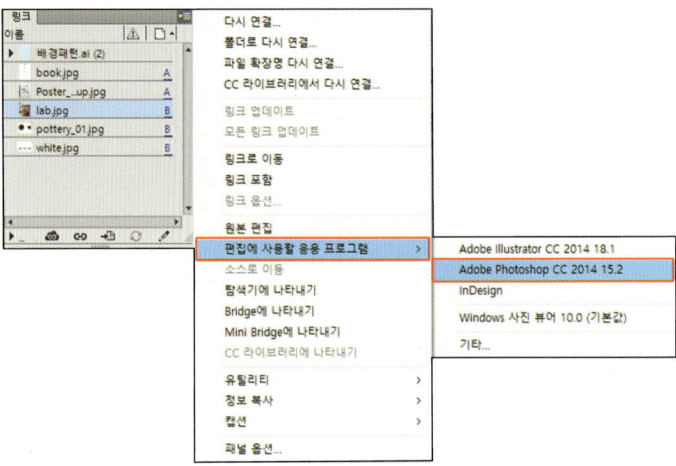

5 포토샵 프로그램에서 [이미지] - [모드] - [CMYK 색상]을 선택하고 [파일] - [저장] 또는 Ctrl+S 를 눌러 저장합니다.

6 [링크] 패널에서 'lab.jpg'를 선택하고 [다시 연결] 아이콘을 클릭합니다.

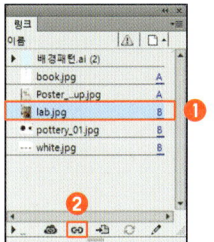

7 다시 [파일] - [패키지]를 실행하면 대화상자에 문제가 없다는 요약을 확인하고 [패키지] 버튼을 누릅니다.

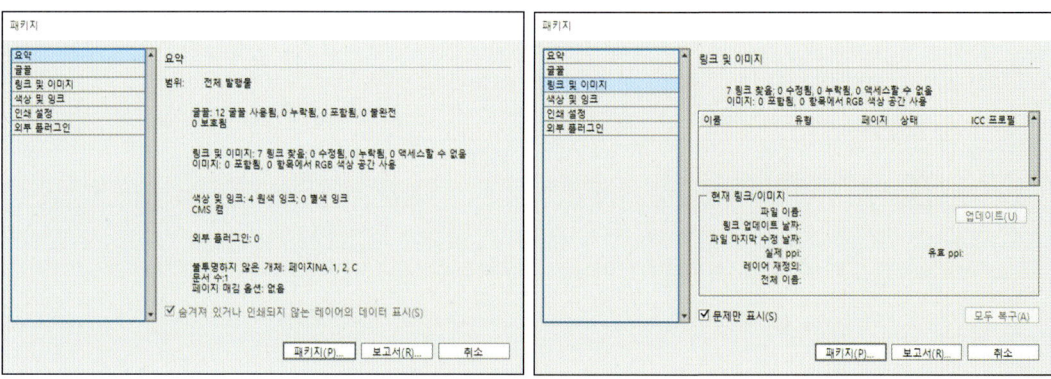

8 [인쇄 지침] 대화상자에 간략한 정보를 입력하고 [계속]버튼을 누르고 패키지를 저장할 폴더를 정하고 [패키지]버튼을 누릅니다.

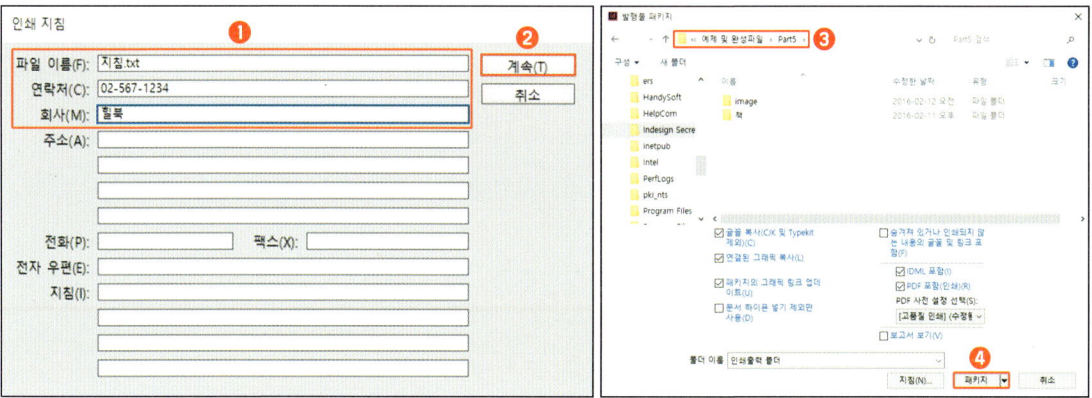

9 저작권에 위배되는 글꼴은 복사되지 않는다는 경고문이 나옵니다. 유료 한글 글꼴은 저장되지 않습니다. [확인] 버튼을 누릅니다.

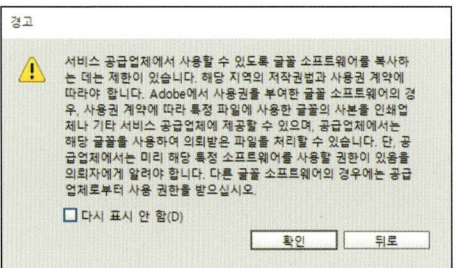

10 저장한 경로 폴더에 글꼴과 링크 이미지, indd 파일, idml 파일(CS4 하위 버전 파일), PDF, 텍스트 문서가 있습니다. 패키지 폴더에는 원본이 저장되는 것이 아니고 복제되는 것입니다.

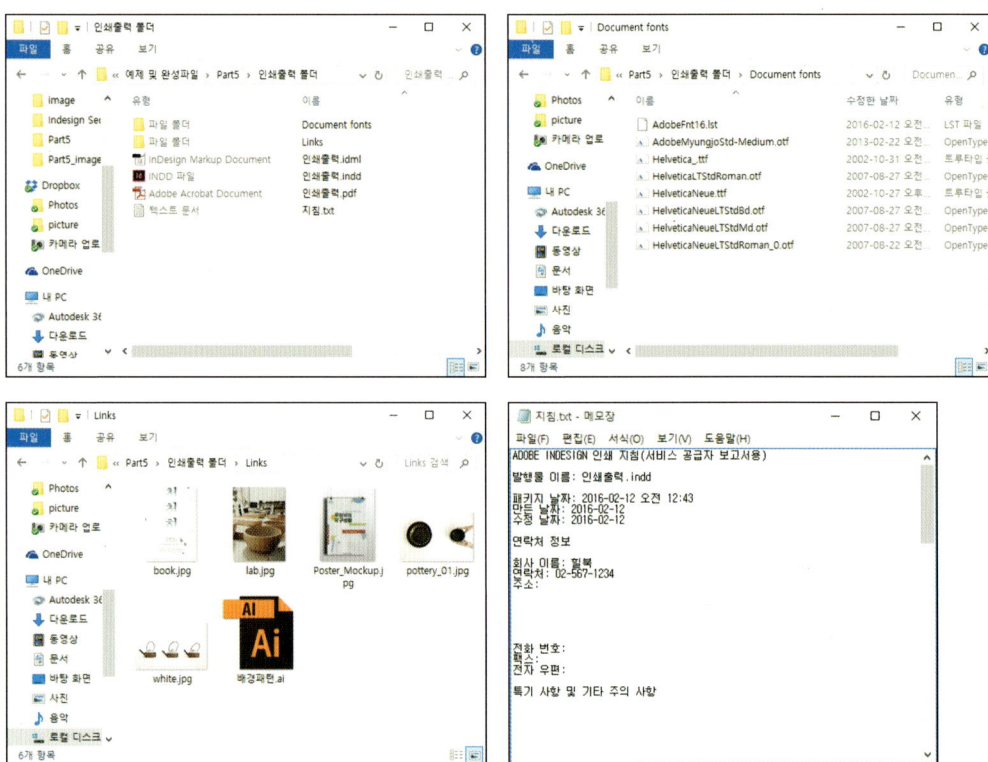

06 인쇄용 PDF 문서로 내보내기

인디자인에서 작업한 문서를 인쇄하기 위해서는 .INDD 파일을 사용하지 않고 [Adobe PDF(인쇄)] 파일 출력을 기본으로 합니다. PDF는 원본 문서와 동일한 레이아웃 상태를 어디서든 볼 수 있는 장점이 있어 전자 문서의 표준으로 사용되고 있으며, Adobe Reader에서 파일을 열어 볼 수 있습니다. [패키지] 기능으로도 PDF 문서가 출력되지만 인디자인에서 제공하는 Adobe PDF 사전 설정을 통해 출력하기에 적합한 PDF 파일로 변환합니다.

1 [파일] - [열기]를 선택하거나 Ctrl+O를 눌러 'Part5\인쇄출력.indd' 파일을 불러옵니다.

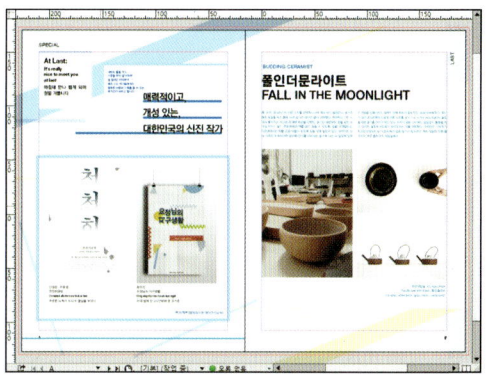

2 [파일] - [내보내기]를 선택하거나 Ctrl+E를 누릅니다. [내보내기] 대화상자가 열립니다. 파일을 저장할 위치를 지정하고 [파일 형식]을 [Adobe PDF(인쇄)]로 선택하고 [저장]을 누릅니다.

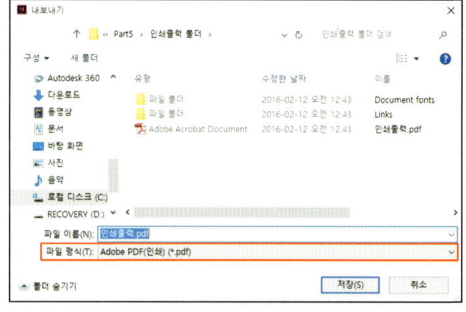

3 [Adobe PDF 내보내기] 대화상자가 나타나면 호환성을 [Acrobat 5 (PDF 1.4)], 페이지 범위를 [모두]로 체크하고 [페이지]와 [스프레드] 둘 중 하나에 체크를 합니다.

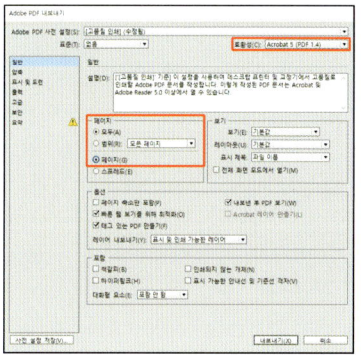

TIP 페이지는 장당 한 면씩, 스프레드는 펼침 면으로 인쇄됩니다.

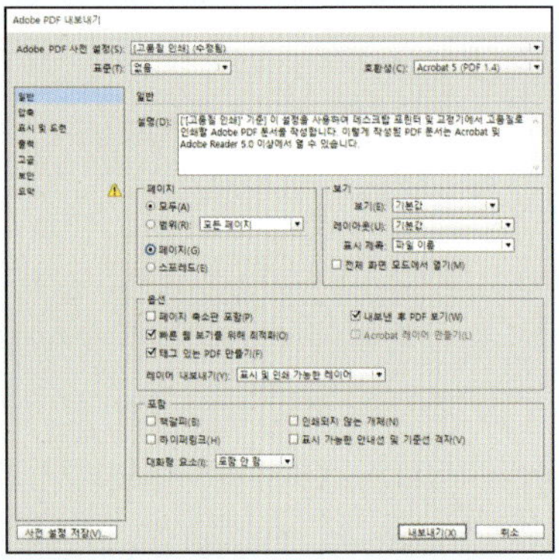

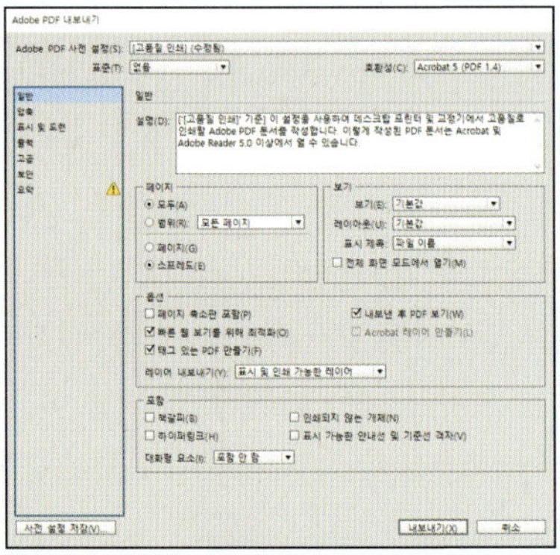

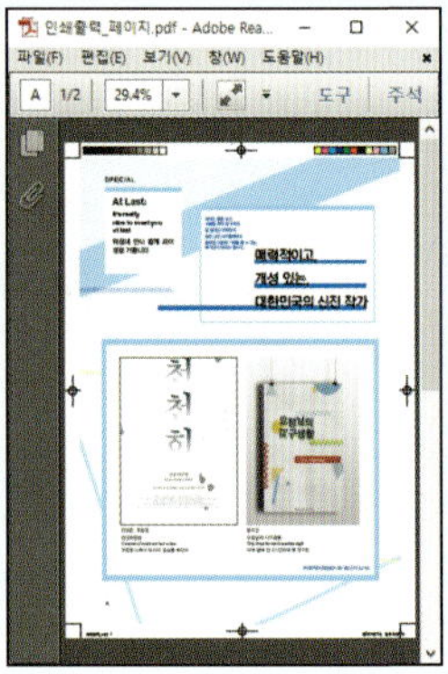

페이지로 설정한 경우 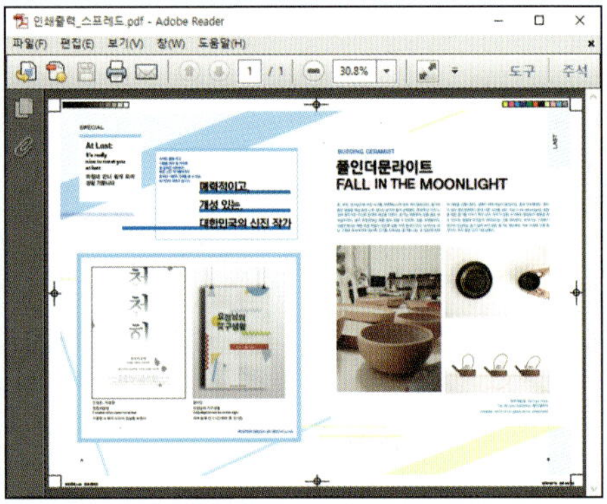   스프레드로 설정한 경우

4 [Adobe PDF 내보내기] 대화상자의 [압축]을 선택합니다. 인쇄를 위한 PDF 파일은 컬러 이미지와 회색 음영 이미지 그리고 단색 이미지를 [다운샘플링 안함] 또는 [바이큐빅 다운샘플링]으로 선택합니다. 이미지의 품질을 최대한 보존하기 위해 [압축]을 [없음]으로 변경합니다.

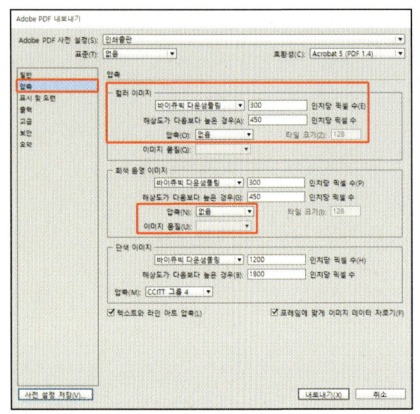

다운 샘플링의 [해상도 조절 수치]는 '원본' 이미지와 같은 해상도로 변경되지 않게 주의합니다. 압축 및 다운 샘플링을 통해 픽셀 수를 줄이면 이미지에서 정보가 삭제되면서 PDF의 크기를 줄일 수 있습니다.

● **[다운샘플링 안함]**
해상도가 지정한 수치보다 크게 되어있어도 지정한 수치로 해상도를 다운시키지 않습니다.

● **[평균 다운샘플링]**
편집 과정 중 변화된 이미지를 평균 해상도로 조정합니다.

- **[서브샘플링]**
  이미지의 중앙에서 픽셀을 선택하여 전체 영역을 선택한 픽셀 색상으로 바꿉니다. 시간이 크게 단축되지만 이미지의 품질이 낮아집니다.
- **[바이큐빅 다운샘플링]**
  느리지만 가장 정확하고 좋은 품질로 다운샘플링 합니다.

5 [표시 및 도련]을 선택합니다. [모든 프린터 표시]와 도련 및 슬러그의 [문서 도련 설정 사용]을 체크하고 [내보내기] 버튼을 누릅니다.

출력소로 보낼 PDF 파일로 터잡기를 하는 경우에는 블리드 영역만 포함하여 내보냅니다. 낱쪽으로 출력하는 경우에는 블리드와 재단선과 맞춰찍기를 반드시 체크 합니다.

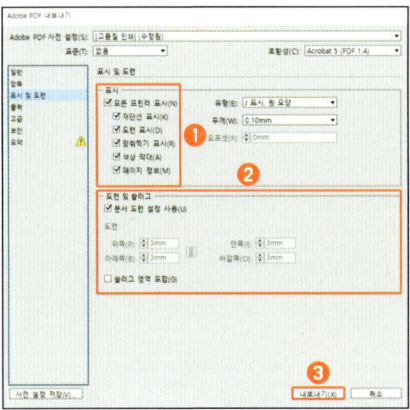

TIP PDF에 유료 글꼴을 라이센스 없이 사용한 경우에는 경고 창이 나타납니다. 경고 창을 무시하고 작업을 진행합니다. 해당 글꼴의 라이센스를 구입하시거나 글꼴을 윤곽선 만들기로 문제를 해결할 수 있습니다.

6 인쇄용 [Acrobat PDF]가 만들어졌습니다.

인쇄 및 출력 다루기 315

PDF 사전 설정

자주 사용하는 PDF 설정을 [사전 설정 저장]을 눌러 사전 설정에 추가하여 사용합니다.

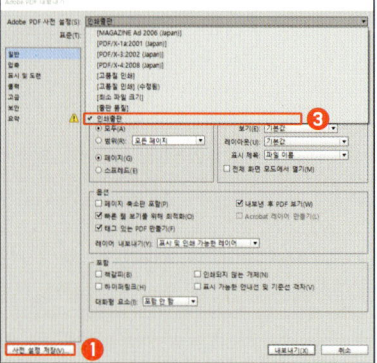

흑백 PDF 내보내기

[Adobe PDF] 대화상자의 [출력] 탭에서 색상 변환을 '대상으로 변환'으로 대상을 'Dot Gain 25%'로 지정하고 [내보내기] 버튼을 클릭합니다.

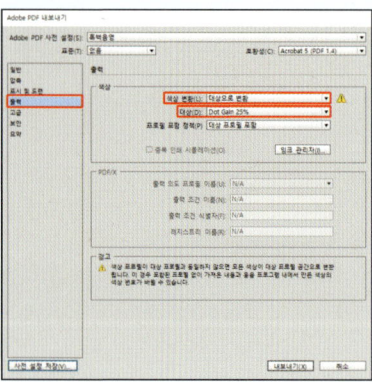
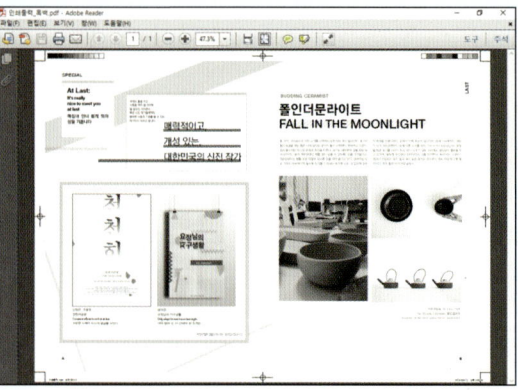

07 인쇄용 문서 출력하기

문서 인쇄는 [파일] - [인쇄] 메뉴 또는 단축키 Ctrl + P 를 눌러 [인쇄] 대화상자가 나오면 용지 크기와 그래픽, 출력에 관한 고급 설정을 할 수 있습니다.

1 **일반** : 프린터를 선택하고, 인쇄 매수, 인쇄의 범위와 출력화면의 형태를 설정합니다.

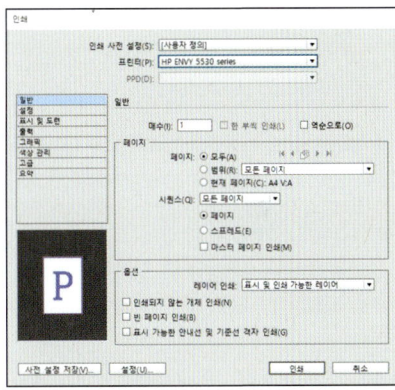

2 **설정** : 용지 크기와 비율을 설정합니다. [대상에 맞게 크기 조정]을 체크하면 종이 크기에 맞게 문서가 자동 조절이 됩니다.

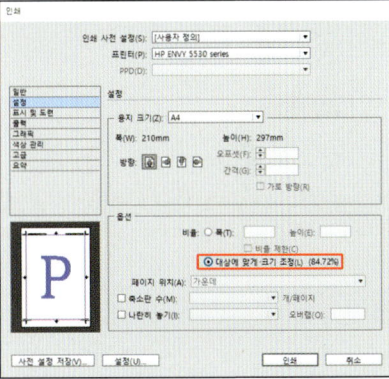

[옵션]의 축소판 수를 체크하고 한 페이지에 몇 개의 문서를 넣을지 선택합니다. 책의 전체적인 레이아웃을 파악할 때 사용합니다.

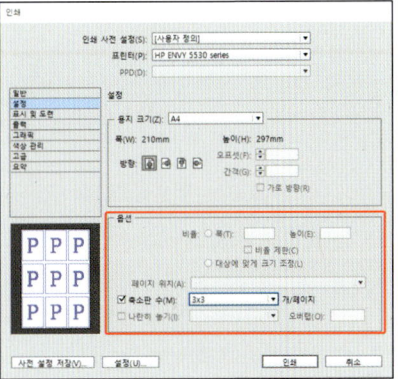

③ **표시 및 도련** : 재단선과 도련선, 맞춰찍기 등 프린터 표시를 설정합니다.

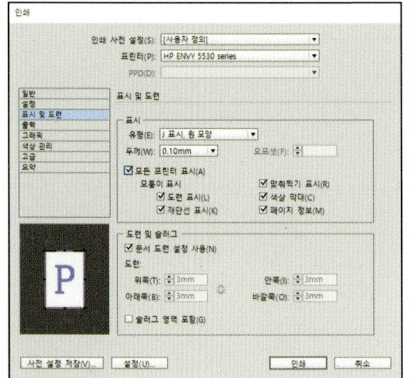

④ **고급** : 사전 설정을 [고해상도]로 지정하면 고품질의 프린트가 가능합니다.

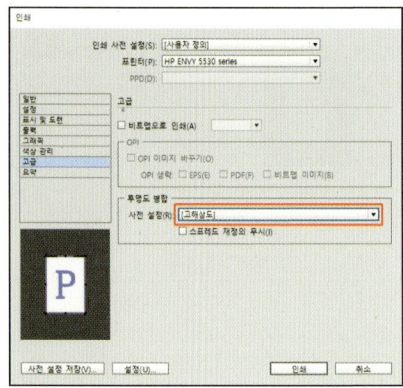

08 가제본으로 인쇄하기

도록이나 사진첩을 제작하는 경우 작업하는 중간에 최종 결과물을 보기 위해 가제본을 만들게 됩니다. 가제본은 터잡기 프로그램을 통해 만드는데 인디자인에서는 [소책자 인쇄] 기능을 통해 간단하게 자동 배치가 가능하고 실제 결과물을 미리보기로 확인할 수 있습니다. 터잡기 작업을 하지 않고 순서대로 인쇄를 하여 제본을 하는 것과는 다릅니다. 실제 파일의 페이지 번호와는 상관이 없기 때문입니다.

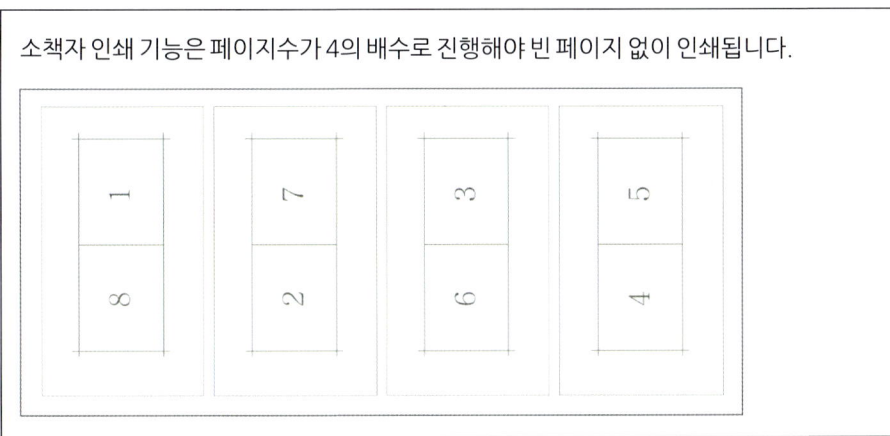

소책자 인쇄 기능은 페이지수가 4의 배수로 진행해야 빈 페이지 없이 인쇄됩니다.

1 [파일] - [열기]를 선택하거나 Ctrl+O를 눌러 '소책자인쇄 .indd' 파일을 불러옵니다. [파일] - [소책자 인쇄]를 선택합니다.

2 [소책자 인쇄] 대화상자가 나오면 [소책자 유형]을 선택합니다.

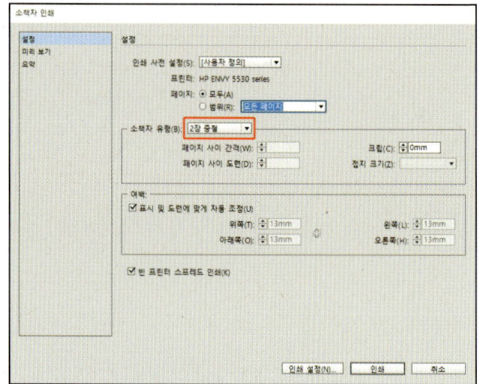

3 [미리보기] 탭을 선택하면 스프레드 문서가 미리보기가 됩니다. 출력 용지와 맞지 않을 경우 [인쇄 설정] 버튼을 누릅니다.

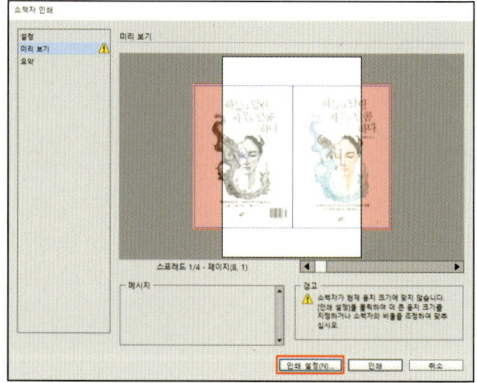

4 [인쇄] 대화상자에서 용지 크기, 방향, 출력 표시등 세부 항목을 지정합니다.

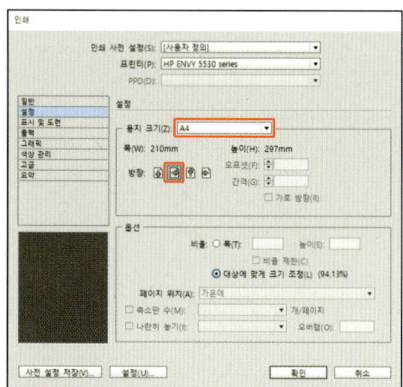 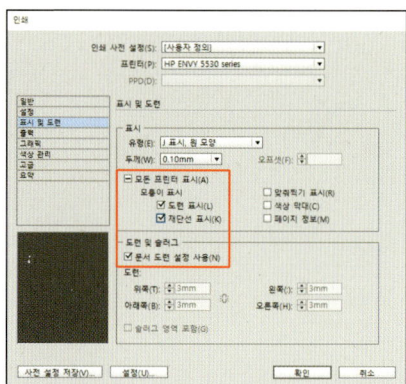

5 [미리 보기]로 돌아가서 터잡기 작업으로 조정된 작업 페이지 순서를 살펴봅니다. 이상이 없는 경우 [인쇄]를 누릅니다.

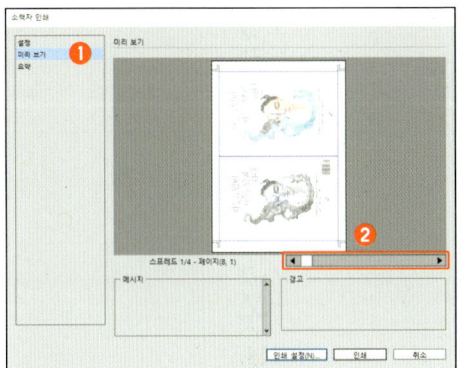 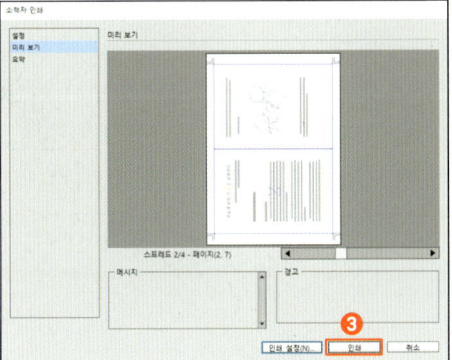

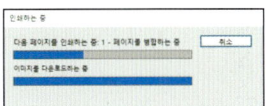

6 8-1, 2-7, 6-3, 4-5페이지가 스프레드 형태로 인쇄됩니다. 가운데 절개선을 접어 제본하면 중철 가제본이 완성됩니다.

 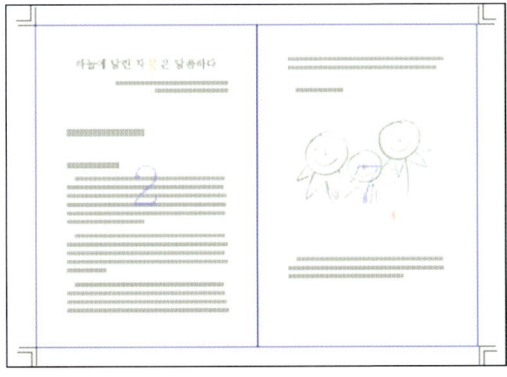

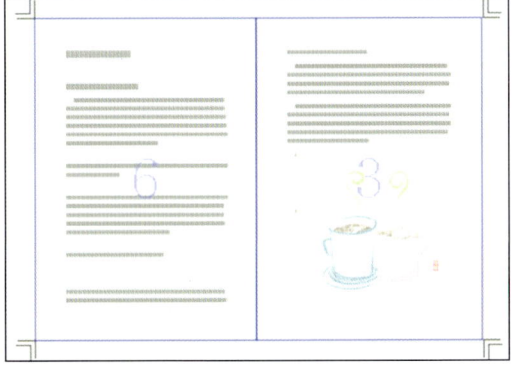 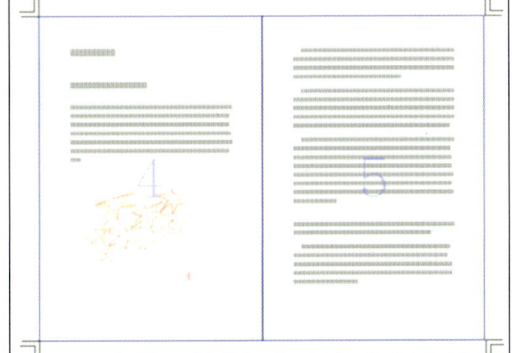

09 책 패널

책을 작업하는데 페이지 작업이 많은 경우 분리해서 작업을 하거나, 업무를 분할하여 여러 명이 작업을 나눠하기도 합니다. [책] 패널 기능을 이용하면 분리된 파일들을 하나의 책으로 묶고 각 문서의 스타일까지 동기화해 편리하게 작업할 수 있습니다.

1 Part5의 '책' 폴더에 '하늘에 달린 자몽은 달콤하다' 1부~3부까지의 인디자인 파일이 있습니다.

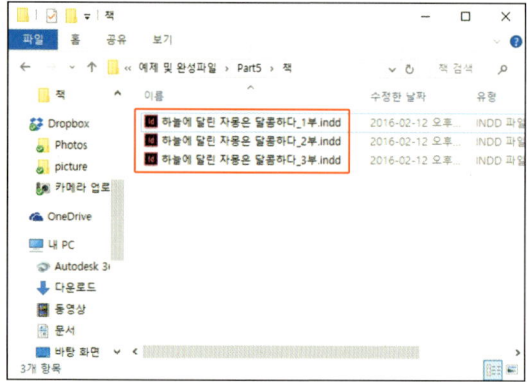

2 [파일] - [새로 만들기] - [책]을 선택합니다.

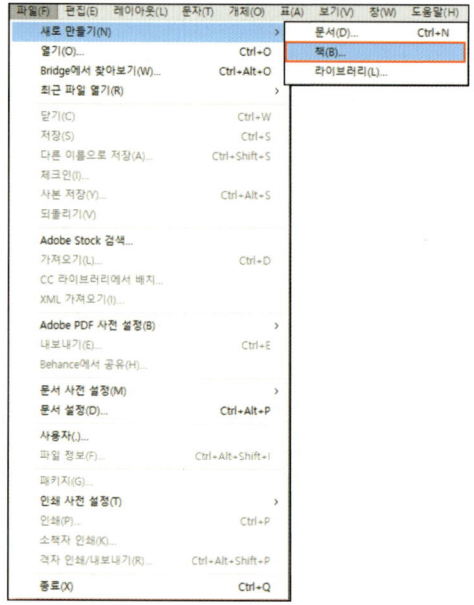

3 책 파일이 있는 Part5의 '책' 폴더로 저장할 경로로, 파일 이름은 '책1'로 지정하고 [저장] 버튼을 누릅니다.

4 [책1] 패널이 만들어 집니다.

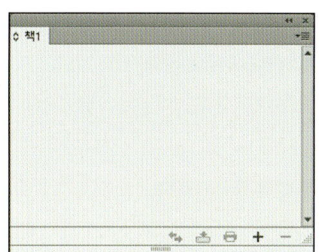

5 [문서 추가] 아이콘을 클릭합니다.

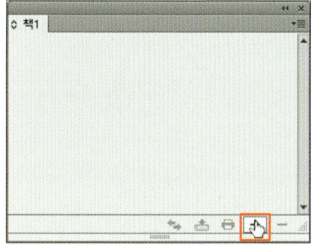

6 [문서 추가] 대화상자가 열리면 '1부~3부'의 책 파일을 모두 선택하고 [열기] 버튼을 누릅니다.

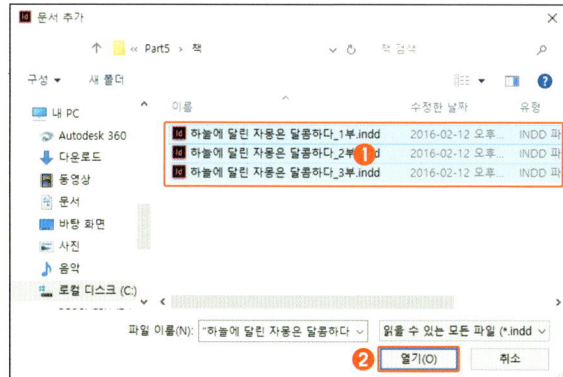

7 [책1] 패널에 문서가 추가됩니다.

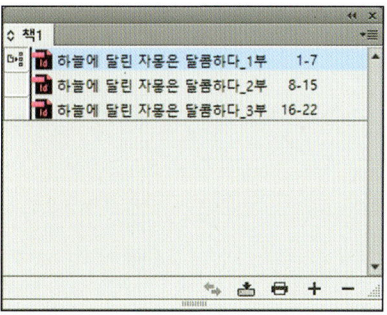

8 [책1] 패널에서 문서 전체를 선택하고 보조 메뉴를 클릭해 [번호 업데이트] - [모든 번호 업데이트]를 선택합니다.

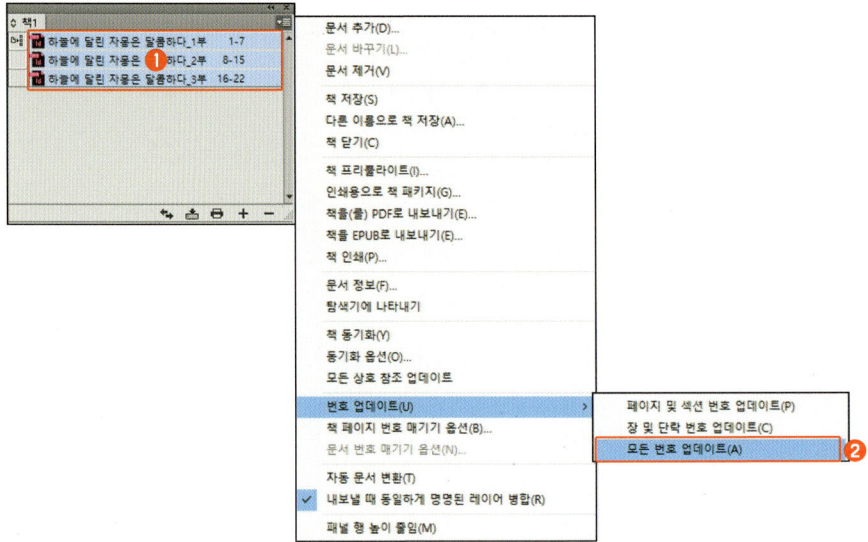

9 [책1] 패널의 페이지가 순서대로 업데이트 됩니다.

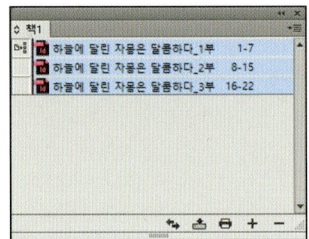

10 [책1] 패널의 보조 메뉴에서 [동기화 옵션]을 선택해 각각의 파일에서 사용한 스타일을 동기화합니다.

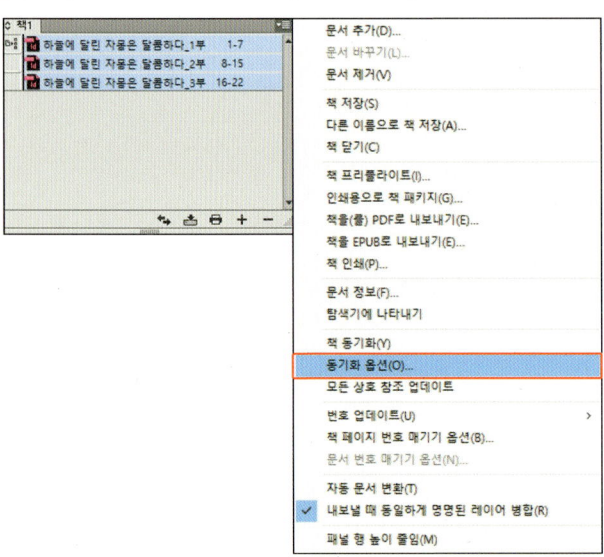

11 [동기화 옵션] 대화상자에서 원하는 부분만 체크하고 [동기화] 버튼을 누릅니다. 스타일 동기화를 잘못 사용하면 레이아웃의 일관성이 깨질 우려가 있으니 사전 작업 시 스타일 가이드를 작성하고 공유해서 작업합니다.

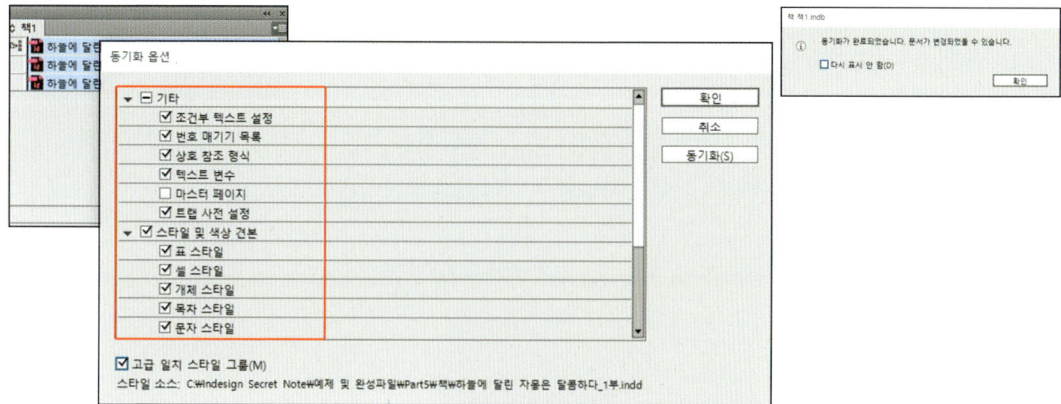

12 [책1] 패널에서 문서 전체를 선택하고, 보조 메뉴를 클릭해 [책을 PDF로 내보내기]를 선택합니다.

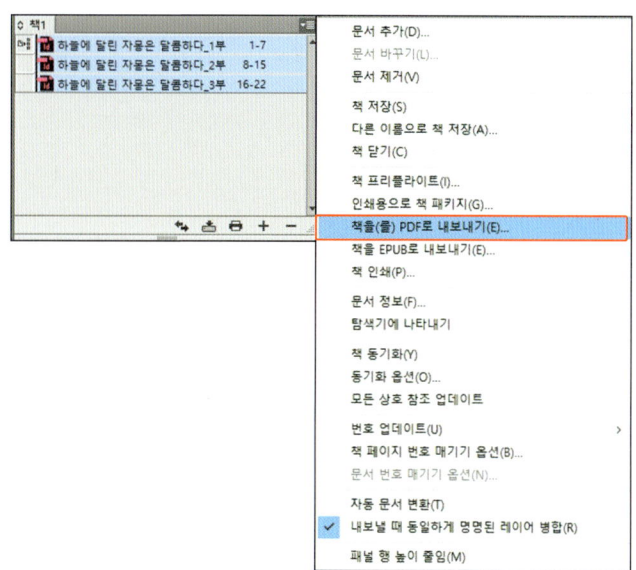

13 책이 PDF 문서로 만들어집니다.

인쇄 및 출력 다루기 **325**

무선 제책 표지 디자인 작업 노트

표지 디자인은 제본의 형태와 종이의 특성, 후가공의 인쇄 방식 등 다양한 측면을 고려하여 디자인합니다. 실제 책의 판형을 기준으로 '책등', '책 날개' 유무를 대입하여 대지 작업을 완성합니다.

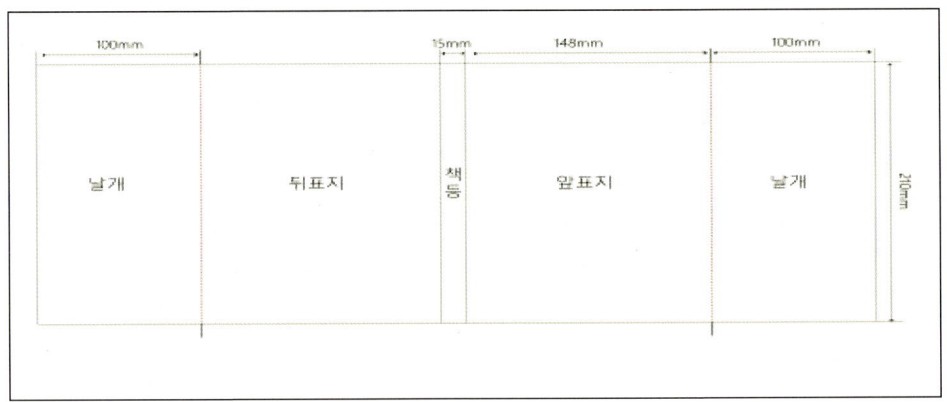

1 새로운 문서를 만듭니다.

> 페이지 : A5, 5페이지, 페이지 마주보기 : 해제, 도련 : 각3mm, 여백 : 0mm, 열 개수 :1, 간격 :5mm

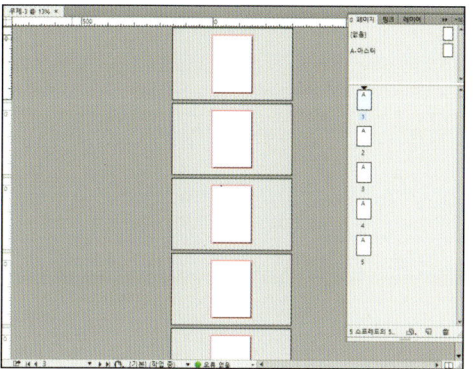

2 모든 페이지를 선택하고 [페이지] 패널에서 마우스 오른쪽 버튼을 클릭해 [문서 페이지 재편성 허용]을 체크 해제합니다.

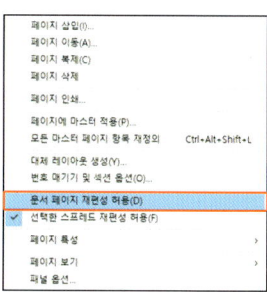

3 2-5 페이지를 선택하고 1페이지 옆으로 드래그하여 모든 페이지를 일렬로 재배치합니다.

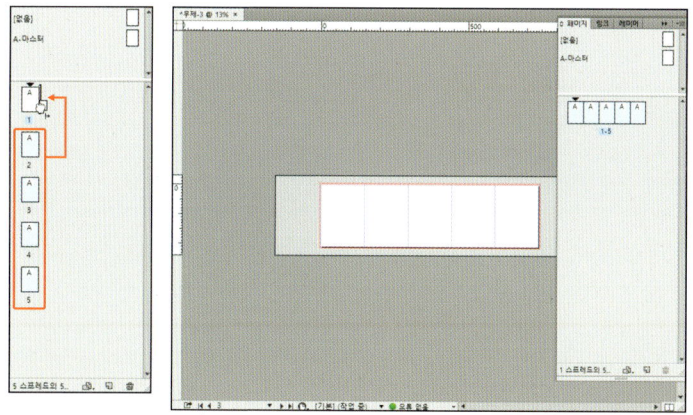

4 [도구상자] - [페이지 도구( )]를 선택해 각 페이지의 너비를 [컨트롤 패널]의 'W'에 입력합니다.

(페이지 사이에 간극은 페이지를 선택해서 드래그하면 사라집니다)

1페이지 폭 : 100mm
3페이지 폭 : 15mm
5페이지 폭 : 100mm

인쇄 및 출력 다루기   327

5 [파일] - [가져오기]를 선택하고 [가져오기] 대화상자가 나오면 'Part5\활용예제\책표지\cover.psd, cover_back.psd'를 선택하고 [열기] 버튼을 클릭합니다. 4페이지에 'cover.psd'를 2페이지에 'cover_back.psd'를 가져오기로 배치합니다. 'healbook_logo.ai', 'barcode.jpg'도 배치합니다.

6 '원고.txt' 파일의 텍스트를 복사 Ctrl + C 해서 책 날개에 붙여넣기 Ctrl + V 하고, 단락 스타일을 지정합니다.

본문 스타일 글꼴 : 윤명조 125, 크기 : 10pt, 행간 :16pt, 자간 : -20
캡션 스타일 글꼴 : 윤고딕 320, 크기 : 9pt, 행간 :11pt, 자간 : -20

7 [도구상자] - [문자 도구]로 책등에 들어갈 제목 '하늘에 달린 자몽은 달콤하다 이용태 장편소설' 을 입력합니다. 글꼴 크기를 다르게 하고 [기준선 이동]으로 글자의 높낮이를 불규칙하게 조정합니다.

8 [도구상자] - [선택 도구]로 '텍스트 프레임'을 선택하고 [컨트롤 패널]에서 회전 각도를 '-90'도로 입력합니다. 회전된 텍스트 프레임을 책등에 배치합니다.

9 선택 도구로 텍스트 프레임을 선택하고 [문자] - [윤곽선 만들기]를 선택합니다.
(문자에 윤곽선 만들기를 하면 텍스트의 속성이 깨지고 개체의 속성으로 변합니다.)

10 [개체] - [그룹 해제]([Ctrl]+[Shift]+[G])를 한 다음 [직접 선택 도구]로 '에'를 드래그하여 선택합니다. [도구상자]-[회전] 도구를 선택하고 [Alt] 키를 눌러 중심점을 글자 중간으로 클릭하면 [회전]대화상자가 나타납니다. [미리 보기]를 체크하고 15도를 입력한 다음 [확인] 버튼을 클릭합니다.

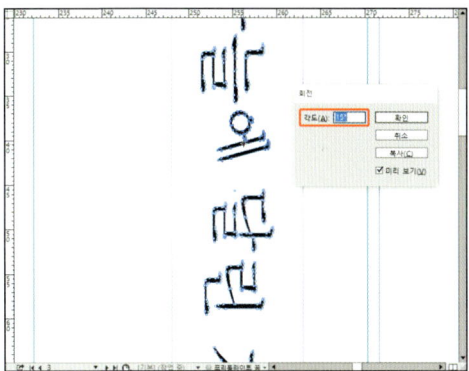

11 같은 방법으로 '은'에도 적용하였습니다.

12 책 표지가 완성됐습니다.

> **TIP** 바코드 만들기
>
> http://www.terryburton.co.uk/barcodewriter/generator/
>
> 1 Barcode의 유형을 'ISBN'으로 선택합니다.
> 2 Contents에 바코드 번호를 입력합니다.
> 3 크기와 회전을 변경하려면 수치를 변경합니다. 변경을 원하지 않으면 default 상태로 변경하지 않습니다.
> 4 [Make Barcords]를 누르면 하단에 바코드가 생성됩니다.
>
>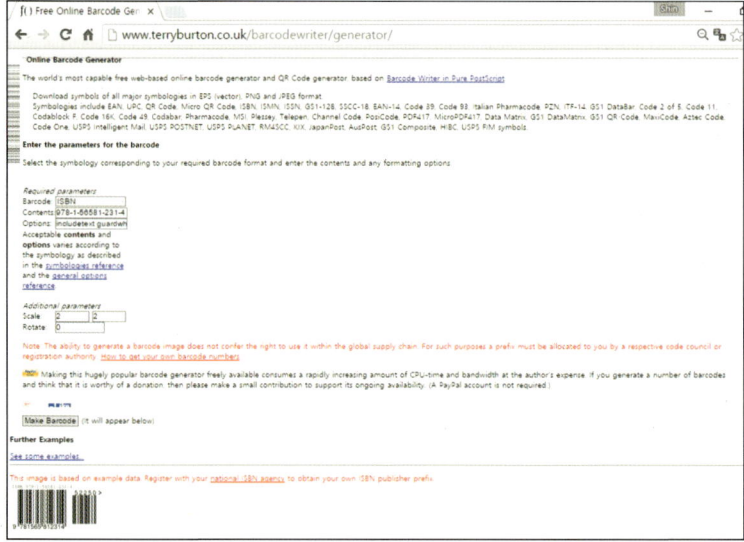

후가공 표지 디자인

표지 디자인 작업은 재단과 가공 작업에 따라 판형이 달라집니다. 책등이 있는 표지일 경우 책등을 기준으로 책을 싸기 때문에 재단선을 표시해야 합니다. [pdf로 내보내기] - [표시 및 도련]을 사용하지 않는 이유는 책등에는 안내선이 나타나지 않기 때문이며, 별도의 재단선을 만들어야 합니다. 무선철 재본은 재단과 접는선 판에 5mm의 여백이 필요합니다. 3mm는 도련이고 2mm는 재단선을 위한 여백입니다. 재단선을 만드는 방법과 후가공을 위한 별도의 필름을 위한 페이지를 작업합니다.

안내선 만들기

1. 새로운 문서를 만들면 기본 판형이 완성됩니다.

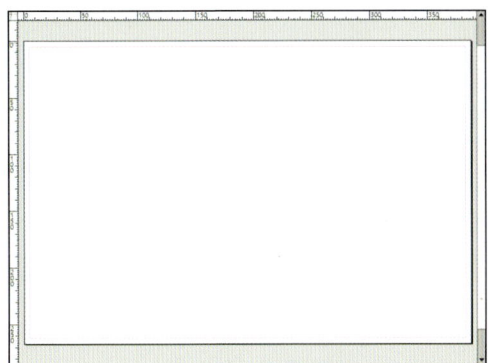

페이지 폭 : 388mm, 페이지 높이 : 267mm, 1페이지, 페이지 마주보기 : 체크 해제, 도련 : 각 0mm, 여백 : 5mm, 열 개수 : 1, 간격 : 5mm

2. 재단선 작업을 위해 [페이지] 패널의 [A-마스터]를 더블클릭하여 마스터 페이지에서 기본 안내선 작업을 합니다. [보기] - [눈금자 표시] Ctrl + R 를 선택합니다. 눈금자의 모서리를 드래그하여 X,Y의 0점을 조정합니다.

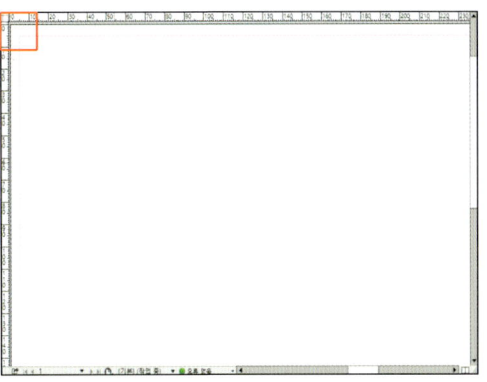 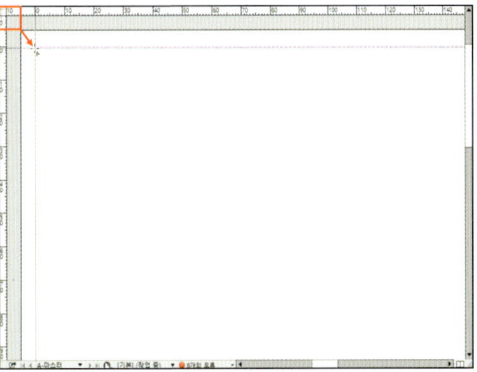

3. 위쪽 눈금자에서 마우스 왼쪽 버튼을 누른 상태에서 아래로 드래그하여 Y위치를 -3mm에 배치하고, 왼쪽 눈금자에서 마우스 왼쪽 버튼을 누른 상태에서 오른쪽으로 드래그하여 X위치를 -3mm에 안내선을 만듭니다.

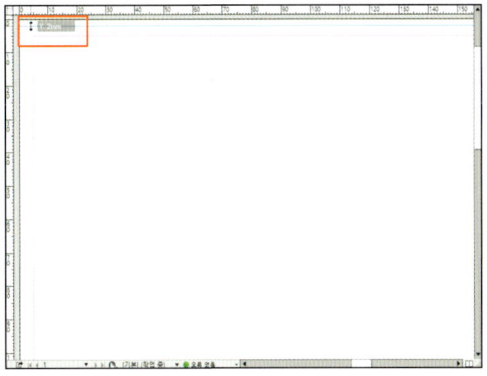 

> **TIP** 컨트롤 패널에 -3mm를 입력해서 안내선의 위치를 설정할 수 있습니다.

4 안내선이 완성되었습니다. 여백 5mm에서 2mm는 재단선과 맞춤 표시를 위한 여백이고 3mm는 도련을 위한 여백입니다.

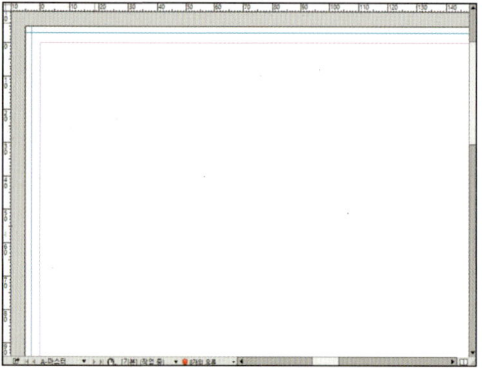

┗ 재단선 만들기

5 [도구상자] - [선 도구(☐)]를 선택하고 Y좌표인 -3mm부터 6mm 길이로 수평선을 그립니다. 그리고 동일한 길이로 수직선을 그립니다. 도련선이 만들어졌습니다. 안내선을 움직이지 않기 위해서 [보기] - [격자 및 안내선] - [안내선 잠그기] [Alt] + [Ctrl] + [;] 를 합니다.

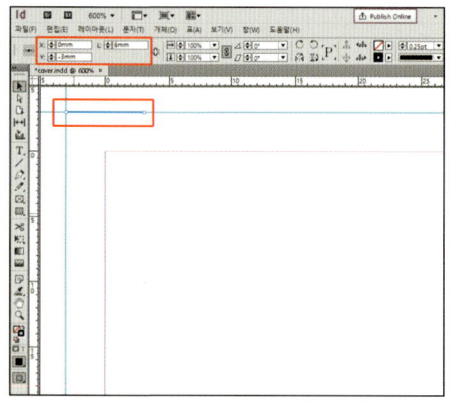 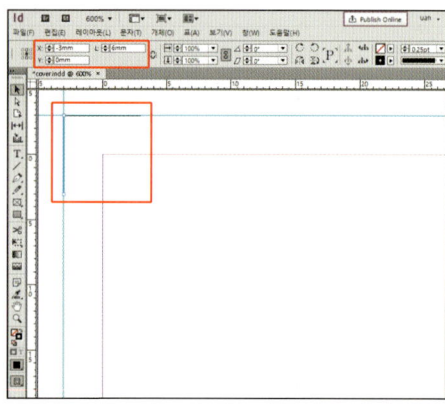

6 선을 선택 도구로 선택하고 컨트롤 패널에서 [맞춰찍기] 색상을 설정하고, 두께를 '0.25pt'로 지정합니다.

> **재단선과 도련선**
> 재단선은 검정색이 아니라 반드시 필름판에서 보이는 [맞춰찍기]를 사용해야합니다. 굵은선은 정교하게 일치되어야 하는 선 작업에 방해가 될 수 있어 0.3pt 이하의 얇은 선을 사용합니다.

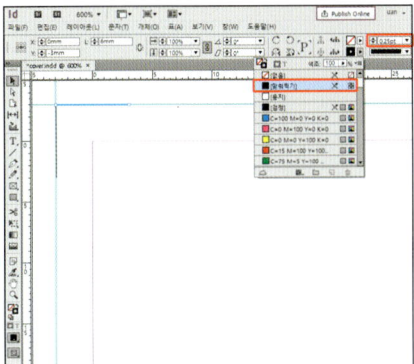

7 [도구상자] - [선 도구(∕)]를 선택하고 X좌표 0에서 시작하여 2mm 길이의 수직선을 그립니다.

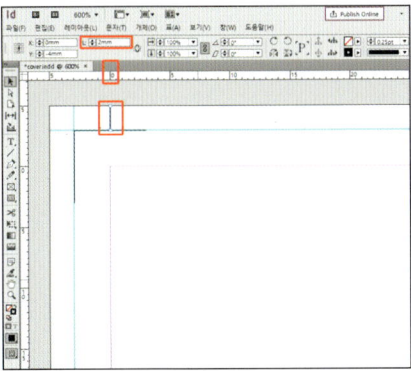

8 수직선을 선택하고 Alt 를 누르고 드래그해 복사하고, 회전 각도를 '90도'로 지정하여 수평선을 만듭니다. 재단선이 만들어졌습니다.

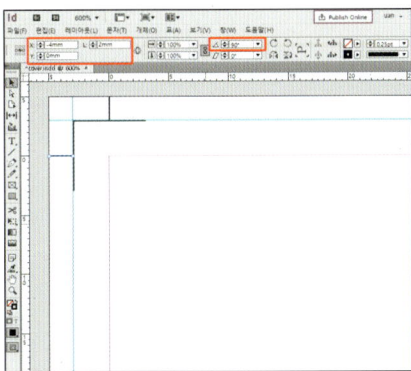

9 완성된 도련선과 재단선을 Ctrl+G 를 눌러 그룹화하고 Alt+Shift 를 누른 채 수평으로 드래그하여 오른쪽 페이지 상단으로 복사합니다. [컨트롤 패널]에서 회전 각도를 90도로 변경합니다.

10 페이지 상단에 있는 도련선과 재단선을 Alt+Shift 를 누른 채 수직으로 드래그해 복사하고 회전 각도를 180도로 입력합니다. 페이지의 하단에 복사 배치하여 4개의 모서리에 재단선을 완성합니다.

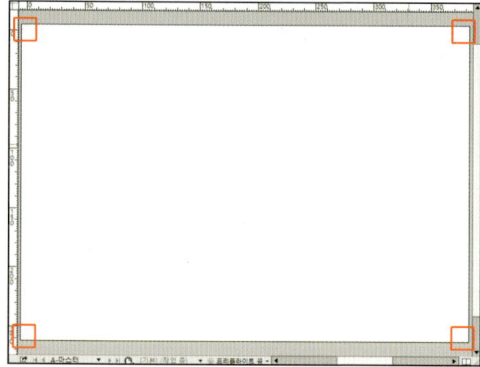

표지 디자인하기

1 [도구상자] - [사각형 도구(▢)]를 선택하고 대지 전체에 맞는 사각형을 만듭니다. 그리고 원하는 '칠' 색상을 지정합니다.

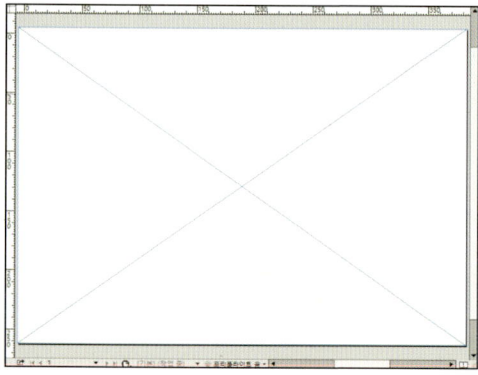

2 [보기] - [눈금자 표시] Ctrl+R 를 선택합니다. 왼쪽 눈금자에서 마우스 왼쪽 버튼을 누른 상태에서 오른쪽으로 드래그하여 X를 188.5mm 위치 지점에 중심 안내선을 만듭니다.

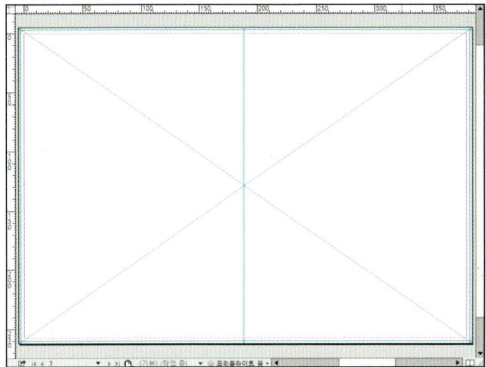

3 [도구상자] - [사각형 도구( )]를 선택해 중심선에 맞추어 '넓이 : 10mm, 높이 : 263mm' 크기를 만든 후 '칠 색상'을 지정하여 '책등'을 만듭니다.

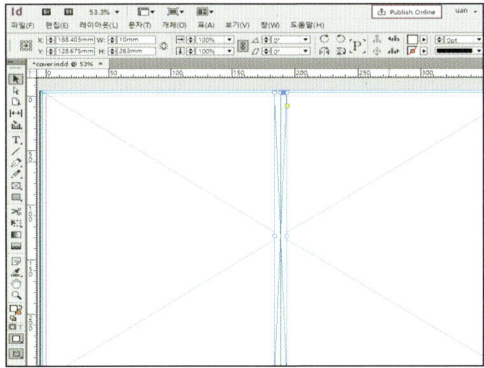

4 [도구상자] - [문자 도구]를 선택하고 드래그해 'Part5＼활용예제＼잡지디자인' 폴더의 'Pin.txt' 파일의 원고를 복사해서 붙여넣기 한 다음 스타일을 지정합니다.

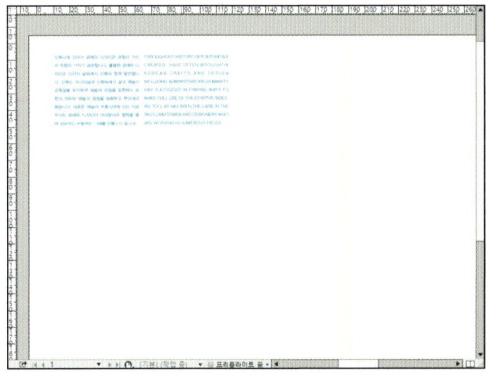

한글 스타일
글꼴 : 윤고딕 320, 스타일 : Regular, 크기 : 7.5,
행간 : 14pt, 균등 배치, 색상 : C57, M14, Y11, K0
영문 스타일
글꼴 : Helvetica Neue LT 320, 스타일 : 55 Roman,
크기 : 7.5, 행간 : 14pt, 균등 배치, 모두 대문자,
색상 : C57, M14, Y11, K0

5 [텍스트 프레임]을 선택하고 마우스 오른쪽 버튼을 클릭해 [텍스트 프레임 옵션] 대화상자에서 열의 수를 '3', 간격을 '3mm', 폭을 '52mm'로 지정하고, 인세트 간격을 조정한 다음 [확인] 버튼을 누릅니다.

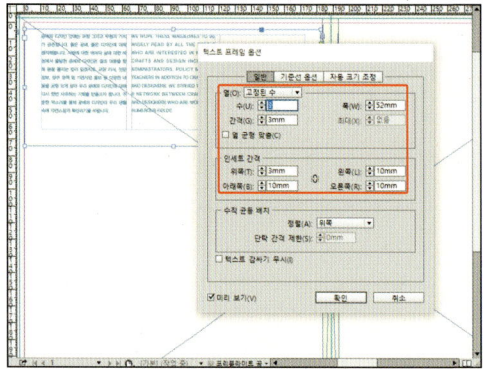

6 제목과 타이틀도 복사해서 붙여넣기 합니다. [파일] - [가져오기]를 선택하고 'Part5\활용예제\잡지디자인' 폴더에서 '바코드.jpg'를 가져와서 배치합니다.

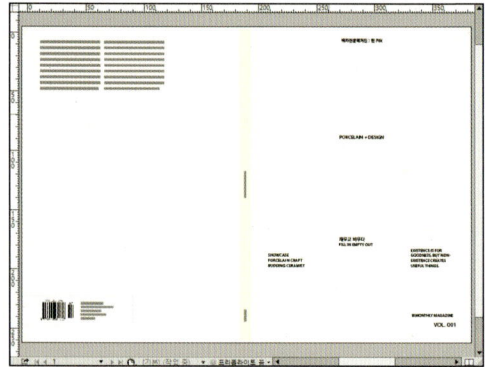

7 [도구상자] - [펜 도구( )]로 문서 오른쪽 하단에 삼각형 모양을 그립니다. [선택 도구( )]로 삼각형 패스를 선택합니다. [파일] - [가져오기]를 선택하고 [가져오기] 대화상자가 나오면 'Part5\활용예제\잡지디자인\배경패턴.ai'를 선택하고 [열기] 버튼을 클릭합니다.

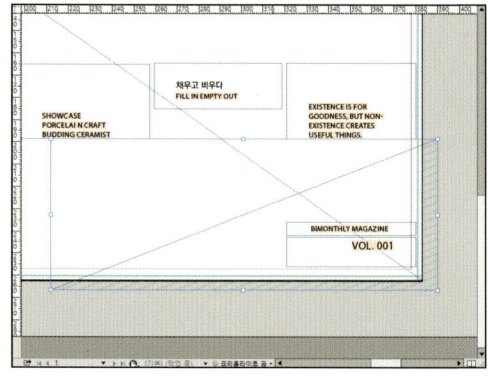

8 [문자 도구]로 제목 '핀'을 입력하고 글꼴을 '윤명조', 크기를 '90pt'로 지정합니다.

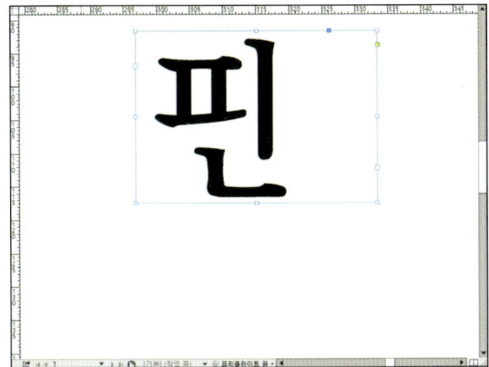

9 [선택 도구]로 '핀'글자를 선택하고 [문자] - [윤곽선 만들기]를 선택합니다. [도구상자] - [사각형 도구]로 사각형을 하나 만들어 회전하여 핀글자와 맞게 비스듬하게 배치합니다. 그리고 사각형 레이어를 복제해놓고 눈아이콘( )을 꺼놓습니다.

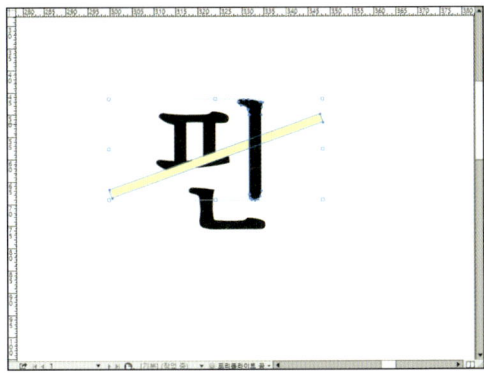

10 직접 선택 도구로 'l' 자음만 드래그하여 선택해서 Ctrl + X 를 눌러 잘라내기 하고, Ctrl + V 를 눌러 붙이기하여 레이어를 다르게 하고 눈 아이콘( )을 꺼놓습니다.

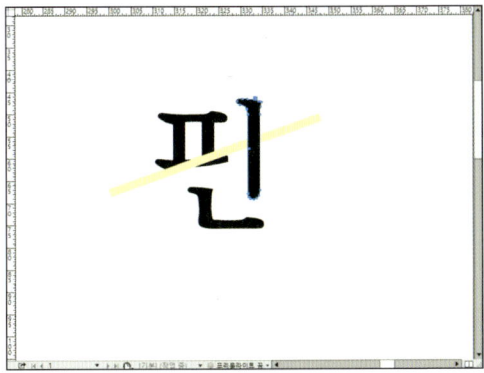

11 [선택 도구]로 비스듬하게 그린 사각형과 'ㅣ'를 제외한 글자를 두 개 선택하고 [창] - [개체 및 레이아웃] - [패스파인더]에서 [빼기]를 선택합니다.

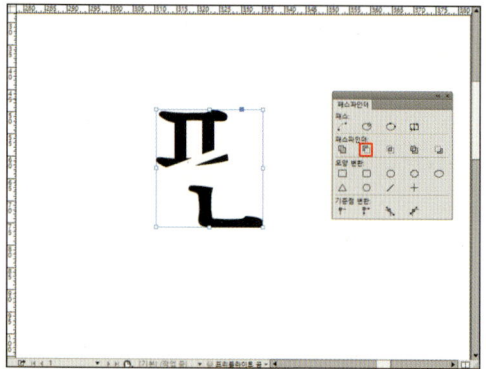

12 잠깐 안 보이게 한 레이어의 눈 아이콘(👁)을 클릭해 다시 활성화합니다. 제목이 완성되었습니다.

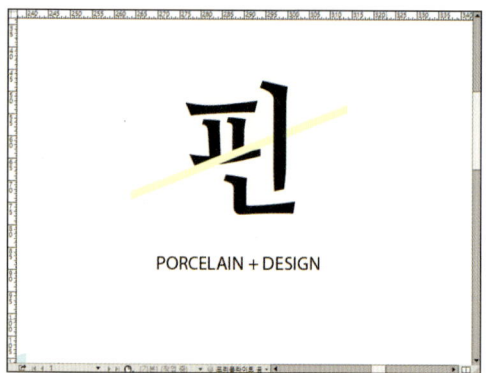

13 [도구상자] - [다각형 도구]로 비스듬한 사각형을 여러 개 그려 배치합니다.

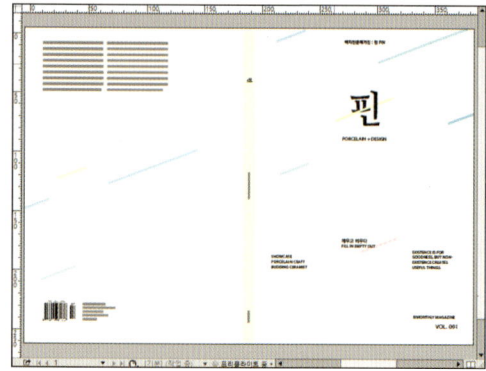

14 [파일] - [가져오기]를 선택하고 [가져오기] 대화상자가 나오면 'Part5\활용예제\잡지디자인\potteri.ai'를 선택한 다음 [열기] 버튼을 클릭합니다. 표지 뒷면에 배치합니다. 잡지 표지가 완성되었습니다.

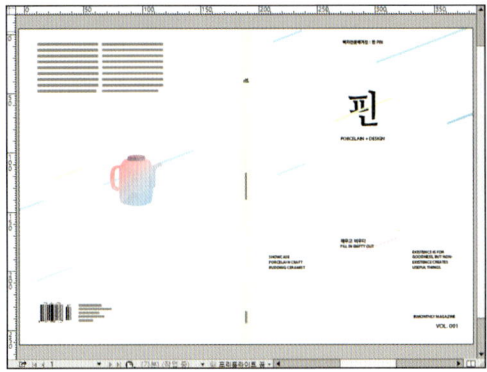

책등 안내선 만들고 인쇄용 PDF 내보내기

1 [도구상자] - [선 도구(/)]를 선택하고 책등의 위치를 표시하는 안내선을 수직으로 드래그하여 선을 그립니다. 선을 선택 도구로 선택하고 [맞춰찍기]색상을 설정합니다. 두께는 '0.25pt'로 지정합니다. 선을 Alt + Shift 키를 누른 상태에서 드래그해 수평으로 복제합니다.

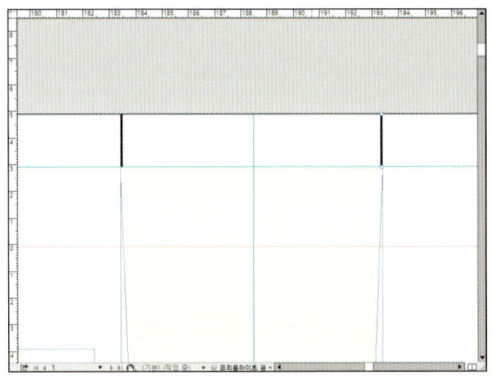 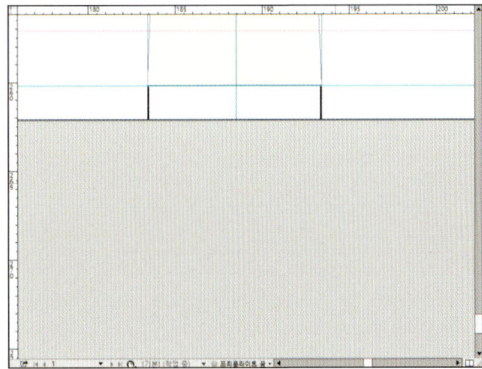

2 모든 면에 재단선과 안내선이 표시되었습니다.

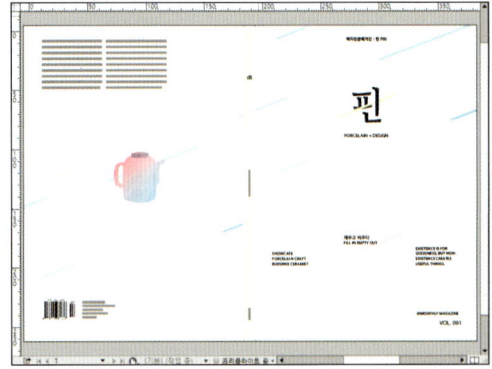

3 [파일] - [내보내기]를 선택하거나 Ctrl+E를 누릅니다. 파일 형식을 'Adobe PDF(대화형)(*.pdf)'로, 파일 저장 위치와 이름을 입력하고 [저장] 버튼을 클릭합니다. [Adobe PDF 내보내기] 대화상자가 나타나면 [Adobe PDF 사전 설정] 항목을 [출판 품질]로 선택하고 [내보내기] 버튼을 누릅니다.

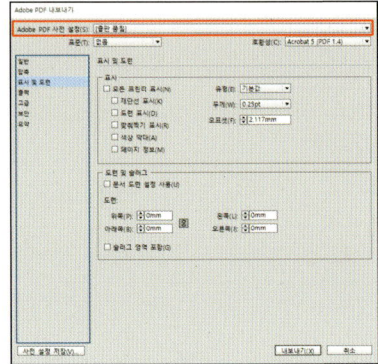

4 인쇄용 PDF가 만들어집니다.

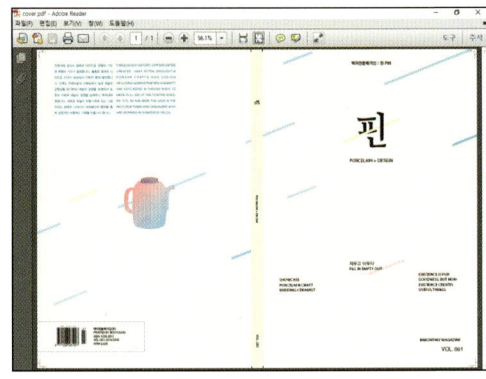

SECRET NOTE — 별도의 후가공 판 만들기

1 [페이지] 패널에서 1 스프레드를 복제합니다.

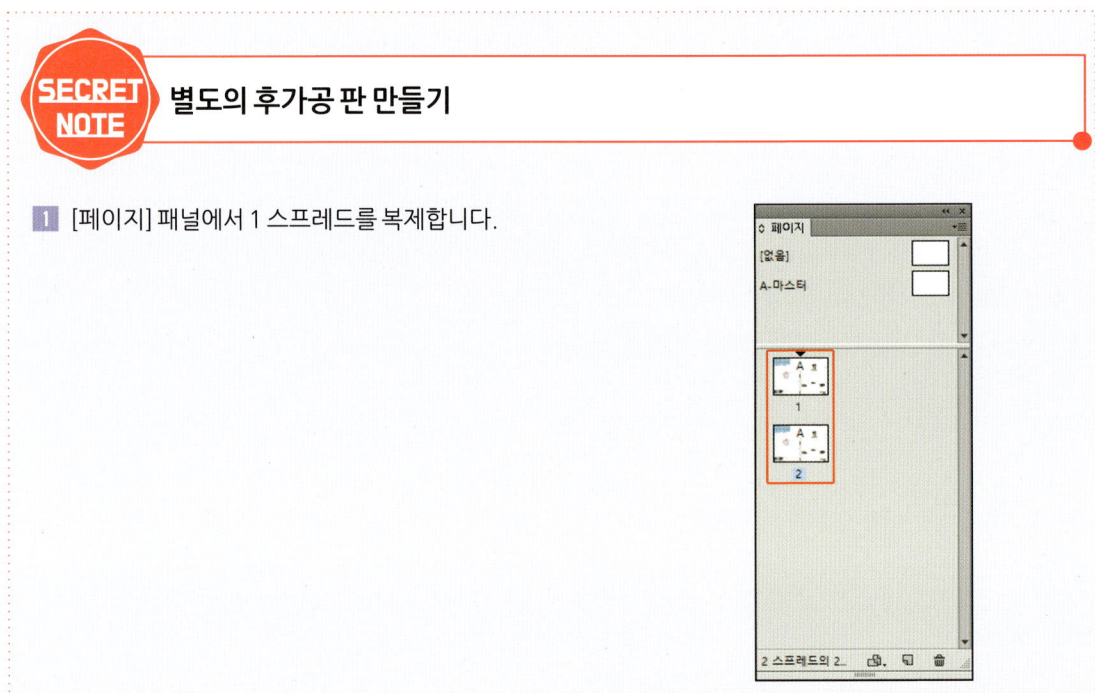

2 2페이지에서 불필요한 이미지와 텍스트를 모두 삭제합니다. 똑같은 대지에서 가공판은 만들어야 합니다.

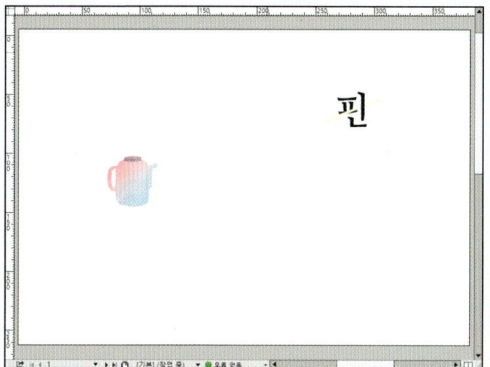

3 후가공을 위한 개체에 펜 도구( )로 패스선을 완성합니다. '칠'색상은 'C0, M100, Y0, K0'으로 설정합니다. Delete를 눌러 원래의 개체는 삭제합니다. 후가공을 위한 색상은 원본과 뚜렷하게 구별되는 색상을 사용하거나 별색을 만들어 적용합니다.

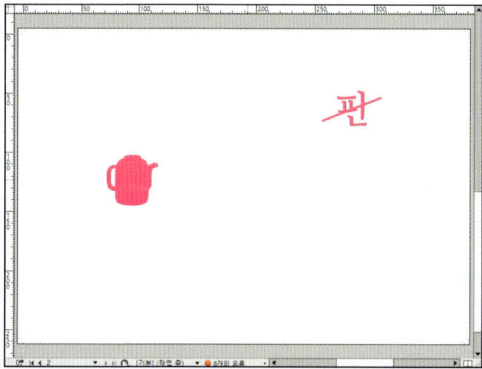

4 1페이지에 인쇄물을 완성하고 동일한 위치와 크기를 위하여 2페이지로 복사한 후 별도의 후가공 판을 만들면 두 장의 필름이 합쳐지면서 에폭시를 사용하거나 코팅을 적용하는 등 디자인과 어울리는 후가공을 제작합니다.

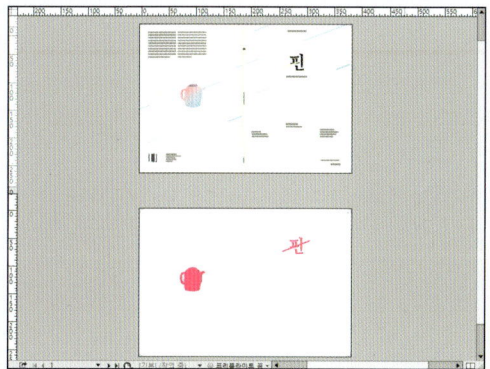

전자책은 모바일 디바이스에서 읽을 수 있도록 만든 전자 매체 형식의 책이라고 정의하며 online book, APP book, digital book이라고 하기도 합니다. 여기서 앱북은 스마트 폰이나 태블릿 PC에서 볼 수 있는 앱(APP : Application)으로 된 전자책을 말합니다. 슬라이드 쇼, 오디오, 비디오, 스크롤링, 360도 회전, 이동 및 확대/축소, 하이퍼링크, HTML5 애니메이션 등을 통해 창의적인 아이디어를 생동감 있게 표현할 수 있습니다.

06 전자책 만들기

PART

INDESIGN

01 디지털 매거진 제작하기

Digital Publishing Solution(DPS 2015)는 두 가지 방법으로 Adobe Experience Manager Mobile 앱용 아티클을 만들 수 있습니다.
방법1 HTML(반응형 HTML) 사용
방법2 InDesign(고정 레이아웃) 사용

이 책에서는 InDesign을 사용하여 아티클을 만드는 과정을 살펴보겠습니다. 아티클은 특정 레이아웃(예: 768x1024픽셀)에 고정됩니다. 태블릿이나 휴대폰에 표시될 때 콘텐츠는 영역에 맞게 크기가 조절됩니다. Digital Publishing Solution(DPS 2015)은 이전 버전 폴리오 파일이 아닌 InDesign 아티클 파일로 내보내기 하여야 합니다.

아티클 파일을 Adobe Experience Manager Mobile에서 여러 가지 기능을 사용하여 앱용 콘텐츠를 구축하고, InDesign에서는 문서만 제작합니다. InDesign에서 레이아웃을 만들고 대화형 오버레이를 추가한 다음, 내보내기 대화상자를 사용하여 아티클 파일을 내보냅니다.

표지 디자인

페이지는 세로를 준비합니다.

1 [파일] - [새로 만들기] - [문서]를 선택합니다. 의도를 '웹'으로 하고, 페이지크기를 '768X1024'로 선택한 후 [확인] 버튼을 클릭합니다. 새 문서 파일은 [파일] - [저장]을 클릭해 Cover폴더를 생성하고 'cover_v.indd'로 저장합니다.

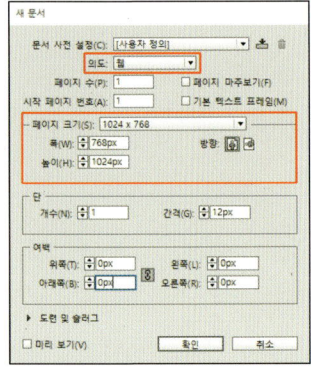

2 [파일] - [가져오기] 메뉴를 실행하여 'cover_v.indd'로 'Part6\DesignStory\Cover\cover_v.psd' 파일을를 가져옵니다. 완성된 파일을 참고하여 텍스트를 입력합니다.

3 Digital Publishing Solution(DPS 2015)는 DPS2014 버전까지 사용했던 방법인 폴리오가 아니고 아티클 파일로 내보내기를 해야 합니다. [파일] - [내보내기]를 클릭하여 파일 형식을 'DPS 아티클(*.article)'로 변경하고 [저장] 버튼을 클릭합니다.

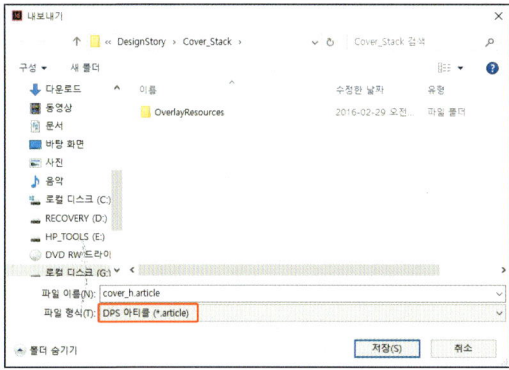

슬라이드 쇼 페이지 만들기

멀티 오브젝트 스테이트 기능을 이용하면 버튼을 클릭해 이미지가 다음 이미지로 이동하는 Interaction(인터랙션) 기능이 가능합니다.

1 'Part6\Design Story\Slide\Slide_v.indd' 파일을 불러옵니다.

2 [창] - [대화형] - [단추 및 양식] 패널을 선택합니다. [단추 및 양식] 보조 메뉴 아이콘을 클릭하여 [단추 및 양식 견본]을 선택합니다.

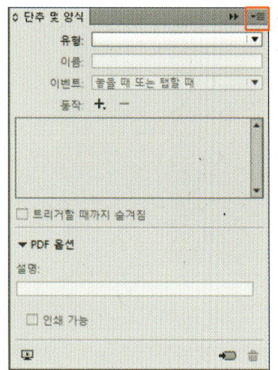 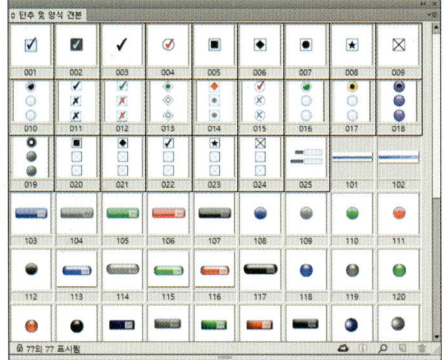

3 원하는 단추를 선택해 페이지로 드래그하고 폴라로이드 이미지 위로 배치하고 '버튼을 누르거나 이미지를 직접 움직여 보세요.'란 글자 입력합니다.

4 [창] - [대화형] - [단추 및 양식] 패널에서 [동작]의 '+'를 눌러 왼쪽 버튼은 '이전 상태로 이동' 오른쪽 버튼은 '다음 상태로 이동'으로 액션을 추가합니다. 이벤트는 '놓을 때 또는 탭할 때'로 선택합니다.

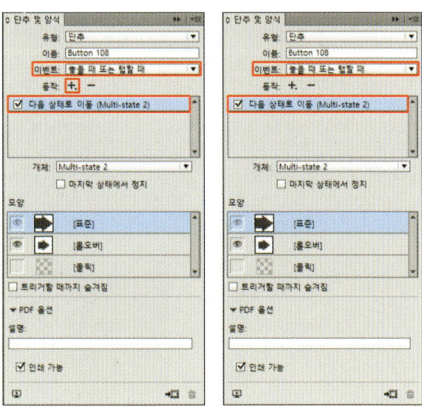

5 슬라이드할 이미지 'slide01.png~slide05.png' 파일을 'Part6\Design Story\Slide' 폴더에서 가져옵니다. 가져온 이미지를 폴라로이드 사진 이미지 안에 배치하고 [창] - [개체 및 레이아웃] - [정렬]을 선택합니다. 가로 정렬과 세로 정렬을 실행하여 이미지를 가운데로 정렬합니다.

6 정렬한 이미지들을 모두 선택하고 [창] - [대화형] - [개체 상태]를 선택합니다.

7 [창] - [대화형] - [EPub 상호작용 미리보기]를 선택하거나 Alt + Shift + Enter 키를 눌러 미리보기를 통해 이전, 다음 이동 버튼을 클릭해 동작이 잘 이루어지는지 확인합니다.

8 [파일] - [내보내기]를 클릭하여 파일 형식을 'DPS 아티클(*.article)'로 설정하고 파일 이름을 입력한 다음 [저장] 버튼을 클릭해 내보내기 합니다.

웹페이지 만들기

[오버레이 크리에이터]를 이용하면 온라인의 웹 사이트나 페이스북, 트위터 등의 SNS 페이지를 전자책 안에 삽입 가능합니다.

1 'Part6\DesignStory\web\Web_v.indd' 파일을 불러옵니다.

전자책 만들기　347

2 [도구상자] - [프레임 도구]를 선택하고 대지 위에 사각형 프레임을 만듭니다.

3 [창] - [Overlays]를 실행합니다. [웹 내용]을 선택하고 'URL 또는 파일'에 다음과 같은 주소를 입력합니다.
https://www.facebook.com/groups/secretnote/

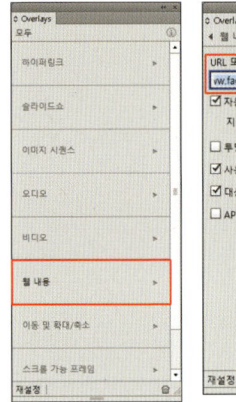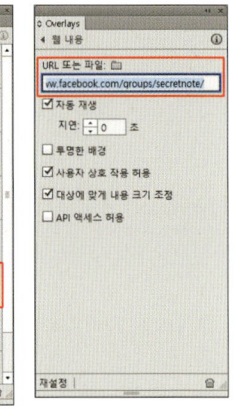

4 [파일] - [내보내기]를 클릭하여 파일 형식을 'DPS 아티클(*.article)'로 설정하고 파일 이름을 입력한 다음 [저장] 버튼을 클릭해 내보내기 합니다.

이미지 확대 및 축소하기

스마트폰 같은 디지털 디바이스의 모니터에서 보이는 이미지를 손가락으로 드래그하여 이미지를 확대하거나 축소하게 합니다.

1 'DesignStory\Extend\extend.indd' 파일을 불러옵니다.

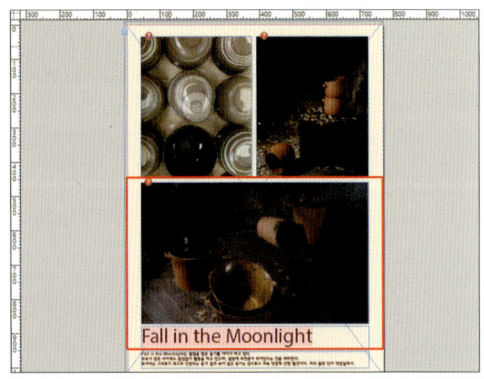

2 [선택 도구]로 세 번째 이미지 'exhibition.jpg'를 선택하고 [창] - [오버레이] - [이동 및 확대/축소]를 선택합니다. 이동 및 확대/축소의 '켬'을 체크합니다.

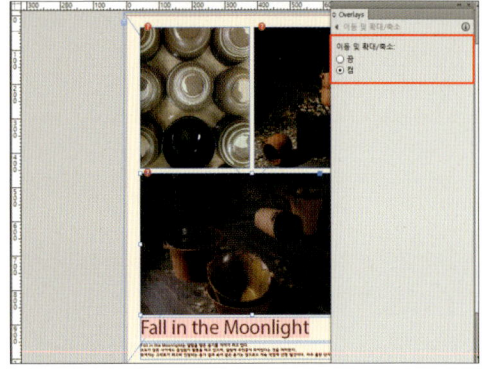

3 [파일] - [내보내기]를 클릭하여 파일 형식을 'DPS 아티클(*.article)'로 설정하고 파일 이름을 입력한 다음 [저장] 버튼을 클릭해 내보내기 합니다.

이메일 하이퍼링크 생성하기

하이퍼링크와 이메일을 연결하여 온라인 이메일과의 연결을 만들어보겠습니다.

1 'Part6\DesignStory\Credit\Credit_v.indd' 파일을 불러옵니다.

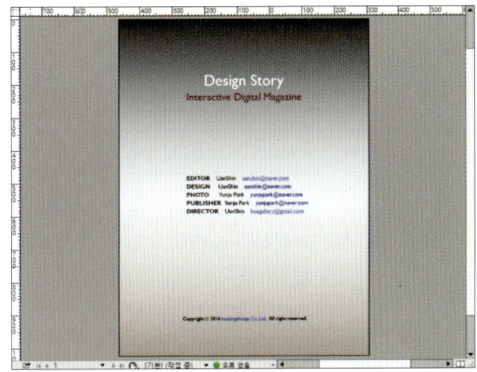

2 [문자 도구]로 페이지 하단의 'healingdesign Co Ltd.'를 드래그해 영역을 설정하고 [창] - [대화형] - [하이퍼링크] 패널을 선택합니다. [하이퍼링크] 패널에서 [새 하이퍼링크 만들기] 아이콘을 클릭합니다. [하이퍼링크] 대화상자에서 [대상]의 'URL'을 클릭해 'http://healingdesign.co.kr'을 입력하고 [확인] 버튼을 누릅니다.

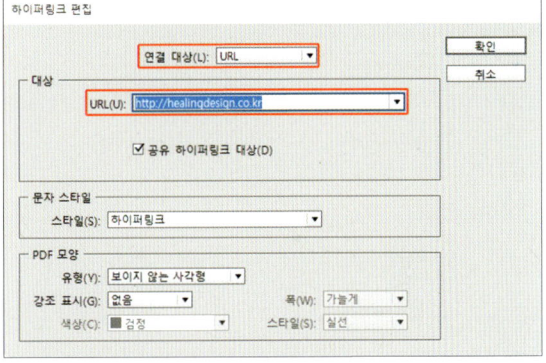

3 [문자 도구]로 이메일 주소를 드래그하고 [창] - [대화형] - [하이퍼링크] 패널을 선택합니다. [하이퍼링크] 패널에서 [새 하이퍼링크 만들기] 아이콘을 클릭합니다. [하이퍼링크] 대화상자에서 연결 대상을 '전자 우편'으로 선택합니다. 주소에 'mailto:uanshin@naver.com'을 입력하고 제목 줄에 'contact'라고 입력한 후 [확인] 버튼을 누릅니다.

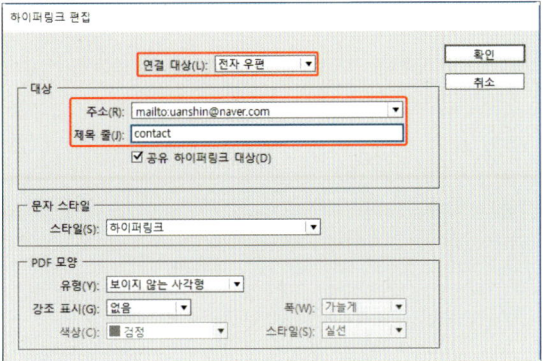

4 credit 페이지가 완성되었습니다.

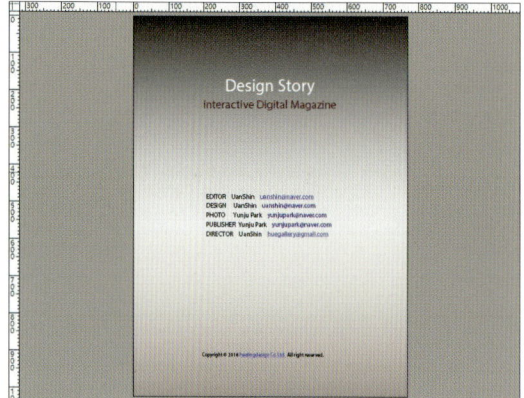

5 [파일] - [내보내기]를 클릭하여 파일 형식을 'DPS 아티클(*.article)'로 설정하고 파일 이름을 입력한 다음 [저장] 버튼을 클릭해 내보내기 합니다.

02 모바일 디지털 출판 솔루션(DPS)

Digital Publishing Solution(DPS 2015)은 Adobe Experience Manager Mobile에서 개발 가능합니다. 기존 어도비 디지털 퍼블리싱 스위트(adobe indesign 5.5~CC2014버전)의 차세대 버전으로 모바일 앱을 제작할 수 있는 새로운 디지털 퍼블리싱 솔루션입니다. 코딩 작업 없이도 모바일 앱을 제작하고 퍼블리싱(출판)하여 iOS, 안드로이드, 윈도우용 스마트폰 및 태블릿을 통해 컨텐츠를 제공할 수 있습니다.

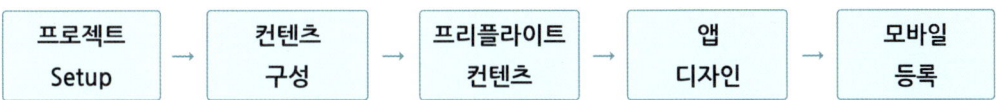

전체적인 프로세스는 다음과 같습니다.

1. Adobe Experience Manager(AEM) Mobile Trial을 다운로드합니다.
2. Adobe Experience Manager(AEM) Mobile 웹 사이트의 오른쪽 상단 sign in을 클릭하여 로그인합니다.
3. Project Setup
4. Adobe Experience Manager(AEM) 모바일 앱의 초기 컨텐츠를 설정합니다.
5. **컨텐츠 구성** : 컨텐츠 & 레이아웃을 클릭하여 컨텐츠를 구성하고 Adobe Experience Manager(AEM) 모바일 앱의 탐색을 만듭니다.
6. **Preflight 미리보기** : 생성된 내용은 AEM Mobile Preflight에서 미리보기가 가능합니다.
7. **레이아웃 템플릿 디자인** : 컨텐츠를 레이아웃 템플릿과 카드를 사용하여 모바일 태블릿에 맞는 사이즈와 레이아웃으로 템플릿을 이용하여 디자인합니다.
8. App 구축하기
9. iPads, iPhones, 안드로이드에 등록하기

무료 시험버전 다운로드

1 웹 브라우저를 실행해 'http://www.adobe.com/kr/products/digital-publishing-solution.html' 사이트로 이동하여 '무료 시험버전'을 클릭합니다.

2 아이디와 비밀번호를 입력해 로그인을 합니다. 만일 회원가입이 안 되어 있는 경우 회원가입 후 로그인합니다.

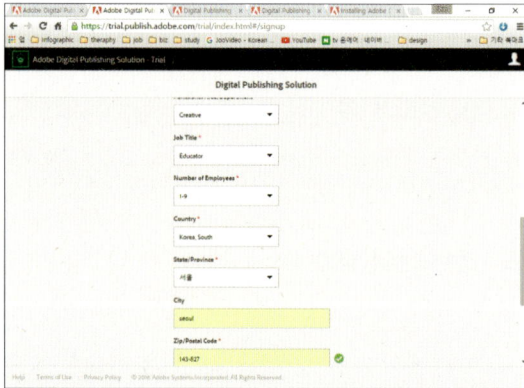

3 설치가 완료되면 나오는 어도비 디지털 퍼블리싱 솔루션 화면입니다.

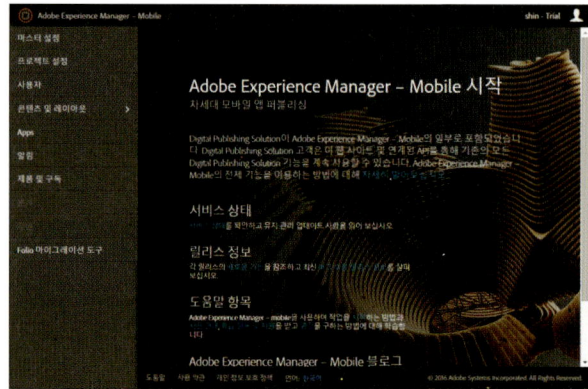

프로젝트 만들기

1 https://publish.adobe.com/welcome/index.html#/ 페이지에서 [프로젝트 설정]을 클릭합니다.

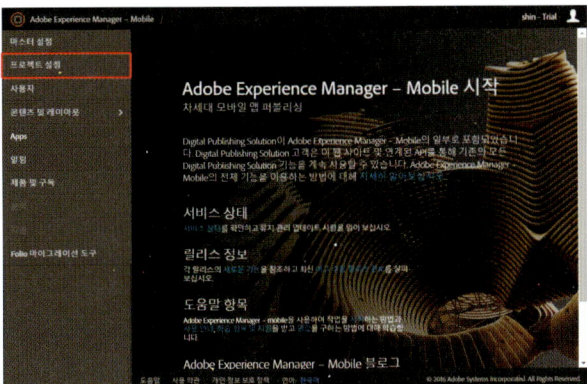

2 [새 프로젝트 만들기]를 클릭합니다.

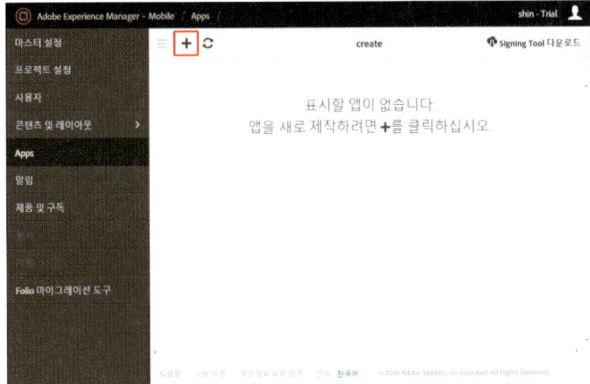

3 [기본]에서 프로젝트 제목을 'Design Story'로 입력합니다. 링크 참조에 'uan.create'로 입력합니다. [파일 선택] 버튼을 클릭해 'toc.cover.jpg'를 선택하여 불러옵니다.

4 [콘텐츠]를 클릭합니다. 컬렉션 기본값을 '무료'로 체크합니다.

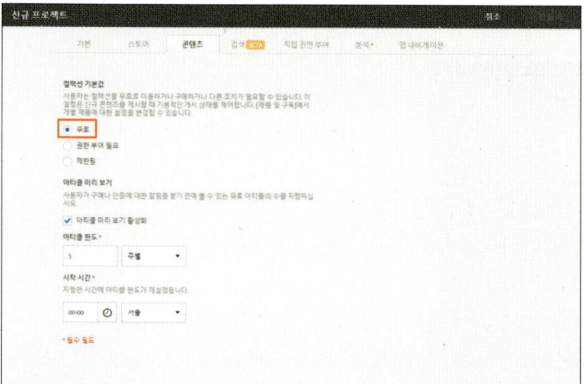

5 [분석]에서 보고서 세트를 'uan.create'라고 입력합니다. [기본]에서 입력한 링크와 동일하게 입력합니다. 프로젝트를 만들 수 있는지 확인하고 [만들기]를 클릭합니다.

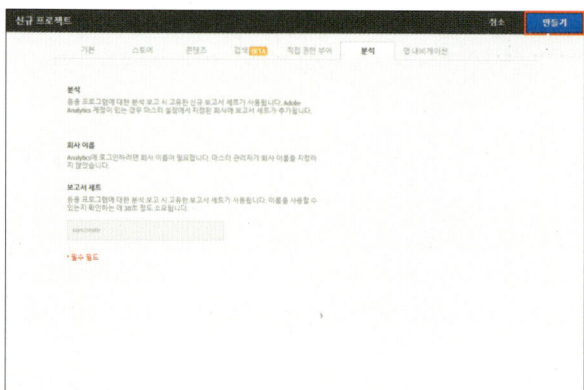

6 'Design Story' 프로젝트가 생성되었습니다.

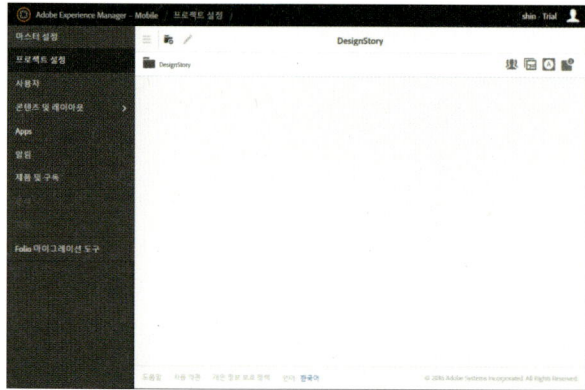

콘텐츠 및 레이아웃 만들기

1 [콘텐츠 및 레이아웃]을 클릭합니다.

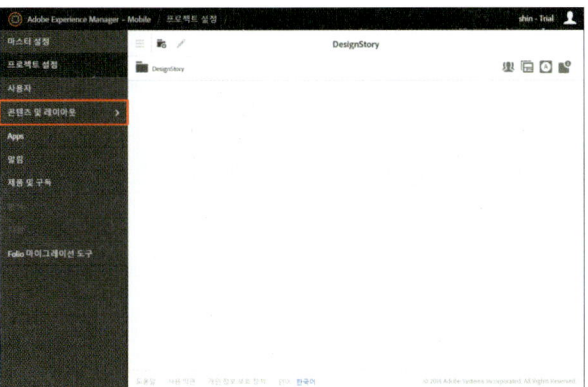

2 [새 콘텐츠 추가]를 클릭하고 [아티클 추가]를 클릭합니다.

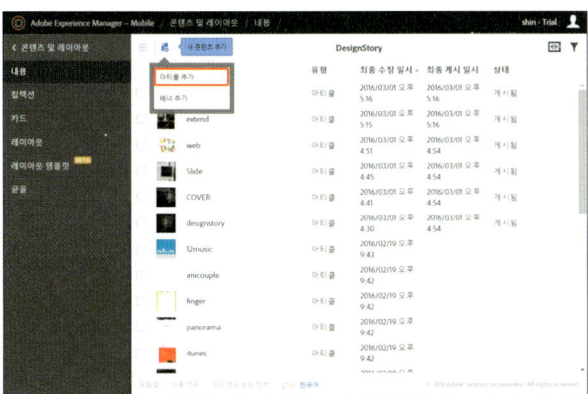

3 [아티클 메타데이터]에 'cover'라고 입력합니다.

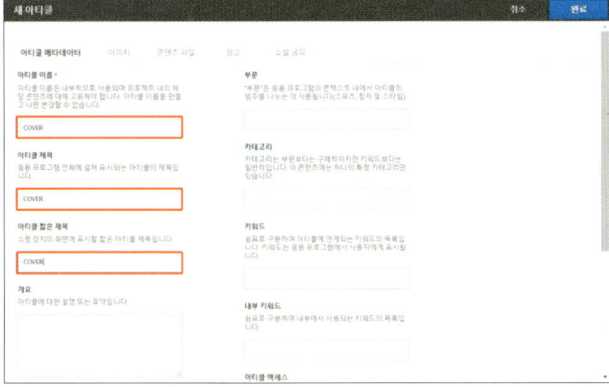

4 [이미지]를 선택하고 'Part6\DesignStory_article' 폴더의 'cover_article.png'와 'Cover_v.jpg'를 업로드합니다.

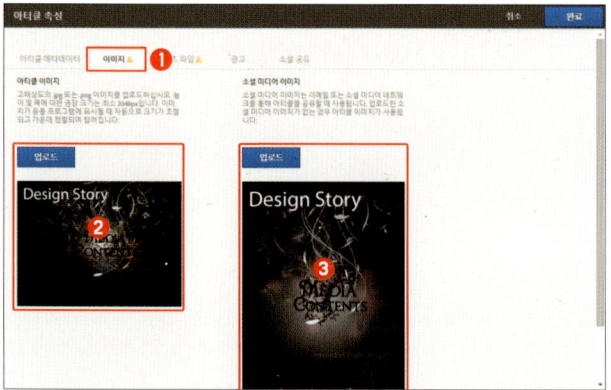

5 [콘텐츠 파일]을 선택하고 [검색] 버튼을 눌러 'cover_v.article'을 업로드하고 [완료] 버튼을 클릭합니다.

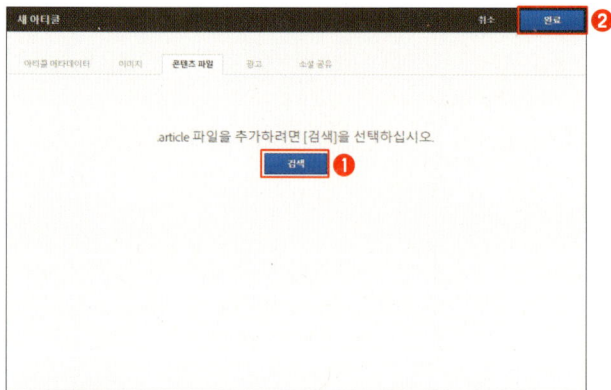

6 같은 방법으로 'credit', 'extend', 'web', 'slide' 아티클을 추가합니다.

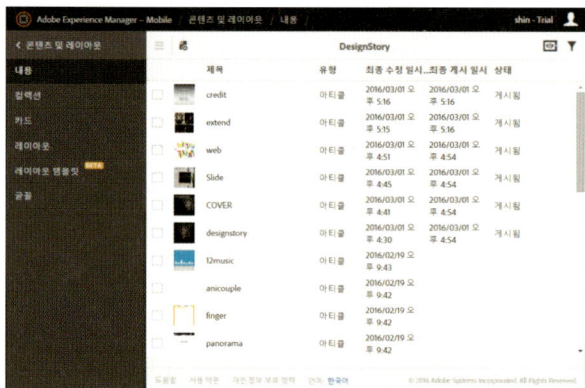

컬렉션 만들기

1 [컬렉션]을 선택하고, [새 컬렉션 만들기]를 클릭합니다.

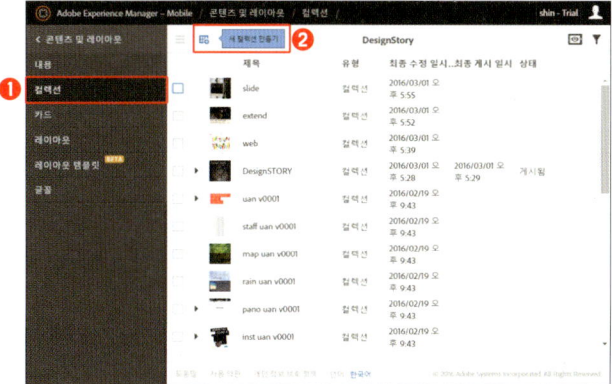

2 [컬렉션 속성]의 컬렉션 메타데이터에 'DesignSTORY'라고 입력하고 [제품ID]에서 'uan.create'를 선택하거나 입력합니다.

3 [이미지]를 클릭하고 'Part6\DesignStory_article' 폴더의 'cover_article.png'와 'Cover_v.jpg'를 업로드하고 [완료] 버튼을 클릭합니다.

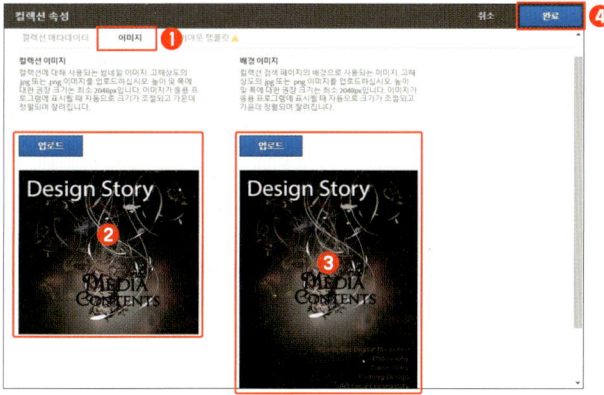

4 'DesignSTORY' 컬렉션을 체크하고 '+' 아이콘을 눌러 [컬렉션에 컨텐츠 추가]를 클릭합니다.

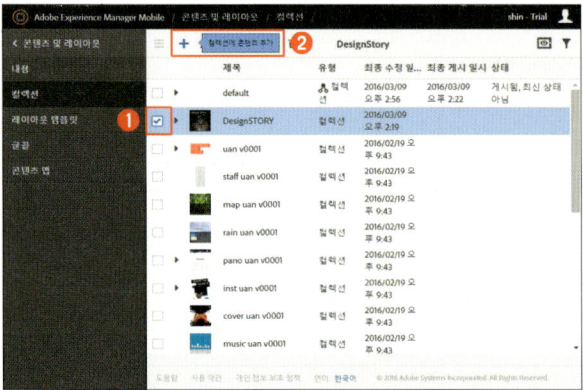

5 'DesignSTORY' 프로젝트에 들어갈 컨텐츠들을 체크하고 [추가]를 클릭합니다.

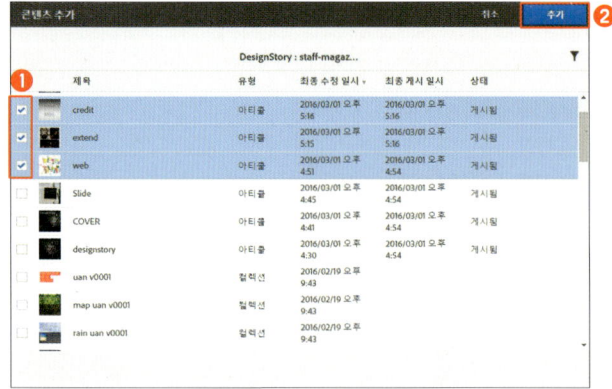

6 'DesignStory'의 ▼를 클릭하면 'cover', 'credit', 'extend', 'web', 'slide' 컨텐츠가 하위로 추가됩니다.

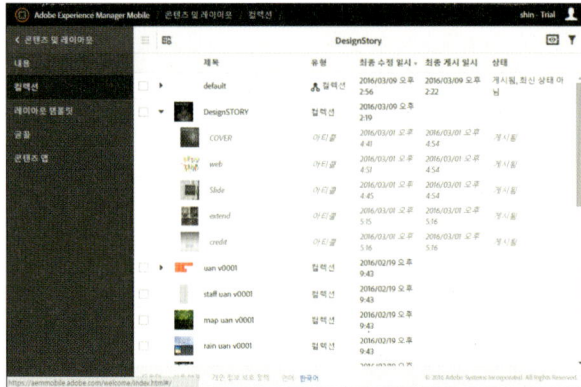

default'컬렉션에 컨텐츠 추가하기

"기본" 모음을 클릭 한 다음 추가 [+] 아이콘을 클릭합니다. 기본 컬렉션에 'DesignStory' 항목을 추가합니다. preflight를 클릭하고 게시를 클릭한 다음 Adobe Experience Manager Mobile(AEM) Preflight에서 미리보기 테스트가 가능합니다.

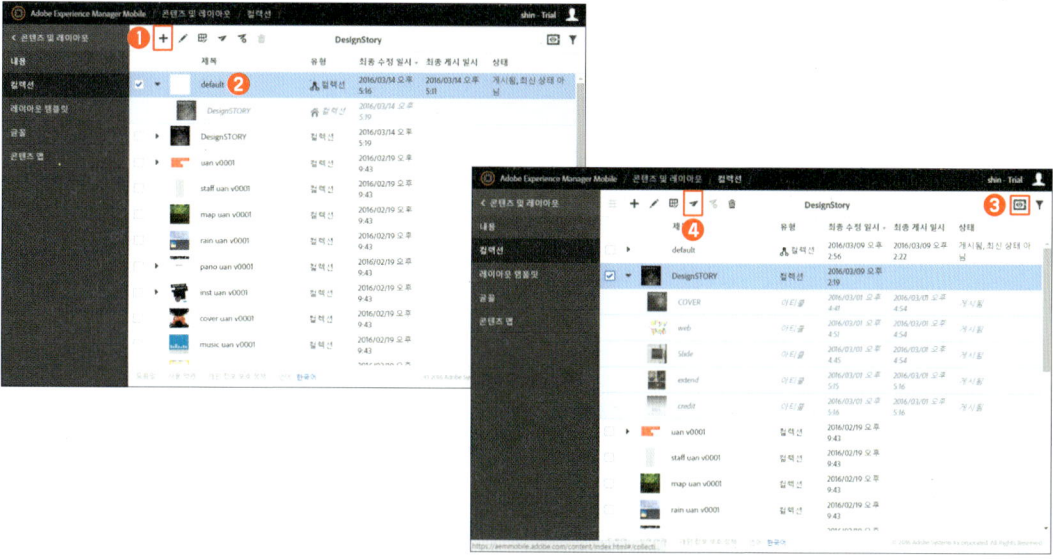

Adobe Experience Manager Mobile(AEM) Preflight 미리보기

iTunes App Store, Google Play Store, Windows Store 등이 지원되는 모든 스토어에서 AEM Preflight 앱을 검색합니다. AEM Preflight 앱을 다운로드한 후 프로젝트에 로그인하면 아티클을 포함한 프로젝트 앱 콘텐츠를 미리보기 할 수 있습니다.

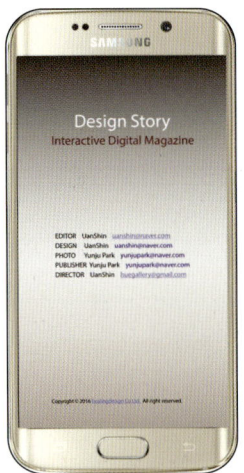

레이아웃 템플릿 만들기

레이아웃 템플릿은 각기 다른 모바일에 맞는 페이지의 모양을 결정하는 데 도움을 줍니다. 프로젝트는 기본 카드와 기본 레이아웃이 포함되어 있습니다. 이러한 기본값을 편집할 수 있습니다.

1 [레이아웃 템플릿]을 선택하고 [새 레이아웃 템플릿 만들기]를 클릭합니다.

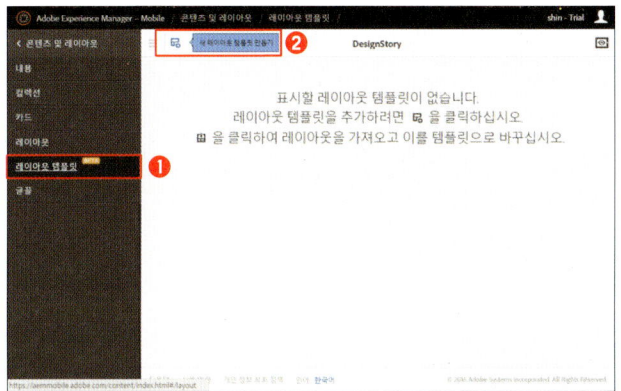

2 [컬렉션 가져오기]를 클릭합니다.

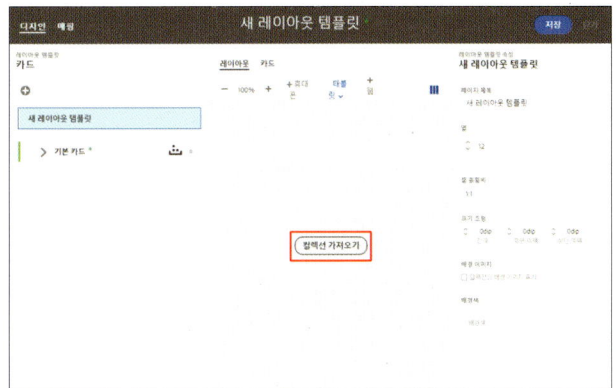

3 [컬렉션 가져오기] 창에서 원하는 [Design story] 컬렉션을 선택하고 '가져오기'를 클릭합니다.

4 [레이아웃] - [템플릿]을 선택하고 '768X1024'을 선택합니다.

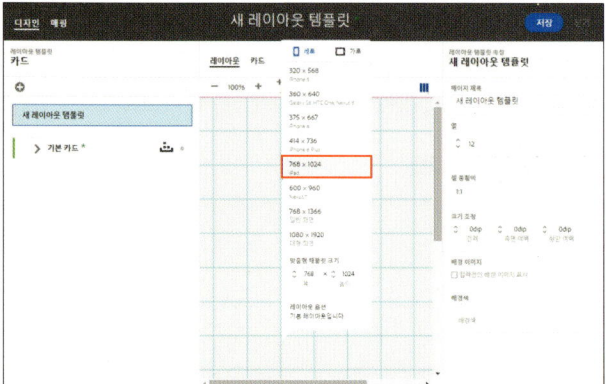

5 [매핑]을 선택하고 '+' 아이콘을 눌러 원하는 매핑 규칙을 적용하고 [저장] 버튼을 누릅니다.

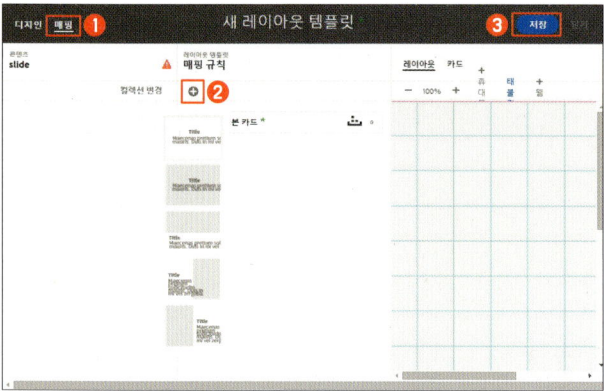

6 레이아웃 템플릿에 매핑 규칙이 적용되었습니다.

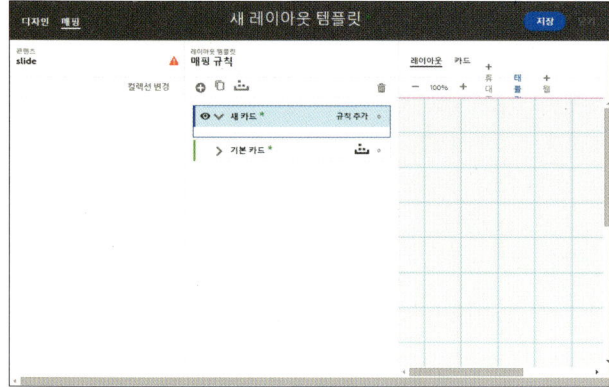

APP 만들기

1 [Adobe Experience Manager-Mobile]를 클릭하면 메인화면으로 이동합니다. 'Apps'를 클릭합니다.

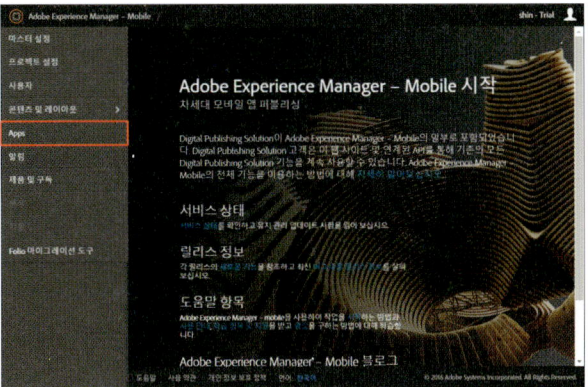

2 [새 앱 만들기]를 클릭하고 'ios' 또는 '안드로이드'를 선택합니다.

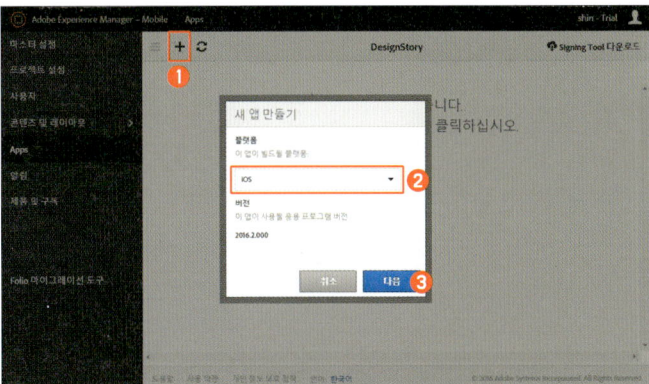

3 [일반]에서 앱 이름을 'DesignSTORY'라고 입력하고, ID를 'uan.create'라고 입력하고, 'prefligt 활성화'를 체크합니다.

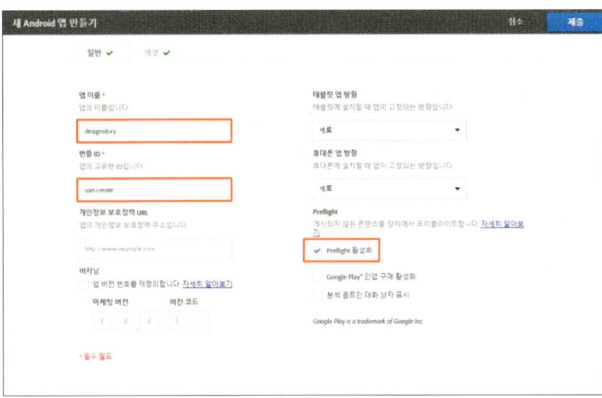

4 [에셋]을 클릭하고 'Part6\DesignStory_article\ios' 폴더 안에 이미지 전부를 선택해서 드래그하면 해당 사이즈에 이미지가 자동으로 업로드됩니다.

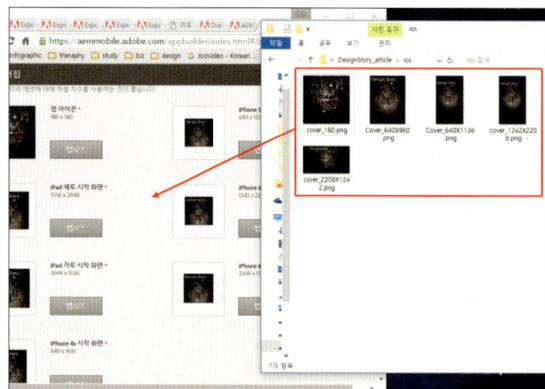

5 [제출]을 클릭합니다.

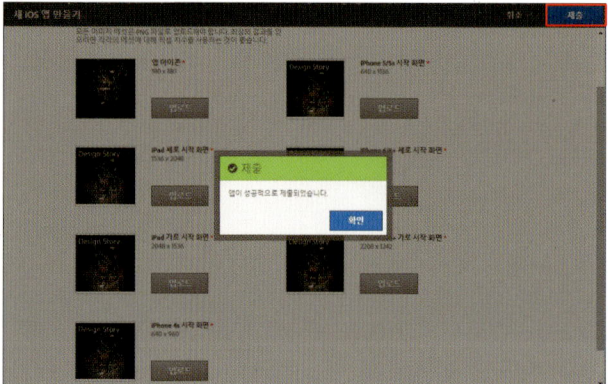

6 [서명 안 된 앱]을 클릭합니다.

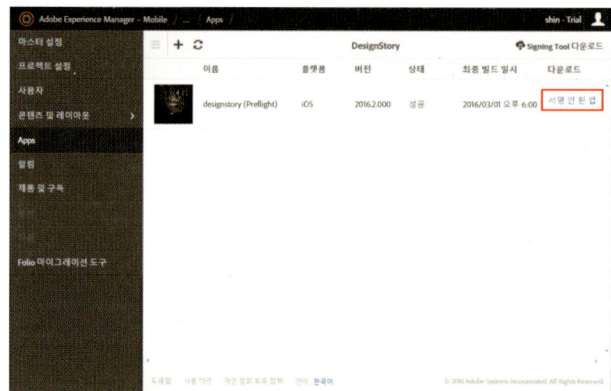

7 ios는 '.apk 파일'로 안드로이드는 '.ipa' 파일로 다운로드 됩니다.

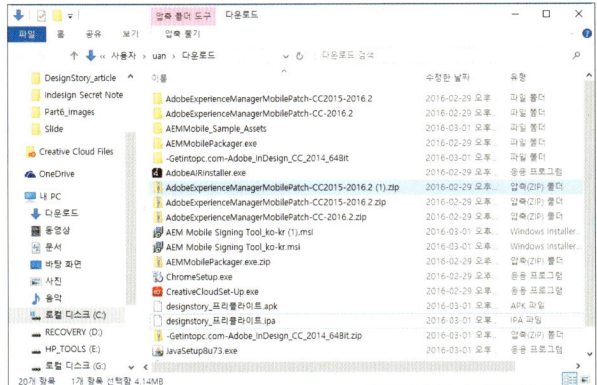

Signing Tool 다운로드

1 앱을 등록 가능한 Signing Tool을 클릭하여 다운로드합니다.

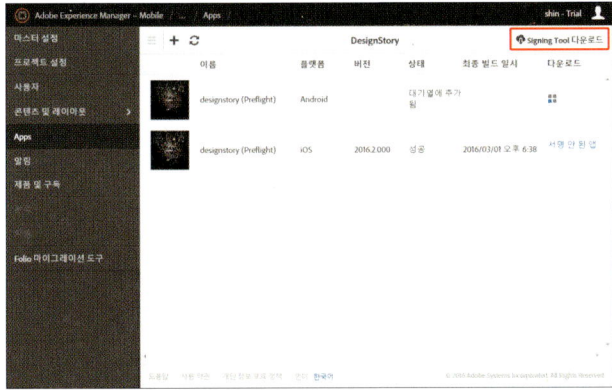

2 Signing Tool을 설치하고 이용약관에 동의하고 진행합니다.

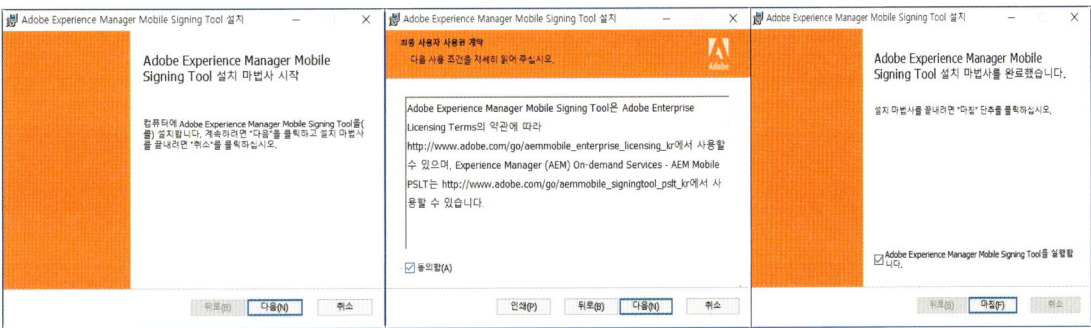

전자책 만들기 365

3 Signing Tool을 실행하고 [응용 프로그램 선택]을 클릭해 '.apk' 파일 또는 '.ipa' 파일의 응용 프로그램을 선택합니다.

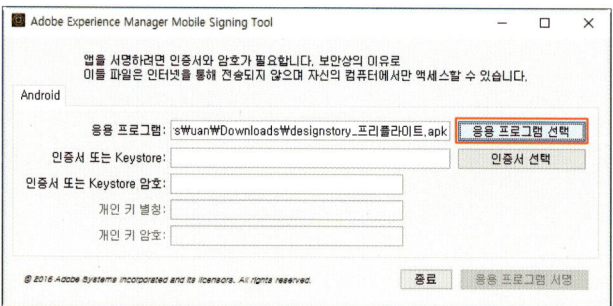

4 앱을 서명하려면 인증서와 암호가 필요합니다. 판매 계정을 생성하고 결재 후에 appstore나 android marcket에 등록 가능합니다.

> **TIP** **ADOBE DIGITAL PUBLISHING SUITE : 디지털 출판 솔루션(DPS CLASSIC)**
> Adobe Indesign 5.5, Adobe Indesign 6.0, Adobe Indesign CC 2014 버전에서는 DPS Desktop Tool을 설치하고 폴리오 빌더에서 폴리오를 생성하고 digitalpublishing.acrobat.com에서 프로듀서하는 기존 방식을 사용합니다.
>
> **DPS Desktop TOOS 업데이트 - 오버레이 패널에서 인터랙션 - 폴리오빌더에서 폴리오파일 생성 - Digital Publishing Suit에서 프로듀서 - Adobe Content viewer 에서 미리보기**

찾아보기

숫자
2도   279

알파벳
Adobe Color 테마   043
Adobe Type Kit   139
AEM   351
AEM Preflight   359
AI   224
bleed   076
Capture CC   022
CMYK   061, 264
Comp   022
CTP   302
DPS   351
DPS CLASSIC   366
EPS   224
Garamond   138
GID   022
GrayScale   282
GREP   178
Guide   293
Helvetica   138
IDML   081
Lab   264
Open Type Fonts   138
Overlays   348
PDF   313

Post Script Fonts   138
Preflight   303
RGB   264
Signing Tool   365
slug   076
spreed   076
TIFF   282
True Type Fonts   138
UI 비율   052

ㄱ~ㄷ
가독성   276
가라몬드   138
가위 도구   032
가제본   319
각주   167
간격 도구   031
격자   056
고급 텍스트 리플로우   053
권점   167
그레이디언트   032, 043
그레이스케일   282
글리프   022, 042
글머리 기호   176
금칙 세트   036
기준 마스터   284
내용 배치 도구   031
내용 수집 도구   031
녹아웃   304
눈금자   055, 293
다각형 프레임 도구   032

다운샘플링　314
단락 스타일　189
단축키　064
단행본　284
대지　056
도구 상자　030
도련　076, 079, 318
동기화　325
듀오톤　282

ㄹ~ㅂ

라이브러리　081, 123
레이아웃　237
레이아웃 템플릿　361
레이어　115
루비　167
마스터 페이지　068, 098
마스터 페이지 오버레이　038
맞춰찍기　267, 318
매핑　362
메모　045
메모 도구　032
명도　272
모퉁이 옵션　257
무아레　276
문자 도구　031
문자 스타일　035
바이큐빅 다운샘플링　315
바인딩　079
바코드　330
번호 매기기　176

벡터　224
별색　267, 277
분판　306
비트맵　224

ㅅ~ㅇ

사각형 도구　032
사전　057
산세리프 서체　138
새틴　245
색상 견본　267, 270
색상 적용　032
색인　194
색조　272
서브 샘플링　315
서식 적용　032
선 도구　031
선택 도구　031
셰리프 서체　138
손 도구　032
슈퍼 블랙　276
스레드　147
스마트 텍스트 리플로우　097
스크립트　138
스토리　042
스토리 링크　097
스토리 편집기　060
스프레드　076, 314
슬라이드 쇼　345
슬러그　076, 079
아티클　344, 355

아티클 메타데이터   355
안내선   056
어도비 디지털 퍼블리싱   352
어플리케이션 바   103
에폭시   341
연필 도구   031
오버랩   252
오버레이 크리에이터   347
오버프린트   246, 304
오픈타입   138
원색   267
유니코드   022
인세트   145
인터페이스   027, 051

ㅈ~ㅎ

자유 변형 도구   032
재단선   332
종속 마스터   284
직접 선택 도구   031
채도   272
책 패널   322
커서 및 제스처   051
컨테이너   267
컨트롤 패널   154
컬렉션   357
컴포지션   055
코팅   341
클리핑 패스   250
키보드 증감   055
텍스트 프레임   144

템플릿   121
트랩   304
트루타입   138
패널   040
패스파인더   040, 252
패키지   309
페이지   093
페이지 번호   050, 105
펜 도구   031
포스트 스크립트   138
폴리오 빌더   366
프리플라이트   303
하이퍼링크   041, 349
하이픈   166
할주   167
헬베티카   138
혼합 잉크   274
화면 모드   032